KB265626

조선후기 지방사회사 연구

김석희 지음

혜안

책을 만들면서

　김석희 선생님께서 학교를 떠나신 지 어언 10년이 되었습니다. 선생님의 연세도 칠순을 훌쩍 넘기시고 건강도 예전만 같지 못한 것 같습니다. 학교를 떠나신 지 10년이 지난 지금 선생님의 학덕을 기리는 마음에서 선생님의 글 가운데서 조선후기 경상도 지역과 관련된 것 일부를 뽑아 이 책을 엮었습니다. 선생님께서는 1965년 7월 부임하셔서 1993년 8월 정년퇴임 하실 때까지, 약 30년 동안 부산대학교 사학과에 재직하셨습니다. 근래에는 건강도 좋지 않아서, 제자들을 만나는 일이 점점 소원하게 되었습니다. 선생님께서는 평생 남에게 도움을 주고 베푸는 데 열중하여 정작 자신을 위한 일에 소홀하셨습니다.

　많은 중요한 학문적 업적을 남겼음에도, 부산대학교에 재직하는 동안에는 연구서를 간행하지 않았습니다. 아마도 정년퇴임 후에 간행하려고 마음먹으셨던 것 같습니다. 그러나 건강의 악화 등 여러 사정으로 지금까지 마무리를 하지 못하셨습니다. 이를 안타깝게 여긴 제자들이 선생님의 가르침과 은혜에 조금이나마 보답하려는 마음에서 책을 만들기로 하였습니다.

　선생님께서는 1962년에 발표한 「임진왜란의 의병활동에 관한 일고」 이후, 30여 년 동안 한결같이 조선후기사 연구에 정진하셨습니다. 선생님의 학문세계는 크게 두 영역으로 나누어져 있습니다. 하나는 임진왜란 의병운동사 연구이고, 다른 하나는 호적대장을 통한 지방사회사 연구입니다.

　현재 우리 학계에서 가장 많이 이용되는 호적 자료는 경상도 단성현 호적대장입니다. 이 호적은 박용숙 선생님과 함께 선생님께서 직접 발굴한 자료입니다. 1975년에 발표한 「조선왕조후기의 경상도단성현호적대장에 대하여」는 단성호적 연구의 길잡이가 되었습니다. 선생님은 단성호적 자체의 철저한 분석을 토대로 하여, 18세기 농촌의 사회구조, 호구의 이동을 중심으로 하는 신분변동 등 조선후기 지방사회사 연구의 새로운 지평을 열었습니다.

1980년대에 들어와 선생님께서는 호적사 연구에 또 하나의 큰 족적을 남겼습니다. 박용숙, 채상식 선생님과 함께 경상도 언양현 호적대장을 발굴하여 학계에 소개하셨습니다. 1983년에 발표한 「조선후기 경상도언양현 호적대장에 관하여」가 그것입니다. 경상도 단성현, 언양현 호적의 발굴과 간행은 호적을 이용한 조선후기 사회사 연구의 수준을 한순간에 끌어올리는 결정적인 계기가 되었습니다. 두 지역의 호적이 선생님의 손에 의해 발굴, 소개된 그 자체만으로도 선생님은 우리 학계에 큰 족적을 남기셨습니다. 단성, 언양호적의 연구사에서 선생님의 이름이 늘 첫머리를 차지하는 것은 그 때문입니다.

현재의 수준에서 볼 때는 1970, 80년대에 이루어진 선생님의 연구가 수치상이나 방법론 등에서 한계점이 있다고도 볼 수 있겠습니다. 그러나 이런 작은 허물이 선생님의 큰 업적을 가릴 수는 없을 것입니다. 선생님의 발굴 성과가 없었다면, 두 지역에 대한 연구 수준이 현재 상태까지 이를 수는 없었을 것입니다.

이 책의 가장 중요한 부분을 차지하는 것은 당연히 단성현, 언양현 호적대장을 토대로 한 사회사 연구입니다. 선생님께서는 조선후기 사회경제사, 지방사 연구의 중요성을 늘 강조하셨습니다. 의령지역 제지업의 실태 조사나, 남해 화방사양안의 분석 역시 선생님께서 직접 현지를 답사하고, 자료를 발굴하여 쓴 결과물로 이 분야의 중요한 연구사적 위치를 차지하고 있습니다. 조선후기 지방 수령의 임기에 대한 연구도 지방관의 교체 실태를 알 수 있는 중요한 연구 성과입니다.

이 책에서는 선생님의 11편 글을 크게 다섯 편으로 나누었습니다. 11편의 글 모두 조선후기와 경상도라는 시기적, 지역적 특성을 반영하고 있습니다. 그래서 책이름을 『조선후기 지방사회사 연구』라고 하였습니다. 선생님의 뜻과 손으로 만든 책이 아니라, 제자들의 손으로, 마음만 앞서 만든 책이라 선생님께 누를 끼친 것은 아닌가 두려울 뿐입니다. 제자들의 마음이 전해져 선생님의 건강이 조금이나마 나아졌으면 하는 바램입니다. 이 책을 만들면서 많은 도움을 주신 여러분께 정말 감사하는 ·마음을 전합니다.

선생님께서 학교를 떠나신 지 10년을 맞는 2003년에
제자들이 조그만 마음의 글을 올립니다.

목 차

책을 만들면서 4

목 차 9

제1편 조선후기 지방사회사 연구동향과 과제
호적대장 연구를 중심으로 · 15

Ⅰ. 호적대장 연구 목적 17

Ⅱ. 호적대장 연구 동향 18

Ⅲ. 과제와 전망 24

조선후기 호적대장 주요 연구목록 26

제2편 단성현의 호적대장 · 29

제1장 조선후기 경상도 단성현 호적장적에 대하여 31

　Ⅰ. 장적 발굴의 경위 31

　Ⅱ. 장적 편성의 과정 33

　Ⅲ. 戶口單子 및 成給戶籍의 規式 36

　Ⅳ. 단성현 장적의 내용 38

　Ⅴ. 단성현의 지역성 40

　　1. 지리적 환경 41

　　2. 문화적 환경 43

　　3. 경제적 환경 45

Ⅵ. 단성 호적장적의 가치성과 연구의 방향 47

제2장 조선후기 단성현 호적장적에 관하여(Ⅱ) 51

Ⅰ. 머리말 51

Ⅱ. 통계자료의 검토 52

　1. 통계자료의 연대 52

　2. 호적장적 말미의 통계 54

Ⅲ. 단성과 대구의 戶口 비교 58

　1. 단성의 호구 58

　2. 대구의 호구 62

Ⅳ. 단성의 신분직역 64

Ⅴ. 맺음말 105

제3장 경상도 단성현 호적대장에 관한 연구

　　　-18세기 逃亡·移去戶를 중심으로- 107

Ⅰ. 머리말 107

Ⅱ. 자료의 검토 108

Ⅲ. 호구의 변동 113

　1. 숙종 40년(1714)~영조 5년(1729) 114

　2. 영조 5년(1729)~영조 35년(1759) 119

　3. 영조 35년(1759)~정조 13년(1789) 123

Ⅳ. 逃亡·移去戶口의 실태 127

　1. 도망·이거호구의 개관 127

　2. 도망·이거호의 신분 131

　　(1) 도망호와 신분 132

　　(2) 이거호와 신분 137

　3. 도망·이거호구와 촌락 139

　　(1) 도망호구와 촌락 140

　　(2) 이거호구와 촌락 142

Ⅴ. 맺음말 144

제4장 18세기 농촌의 사회구조 -경상도 단성현의 경우- 153

 Ⅰ. 머리말 153

 Ⅱ. 향촌의 통치조직 154

  1. 면·리·통 조직 154

  2. 촌락의 형태 157

  3. 향촌 임원의 신분 158

 Ⅲ. 호구의 구성 160

  1. 신분별 호구수 160

  2. 신분별 호당 현주인구 165

  3. 노비소유호수 168

  4. 호주의 연령구성 170

  5. 부부 연령차 171

 Ⅳ. 동족부락 172

 Ⅴ. 특수부락 182

  驛吏部落 182

  匠人部落 183

  奴婢部落 183

 Ⅵ. 맺음말 184

제3편 언양현의 호적대장 · 187

제1장 조선후기 경상도 언양현 호적대장에 관하여 189

  1. 숙종 37년 辛卯式 197

  2. 정조 19년 乙卯式 198

  3. 정조 22년 戊午式 198

  4. 순조 13년 癸酉式 199

  5. 순조 25년 乙酉式 199

  6. 철종 9년 戊午式 199

  7. 철종 12년 辛酉式 200

제2장 18·19세기 戸口의 실태와 신분변동
  -新例 彦陽縣 戸籍大帳을 중심으로- 205

Ⅰ. 머리말 205

Ⅱ. 자료의 가치와 지역의 특성 206

Ⅲ. 촌락의 편제와 호구의 구성 210

　1. 촌락의 편제 210

　　(1) 숙종 37년 辛卯式 210

　　(2) 정조 19년 乙卯式 210

　　(3) 정조 22년 戊午式 211

　　(4) 순조 13년 癸酉式 211

　　(5) 순조 25년 乙酉式 212

　　(6) 철종 9년 戊午式 212

　　(7) 철종 12년 辛酉式 213

　2. 호구의 실태와 변동 215

　　(1) 호구의 개관 215

　　(2) 호당 구수 223

　　(3) 면별·연령별 실태와 남녀인구수 230

Ⅳ. 신분·직역의 실태와 변동 239

　1. 시대별 신분구조와 변동 247

　2. 직역과 신분 248

　3. 타군현과 언양의 비교 253

Ⅴ. 맺음말 256

제4편 지방사회의 경제 · 259

제1장 조선후기 수공업 연구 –의령 지역 제지업의 실태조사를 중심으로– 261

Ⅰ. 머리말 261

Ⅱ. 韓紙의 특징과 명칭 262

Ⅲ. 원료 265

　1. 원료와 재배 265

　2. 생산지 272

Ⅳ. 제지공정 275

Ⅴ. 생산관계 279

Ⅵ. 맺음말 293

제2장 조선후기 남해현『花芳寺量案』분석 301

  Ⅰ. 머리말 301

  Ⅱ. 花芳寺의 沿革 302

  Ⅲ.『화방사양안』의 검토 306

  Ⅳ. 화방사 전답의 구성 314

  Ⅴ. 조성전답의 구조 327

  Ⅵ. 맺음말 332

제5편 지방관의 인사 · 335

제1장 조선중 · 후기 지방관료의 임기에 관한 연구 337

  Ⅰ. 머리말 337

  Ⅱ. 임기의 실태 339

   1. 재임기간 341

   2. 공석기간 344

   3. 임기만료자 346

  Ⅲ. 교체의 실태 352

   1. 징계로 인한 교체 352

    (1) 褒貶으로 인한 교체 355

    (2) 기타 징계로 인한 교체 356

   2. 사직 · 병으로 인한 교체 357

   3. 전직으로 인한 교체 358

Ⅳ. 맺음말 362

제2장 조선후기 경상도 수령의 인사에 관한 일고찰
   -梁山郡의『先生案』을 중심으로- 365

  Ⅰ. 머리말 365

  Ⅱ. 임기의 실태 367

   1. 재임기간 368

   2. 공석기간 371

3. 임기만료자 373

4. 양산군수의 入仕 성분 378

III. 교체의 실태 379

1. 징계로 인한 교체 380

1) 포폄으로 인한 경우 381

2) 暗行으로 인한 경우 382

3) 狀啓로 인한 경우 383

4) 災傷事로 인한 경우 384

5) 기타 징계로 인한 경우 384

2. 사직·병으로 인한 교체 385

3. 轉職으로 인한 교체 387

IV. 相避制의 실태(출신지역 분포) 391

V. 맺음말 400

찾아보기 409

제1편 조선후기 지방사회사 연구동향과 과제
호적대장 연구를 중심으로

Ⅰ. 호적대장 연구 목적

　조선시대의 호적제도는 국가에서 民을 대상으로 軍役 등 각종 役을 부과하기 위한 목적에서 마련되었다. 그 운영을 위해 국가가 주민의 신분을 파악하는 기초적인 장부로서 전국의 군현 단위로 작성한 것이 호적대장이다. 조선시대의 호적대장은 3년에 한 번씩 改修成籍되었다. 작성방법은 개별 호구의 사실을 기록한 戶口單子와 前式年分의 대장을 비교·확인하여 當式年分의 大帳原簿를 작성하게 되어 있었다. 호적대장 작성을 위한 조선후기의 호구편성은 곧 17세기에 성립된 五家作統制에 의거하였다. 그 성립과정은 인조 연간 戶牌法의 시행경험과 효종·현종 연간의 격렬한 논의과정을 거쳐 숙종 초기에 『五家作統事目』으로 법제화되었다. 일반적으로 호적작성은 이에 의거하여 자연호 5家를 1統으로 편성한 것이다.

　호적에 기재되는 내용은 개별 가호의 주소, 戶主의 職役·성명·연령간지·본관, 四祖(父, 祖, 曾祖, 外祖)의 직역과 성명, 妻의 성명·연령간지·본관·四祖 및 기타 率居家族과 노비 등에 관한 사실이었다.

　따라서 호적대장을 연구함으로써 군현단위 향촌사회의 가족구성과 혼인관계 및 그 지역의 신분구성과 인구구성 등을 명확히 밝힐 수가 있다. 특히 사회사적 시각에서 보면 근대사회로의 이행과정에 있어서 핵심적인 계기는 바로 향촌사회의 신분구성, 호구의 구성 및 신분계층의 변동과 같은 신분제 문제라고 할 수 있다. 왜냐하면 신분제는 정치적 지배구조, 경제적 계급구조와 함께 맞물려 전근대 사회구성의 기본 요소로 작용하기 때문이다. 그런 점에서 호적대장의 연구는 신분제 연구의 핵심이며, 사회사 연구의 중요한 방법론이기도 하다.

Ⅱ. 호적대장 연구 동향

호적대장의 분석은 1930년대 후반 일본인 학자 四方博이 선구적으로 시도하였는데, 대구 지역의 호적을 세밀하게 분석하여 처음으로 신분사 연구에 이용하였다는 사실에서 그것이 여러 각도로 이후의 연구에 영향을 끼친 점은 주목되지만, 본격적인 신분사 연구의 역할은 못되고 있다. 국내에서는 1960년대에 이르러 종래의 단순한 실증적 연구방식에 대한 비판적 분석을 통하여 추진되기 시작하였다.

특히 1970년대에 들어오면서 분석대상 지역을 蔚山·丹城·山陰·彦陽·鎭海 등으로 확대하여 활발하게 진행되었다. 이러한 자료의 확대와 더불어 연구분야와 주제에 있어서 큰 진전을 가져왔다. 주로 각 신분층에 관한 연구가 지속적으로 이루어졌고 1980년대에 들어와서는 향촌 사회세력의 동향에 대한 연구가 두드러지고 있다. 그러나 연구의 중심은 호적대장 분석을 통한 향촌사회 신분구조의 해명과 신분구조변동(신분이동·계층이동)의 부각에 두면서, 주로 호적대장에 보이는 직역의 통계분석을 통해 '신분이동=신분제의 동요 붕괴=향촌사회 구조의 변화'를 밝히는 방향으로 진행되어 왔다.

1970~80년대에 국내외 연구를 크게 진전시킨 계기는 특히 丹城縣과 彦陽縣의 호적대장이 간행되면서였다. 그것은 武田幸男의 鎭海縣의 종합적 연구와 단성현의 연구, 金錫禧·朴容淑·蔡尙植의 언양현의 종합적 연구와 단성현의 연구 및 井上和枝·山內弘一의 단성현의 연구들이 대표적이다.

이러한 연구방법이 갖는 큰 장점은 호구·신분에 관한 구체적인 자료를 제시할 수 있다는 점이다. 호적대장 분석의 결과 조선후기의 신분별 인구 구성은 커다란 변화를 보인 것으로 주장되었으며, 그 변화의 구체적인 양상은 신분면에 있어서 兩班層의 증대, 常民戶의 감소, 奴婢戶의 격감 사실, 호구면에 있어서 逃亡戶·移居戶의 증가 등으로 요약되었다. 여기서는 호적대장을 직접 분석하여 향촌사회구조의 변동을 다룬 주요 연구성과를 중심으로 살펴보기로 한다.

해방 이후 60년대까지는 호적대장을 직접 분석하기보다는 주로 사회학에서의 계층이동론을 받아들여 조선후기 사회의 계층이동과 그 사회적 배경을 구명하려는 연구가 주목되었다. 다만 이러한 방법론은 아직 체계화되지는 못하였고 실증의 면에서 많은 문제점을 내포하고 있었다. 그러나 四方博의 호적연구 성과를 일단 받아들여 이를 조선후기 사회발전과 관련시켜 보려는 金容燮의 「朝鮮後期에 있어서 身分制의 動搖와 農地所有」(1963)는 이 시기 새로운 연구경향의 하나로 주목된다. 이 연구는 조선후기 농민층분해 현상을 量案과 戶籍의 교차분석을 통하여 검증할 수 있다는 가설을 제시한 점에서 의의가 있다.

이어서 70년대에 들어와 신분사 연구의 방법론과 연구분야·자료이용 등에 있어서 커다란 진전을 가져오게 되었다. 연구분야나 연구주제에 있어서는 사회 신분층으로 볼 때 奴婢·鄕吏·校院生·雇工 등으로 확대되었고 특히 노비와 고공에 관한 연구가 심화되었다. 연구주제의 중심은 신분구조와 신분이동에 두어졌는데 특히 새로 발굴된 호적대장을 기초로 하여 연구에 커다란 진전을 가져왔다. 蔚山府戶籍大帳을 기초로 한 鄭奭鍾, 大邱府戶籍大帳을 기초로 한 韓榮國, 丹城縣戶籍大帳을 기초로 한 金錫禧·朴容淑의 연구가 이 시기의 연구경향을 대표하면서 조선후기 신분제 변동의 흐름을 확인하였다. 이로써 이후의 연구에 진전을 가져올 수 있었던 중요한 계기가 되었다.

먼저 정석종(1972)의 연구방법은 단순한 계층이동론에만 의존하지 않고 신분제 동요를 설명하면서 조선후기 경제상의 변동과 관련시키고 있다. 그러나 그의 연구가 신분제 문제를 조선 봉건사회의 기본적 구성요소라는 측면에서 전개하지 못한 점은 한계로 지적될 수 있다.

이어서 한영국은 '新戶'를 중점적으로 검토하여 양반으로 지칭되는 鄕班類의 상급 신분층은 점차 농촌지역으로 이주하는 한편 身良役賤人을 비롯한 양인층과 향리류의 중간 신분층은 도시지역으로 이주하는 경향이 나타난다는 점을 밝혔고(1976), 사료비판의 실증적 측면에서 대구호적에 나타난 고공을 분석하면서 구체적인 자료의 검증을 통한 새로운 문제를 제기한 바 있다(1979).

그리고 김석희(1975)는 단성호적대장의 발굴경위와 그 가치 및 연구의 방향을 제시하였다. 이리하여 김석희·박용숙(1978-①, 1979-②)은 ①에서 호적대장 말미에 기재되어 있는 통계자료를 이용하여 단성의 호구 신분·직역관계를 대구의 그것과 비교 검토하였다. ②에서는 18세기 단성의 향촌사회 조직과 호구의 구성 및 동족부락·특수부락(驛吏부락, 匠人부락, 奴婢부락)의 실태를 해명하였다.

한편 사회사적으로 계층이동론에 입각하여 국내 사회학자와 미국인 연구자들이 이 시기의 연구에 참여한 사실도 지적할 수 있다. 金泳模·金彩潤·愼鏞厦·崔在錫 등과 E. W. Wagner·J. N. Sommerville·Susan Shin 등을 들 수 있다. 이들 연구도 공통적으로 조선후기 특히 18세기 후반 이후 신분의 상향이동이 급격히 전개됨으로써 신분제가 동요·해체되어 간다는 사실을 밝히고 있다.

80년대에 들어오면 중세사회 해체기의 제반 사회세력에 관한 연구가 광범위하게 전개되고 있음이 주목된다. 무엇보다도 특징적인 현상을 지적하면 첫째, 호적대장 분석을 통하여 향촌사회의 변동을 밝힌 연구가 이전보다 훨씬 많이 발표되었다는 점이다. 둘째, 家門의 奴婢文書나 戶口單子 등 고문서를 활용하여 각 신분층의 존재형태를 해명한 연구가 지속적으로 발표되었다. 이러한 작업은 李樹健·李海濬·鄭奭鍾·崔承熙·全炯澤 등에 의해 주로 기존의 신분제 동요 인식에 문제제기의 형식을 취하거나 새로운 방식으로 신분층 해명에 접근하는 방식을 보이고 있다.

호적대장을 직접 분석대상으로 한 주요 연구성과를 살펴보기로 한다. 단성현 호적대장의 경우, 먼저 李俊九(1982, 1983)는 단성호적을 중심으로 양반의 직역과 양반신분의 이동을 검토한 뒤에 業儒 業武를 분석하여 시대에 따라 그 개념이 달라진다는 점을 밝혔다(1985). 그리고 김석희(1983-①)는 18세기 단성 지역의 逃亡·移居戶를 주로 분석하여 타읍과 비교하면서 호구의 증감현상과 촌락의 성격 변화상을 찾아내고 있다. 또한 韓基範(1982, 1984)은 식년별 호적상의 가계를 추출하여 그 신분 변동상을 파악하는 방법을 시도한 바 있고, 全宇哲(1985)은 단성의 吏胥戶主의 四祖를 분석하여 시기별로 양인신분에서 점차 지배층으로 신분상승하는 경향을 보이고 있음을 밝히면서 이는 吏胥계층의 신분상승 욕구를 반영하는 것이라 하였다.

한편 박용숙(1986)은 언양과 단성을 비교하면서 호구변동과 혼인실태를 밝히고 나아가 언양현의 고공에 대한 분석을 통해 이들이 기본적으로 자유 임금노동자는 아니며, 성별 신분이 18세기초에는 남성이 압도적이며 양인·노비로 구성되어 있었으나, 19세기에 들어오면 모두 양인·여성고공으로 변하고 있다고 지적하였다. 특히 언양호적에 많이 보이는 挾人의 존재에 주목하여 바로 이들을 농민층 분해 결과 발생한 광범한 몰락농민층으로 파악하였다.

그 외에 한기범은 단성의 신분구성과 驛屬人의 신분적 지위(1982, 1984), 崔虎는 단성의 驛村(1985), 金相煥은 공노비의 신분변동(1989), 川島藤也는 단성의 향안(1987)에 대해서 각각 분석하였다. 최근에 崔允榛(1991)은 단성 지역의 培養村과 靑峴村의 주민구성과 그 변화에 대한 검토를 陜川李氏 가문을 통해 시도하였다.

그리고 井上和枝(1985)는 學習院大學 소장 단성현 호적대장을 분석하여 19세기 단성현의 구조론과 변동론에 관한 기본 연구를 전개하였다. 또한 山內弘一(1988)은 향리계층의 신분변동 관점에서 지금까지 알려진 최고의 대장부터 19세기까지를 장기적인 전망의 토대에서 고찰하였다. 특히 최근에는 武田幸男 編의 「단성현 사회동태에 관한 종합연구」(1990)가 발표되면서 크게 주목을 받고 있다. 武田幸男은 호적대장의 연구동향을 정리하였고, 山內弘一은 生鐵匠·水鐵匠의 사례연구를 통해 工匠을 분석하였고, 井上和枝는 金欞과 金麟燮 부자를 중심으로 단성민란기 재지사족의 동향을 분석하였다.

다음은 언양현 호적대장을 중심으로 한 연구를 보자. 우선 언양현 호적대장은 현존하는 호적대장 가운데 사료적 가치가 매우 크다. 그것은 첫째, 18세기 초에서 19세기 후반까지 약 150년 간에 걸쳐 있어 연대폭이 상당히 넓은 편이며, 둘째, 하나의 행정단위인 縣 전체의 상태를 기록하고 있다는

점이다. 똑같이 군현 전체의 사실을 담고 있는 대구·울산의 호적대장보다
도 식년분이 많기 때문에 자료의 이용폭이 훨씬 크다고 할 수 있다. 조선
시대의 군현제적 지배질서 하에서 군현단위의 조세 징수체계, 재정구조,
이와 아울러 군현 단위의 호구 파악이 각각 특징적으로 이루어졌던 점을
고려할 때, 호적대장을 통해서 군현의 전체상에 접근하는 일은 매우 중요
한 과제라 할 수 있다. 셋째, 언양현 호적대장은 기왕에 알려진 타 군현 호
적대장과 달리 호당 인구수가 매우 많다는 사실을 지적할 수 있다. 넷째,
언양현 호적대장에는 '挾人' 인구가 조사·기재되었다는 점에서 매우 중요
한 특징을 지니고 있다. 전 9책의 대장 가운데 정조~순조대의 5책에서만
이러한 기재방식을 찾아볼 수 있을 뿐, 그 전후에 해당하는 숙종·철종대
의 호적에는 보이지 않는다. 이처럼 협인 기재원칙이 언양지역 내에서도
일관성 있게 지켜진 것은 아니었다. 호적대장상 협인에 관해 기록하고 있
는 사항은 신분·직역·성명·연령·가족사항·유고(사망, 도망, 이거)·
혼인·신솔 등이다.

이러한 협인의 존재에 관한 해석에는 농민층 분화 결과 광범하게 발생
한 몰락농민, 또는 主戶의 토지를 소작하거나 농업경영에 몰입되어 사역당
하는 인구로서 國役 담당능력이 없는 존재, 또는 사회경제적 처지에 관계
없이 주거를 타인의 가옥에 의존하고 있는 호구로서 단순한 가옥의 借貸
나 동거 상태를 보여주는 존재 등으로 각각 이해되고 있다. 이처럼 협인의
성격은 당시 토지를 둘러싼 농업경영의 해석에 대한 견해가 서로 다르기
때문에 이 문제는 앞으로 정밀한 검토를 요하고 있다.

먼저 김석희(1983-②)는 언양현 호적대장을 학계에 최초로 소개하면서
다른 호적대장과는 달리 연대폭이 크다는 점과 언양의 지역적 특성이 반
촌으로서의 기반이 약하다는 사실을 들어 조선후기 사회변동을 파악하기
위한 지역적 사례연구로서 중요한 자료임을 밝혔다. 나아가 그(1984)는 18
세기초와 18세기말의 호구실태를 비교·분석하여 대구나 단성과는 달리
언양은 호수의 변화가 없는 데 반하여 인구수가 크게 증가하고 있음을 주
목하고, 아울러 평균 인구수도 시대가 내려올수록 증가하고 있다고 하여

지금까지 알려진 경우와는 다르다는 사실을 지적하였다. 그리고 호의 구성원 중에 향리층이 가장 많은 비율을 차지하고 있고, 他邑과는 달리 18세기 초부터 노비호의 감소현상이 현저하고 18세기말에는 상민 노비층이 양반층으로 신분상승하는 경향이 현저하다는 점을 들어 다른 지역보다 신분해체 현상이 빨리 촉진된 것으로 파악하였다.

그리고 박용숙은 조선후기 기층민(挾戶·雇工·奴婢)의 실태와 18·19세기 동성혼을 중심으로 한 향촌사회구조에 관한 연구를 진전시켰다. 고공에 대한 분석(1983)의 경우, 19세기 초에 오면 거의 양인으로 이루어진다는 점과 雇主는 경제적으로 부유한 상층신분에 속하는 양반과 준양반으로 이루어진다는 점을 지적하였다. 노비에 대한 분석(1984)의 경우, 단성과 언양의 비교·검토를 통해 18세기 초 이후 감소되기 시작한 노비호가 19세기 중엽에 오면 거의 소멸하고 있으며 특히 사노비호의 소멸이 두드러진다고 하였다. 반대로 솔거노비는 150년 간에 걸쳐 그 수에 있어 큰 변동없이 계속 보유되고 있는 점을 주목하였다. 또한 협호에 대한 연구(1986)에서 협호의 개념과 존재양태 등에 관한 분석을 시도하였는데, 협호의 실체는 일부가 偏在戶로 존재하는 동시에 일부는 노비·고공의 노동력에 대체되는 주호의 예속노동·종속소작인이라는 의미로 존재하고 특히 예속노동으로 존재한 협호는 농민층 분해 결과 몰락한 貧殘農民層으로 파악하였다.

이어서 蔡尙植(1984)은 언양의 동족·특수부락 실태를 분석하였는데, 1개의 里를 기준으로 5호 이상의 동성집단을 조사한 결과 1개의 동성집단이 압도적 다수를 차지하는 경우는 드물고 2개 또는 그 이상의 동성집단이 중심세력을 이루고 있는 것이 대부분이며, 동성집단이라고 하더라도 직역과 신분을 함께 하는 경우는 대체로 동일한 혈연관계를 가졌음을 밝혔다. 특수집단의 경우는 중인호는 다른 집단과는 달리 양적 증가현상이 보이나 동족부락은 형성하지 못하였고, 역리층에 있어서는 장인호나 노비호처럼 급격한 감소현상은 보이지 않고 비록 동족부락의 영향력은 미약했으나 대체로 같은 혈연관계를 가진 경우가 많았다고 하였다.

한편 李榮薰(1988)은 토지소유관계 속에서 挾人-挾戶의 문제를 고찰하였다. 그는 量案과 籌板을 통해 영세한 소토지 소유자의 광범한 존재를 확인하고 이것은 대토지 소유자의 상대적 부재현상과 같은 의미로서, 1871년 당시 언양에서는 지주-소작관계의 在地地主制는 아직 성립하지 못했다고 파악하였다. 아울러 농민경영의 계층적 존재형태를 분석하여 호적을 대상으로 主戶經營과 挾戶經營의 범주를 설정하였다.

Ⅲ. 과제와 전망

이상에서 호적대장 연구성과를 통한 향촌사회구조와 신분구조의 변동상을 개략적으로 살펴보았다. 조선후기 지방사회사의 전체상을 위한 각각의 연구방향 중에 하나의 방법론으로서 호적대장을 중심으로 한 신분사 연구가 앞으로 더욱 체계화되기 위해서는 아직도 많은 문제점과 과제를 안고 있다.

우선 현존하는 호적대장의 거의 전부가 경상도의 일부 지역에 한정되고 있는 점과 임진왜란 이후의 것밖에 남아 있지 않다는 사실은 곧 지역적·시간적인 제약이라 할 수 있다. 따라서 일부 지역에 한정된 호적대장의 분석을 당시 조선후기 전체 지방사회의 현상으로 일반화하여 통사적인 결론을 도출하기에는 여전히 무리가 있다. 이를 위해서 무엇보다도 연구자들의 본격적인 지방사 자료발굴 작업과 아울러 이에 대한 재정적 지원이 뒷받침되어야 할 것이다. 그리하여 개별 지역적인 호적 신분 연구성과를 종합하고 체계화함으로써 전체로서의 향촌사회상을 그려낼 수 있을 것이다.

그리고 주로 현재까지는 호적대장에서 한 지역의 특정한 신분계층(가령 노비, 역리, 고공층 등)에 대한 연구는 상당히 진척되어 있는 실정이다. 앞으로는 이를 토대로 제반 신분층을 전체적으로 분석하여 일정 지역 내의 전체인구를 대상으로 한 종합적인 신분사 연구가 진행되어야 할 것이다. 이 점과 아울러 아직도 논란이 되고 있는 각 신분층에 대한 해석문제도 재검토되어야 할 것이다. 즉, 호적대장상의 직역에 따른 신분규정 문제인데 그 중에서도 특히 양반신분의 개념과 범주에 대한 이론적 실증적 검토가 전제되어야 하며, 전체적으로 각 신분층의 명확한 구분이 이루어져야 한다.

한편 해당 지역의 부세운영의 실태와 향촌의 지배세력권(鄕權)의 추이 문제 등과 연계하면서 신분층의 변동양상과 향촌사회구조의 변화상을 추적하는 방법론도 수행되어야 할 것이다.

나아가 일반적인 지방사 자료의 중요성 내지 특수성에 관한 문제이다. 전통시대 각 지역의 문화들은 그 문화가 생성·발전하는 과정에 따라 서로 다른 모습과 특성을 갖기 마련이다. 이렇게 특수한 역사적 배경과 범위를 지닌 지방문화를 국가사·전체사·중앙사의 시각에서 평가하고 규정하게 되면, 지방문화의 독자적인 개성들은 무시되기가 쉽고 때로는 전혀 돌연변이적인 사실들을 과장함으로써 지역적 성격을 잘못 규정하는 오류도 범할 수 있다. 따라서 지역문화(향토문화)를 조명할 때 가장 우선적으로 취급해야 할 점은 '해당 시기에 그 지역에서 그들만이 생성시킬 수 있었던 특수한 여건'이 무엇이었는가 하는 사실이다. 나아가서 이러한 특수성은 민족문화의 보편성의 기반 위에서 나타난 것이어야 하며, 이 양자의 비교 속에서 지역적 성격이 명쾌하게 해명되어야 지역문화의 존재가치도 선명해질 수 있다.

이러한 차원에서 중앙 중심적인 평가나 독자성만을 과장하는 경향을 불식시키기 위해서는 각 지방마다 그 지역에 현존하는 傳承資料들을 충실하게 정리하고 분석하는 작업이 필요하다. 아울러 이 작업은 기본적으로 그 지방의 여건과 입장(지역적 현실)에서 정리되는 것이 바람직할 것이다.

조선후기 호적대장 주요 연구목록

국내연구

가와지마 후지야, 「『丹城鄕案』에 대하여」, 『淸溪史學』 4, 1987.

金相煥, 「朝鮮後期 公奴婢의 身分變動 - 17~18세기 丹城縣戶籍大帳을 中心으로-」, 『慶北史學』 12, 1989.

金錫禧, 「朝鮮王朝後期의 慶尙道 丹城縣戶籍大帳에 對하여」, 『釜山大 文理大論文集』 14(인문사회과학편), 1975.

金錫禧, 「慶尙道 丹城縣戶籍大帳에 關한 硏究 - 18世紀 逃亡·移居戶를 中心으로-」, 『釜山大 人文論叢』 24, 1983-①.

金錫禧, 「朝鮮後期 慶尙道 彦陽縣戶籍大帳에 關하여」, 『釜大史學』 7, 1983-②.

金錫禧, 「18~19세기 戶口의 實態와 身分變動 - 新例 彦陽縣戶籍大帳을 중심으로-」, 『釜山大 人文論叢』 26, 1984.

金錫禧·朴容淑, 「朝鮮王朝後期 慶尙道 丹城縣戶籍大帳에 關하여(Ⅱ)」, 『釜山大 文理大論文集』 17(인문사회과학편), 1978.

金錫禧·朴容淑, 「18世紀 農村의 社會構造 - 慶尙道丹城縣의 경우-」, 『釜大史學』 3, 1979.

金俊亨, 「朝鮮後期 鄕吏層의 변동 - 彦陽地域의 예를 통한 접근-」, 『慶尙史學』 6, 1990.

朴性植, 「18世紀 丹城地方의 社會構造 - 丹城戶籍 所載 職役別統計를 中心으로-」, 『大邱史學』 15·16, 1978.

朴容淑, 「18~19세기의 雇工 - 慶尙道 彦陽縣戶籍의 分析-」, 『釜大史學』 7, 1983.

朴容淑, 「18~19세기의 奴婢와 雇工 - 慶尙道 彦陽縣戶籍의 分析-」, 『釜山大師大論文集』 9(인문과학편), 1984.

朴容淑, 『朝鮮後期 鄕村社會硏究』, 경북대 박사학위논문, 1986.

宋俊浩, 「朝鮮의 兩班制를 어떻게 이해할 것인가 - 兩班制에 관한 오늘날의 通說이 갖는 몇 가지 問題點-」, 『全羅文化論叢』 1, 1986.

은기수, 「조선후기 인구자료로서의 호적에 관한 일연구」, 『한국사회의 신분계급과 사회변동』, 1987.

李榮薰, 「彦陽戶籍을 통해 본 主戶 - 挾戶關係와 戶政의 運營狀況-」, 『朝鮮後期 社會經濟史』, 한길사, 1988.

李俊九, 「朝鮮後期 兩班身分 移動에 關한 硏究 - 丹城戶籍을 中心으로-」(상·

하), 『歷史學報』 96·97, 1982·1983.

李俊九, 「朝鮮後期의 '業儒·業武'와 그 地位」, 『震檀學報』 60, 1985.

全宇哲, 「18世紀 前半期 農村의 社會相에 關한 硏究」, 인하대 석사학위논문, 1982.

全宇哲, 「朝鮮後期의 鄕村社會에 있어서의 吏胥階層硏究 - 丹城戶籍의 分析을 통한 事例硏究」, 『震檀學報』 60, 1985.

鄭奭鍾, 「朝鮮後期 社會身分制의 崩壞 - 蔚山府戶籍大帳을 中心으로 - 」, 『十九世紀의 韓國社會』, 1972.

蔡尙植, 「18~19세기 同族 特殊部落의 실태」, 『釜山大 人文論叢』 26, 1984.

崔槿默·韓基範, 「17世紀의 同姓婚 - 丹城戶籍을 中心으로 - 」, 『충남대 인문과학연구소논문집』 9-2, 1982.

崔允榛, 「17~18世紀의 慶尙道 丹城縣의 住民構成(1) - 위 시기에 작성된 丹城縣戶籍에서 발견되는 몇 가지 특성 - 」, 『全羅文化硏究』 5, 1991.

崔　虎, 「조선후기 驛村에 대한 일고찰 - 丹城戶籍大帳을 중심으로 - 」, 『中央史論』 4, 1985.

韓基範, 「17世紀初 丹城縣民의 身分構成 - 戶籍分析을 中心으로 - 」, 『湖西史學』 10, 1982.

韓基範, 「17世紀 驛屬人의 身分的 地位 - 丹城戶籍을 中心으로 - 」, 『논문집』 13, 대전실업전문대학·중경공업전문대학, 1984.

韓榮國, 「朝鮮後期의 雇工 - 18~19世紀 大邱戶籍에서 본 그 實態와 性格 - 」, 『歷史學報』 81, 1979.

韓榮國, 「朝鮮後期의 挾人·挾戶 - 彦陽縣戶籍大帳의 挾人口를 中心으로 - 」, 『千寬宇先生還曆紀念韓國史學論叢』, 1985.

韓榮國, 「朝鮮後期 戶籍의 基礎的 硏究」, 『韓國史學』 6, 1985.

국외연구

四方 博, 「李朝人口に關する一硏究」, 『京城帝國大學法學會論集』 9, 1937.

四方 博, 「李朝人口に關する身分階級別的觀察」, 『朝鮮經濟の硏究』 3, 1938.

西川孝雄, 「十七·十九世紀安東·星州兩班『戶籍』の一檢討 - 率居及び外居奴婢の分析 - 」, 『名古屋大學東洋史硏究報告』 1, 1972.

韓榮國, 「十八·十九世紀大邱地域の社會變化に關する一試考 - 大邱府戶籍の『新戶』を中心に - 」, 『朝鮮學報』 80, 1976.

武田幸男, 『學習院大學藏朝鮮戶籍大帳の基礎的硏究 - 19世紀 慶尙道鎭海縣の戶籍大帳を通じて』, 1983.

武田幸男, 『朝鮮後期 慶尙道丹城縣の社會動態における硏究(Ⅰ)-學習院大學藏
　　　朝鮮戶籍大帳 基礎的硏究(2)』, 1990.
井上和枝, 「李朝後期慶尙道丹城縣の社會變動-學習院大學藏丹城縣戶籍大帳硏
　　　究-」, 『學習院史學』 23, 1985.
山內弘一, 「李朝後期鄕吏身分移動與否考-丹城縣戶籍大帳による鄕吏系家門の
　　　事例硏究-」, 『上智史學』 33, 1988.

제2편 단성현의 호적대장

제1장 조선후기 경상도 단성현 호적장적에 대하여

I. 장적 발굴의 경위

필자와 부산대 사학과의 박용숙 교수는 경상남도 문화재전문위원인 부산대 국어교육과의 柳鐸一 교수로부터 1975년 7월초 경상남도 산청군 단성면 소재 향교에 조선후기의 호적장적이 보관되어 있다는 것을 알게 되었다.

방학을 기다려 8월 26일 류 교수에게 부탁하여 박 교수와 필자는 산청군 단성면에 갔다. 먼저 면사무소에 들러 부면장으로부터 그 고장의 연혁과 문화재에 대한 해설을 들었다. 여러 가지로 참고되는 것은 많았지만 장적에 관해서는 아는 것 같지 않았다. 그 길로 단성면의 문화재 담당직원의 안내를 받아 향교로 향하였다. 혹시 관리자가 없으면 어떡하나 했지만 다행히 향교 앞에 있는 자택에서 典敎 權復根氏를 만날 수 있었다. 어느 고을에서나 마찬가지로 향교마을을 敎洞이라 하고 유서깊어 보이는 고가들이 여러 집 있었다. 전교와 인사를 교환한 뒤 장적에 관해서 문의하였다. 그 때 전교는 장적이 이곳에 보관하게 된 내역을 다음과 같이 말하였다. "한일합병 후 이곳의 장적을 산청으로 옮겨 가려고 牛車에 실었던 것을 이곳 주민들이 단성의 장적을 산청으로 보낼 수 없다고 하여 이를 탈취하여 향교에 운반하여 지금까지 보관하였다"고 한다. 호적대장이 현재까지 보관되어 있다는 사실을 들은 우리 일행은 기쁨을 금할 수 없었다. 동시에 어떻게 지금까지 공개되지 않았는지 궁금하였다. "이 고장에는 명사도 많고 고적·명가도 있어 학자들의 왕래도 잦았던 곳인데" 하는 생각이 들었다.

전교의 안내를 받아 향교의 문을 들어섰다. 유서가 깊은 향교(『丹城誌』에 의하면 세종대에 건립되었다고 함)라고 들은 바 그대로 향교 건물도 조선시대의 건물임을 단번에 알 수 있었지만 헐어 무너져 보수가 시급해 보였다. 서재 앞으로 빠져나가 뒷편에 鄕案을 보존하고 있는 향교실에 들어섰다. 향교실 옆 청마루 뒤의 조그마한 공간에 칸막이를 해서 장적을 보관하고 있었다. 전교가 자물쇠를 열고 벽에 걸린 장적을 보여주었다. 장적을 보는 순간, "이렇게 해서 용하게도 보관될 수 있었구나"하는 생각이 들었다. 보관된 장소는 면적이 옆으로 길고 반평도 안 돼 보였고, 통풍은 문 위에 조그마한 환기구가 있지만 극히 불량하였다. 바닥에는 좀먹은 장적의 조각이 떨어져 있고, 벽에 걸어두었지만 몇 권의 장적은 파손이 심해 보였다. 귀중한 사료가 이대로 방치되다니, 한심한 생각이 들었다. 우선 장적을 보기 위해 鐵卷으로 묶여진 장적 하나하나를 마루에 옮겼다. 장적 한 권은 혼자 옮기기에는 힘겨울 정도로 무거웠다.

전체를 내려 헤아리니 13책이었다. 내용도 완전하고 표지에 편찬년대가 기록되어 있는 것은 6책이었고 나머지 것 중 내용은 완전하나 표지가 없는 것이 1책이었다. 따라서 그 연대는 알 수 없다. 그 외의 6책은 책마다 半帳 정도는 좀이 서려 있어 알아보기 어려운 상태였다. 애석하지만 그래도 6책이 완전무결하니 불행 중 다행이었다. 6책 모두 면 전체의 것이었다. 세 사람은 머리를 맞대어 편찬년대·체재·내용을 살폈고, 약간의 기록과 사진 몇 장을 찍고 전교에 귀중한 사료라는 것을 인식시키고 보관을 잘 부탁하고는 물러섰다.

그 후 학교에 와서 지금까지 알려져 있는 장적에 관한 연구보고서 등을 수집·조사하고 단성장적에 대한 가치성을 검토한 끝에 공동 연구하기로 결정하였다. 방학이 끝나기 전에 복사해 두어야겠다고 생각하여 다시 향교를 찾겠다는 서신을 띄우고는 8월 20일 필자와 박 교수는 학교 시청각실의 사진가사를 데리고 단성으로 갔다. 사전에 연락을 받았다고 하면서 權泰根

氏와 鄕校院長이 맞아 주었다. 그 분들이 입회한 가운데 이틀에 걸쳐 향교의 뜰에서 파손될까 염려하면서 한 장 한 장 넘기면서 6책의 장적을 무사히 복사하였다. 안타까운 것은 파손한 것까지 복사하려 했으나 입회하고 있는 분에게 너무나 폐를 끼치는 것 같아서 못한 일이었다. 백여 년 전의 장적을 한 장씩 넘긴 것도 감명깊었지만 햇빛에 쬐어 보관에 도움을 주었다는 점이 또한 흐뭇하였다.

Ⅱ. 장적 편성의 과정

국가의 호구, 호적 편성은 왕조의 존립기반을 구축하기 위한 기초작업으로 불가결한 중대사업이다. 때문에 어느 왕조일지라도 국초에는 호적정비에 노력을 쏟고 역대 왕실에게도 그 사업이 계승되었던 것이다. 조선 태조도 국가의 기반을 구축하고자 麗末 호적의 문란을 시정하기 위해서 호적법을 마련하였다.[1] 즉,

> 惟 我太祖承高麗板蕩之餘 慮民産之無恒 戶口之日縮 嚴立戶籍之法 自成籍以後 逃亡流移人及許接容隱之人 按律科罪 載諸元典 (『世宗實錄』 권88, 세종 22년 2월 丙辰).

이라 하여 "태조는 戶籍法을 세우고 위반자에 대한 처벌을 규정하고 이를 元典에 載錄하였다"는 것을 통해 이러한 사실을 알 수 있다. 그러나 여말의 문란한 호적이 일시에 정비될 리는 만무하였다. 그리하여 실효를 거두기 위해 태종·세종·세조대를 거치는 가운데 隣保法·號牌法·五家作統法이 시행되었으며 호적법도 점차 정비되어 15세기 중엽 『經國大典』에 이르러 후세의 기본적인 형태로 확정되었던 것 같다. 따라서 『경국대전』의 것은 국초 이후 여러 번 詮議·決定되어 호적에 관한 규정이 집대성되었던 것이라고 생각된다.[2] 『經國大典』 권2의 호적규정에 의하면

---

1) 有井智德, 「李朝初期の戶籍法について」, 『朝鮮學報』 39·40합집, 1966, 42~88쪽.

　　每三年 改戶籍 藏於本曹 漢城府 本道本邑　　○ 京外 以五戶爲一統 有
統主 外則每五統有里正 每一面有勸農官 京則每一坊有管領

이라 하여, "매 3년마다 호적을 만들어 호조와 한성부 그 도와 그 고을에
비치한다. ○ 서울이나 지방에는 모두 5호를 1통으로 하고 統主를 둔다. 지
방은 5통마다 里正을 두고 면마다 勸農官을 둔다. 서울은 1坊마다 管領을
둔다."고 하였다.

　　즉 3년마다 행하는 式年成籍과 오가작통법에 의한 편성의 두 원칙을 세
워놓고 있으며 장적을 호조, 감영, 지방관아에 각각 동일한 것을 비치하도
록 조치하였다. 이 규정은 그대로 뒤에 계승되었다.3) 그 후의 규정은 영조
대의 『續大典』에 구체적으로 명문화되어 있다.

　　戶典戶籍條에 의하면

　　式年子午卯酉年 成籍時 外邑各面監官 以大夫擇差　○士大夫庶民　一
從家坐次序作統 移來移去之類 元居官 新居官 公文相准後 許接 入籍者
戶口成給

이라 하여 "式年에 戶籍을 작성할 때에 지방의 邑各面監官4)은 사대부로
서 異同을 가려 임명한다. 사대부와 서민은 한결같이 집 위치의 순서로 統
을 지운다. 移來者나 移居者는 원거주지의 관이나 신거주지의 관인이 공
문을 작성 相准 후에 접수한다. 入籍者에게는 호적부를 작성하여 給付한
다"고 규정짓고 있다. 그리고 벌칙도 구체적으로 명시하고 있다. 전문을 소
개하기에는 너무 많아서 그 일부를 추리면, 지방관리에게는

　　戶籍限內不上送觀察使推考 守令罷黜 (『續大典』 권62, 戶典 戶籍)

---

2) 四方博, 「李朝人口に關する一研究」, 『朝鮮社會法制史研究』, 岩波書店, 1937, 13
　쪽.
3) 정조대의 『大典通編』에는 다만 "本曹藏籍 今廢 每式年 翌春 藏帳籍於江都仍曬
　舊"만이 첨가되고 있다.
4) 監官은 官衙 官房에서 金錢出納을 맡아보는 吏員을 가리킨다.

이라 하여 "호적을 기한내에 上送하지 않을 때는 관찰사는 推考의 처분을 받고 수령은 黜出한다"고 하여 그 책임을 가하고 신고나 작성시에 있어서 부정, 즉 '漏戶者', '漏丁者', '漏籍者', '增減年歲者', '虛戶者', '冒錄者(타인의 노비를 暗錄한 자)' 등에 관계한 일반민, 吏員, 擔職者, 수령에게 그 범죄에 따라 중벌을 규정해놓고 있다. 이는 조선 장적의 사료로서의 신빙성을 생각하는 데 큰 도움을 주지만 한편으로는 당시의 호적에서 탈루하는 여러 방법 등을 짐작할 수 있게 한다.

이상에서 장적 편성의 윤곽을 알 수 있지만 이를 더 구체적으로 보면, 호주가 신고한 戶口單子를 관에서 접수하고 관에서는 前回의 호적과 상준하여 그 착오 및 부정을 가려 成給戶籍(準戶口式) 2건을 작성하여 1건은 호주에게 지급하고 1건은 원본으로 하였다. 이 원본을 토대로 2건의 호구안(戶口帳籍)을 작성하여 호조와 한성부에 비치하고 지방에 있어서는 3건의 호구안을 작성하여 1건은 지방관아에, 나머지 2건은 호조와 감영에 보관하였던 것이다. 이 호적작성의 과정은 『太宗實錄』에 잘 나타난다. 즉

議政府啓 奴婢戶口法……謹按 經濟戶典 近年以來 戶口之法不明 差役不均 良賤混淆 其弊不小 今後 京外官推考成籍 戶首人夫妻內外四祖及率居子孫弟姪 以至奴婢年才 備載 乞令各道各官 以今年七月十五日爲始 兩班 人吏 百姓 各色人世系 備細推考 分揀成籍 一件納于戶曹 一件置于監司營庫 一件置于其官 京中 漢城府 以明年七月十五日爲始 考其本貫 呈狀 亦以上項例 覈實成籍 皆從之 (『太宗實錄』 권27, 태종 14년 4월 乙巳).

漢城府上戶口式 啓曰 大小人員戶口成籍 定限 擧案收納 然上項戶口內奴婢 幷錄次良人子女 公處奴婢 他人奴婢 汎濫施行者……戶口單子收納定限 京中 時散二品 以至士庶人 來丙申年正月內 畢收納 五月內 畢成給 外方 依上項例 八月 收納 十二月內 畢成給 依允 漢城府又啓 大小人員戶口單子收納 依受敎 出榜督納 以曾降敎旨 戶首人夫妻內外四祖及率居子弟姪奴婢才 備細載錄…… (『太宗實錄』 권30, 태종 15년 12월 丙寅).

戶曹啓 各人戶口 京中漢城府 外方各官守令 據其狀告成給 其規式 則
某年號月日 戶口准府 在某年成籍戶口帳內 某部某坊第幾里 外方 某面
某里住某職 姓名 年甲 本貫 四祖 妻某氏 年甲 本貫 四祖 率居子息某某
奴婢某某等 准給者 漢城府 外方某州縣斂署 周挾改字數及有無 橫書踏
印 一本粘連立案 一本給狀告戶首 毋令疊給 從之 (『世宗實錄』 권40, 세
종 10년 5월 癸丑).

Ⅲ. 戶口單子 및 成給戶籍의 規式

주민이 신고한 戶口單子 및 成給戶籍의 規式 기재사항은 『經國大典』
禮典 戶口式에 잘 기록되어 있다. 즉

戶某部某坊第幾里 外則稱某面某里住 某職姓名 年甲 本貫 四祖 妻某
氏 年甲 本貫 四祖 宗親 錄自己職銜 妻四祖 儀賓 錄自己職銜 四祖 某
尙主 庶人錄自己及妻四祖 庶人不知四祖者 不須畵錄 率居子女某某年
甲 女婿則幷錄本貫 奴婢 雇工某某年甲

이라 하여 "각 호마다 그 주소와 호주·처의 직명, 연령, 甲支, 선조의 향
관, 부·조부·증조부·외조부의 이름 등을 기록한다. 외조부의 경우도 향
관을 쓰고, 종친이면 자기 직함과 처 四祖를 기록하고, 儀賓이면 자기 직
함 사조와 某主에게 장가든 것을 기록하고, 庶人이면 자기 및 처 사조를
기록하고, 庶人으로서 사조를 모르는 자는 다 기록하지 않아도 된다. 동거
가족은 續柄과 성명, 연령, 갑지(女婿이면 모두 본관을 기록한다), 노비·
고공에 있어서도 성명, 연령, 갑지를 기록한다"고 되어 있다.
　이상과 같은 성적 규정에 의거하여 작성된 경상도 의령현의 한 호구단
자(고종 10년 : 1873, 4월)를 예시하면 다음과 같다.5)

---

5) 이 戶籍單子는 準口式인 成給戶籍에 대조하면 同治 12年(고종 10 : 1873) 4月 宜
寧縣의 것이다.

深池洞
第戶幼學金致魯年四十八癸未生本金海
　父學生必俊
　祖學生應宗
　曾祖學生德聲
　外祖學生金成潤本光山
　妻朴氏齡四十九壬午生籍密陽
　父學生驥鎭
　祖學生載奎
　曾祖學生鳳旭
　外祖學生李性侃本全州
　率子石柱年十六乙卯生

奴仲分奴仲心婢禾里女久遠逃亡
丁卯戶口相準

　이 단자에는 書面에 '第戶'라는 '第'자의 위에, 그리고 '妻', '率子' 위에 각각 朱點이 찍혀 있다. 이것은 호구 세 사람을 모두 監考하였다는 표시라고 보여진다.

　여기에 보이는 서식은 『경국대전』 예규와 다름없음을 알 수 있다. 이 단자를 토대로 성급호적을 작성하였던 것이니 서식은 『경국대전』 예전에 「准戶口式」이라고 다음과 같이 재록되어 있다.

某年月日　本府　外則稱本州　本郡　考某年成籍戶口帳內某部某坊云云
奴婢某某年甲等準給者
　漢城府須備三員　堂上官押　堂下官押外則稱某邑某職
　周挾改幾字　無則云無　橫書經印

　역시 구체적인 성급호적을 예시하면 다음과 같다. 이는 위에 든 호구단자의 호주 金致魯 兄의 것이다.

同治十二年 四月 日 宜寧縣

考癸酉成籍戶口帳內西面大谷里深池洞第十八統
第四戶鰥夫幼學金龍祚年六十三辛未生本金海
父學生必俊
祖學生應宗
曾祖學生德聲
外祖學生金成潤本光山
率子宙慶年四十甲午生
率婦崔氏齡三十五己亥生

行縣監

奴仲心庚午戶口相準

　여기에서 호구단자와 성급호적을 비교해보면, 그 서식은 거의 같으나 성급호적에는 '考'자와 주소가 구체적으로 기재되고 연월일도 명기되어 있다. 이 성적호적을 토대로 式年式帳籍이 편성되었던 것이다. 이 식년식 장적의 내용은 단성현 장적에서 보기로 한다.

IV. 단성현 장적의 내용

　필자들이 조사대상으로 한 7권은 다음과 같다.

(1) 康熙 56년(숙종 43년 : 1717) 10月 丁酉式年
(2) 康熙 59년(숙종 46년 : 1720) 11月 庚子式年
(3) 雍正 10년(영조 8년 : 1732) 10月 壬午式年
(4) 乾隆 27년(영조 38년 : 1762) 4月 壬午式年
(5) 乾隆 48년(정조 7년 : 1783) 1月 癸卯式年
(6) 乾隆 51년(정조 10년 : 1786) 正月 丙子式年
(7) 시대 미상(表紙喪失) 己酉式年

이 장적의 표지에는

康熙五十九年十一月 日 慶尚道丹城縣 庚子式年 戶籍大帳

이라 씌어져 있으며, 책의 말미에는 각종의 통계와 함께 단성현 총인구
를 다음과 같은 형식으로 기록하고 있다.

合男丁壯四一三二口 老 六三〇 弱九三〇 立丁壯 四三二七 老六九九
弱 一三九八 僧人 四四內 壯四·老四

그리고 말미에

通政大夫行丹城縣監 晋州鎭營兵馬節制都尉 權某 手訣

이 양식은 시대적으로 별다른 차이가 없다. 단성현의 경우 숙종대의 것
과 정조대의 것은 같다. 장적 지면의 크기는 단성의 경우, 약간 차이가 있
으나 대체로 '세로 68cm', '가로 70cm' 정도이며, 한 책의 폭은 '15cm'로 대
충 총 150매로 되어 있다. 그리고 지질은 양질의 두터운 壯紙를 사용하고
있다. 책의 좌측 表·裏紙에는 세로로 길게 生鐵片을 부착하고 있으며, 그
양쪽에 쇠고리(鐵環)를 달아놓고 있다. 그러므로 책장은 잘 떨어지지 않는
다. 그리고 철환을 가지고 벽에 걸 수 있게 해놓고 있다. 문자 그대로 鐵卷
大帳이었다.
　그 編裁에 있어서는 면을 里별로 구분하고 里를 다시 村별로 나누며, 각
촌을 五戶一統으로 세분하였다. 그 시작은 某里第一統 第一戶順으로 되
어 있다.
　예시하면 다음과 같다.

　(A) 第五里戎坪村第一統統首鄭元甲
第一戶禦營保老除鄭元伊陸拾參丁丑本晋州父良人日山祖納通政日沃

曾祖正兵汗振外祖納通政金石尙本金海妻良女李召史年陸拾玖辛未本陜
川父業武嘉善大夫東善祖通政以遠曾祖通政季男外祖朴武本密陽率子禁
衛保奉三年貳拾捌壬子婦金召史年貳拾陸甲寅女仲里女年貳拾壹乙未丙
子戶口相準

　　(B) 第九統統首趙永徵
　　第一戶業武趙永徵年五拾五乙酉本咸安父祖業元壁祖訓練判官稷曾祖
通德郞英濬外祖學生鄭珉本晋州妻李姓年肆拾陸甲午籍陜川父學生成龜
祖學生孝木喆曾祖嘉善大夫中樞府事先男外祖學生金俊英本江陵率女年
拾柒癸亥奴命口年陸拾捌壬午丙子戶口相準

　　(C) 第三戶私奴束伍太甲年肆拾參丁酉卒晋州主縣居幼學趙熙潤父私
奴進安祖正兵日命曾祖正兵日先外祖李二永本慶州妻良女朴召史年參拾
五乙巳父良人希元祖業武時有曾祖良人晩伯外祖良人成啓南本昌寧女貴
女年陸拾甲戌丙子戶口相準

　　(A)는 禦營保, (B)는 業武[6], (C)는 束伍私奴의 戶籍이다.
　　그 양식은 대체로 단성의 6책도 그러하거니와 大邱帳籍과도 같은 것 같
으며, 이 양식은 한일합방 때까지 별로 변하지 않았던 것 같다.[7]

V. 단성현의 지역성

　　단성현의 연혁은 『丹城邑誌』[8]에

---

6) A는 良人의 것이나 B의 業武는 武官職임으로 武班에 포함시켜야 하겠다.
7) 四方博, 앞의 논문, 18~19쪽 참조. 여기에서 "形式의 細目은 시대에 따라 全然同
　　一하다고 보지 않는다. 統數統首의 記載를 略하고 老弱의 別을 듣지 않고 風憲
　　約正이 名이 尊位別有司라고 한 것 등이다. 大觀하여 후대에 疏雜하여 졌다고 보
　　여진다. 또 書冊 자체의 방대함도 점차 감축되었다." 라고 하였다.
8) 『丹城邑誌』는 『慶南輿地集成』(慶南公報室　慶尙南道道誌編纂委員會, 1963) 속
　　에 있다. 邑誌의 筆寫本이나 年記가 없기에 편찬연대는 정확히 알 수 없다. 人物
　　條에 英祖朝의 인물이 기록되어 있기 때문에 영조 재위 무렵에 작성되었다고 생

江城縣 本新羅闕支部 景德王改闕城 高麗朝改江城縣 後復陞爲郡 顯
宗屬晋州 恭讓王置監 恭靖王朝以僑寓永善之溟珍縣來 合號珍城縣
　李朝 世宗朝 溟珍還屬于巨濟丹溪縣 本新羅赤村縣 景德王改丹邑 爲
闕城郡領縣 高麗改丹溪 顯宗屬陜州 恭讓王 還屬江城 世宗朝 採兩縣名
改今名 爲縣監 宣祖朝己亥 以倭亂後蕩殘 合于山淸縣 光海癸丑 因土人
上言 復邑于來山下 康熙壬午移邑 江城舊址 雍正辛亥 還于來山舊址9)

라 하였다. 그 중 일부를 옮기면 이 고을은

　　“신라의 赤村縣이고 경덕왕 때 闕城郡의 屬縣으로 만들어졌고 고려 때
丹溪라고 고치고 현종 때 陜州에 속했으며 공양왕 때 다시 江城에 예속
시켰다. 조선 세종대에 두 縣名을 따서 지금의 명칭으로 고치고 縣監을
두었고, 선조 32년(1599)에 왜란으로 焚蕩되어 산청현에 합하였다. 광해
군 5년(1613)에 지방민의 上言에 의해 來山 밑에 縣邑을 부활케 하였으
나 康熙 壬午(현종 13년 : 1672)에 縣邑을 江城의 舊址에 옮겼으며 雍正
辛亥(영조 7년 : 1731)에 來山의 舊址에 도로 옮겼다.”

라고 말하고 있는 데서 古邑으로서 유서깊은 고장의 윤곽을 알 수 있겠다.

1. 지리적 환경

　이 현의 강역은 시대에 따라 약간의 차이가 있지만 호적장적에 기록되
고 있는 시대의 단성은 앞의 읍지에 다음과 같이 기록되어 있다.

　　東至晋州界十二里 至宜寧四十里 南至晋州界八里 西至晋州界十七里
北至山淸界二十一里 至三嘉界四十里

　즉 동쪽은 진주·의령, 남서쪽은 진주에 접하고 북쪽은 산청과 경계하고

각한다. 그러나 일반의 邑誌에 흔히 볼 수 있듯이, 前代의 기록에 사실을 添加·
補筆한 것 같다. 그러나 丹城帳籍 작성시대와 그 시대를 같이 한다고 보여진다.
9) 조선중기 이후의 기록은 『新增東國輿地勝覽』과 같다.

있다고 하였다. 그리고 그 경내는『丹城帳籍』의 지역 편성과 같은 坊里로
행정구역이 구분되어 있다.

縣內里 在來山之南 東西五里 南北十里 邑居蕭條 殘堞枕江
        屬坊八 邑內 磨屹 九印橋 放牧 江樓 聞慶 校洞 水山
元堂里 在縣四十里 東西十里 南北十里 比屋遺風 孝烈可式
        屬坊八 內元堂 培養 黑谷 沙月 外元堂 鳩山 立石 文乙
都山里 在縣東三十里 東西八里 南北十五里 十里雙川 長田綠竹
        屬坊八 文谷 龍興 碧溪 古邑 坌所耳谷 圓山 漁隱洞 道田
梧里洞里 在縣東十里 東西七里 南北十里 山有集賢 俎豆是設
        屬坊八 上丁泰 下丁泰 藪坌 新村 內悟洞 外悟洞 丹鳳村 青峴
        洞
北洞里 在縣南二十里 東北七里 南北十五里 山盤水廻 俗古民殘
        屬坊八 松溪 水月 每峰 嘉坪 新安 內北 月明 葛田
法勿里 在縣北四十里 東西十五里 南北二十里 重溪疊獻 冠盖舊跡
        屬坊八 可述里 平法勿 鵲山 巨洞 官耳 上法勿 捐項 禮慕
新燈里 在縣北三十里 東西 南北十里 丹溪鍾鼎 古縣餘風
        屬坊八 丹溪 島內 新坌 水淸洞 杜谷 古甕店 艮谷里 丘坪
生比良里 在縣東西四十里 東西二十里 南北十五里 山居谷汲 夫耕婦蠶
        屬坊八 大芚 猪洞 古赤谷 秋雲嶺 法玄 方下谷 佳谷 三多佛

이상에서 보다시피 이 縣은 八里로 구성되어 있으며, 한 里는 八坊을
두고 있다. 그리고 里의 면적[10]과 縣衙에서의 거리가 기재되고 있다.
  교통상의 위치는『丹城邑誌』道路條에

  東至三嘉界四十里 西至晋州界四十里 南至晋州界八里 北至山淸界二
十一里 距京八百八十九里九日程 東距監營二百三十里二日半 程南距兵
營五十里半日程 南距統營一百八十里二日程

이라고 하는 데서, 대충 윤곽을 알 수 있지만 교통망을 古山子 金正浩의 『大東輿地圖』(철종 11년)에서 보면 다음과 같다.

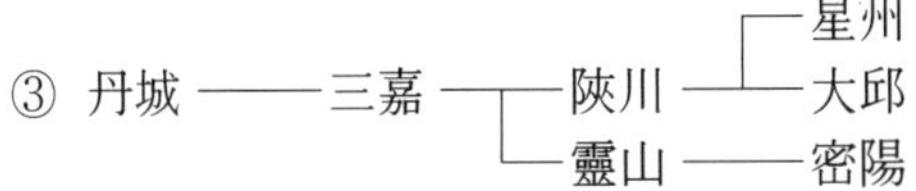

① 晋州 ── 新安驛(丹城) ── 西溪(山淸) ── 咸陽 ── 雲峰 ── 南原(全羅路)

② 晋州 ──── 召南 ──── 丹城 ──── 山淸 ──── 居昌 ──┬── 尙州
　　　　　　　　　　　　　　　　　　　　　　　　　　└── 永川

③ 丹城 ──── 三嘉 ──┬── 陝川 ──┬── 星州
　　　　　　　　　　　　　　　　├── 大邱
　　　　　　　　　　└── 靈山 ──── 密陽

여기에서 단성현은 진주에서 전라도방면, 진주에서 영천·상주방면, 합천·대구방면으로 나아가는 교통로에 접해 있으며, 경상도 서북부의 교통 요지인 동시에 지리산의 읍락에서 가장 교통이 발달한 곳이었음을 알 수 있다. 과거의 단성현 신안역은 지금도 그 지방 교통의 요지로서 지목되고 있다.

그리고 이곳은 자연의 경관도 수려하고 『丹城邑誌』 山川條에 "在新安 津東 丹壁翠崖 如懸如屛 延可二里許 尤庵宋時烈所書赤壁二字"라 하여 "智異山下에서 흘러내리는 新安江·道川江이 東南으로 흐르고 신안강에 면한 山勝은 마치 중국의 赤壁을 연상케 하는 것으로 조선의 名儒 宋時烈 은 赤壁이라는 글을 썼다"고 하였다. 따라서 이곳은 큰 강이 발달하고 있어 비교적 넓은 평야를 안고 있다.

2. 문화적 환경

『丹城邑誌』에 "江山之勝 人物之盛 甲於嶺下"라고 한 바와 같이 嶺下, 즉 지리산 밑에서 가장 인물이 많이 배출되었던 고장이다.

고려조의 인물에 대해서는 비단 이 고장만의 문제가 아니지만 기록에 전함이 적다. 충숙왕 때 典理判書를 지낸 迂齋 許邕이 이 곳에서 나왔으 며, 공양왕 때 중국에서 면화를 전한 文益漸 역시 이 고장 출신이었다.

조선시대에는 특히 많은 사대부·節士·효자·열녀 등이 배출되었다. 이 지방만을 지칭한 말은 아니지만 조선초기에 편찬된 『慶尙道地理志』에

道內俗尙 大槩重禮讓崇質儉 崇文好武 務農桑 不事工商 繁華富庶 甲 諸他道 名門右族 滿於朝廷

이라고 하여 벼슬아치가 많았다고 하였다.

특히 조선중기에 밀양에서는 巨儒 金宗直이 나오고 소백산 아래에 退溪 李滉, 이곳 지리산 아래에 南冥 曹植이 나오자 경상도는 유학이 융성하였던 것이다. 이를 실학파의 한 사람인 星湖 李瀷은 그의 『星湖僿說』에서 이와 같이 말하였다.

中世以後 退溪 生於小白之下 南冥 生於頭流之東 皆嶺南之地 上道尙 仁 下道主義 儒化氣節如海濶山高於是乎 文明之極矣 (『星湖僿說』上 抄本卷之一, 天地門東方人文)

이곳 단성현에 대해서는 중종조의 『新增東國輿地勝覽』 丹城風俗條에 "尙勤儉崇節義"라 하였으며, 한편 이 지방에 인접하고 있는 함양에서는 김종직의 문하인 鄭汝昌이 나왔고 조식은 삼가에서 출생하여 지리산 아래에 은거하면서 유학을 닦아 명종 10년(1555)에는 단성현감도 지냈다. 따라서 이 고장의 선비는 그분들의 영향을 많이 받았다고 하겠다.

『丹城邑誌』 人物條에 나오는 인사 중 조식·이황·정구 등에게 영향을 받은 이들에 관한 기록을 들면 다음과 같다.

權　濤：鄭寒岡(述)出入
李光友：受業於李退溪 曹南溟, 與鄭寒岡 金宇顒 講磨道義
李天慶：受學於曹南溟門
李　源：與曹南溟 退溪 爲道義交
權　逵：與曹南溟講論經義
李　晃：遊於曹南溟門 與崔守愚 河覺齋諸賢 講磨道義

李　魯：曹南溟門人

　유학이 번성한 고장이기 때문에 많은 관인들이 배출되었으며, 읍지에 수록된 과거에 합격한 자의 수를 헤아려보면 다음과 같다.

고려시대 文科 4명
조선시대 文科 64명　武科 122명
　　　　蔭仕 31명　生進科 68명

　여기서 주의해야 할 점은 읍지 편찬의 시대가 영조대로 추측되니 조선말기까지는 포함되어 있지 않다는 사실이다. 이와 같은 고장이고 보니 학교나 이 지방의 名士를 모신 鄕祀도 많이 설립되었던 것이다.
『丹城邑誌』 學校條에 보면 다음과 같다.

　學校(鄕校 設立年代未詳)[11] 道川書院(光海壬子 重建 文益漸 肅宗朝 權濤享祀 賜額書院 顯宗朝 權濤는 浣溪鄕祠에 옮김) 清谷鄕祠(肅宗朝 李天慶・正祖朝 柳之源 享祀) 浣溪鄕祠(權濤・權克亮 享祀) 杜陵鄕祠(肅宗朝 金湛・李晁 享祀) 培山鄕祠(李源・李光友 享祀) 新安影堂(朱子熹・宋時烈 享祀) 文山鄕祠(權逵 權文任 享祀)

　따라서 유교주의적인 봉건사상이 강하게 침투되고 있는 고을이요, 班常의 신분질서가 분명한 양반세력이 떨치는 고장이라고 할 수 있다.

3. 경제적 환경

　이 지방의 경제사정, 특히『丹城帳籍』간행 당시의 것을 알기에는 너무나 사료가 없다. 당시의 量案이나 鄕人의 토지문서같은 것이라도 있으면 상황은 달라진다. 다만『丹城邑誌』에는 약간의 사료가 기재되고 있으나

---

11)『丹城邑誌』山川, 壯元峯條에 "本朝 世宗朝 永樂間 鄕人營建鄕校于其基"라고
　　기재되어 있다.

그나마 戶口·田賦의 수량도 언제의 것인지 분명치 않다. 상기한 지리적 환경에서 언급한 바와 같이 강을 안고 있으므로 평야가 발달하고 있기 때문에 堤堰시설이 정비되고 있다. 『丹城邑誌』에

　　陽田堤 在縣北五里 周三百八尺 水深三尺五寸 方下谷堤 在縣東西十里 周一百六十六尺 水深五尺 白峴堤 在縣東四十里 周一千十尺 水深五尺 龍嚴堤 在縣東十里 周四百五十尺 水深四尺五寸 甘物谷堤 在縣北四十五里 水深四尺五寸 周二百九十尺 所有谷堤 在縣東二十里 周四百五十三尺 水深四尺五寸 者羅岱堤 在縣北十里 周三百三十尺 水深三尺五寸

이라 기록하였고 이곳 토산물은 土産條에 梅實·柿·蜂蜜·竹·石榴·銀口鴻·礪石이라 하고 있다. 그리고 이 곳은 산촌이기 때문에 야산에서 산출하는 동·식물약초도 많았던 것으로 進貢條에

　　人蔘 白芍藥 鱉甲 山藥 淸蜜 烏梅 蟬退 茯神 甘菊 柴胡 苡蕢仁 柿雪 生竹笋 石榴 乾柿 生雉 靑大竹 扇子竹 礪石

으로 역시 기록되고 있다.

　이러한 특산물이 생산되고 양반층이 많아 잉여생산물이 많았던 부촌이었는지 場市는 4개소에 성립하고 있다. 역시 場市條를 보면 다음과 같다.

　　邑市 在縣門外 開市 初二日 初八日 十二日 十八日 二十二日 二十八日 道川市 在縣東十里 悟洞面 開市 初五日 初十日 十五日 二十日 二十五日 三十日 丹溪市 在縣北三十里 丹溪倉外 開市 初四日 初九日 十四日 十九日 二十四日 二十九日 立石市 在縣四十里 立石村前 開市 初一日 初六日 十一日 十六日 二十一日 二十六日 廢

　開市場의 개수를 단성보다 큰 고을이 있던 산청과 비교해 보면 『山淸縣

邑誌』에는 縣內場 生林場 두 곳밖에 없다. 따라서 교역이 성하던 일면을 짐작케 한다. 이 지방에 관한 직접적인 사료는 아니지만 실학파의 한 사람인 靑華山人 李重煥은『擇里誌』에서

   左道則 土瘠民貧 雖儉嗇而多文士 右道則土沃民富 喜豪侈而偸惰 不力於文學 故少貴顯之士

라 하여 "右道는 토지가 비옥하여 민은 부유하다"고 하였다. 특히 단성은 右道에 속해 있었으며, 양반층 중 관료로 진출한 이도 적지 않았으니 경제적인 면에도 비교적 부유하지 않았나 생각된다. 따라서 일반 백성과는 빈부의 차도 컸던 것이 아닐까 하는 추측을 가능케 하는 고장이다.[12]

VI. 단성 호적장적의 가치성과 연구의 방향

(A) 현재 학계에 소개되고 있는 것은 서울대학교 도서관에 소장되어 있는 舊규장각소장의 약 250책의 장적이다. 그 중 주된 것이 대구·울산·상주·산음(산청)의 4개 지역의 것이다. 그러니 이번에 필자가 발굴한 단성의 것을 합하면 현존하는 것 중 대표적인 장적은 5개 지역이 되는 셈이다. 서울대학교 소장의 책수와 그 편집년대는『奎章閣目錄』[13]에 있다. 이것을 도표화하면 다음과 같다.

(1) 산음 : 선조 3년 庚午(1570) (1책) 선조 39년 丙子(1600) (1책)
(2) 울산 : 선조 18년 乙酉(1585)~고종 20년 辛卯(1899) ; 합계 50책
(3) 상주 : 영조 14년 戊午(1738)~순조 22년 壬午(1822) ; 합계 6책
(4) 대구 : 숙종 16년 庚午(1690)~헌종 15년 己酉(1849) ; 합계 187책

---

12) 이 점에 있어서도 호구장적 조사에서 그 일단을 살필 수 있다.
13)『奎章閣 藏書目錄 韓國本 史部』3책(서울대 도서관, 1965, 448~457쪽)과『韓國圖書解題』(民衆時論社, 1941, 158~165쪽)에도 실려 있다.

　※ 단성 : 숙종 43년　丁酉(1717)～정조 10년　丙午(1786) ; 합계 7책

　단성호적을 제외한 4개 지역 사료의 가치와 함께 일본인 학자 四方博은 大邱帳籍을 연구의 대상으로 삼은 이유를 설명한 가운데 다음과 같이 말하고 있다.[14]

　　"山陰戶籍은 현재 最古이나 損壞가 심하고 1帳冊만으로는 종합적 연구가 곤란하고 그 위에 선조 3년과 선조 39년의 두 책만으로 연대를 통한 비교연구가 불편하며, 尙州戶籍은 영조 14년에서 순조 22년에 끝나고 이는 6책으로, 역시 자료로서 시간적 면에서나, 양적 면에서 뒤떨어지고 있다. 大邱・蔚山의 양자 중 후자는 숙종 10년에서 고종대에 미치며, 시간적인 면에서는 길지만, 양으로는 전자는 숙종 16년부터 헌종 연대에 미치며, 그 수는 187책으로 지금까지 알려진 全帳冊의 3분의 2를 점하니 시간적으로나, 장소적인 면에서 조밀한 조사결과가 예상되기 때문이다."

　장적연구의 큰 과제의 하나가 시간상에 있어서의 변이 과정의 비교연구가 중요시되기에, 이 점에서 볼 때 산음・상주의 것은 대구・울산・단성의 것에 비하여 뒤떨어지는 것이다. 그리고 대구장적은 四方博의 설명대로 시간과 장소적인 면에서 연구대상으로 적당하나, 사료로서 완전하지 못한 점이 있는 것 같다.

　그 상태에 관한 四方博의 글을 보면

　　"大邱帳籍 중 먼저 가장 오래된 숙종 庚午年(1690)의 것을 택해서 거기에 기재되고 있는 十面의 자취를 찾았다. 그리고는 숙종 경오년 이후의 것을 50년마다에 한정하여 그 연대의 순을 따라 최근년에 내려가고자 하였다.……영조 17년(1741)을 택해 보니 그 해 장적 중 위의 10면에 부합되는 것은 불행하게도 4개 면밖에 찾지 못하였다."[15]

---

14) 四方博, 앞의 논문, 8~9쪽.
15) 四方博, 앞의 논문, 8~9쪽.

고 하여 장적의 不備함을 지적하고 있다. 울산의 것은 필자가 보지 못하여 현재 언급할 단계가 아니지만, 단성현의 장적은 6책의 지역면이 시대적인 면에도 완전하며, 지면도 파손이 없으며 기록도 선명하다. 그러므로 타지역의 것보다 사료가치가 높다고 하겠다.

그리고 모든 장적이 다 가치성을 가지고 있음을 인정하나 위에서 언급한대로 단성이라는 향토적 지역성이 연구대상으로서는 좋은 조건을 갖고 있다고 생각한다. 적어도 울산보다는 봉건성이 강한 곳이기 때문이다. 그리고 시간적인 면에서도 60년 정도 약 2代의 폭이 있으니 변이 과정도 고안할 수 있다고 보여진다.

그 뿐만 아니라 조선사회의 일반성을 구명하려면 각 지방 장적의 전체를 연구하여 거기서 나온 것으로 결론지어야 하는 것이다. 그러므로 이 丹城帳籍의 조사는 학술적으로 의의있는 것으로 여겨진다. 다행히 현재까지 四方博의 『大邱戶籍』을 토대로 한 연구와 鄭奭鍾의 『蔚山帳籍』[16]을 중심으로 한 연구성과가 있다. 재차 양 장적에 대한 다각적인 연구가 계속되기를 바라마지 않는 동시에 필자와 박용숙 교수의 小考가 여기에 합해진다면 조선후기의 사회구조를 밝히는 데 일조하리라 믿는다.

공동 연구를 계획하고 현재 착수하고 있는 것은 (1) 신분관계, (2) 호구관계, (3) 인구관계, (4) 혼인관계, (5) 촌락의 구조, (6) 관직관계, (7) 가족형태 등이다. 다만 방대한 사료를 어떻게 처리할 것인가를 생각하면서 힘겹게 일을 진행하고 있다.

---

16) 鄭奭鍾, 「朝鮮後期에 있어서의 身分制 붕괴에 對한 一考 - 蔚山戶籍台帳을 中心으로 - 」, 『서울大學論文集』 14, 1968.

제2장 조선후기 단성현 호적장적에 관하여(Ⅱ)

Ⅰ. 머리말

근래에 시대적 변혁기인 조선후기 사회에 관한 연구가 자못 활발하고 그 중 호적장적을 자료로 삼은 연구도 많은 성과를 나타내고 있다.[1] 그런 연구의 대부분은 사회의 측면적인 분야에 관한 것이고, 읍락의 넓은 지역을 대상으로 그 지역의 시대적 변천을 종합적으로 조사·연구한 것은 四方博의 대구호적대장을 토대로 한 것이 주된 것이다.[2]

거기서 얻어진 통계자료와 결론은 조선후기 사회의 일반적인 사회현상을 이해하는 자료와 견해로써 학계에서 인용하여 설명하고 있다.

원래 조선시대 戶籍帳籍의 기재 내용의 정확성·신빙성에는 문제가 없는 것은 아니지만 四方博이 조사한 것도 문제점이 있다. 그가 조사한 大邱

---

1) 鄭奭鍾, 「朝鮮後期 社會身分制의 崩壊-蔚山府戶籍臺帳을 中心으로-」, 『大東文化研究』 9, 成均館大 大東文化研究院, 1972 ; 韓英國, 「十七十八世紀 大邱地域의 社會變化에 關한 試考」, 『朝鮮學報』 第80輯, 1976 ; S.S. Shin, 「The Social Structure of Kumhwa Country in the Late 17th century」, *Occasional Papers on Korea* 1, 1974 ; E.W. wagner, 「Social Stratification in 17th century Korea : Some observation from a 1963 Seoul Census Register」, *Occasional Papers on Korea* 2, 1974 ; J.K. Sommerville, *Success and Failure in 18th-century ulsan A study in social Mobility,* Ph.D. dissertation, Harvard univ, 1974.

2) 四方博, 「李朝人口에 關한 一研究」, 『朝鮮社會法制史研究』, 岩波書店, 1937 ; 四方博, 「朝鮮에 있어서의 大家族制度와 同姓部落」, 『朝鮮』 11호, 1937 ; 四方博, 「李朝人口에 關한 身分階級的觀察」, 『朝鮮經濟의 研究』 3輯, 1938 ; 四方博, 「朝鮮時代의 都市와 農村에 關한 一試論」, 『京城大學法文學會論集』 第12卷 3·4號 ; 四方博, 「大邱 戶口帳籍에 對하여」, 『大邱府使』, 1943.

府의 장적은 대구부 전 읍의 것이 아니고 일부 면(10면 중 1면이 결여된 것도 있음. <표 2> 참조)의 것이고, 시대별로 조사대상으로 삼은 面은 동일하되 연대가 전적으로 동일한 것은 아니다.[3] 때문에 대구부의 대체적인 윤곽은 파악될 수는 있어도 그 통계의 결과를 두고 전 읍의 정확한 실태라고 하기에는 문제점이 있다. 그 외에도 대구부라는 고을과 다른 고을과는 여러 모로 차이가 있을 것이므로, 대구부 일부지역의 통계결과를 두고 그대로 他邑의 현상으로 동일시하여 적용시킬 수 없는 것이다.

이상적으로는 동일 연대의 여러 고을의 戶籍帳籍을 조사하여 서로 비교·종합하면 좀더 일반성과 정확성이 기해지지 않을까 싶다. 그러나 현재 남아있는 장적의 사정과 함께, 그 조사에는 많은 시간과 노력이 소요하는 문제점 등으로 인해 매우 어려운 일이다. 四方博이 조사한 통계만 보아도 그 어려움을 알 수 있다.

다행히 본인들이 조사대상으로 하는 단성호적장적은 현 전체의 것이고,[4] 또 四方博이 조사대상으로 삼은 대구장적과는 어느 정도 연대적으로 부합되는 것이 있기 때문에 단성장적을 조사하여 대구의 그것과 비교하는 것은 의미가 있을 작업이다.

본고에서는 단성장적의 말미에 기재되어 있는 통계만을 자료로 삼아, 四方博의 분류법에 준하여 정리하고 四方博이 작성한 통계결과와 비교해 볼까 한다. 따라서 그 결과는 개괄적인 분석이 되겠다. 그리고 사상의 원인분석, 분류 자체의 타당성 문제는 다음 기회로 미룬다.

Ⅱ. 통계자료의 검토

1. 통계자료의 연대

---

3) 四方博, 「朝鮮人口에 關한 身分階級的 觀察」, 『朝鮮經濟의 硏究』, 梨大出版部, 1962, 5·25쪽.
4) 졸고, 「朝鮮王朝後期의 慶尙道丹城縣 戶籍帳籍에 對하여」, 『釜山大文理大論文集』 14집, 1975.

조사대상으로 한 단성·대구의 호적장적의 연대는 다음과 같다.[5]

<표 1>

분류번호	I	II	III
대 구	숙종 16년(1690)	영조 5년(1729) 영조 8년(1732)	정조 7년(1783) 정조 10년(1786) 정조 13년(1789)
단 성	숙종 4년(1678)	영조 8년(1732)	정조 13년(1789)

단성의 것은 全邑落이 포함되어 있지만 대구의 것은 <표 1>에서 보다시피 II, III의 경우 연대가 중복되었다. 이것은 그의 지역과 비교를 균등히 하기 위해 두·세 시대를 겹친 것이다.

四方博은 그의 논고에서 이와 같이 시대와 지역을 나눈 이유를 설명하고 있다.[6]

<표 2>

	時代	面名稱					
I	숙종 16년(1690)	西下下	河東 河南	河西 河北	甘勿川	祖岩 背月	仁興 花園
II	영조 5년(1729)	西下下					仁興 花園
	영조 8년(1732)		河東 河南	河西 河北	甘勿川	祖岩 缺	
III	정조 7년(1783)				缺	祖岩 背月	仁興 花園
	정조 10년(1786)		河東 河南	河西 河北			
	정조 13년(1789)	西下下					
IV	철종 9년(1858)	西下下	河東 河南	河西 河北	甘勿川	祖岩 背月	仁興 花園

즉 "II, III의 시대에 대해서는 지역적 비교를 균등하게 하기 위하여 조

---

5) 四方博, 앞의 책, 1962, 5쪽.
6) 四方博, 앞의 책, 1962, 5쪽.

선의 恒式인 式年帳籍의 둘 또는 셋 시대에 걸치지 않을 수 없었던 것은 유감이지만, 자료가 불완전한 것을 보충하기 위해 부득이한 방법이었다."

이와 같이 Ⅱ, Ⅲ의 장적은 동일 연대의 것은 아니지만 Ⅱ, Ⅲ의 중복된 연대차는 거의 없다. 그러므로 단성의 Ⅰ, Ⅱ, Ⅲ의 연대와 비교해 볼 때 그렇게 큰 문제는 되지 않는다.

단성의 경우 Ⅰ, Ⅱ의 연대폭이 54년이고 Ⅱ, Ⅲ 사이는 57년, 전체 연대폭은 111년이다. 대구의 경우는 Ⅰ, Ⅱ의 연대폭이 Ⅰ에서 Ⅱ의 영조 8년까지로 잡을 때 42년, Ⅱ와 Ⅲ사이는 Ⅱ의 영조 8년에서 Ⅲ의 정조 10년까지로 잡을 경우 57년이 되어, 전체 연한의 폭은 약 100년 간이다. 양자에 약간의 차이가 있기에 이를 고려하여 이해해야 할 것이다.

그런데 이 글에서 취급할 호구·직역 중 四方博이 작성한 대구의 직역 통계의 내용은 극히 적다(<표 13> 참조).[7] 따라서 단성의 것과 비교하기에는 부적당하여 대구호적 10면을 대상으로 한 四方博의 별도 직역 통계표(<표 10>)[8]를 이용하였다.

職役에서 단성과 대구의 것이 상호부합되는 것이 없어 유감이지만 다음의 연대를 비교할까 한다. 양자의 연대표를 들면 다음과 같다.

분류	Ⅰ	Ⅱ	Ⅲ
단성	숙종 4년(1678)	영조 8년(1732)	정조 13년(1789)
대구	영조 28년(1752)	정조 13년(1789)	철종 9년(1858)

위의 표에서 보면 대구에는 숙종 연대의 것은 없고 영조 28년과 정조 13년의 것이 있으니, 단성과 부합되는 것은 정조 13년의 것이다. 대구의 영조 28년 것과 단성의 영조 3년 것은 연차가 20년으로 年幅은 크나, 영조대라는 점에서 참고된다.

2. 호적장적 말미의 통계

---

7) 四方博, 앞의 책, 1962, 62~76쪽.
8) 四方博, 앞의 책, 1962, 111~177쪽.

이 글에서의 단성현 통계는 장적 말미에 기재되어 있는 통계자료에 의거한다. 단성현의 장적뿐만 아니라 각 고을의 장적에는 모두 통계표가 붙어 있는데 그 형식은 시대에 따라 일정치 않다(後記 양식 참조). 가령 단성의 경우도 戊午帳籍(숙종 4년)의 기재는 壬子帳籍(영조 8년)의 것에 비하면 소략하다.

이러한 통계표를 작성하고 있는 것은 호구의 실태와 함께 직역을 파악하기 위한 것으로 그 내용을 보면 알 수 있다. 이것을 자료로 활용하기 위해서는 거기에 기재되어 있는 숫자가 믿을 만한지를 검토해 보아야 한다.

우선 통계의 서두에 기재되고 있는 男・女丁의 총수가 문제이다. 그 다음에 기재되고 있는 신분, 직역의 수를 비교해 보면, 女丁은 그 분류가 간단하기 때문에 거의 일치하고 있지만(後記表 참조), 男丁의 경우는 일치하지 않는다. 이는 1인의 男丁이 갖는 이중 직역에 기인하거나 또는 호적통계를 작성한 記官의 착오 때문일 것으로 생각된다.

예를 들면 개개 직역의 표기에는 그 밑에 壯老弱을 기록하고 있는데, 계산을 해 보면 그 중 '壯'의 수가 '老', '弱'의 수에 비해 착오가 많다. 이것은 이중 직역에서 기인하는 것 같다.

그리고 통계표에는 雜頉條가 있고, 장적 작성연대 당시의 호구의 출입 등을 살필 수 있게 故男女・逃男女・移居男女 등의 수가 기록되고 있는데, 그 수 또한 영조 8년의 面別 雜頉實數를 조사・비교해 본 결과 전자의 잡이조에 있는 수와 부합되지 않는다.

이와 같은 문제는 대구장적의 경우와도 거의 같다. 四方博의 논고에서도 다음과 같이 말하고 있다.[9] "각 연도의 장적에는 그 말미에 그 연도내에 있어서의 動態와 靜態에 관한 총수를 나타내고 있다. 이 계수는 이것을 각 호별로 산출한 것과 비교하면 반드시 일치하지 않는다. 또한 전년도와의 加減計算으로서도 완전치는 않지만 지금 참고상 남아 있는 장적 중에서 우리들의 현대에 가장 가까운 것을 추려보면 대략 다음과 같은 기재가 나온다"고 하면서 통계를 내고 있다.

---

9) 四方博, 앞의 책, 1962, 111쪽.

  그렇다고 하더라도 호적장적 말미의 수 중 호구총수와 관직·관계를 표기한 것과 신분이 표시된 進士·院生·學生 등(이하 직역분류의 1류~6류)의 수는 믿을 만하고, 다만 양민·노비의 직역에는 한 사람에 이중직이 있는 것으로 인구수와 직역수는 일치하지 않는 것으로 보인다. 어쨌든 그 직역수는 全邑民에 부과되었던 것임에 틀림이 없고 이 점에 주의할 필요가 있다. 호적장적 말미의 통계서식은 式年式帳籍마다 일정치는 않지만 대체로 유사하다. 참고로 장적 말미의 통계표 서식을 들면 다음과 같다.

書式(간추린 것) 1789년(정조 13년) 己酉式
初頭에

丙午式元戶參千陸戶
丙午以後雜頉老百柒拾伍戶
在貳千捌百參拾壹戶
己酉加入老百捌拾壹戶
合時存參千拾貳戶　　作統陸百壹統柒戶
丙午式人口壹萬參千捌百貳拾捌口
丙午以後雜頉陸百參拾捌口
在者萬參千壹百捌拾玖口
己酉加入陸百五拾口
合時存壹萬參千捌百參拾玖口
男丁
郡守壯壹
進士壯壹
赤城山城史庫參奉壯壹　別將壯壹
各樣納粟貳拾參內　納嘉善老捌　壯壹　納通
政老拾肆
幼學壹千伍百拾壹內老壹百玖拾玖　壯壹千貳百伍拾玖　弱老百捌拾參
鄕更拾內　安逸戶長壯貳　攝戶長壯參　記官壯伍
禁衛軍壯肆拾壹
保玖拾捌內老捌　壯捌拾壹　晉州壯玖

水軍參百拾捌內老拾肆 壯貳百柒拾陸 山淸壯拾貳 晋州壯拾參 宜寧壯
  參
刻手壯肆
保壯伍
束伍軍貳百玖拾捌內老拾玖 壯貳百柒拾玖
保壹百捌拾貳內老伍拾 壯老百參拾貳
良人捌百陸拾捌內老貳百壹 壯肆百伍拾 弱貳百拾柒
寺奴五內老貳 壯參
私奴壹百伍拾捌內老肆拾貳 壯柒拾陸 弱肆拾
雜色匠人玖拾捌內 水鐵匠老肆 壯拾肆……
各廳仰屬壹百拾陸內鄕校保貳拾肆內老貳拾壹 弱壹 作廳保貳拾捌內 老
  壹 壯貳拾柒使令保壯肆 官奴保壯貳
官奴參拾捌壯貳拾柒 弱拾壹
病人拾玖內老壹 壯拾柒 弱壹
    女丁
淑人貳內老壹 壯壹
婦女壹千肆百拾陸內老壹百捌拾壹 壯壹千參拾玖 弱壹百玖拾陸
寡婦 肆拾參內老貳拾貳 壯伍拾壹
良女肆千參百肆拾貳內老肆百拾伍 壯貳千壹百伍拾伍 弱壹千柒百柒拾
  貳
寡女玖拾參內老參拾壹 壯陸拾
寺婢肆內壯參 老壹
巫女拾玖內壯拾壹 弱捌
私婢柒百玖拾玖內老柒拾 壯肆百 拾伍
僧人參拾陸名
    雜頉
故男玖拾陸口
故女陸拾參口
逃男壹百伍拾壹口
逃女壹百參拾口
移居男玖拾陸口
移居女柒拾陸口

出嫁參拾貳口
令男丁老捌百貳拾 壯肆千伍百肆拾玖 弱玖百參
女丁老捌百伍拾柒 壯肆千 百伍拾捌 弱貳千肆百伍拾貳
已上男伍千柒百柒拾貳口

이 서식에는 직역명의 기재에 신분이 명기되어 있지 않으나, 직역명 밑에 良人·私奴 등 신분이 표시되어 있는 것도 있다.
1732년(영조 8) 壬午式에 보면

束伍軍壹百玖拾陸內 良壯壹 私奴壯壹百柒拾肆 老柒 弱貳 山陰良壯貳
  宜寧壯壹 三嘉壯參
老貳 晋州壯肆 保人私奴壯參
大旗手私奴壯伍
正兵老壹百肆拾參
雜色匠人參百伍內扇子匠良壯貳 奉足良壯壹 弱老 木手良壯伍 老貳 私
  奴壯伍 老肆

Ⅲ. 단성과 대구의 戶口 비교

1. 단성의 호구

아래에서 제시된 <표 3>은 호구실태를 나타낸 것이고, <표 4>의 雜頉은 각각의 단성장적 말미의 통계에서 추출하여 옮긴 것을, <표 5>는 일정한 연대간의 증감호구 증감률을, <표 6>은 연대간에 있어서 '壯', '老', '弱'의 증가율을 각각 나타낸 것이다.

단성의 호구문제를 다루기 전에 이해되어야 할 점은 호수의 신빙성 문제이다. 이는 단성만의 문제가 아니고 조선시대 호의 통계 전반에 관한 문제인데, 호수는 실제 호수보다 많다는 사실이다. 이 점은 四方博도 그의 논고에서 사료를 뒷받침하면서 다음과 같이 말하고 있다. "지방관이 성적

<표 3> 戶·口 실태

I 숙종 4년(1678 戊午)		II 영조 8년(1732 壬子)		III 정조 13년(1789 乙酉)		IV 숙종 43년(1717 丁酉)	
乙卯戶口		乙酉戶口	2,914호	丙午戶口	3,006호	甲午戶口	2,278호
乙卯以後雜頉	156호	乙酉以後雜頉	356호	乙酉以後雜頉	175호	甲午以後雜頉	273호
在		在	2,558호	在	2,831호	在	2,005호
戊午加入		壬子加入	367호	乙酉加入	181호	丁酉加入	509호
元戶	2,113호	合時存實戶	2,925호	合時存	3,012호	合時存	2,514호
乙卯人口		乙酉人口	13,178구	丙午人口	13,829구	甲午人口	10,603구
乙卯以後雜頉		乙酉以後雜頉	325구	丙午以後雜頉	639구	甲午以後雜頉	1,472구
在		在	12,853구	在	13,189구	在	9,131구
戊午加入		壬子加入	372구	乙酉加入	650구	丁酉加入	2,812구
合時存實人口	8,431	合時存實人口	13,225	合時存實人口	13,889	合時存實人口	11,943구
乙卯作統	421	乙酉作統	585		601統 7戶		

※ 肅宗條에 공란이 있는 곳은 기재가 없음.

<표 4> 雜頉

分類番號 時代		I 숙종1년(1675)~ 숙종4년(1678)		II 영조5년(1792)~ 영조8년(1732)		III 정조10년(1786)~ 정조13년(1789)		IV 숙종41년(1714)~ 숙종44년(1717)	
故男				171		96		266	
故女				238		63		258	
逃男				42		151		42	
逃女				52		130		26	
移居男		515				96		20	
移居女		619				71		34	
出嫁				25		32		9	
合 男丁	壯	3186		4480		4549		3995	
	老	220	4234	609	6145	820	5772	599	5510
	弱	828		1056		403		916	
合 女丁	壯	3122		4740		4758		4293	
	老	216	4187	615	7080	857	8067	723	6433
	弱	849		1725		2452		1417	
絶 戶		157							
移居戶		116							
逃亡戶		31							
物故戶		9							

※ 공란이 있는 곳은 原籍에 기재가 없음.

<표 5> 연대간의 호구 비교

	연도	연도	증가	증가율	기간	호당인구
戶數	숙종 4년 1678(2,113)	영조 5년 1729(2,917)	804	38.05%	51	숙종 4년(1678) 3.99
	숙종 4년 1678(2,113)	영조 8년 1732(2,925)	812	38.43	54	영조 8년(1732) 4.50
	영조 8년 1732(2,925)	정조13년 1789(3,012)	87	2.97	57	정조13년(1789) 4.59
	숙종 4년 1678(2,113)	정조13년 1789(3,012)	899	42.55	111	
人口數	숙종4년 1678(8,431)	영조 5년 1729(13,178)	4,747	56.00	51	
	숙종4년 1678(8,431)	영조 8년 1732(13,225)	4,794	56.86	54	
	영조8년 1732(13,225)	정조13년 1789(13,830)	605	4.57	57	
	숙종4년 1678(8,431)	정조13년 1789(13,830)	5,399	64.04	111	

(   )내는 戶·口數   〔증가율은 전년도 기준〕

<표 6> 연대간의 壯老弱의 비교

분류 \ 연대		I		II		III		IV	
		수	비율	수	비율	수	비율	수	비율
男丁		(4,234)	男丁전체비	(6,145)		(5,772)		(5,510)	
	壯	3,186	75.25	4,480	72.90	4,549	78.81	3,995	72.50
	老	220	5.20	609	9.91	820	14.21	599	10.89
	弱	828	19.56	1,056	17.19	403	6.98	916	16.62
女丁		(4,187)	女丁전체비	(7,080)		(8,067)		(6,433)	
	壯	3,122	74.56	4,740	66.95	4,758	58.98	4,293	66.73
	老	216	5.16	615	8.69	857	10.62	723	11.24
	弱	849	20.28	1,725	24.75	2,452	30.40	1,417	22.05

을 올리기 위해 읍민에게 강요하여 호수신고를 고의로 증대한 흔적이 있
다"10)고 하였다. 따라서 각종 통계표에서 나타나는 약간의 차이는 큰 문제
가 되지 않는다. 그리고 앞에서 언급한 도표의 호구수는 '壯' '老' '弱'의 합
한 수와 거의 일치하고 있어 통계처리하는데 별무리가 없으며 그 결과는
믿을 만한 것으로 보인다. 단성의 호 상황을 <표 5>를 통하여 살피면 호의
추세는 다음과 같다.

숙종 4년(1678)에서 정조 13년(1789)까지 111년 간 2,113호에서 3,012호
로 899호가 증가하여 숙종 4년을 기준으로 할 때 42.55%의 증가율을 보이

---

10) 四方博,「李朝人口에 關한 一研究」,『朝鮮社會法制史研究』, 岩波書店, 1937, 57
쪽.

고 있다. 이 기한을 二分하여 보면 숙종 4년(1678)에서 영조 8년(1732)까지는 812호가 증가하여 숙종 4년을 기준하여 보면 38.43%의 증가율을 보이고 있으며, 영조 8년(1732)에서 정조 13년(1789)까지는 불과 87호가 증가하여 2.97%의 증가율을 나타내고 있다. 이 양자는 그 연한이 51년과 57년 간으로 거의 같은데 비해 호의 증가는 전자의 숙종 4년~영조 8년의 기간에 급증하고 있음을 알 수 있다.

한편 <표 5>의 숙종 4년(1678)에서 영조 5년(1729)까지의 실태를 보면 이 기간에 804호가 증가하고 있으니, 전자의 숙종 4년에서 영조 8년까지 814호가 증가한 것과 비교해 보면 戶의 증가는 숙종, 경종대에 집중적으로 증가한 것을 알 수 있다.

인구의 추세도 호의 추세와 같은데, 숙종 4년(1678)에서 정조 13년(1789)까지 111년 간에 8,431구에서 13,830구로 5,399구가 증가하여 숙종 4년의 인구를 기준으로 할 때 64.04%의 증가율을 보이고 있으며, 역시 이 기간을 2분한 것을 보면 숙종 4년에서 영조 8년까지 54년 간에 4,794구가 증가하여 56.86%의 증가율을 보이고 있는 데 비하여 영조 8년에서 정조 13년까지에는 57년 간 불과 605구가 증가하여 4.57%의 증가율을 보이고 있어 그 차는 현저하다. 호의 경우와 같이 숙종 4년에서 영조 5년까지 51년 간 4,747구가 증가하여 56%의 증가율을 나타내고 있는 것을 볼 때 역시 증가된 것은 거의 숙종, 경종 2대임을 알 수 있다.

이와 같은 호구의 변화는 타 지역에도 있는 변화인지 아니면 단성 한 지역에 국한하는 문제인지는 단언하기 어렵다. 혹시 호구조사가 철저하지 못한 것에서 기인한 수의 착오인지도 추후에 구명할 과제이다.

한편 이 호구증감과 관련하여 '壯' '老' '弱'의 증감현상을 보면 <표 6>에 보이는 바와 같이 男丁의 '壯'의 경우, 숙종 4년·영조 8년·정조 13년의 3대를 보면 영조 8년에 약간 감소하고 있지만 숙종 4년에 비해 정조 13년에는 증가하고 있다. '老'는 숙종 4년·영조 8년·정조 13년에 걸쳐 계속 증가세를 보이고, '弱'은 이 3대에 걸쳐 계속 감소하며, 특히 영조 8년에서 정조 13년에 현저히 감소하고 있는 것이 주목된다. 女丁에 있어서는 '壯'은 3

대에 계속 감소하고 '老' '弱'은 계속 증가하고 있어 男丁과 女丁 사이를
비교하면, '壯'의 경우는 영조 8년에 상반된 현상을 보이고 있는 반면 '老'
의 경우는 동일하다. 또한 '弱'의 경우도 男丁이 감소하고 있는데 비하여
女丁은 계속 증가하고 있어 상반된 현상을 보이고 있다.

2. 대구의 호구

<표 7>은 四方博이 조사한 통계표[11])에서 호구수를 옮긴 것으로, 호구
증가수·증가율은 필자들이 산출한 것이며 연대간을 비교한 것이다. 단성
과 부합되는 대구의 도표는 이것 밖에 자료를 얻지 못하여 자세한 분류·
비교를 하지 못하였다.

<표 7> 대구 호구증감·戶當 인구표

	연도	호구	인구수	호증감	호증감률	인구증감	인구증감률	호당인구
I	숙종16년(1690)	3,156	13,913	–	–	–	–	4.41
II	영조 5년(1729) 영조 8년(1732)	3,092	15,266	-64	-2.02	+1,353	+9.72	4.94
III	정조 7년(1783) 정조10년(1786) 정조13년(1789)	2,810	12,300	-282	-9.12	-2,966	-19.43	4.38

※ 호구증감·증감률은 전시대와의 비교한 것. 증감률은 필자가 작성한 것임

이것을 보면 호구의 추세는 숙종 16년에서 영조 5, 8년까지 약 42년 간
조금 감소하고 영조 5, 8년에서 영조 7, 10, 13년까지 약 50년 간도 역시 약
간이나마 감소하고 있다. 앞의 통계표에는 기재하지 않았지만 철종 9년까
지 약 70년 간은 戶 75, 口 895로 증가하고 있다. 여기에 유의하여야 할 점
은 II, III시대의 것은 그 지역에 1면이 결여되어 있다는 사실이다. 四方博
은 "그 감소를 대체로 1割 내외로 보는 것이 큰 차이가 없을 것이라고" 말
하고 있다.[12) 이런 점을 고려할 때 대구의 호구 증감은 대체로 큰 변화가

---

11) 四方博, 앞의 책, 1962, 25쪽에 나오는 신분별 호수에서 추출한 호수와 52쪽에 나
　　오는 신분별 인구수에서 추출한 인구수이다.

없는 것 같다.

단성과 대구의 결과를 놓고 비교하여 보면, 대구는 앞에서 서술한 바와 같이 숙종 16년부터 정조 7년까지 큰 감소현상은 아니라고 하더라도 계속 감소하고 있고 철종 9년에 겨우 조금 증가하고 있는데 비하여, 단성은 숙종 4년부터 정조 13년까지 계속 증가하고 있어 양자간에 상반된 현상을 보이고 있다. 그리고 대구는 단성과 같이 숙종·영조 초기에 보이는 폭발적인 증가현상은 보이지 않고 있는 것이 주목된다.

끝으로 전국의 호구, 戶當 인구수와 비교하기 위해 먼저 도표를 작성하면 아래와 같다.

<표 8> 전국 호구 증감의 비교[13]

年次	戶數	戶增減	人口數	人口增減	戶當 人口數
숙종 19년	1,546,474	-	7,188,574	-	4.7
22년	1,293,083	-253,391(16.39%)	5,772,300	-1,416,274(19.70%)	4.5
31년	1,371,890	78,807(6.10%)	6,138,636	366,336(6.35%)	4.5
경종즉위년	1,563,808	191,918(13.99%)	6,800,808	662,172(10.79%)	4.4
경종 3년	1,576,138	12,330(0.79%)	6,846,639	45,831(0.67%)	4.3
영조 2년	1,614,598	38,460(2.44%)	6,995,400	148,761(2.17%)	4.3
5년	1,663,245	48,647(3.01%)	7,131,553	136,153(1.95%)	4.3
8년	1,713,849	50,604(3.04%)	7,273,446	141,893(1.99%)	4.2
11년	1,618,172	-95,677(5.58%)	6,979,798	-293,648(4.04%)	4.3
14년	1,662,219	44,047(2.72%)	7,040,480	60,682(0.87%)	4.2
17년	1,574,955	-87,264(5.25%)	6,673,233	-367,247(5.52%)	4.2
23년	1,759,691	184,736(11.73%)	7,522,902	849,669(12.73%)	4.3

단성·대구 양 지역과 전국의 戶當 인구수는 거의 같고 호구의 증가현상은 단성과 전국의 실태가 대구에 비해 증가율이 높다. 대충 보더라도 알 수 있듯이 호구현상은 지역과 시대에 따라 약간의 차이가 있다.

---

12) 四方博, 앞의 책, 1962, 25쪽.

13) 四方博, 「李朝人口에 關한 一研究」, 『朝鮮社會法制史研究』, 1937, 279쪽, <표 -4> 人口統計, 313쪽의 <표-21> 호수·戶當 인구에서 인용하여 작성한 것이다. 그리고 호·구증감 중 괄호안의 수는 증가율이며, 필자가 작성한 것이다.

Ⅳ. 단성의 신분직역

호적대장 말미에 기재되어 있는 신분 직역을 四方博의 분류기준에 따라 구분하였다. 분류기준에 대한 四方博의 견해를 요약하면 다음과 같다.[14]

제1류 및 제2류는 신분적인 기재로서 호적에 명기되어 있다. 제1류는 호적의 형식이나 신분의 기재에서 살펴보더라도 완전히 양반계급과 일치한다. 그 가족은 대개 젊은 측은 幼學, 나이 어린 측은 校生·童蒙으로 표시되어 있다. 이러한 계급은 원칙상 확실히 특권이 있고 부담이 없는 계급이라고 할 것이다.

제2류는 그 신분의 기재만으로서는 士夫·常民의 어느 쪽에 속하는지 단정하기 어렵다. 결과로서는 호적의 형식에서 관찰한 경우와 일치되지 않는다. 그러나 대체로 만약 상민이라 하더라도 그 직역이나 4祖의 기재 등에서 추측해 보면 그 상류에 속하는 것으로 짐작된다.

제3류는 위계가 있는 자들의 일군이다. 종2품 嘉善大夫 이상 동·서 양반 거의 전부의 官階가 포함되어 있다. 이것들은 적어도 법제상으로는 양반으로 취급되어야 할 것이나 호적의 형식상으로는 下欄에도 표시된 바와 같이 양반과 상민의 두 계급에 걸쳐 있고 때로는 노예도 끼어 있다. 이것은 이들 官階의 대부분이 納粟에 의한 買官이라는 것을 입증하는 것이다.

제4류에서는 관직의 기재를 구하여 그 대부분이 제2류의 業武·武學, 제3류의 양반(武官)의 官階와 결합되어 나타남은 <표 9> 중 괄호 내의 숫자가 많은 것으로 알 수 있다. 이것과 관련하여 관직명에서 주의할 것은 그 대부분이 實職이 없는 官名이라는 것과 僉知, 直長, 主簿, 奉事, 參奉 등 納粟이라고 표시한 것이 많다는 점이다.

제5류의 諸衛는 前段의 職官이나 後段의 軍官과도 합쳐질 수 없는 존재로서 적은 수인데도 불구하고 따로 일군을 형성시켰다. 제5류를 일괄하여 常民의 상위에 둔다.

제6류는 군관, 하급의 장교에서 下士와 같은 단계이다. 대부분은 武學이

---

14) 四方博, 앞의 책, 1962, 76~110쪽.

겸임하는 바였다. 그러나 이들 역시 전문적인 군인만이 아니었다는 점에서 제7류 이하와 다를 것 없으며, 그 일부분이 保人 등과 중첩된 것을 보아도 알 수 있다. 아마 명목적인 것, 즉 재물적인 부담화(납속에 의한)가 많았을 것이나 身役도 더러 있었을 것이다.

제7류·제8류는 모두 軍丁이다. 그 전자인 제7류는 대개 상민이 담당하고, 후자는 대개 천민이 담당하였으므로 양자를 구별하였다.

제9류는 軍保 保人이다.

제10류는 匠人이다. 제10류에는 工匠 이외에 採銀軍 같은 이와 비슷한 자도 포함시켰다.

제11류·제12류는 公廨屬員이다. 지방관청의 사무에 종사하는 자로부터 使喚, 庫子, 下典 등에 이르는 자들까지 포함하였다. 그러나 下典만은 그 명칭상 하나로 묶어 파악하였다. 그리고, 서원·향교 등도 公廨의 한 가지로써 취급하였다.

제13류는 驛屬이다.

제14류는 雜部로 하였다. 이상의 여러 류에 포함되지 않는 것을 수용하였으나, 그 명목에 보이는 바와 같이 대개 특수한 계급에 속하여 才人, 柳器匠人 등이 대표적인 존재였다.

이 분류법에 따라 정리한 단성의 자료를 먼저 제시한 다음, 이어서 대구의 자료를 제시한다. <표 9>는 단성의 통계를 분류한 것이고 <표 10>은 四方博의 대구 職役통계로 백분비율은 필자가 계산하였다. 그리고, <표 11>은 <표 9>와 <표 10>을 설명하기 위해 분류한 것이다.

<표 9>와 비교하기 위해서는 <표 9> 연대가 어느 정도 부합하는 <표 13>의 분류를 이용하는 것이 좋겠지만 <표 13>은 보다시피 四方博이 극히 제한된 소수의 주민을 대상으로 하였기 때문에 단성의 것과 비교하기에는 적합하지 않다. 따라서 <표 10>을 비교 자료로 삼는 것이 바람직하다. <표 9>의 연대와 <표 10>의 연대를 비교하면, <표 9>의 단성 Ⅲ인 정조 13년의 자료가 <표 10>에 있을 따름이다. 이것은 양자를 비교하는 데는 좋은 자료이지만 <표 9> 단성의 Ⅱ가 영조 8년이고, <표 10> 대구에는 영조 26년의 것이 있어 양자의 연대차이는 18년이지만 영조대의 것으

로 어느 정도의 비교는 가능하다고 생각된다.

<표 9> 단성 신분직역 일람표

類	신분·직역	壯老弱	I 숙종4년(1678)	II 영조8년(1732)	III 정조13년(1789)
			총호구 2,113 총인구 8,421 男 丁 4,234 女 丁 4,187	총호구 2,925 총인구 13,225 男 丁 6,145 女 丁 7,080	총호구 3,012 총인구 13,839 男 丁 5,772 女 丁 8,067
			합계	합계	합계
第一類	進士	壯	1		1
		老	1		
		弱			
		합계	2		1
	生員	壯	4	1	3
		老			
		弱			
		합계	4	1	3
	幼學	壯	173	807	1,169
		老	25	97	199
		弱	9	65	183
		합계	(4.89) 207	(15.77) 969	(26.87) 1,551
			(5.03) 213	(15.79) 970	(26.94) 1,555
第二類	校生	壯	41	20	22
		老	2		
		弱	4	20	4
		합계	47	42	26
	貢生	壯	10	30	14
		老			
		弱	3	3	3
		합계	13	33	17
	院生	壯		5.1(外)	30
		老			
		弱			2
		합계		6	32
	出身(武科)	壯	8	6	9
		老			
		弱			1
		합계	8	6	10
	閑良	壯	5		
		老	27		
		弱	3		
		합계	35		
	武學	壯	26	59.11(外)	3.2(外)
		老		9	
		弱	10	4	5
		합계	36	83	
	馬軍武學	壯	6		
		老			
		弱			
		합계	6		
	束伍武學	壯	3		
		老			
		弱			
		합계	3		

(I 武學·馬軍武學·束伍武學 합계 45)

類	職名	壯老弱						
第二類	業武	壯 老 弱	34 3	37	51 31 2	84	245 119	364
	業儒	壯 老 弱	52 7 11	70	26 6 10	42	35 10	45
	童蒙	壯 老 弱	8 24	32				
				(6.78) 287		(4.82) 296		(8.65) 499
第三類	嘉善大夫	壯老不明 壯 老 弱	4	*4	3 3	*6	1 8	*9
	嘉善大夫 (老職)	壯 老 弱	2	2				
	通政大夫	壯老不明 壯 老 弱	6	*6	19 23	42	4	14
	通통 通政大夫 (老職)	壯 老 弱	2	2				
	通德郎	壯 老 弱	2	2	28 4 1	33	3 1	4
	通仕郎	壯 老 弱					1	1
	從仕郎	壯老不明 壯 老 弱	1	*1	2	2	2	2
	將仕郎	壯 老 弱			1	1		
	折衝將軍	壯 老 弱			14 4	*18		
	修義副尉	壯 老 弱			1	1		
	展力副尉	壯 老 弱			6	6		
	勤力副尉	壯老不明 壯 老 弱	1	*1				

第三類					(0.43) 18			(1.77) 109			(0.49) 30
第四類	府使(前)	壯 老 弱				1		1			
	郡守	壯 老 弱							1		1
	別坐	壯 老 弱	壯老不明 4		*4						
	縣監(前)	壯 老 弱							1		1
	主簿	壯 老 弱	壯老不明 1		*1	3 2	}	*5			
	察訪	壯 老 弱	壯老不明 7		*7	4 1	}	*5			
	奉事	壯 老 弱	壯老不明 4		*4						
	承文院副正字	壯 老 弱							1		1
	參奉(史庫參奉包含)	壯 老 弱	壯老不明 3		*3	1 1	}	*2	1		1
	僉使(時任)	壯 老 弱	1		1						
	訓練僉正	壯 老 弱				1 2	}	3			
	副護軍	壯 老 弱				1		1			
	都摠都事	壯 老 弱				1		1			
	訓練判官	壯 老 弱				2 1	}	3			

類	職役							
第四類	書寫郎廳	壯 老 弱					4 1	5
	副司果	壯 老 弱	1	1	3 4	7		
	宣傳官	壯 老 弱			1	1	1	1
	兼司僕	壯 老 弱	2	2	9 14	13		
	赤城山城別將	壯 老 弱					1	1
				(0.54) 23		(0.68) 42		(0.19) 11
第五類	忠義衛	壯 老 弱	35 7 7	49	11 4 2	17	32 8 5	45
	忠贊衛	壯 老 弱	1	1	1 1	2		
	忠順衛	壯 老 弱			1	1		
	忠翊衛	壯 老 弱	1	1			1.2(外) 2.1(外)	6
	定虜衛	壯 老 弱	3 4	7				
				(1.37) 58		(0.32) 20		(0.88) 51
第六類	都訓導	壯 老 弱	1(良)	1	3	3	2	2
	兵營知穀官	壯 老 弱			1	1		
	兵兵營屬守堞軍官	壯 老 弱			1	1	3	3
	兵營屬別武士	壯 老 弱					2	2
	巡營別武士	壯 老 弱					6	6

類	職役	壯老弱						
第六類	鎭營軍官	壯 老 弱					7	7
	軍器監官	壯 老 弱					9 5	14
	選武軍官	壯 老 弱					54	54
	良軍官	壯 老 弱					103 3	106
					(0.024) 1	(0.08) 5		(3.36) 194
第七類	어영군通御營軍	壯 老 弱	52	52	38 2	32	24 2	26
	禁衛軍	壯 老 弱			39.5(外)	44	43	43
	通통　騎兵	壯 老 弱	42 3 6	51	8.2(外)	10		
	步兵	壯 老 弱	49 3 7	59	4 1	5	9 1	10
	正兵	壯 老 弱	20 11 1	32				
	京別隊	壯 老 弱	23	23				
	兵曹余丁	壯 老 弱	4	4	2	2	4	4
	四父子余丁	壯 老 弱	4	4				
	統營募軍	壯 老 弱	2	2				
	馬軍步兵	壯 老 弱	2	2				
	馬軍正兵	壯 老 弱	1	1				
	兵曹騎兵	壯 老 弱			1	1		

類	軍種	壯老弱						
第七類	兵曹步兵	壯 老 弱			2 1 }	3		
	馬軍	壯 老 弱			9.1(外)	10	馬兵18	18
	兵營親兵	壯 老 弱	2(私)	2	8(私)	8		
	兵營屬城丁軍	壯 老 弱			4(私)	4	5	5
	〃　別砲手	壯 老 弱	2(私)	2	1	1	2	2
	〃　主鎭軍	壯 老 弱					8	8
	〃　標下軍	壯 老 弱					1	1
	〃　焰焇軍	壯 老 弱			4 2 }	6		
	〃　軍物哨軍	壯 老 弱	5(私)	5				
	〃　炊飲軍	壯 老 弱			13(私)	13		
	〃　吹打手	壯 老 弱			19(私) 2(私) }	21		
	禁兵	壯 老 弱					6 1 }	7
				(5.43) 230		(4.07) 250		(1.87) 108
第八類	束伍騎兵	壯 老 弱	9	9	2(良外) 束伍軍10(良) 174(私) 2(良外)7(私) 2(私)	196	279 19	298
	束伍步兵	壯 老 弱	9	9 29				
	束伍正兵	壯 老 弱	2	2				

類	名	壯老弱						
第八類	束伍兵(外)	壯 老 弱	9	()9				
	牙兵步兵	壯 老 弱	1	1				
	統營親兵	壯 老 弱	1(私)	1			25	25
	兵曹收布差備軍	壯 老 弱			2	2		
	巡營募軍	壯 老 弱			1(私) 1(私)	2		
	大旗手	壯 老 弱			5(私)	5		
	兵營牙兵	壯 老 弱	15(私)	15	3(私)	3		
	巡營牙兵	壯 老 弱	4(私)	4				
第八類	水正	壯 老 弱	32 1	33	水軍 58.13(外) 1.1(外) 9	83	水軍 276 14.28(外)	318
	束伍水正	壯 老 弱	4	4				
	牙兵水正	壯 老 弱	2	2				
	烽燧軍	壯 老 弱	13 1	14	29.2(外) 9	40	25	25
	假吏烽燧軍	壯 老 弱	1	1				
	兵曹親兵	壯 老 弱			13(私)	13		
	右兵營軍牢	壯 老 弱	2	2	1(良)1(私)	2		
	巡營巫夫軍牢	壯 老 弱					3	3
				(2.72) 115		(6.49) 399		(11.87) 685

第九類		壯老弱						
	步保	壯	29		35			
		老	3	35	4	41		
		弱	3		2			
	驛保	壯	32		62			
		老		37	3	77		
		弱	5		12			
	御營軍保	壯	108		83.27(外)		65.7(外)	
		老	1	135	2.1(外)	119	19	95
		弱	26		4.6(外)			
	禁衛營保	壯			94		81.9(外)	
		老				133	8	98
		弱						
	束伍水保	壯	5	5				
		老						
		弱						
	束伍保	壯			3(私)	3	132	
		老					50	182
		弱						
	兩人幷保	壯			17.11.1(外)			
		老				31		
		弱			1.1(外)			
	軍餉保	壯			12.2.1(外)		14	14
		老			1.1(外)	17		
		弱						
第九類	砲保	壯			13		15	15
		老			1	14		
		弱						
	烽燧軍保	壯			26.3(外)		73	
		老			1	42	2	75
		弱			11			
	刻手保	壯			5.1(外)		5	5
		老				6		
		弱						
	烽燧軍保	壯			3			
		老				4		
		弱			1			
	扇子匠保	壯			1(良)			
		老				2		
		弱			16			
	京別隊保	壯	44					
		老	32	76				
		弱						
	京砲保	壯	20					
		老	1	45				
		弱	4					
	水保	壯	35		44.5(外)			
		老	3	45	2	57		
		弱	7		6			
	假吏御營軍保	壯	2	2				
		老						
		弱						

		壯老弱								
第九類	樂工保	壯 老 弱	1	1	7		7			
	馬軍騎保	壯 老 弱	1	1	馬軍保 7.1(外) 5	}	13	馬軍保33 3	}	36
	馬軍步保	壯 老 弱	1	1						
	樂生保	壯 老 弱	3	3						
	束伍騎保	壯 老 弱	5	5	1					
	藥保	壯 老 弱						12.6.3(外) 10 2	}	141
	兵兵營屬良余保	壯 老 弱						30		30
	兵營親兵保	壯 老 弱						30		30
	仰屬鄉校保	壯 老 弱						21 2 1	}	24
	作廳保	壯 老 弱						27 1	}	28
	縣司保	壯 老 弱						2 1	}	3
	鄉廳保	壯 老 弱						27		27
	軍器保	壯 老 弱						9		9
	使令保	壯 老 弱						4		4
	通引保	壯 老 弱						3		3
	軍官廳保	壯 老 弱						1		1

類	職役	壯老弱						
第九類	養武臺保	壯 老 弱					2	2
	官奴保人	壯 老 弱					9	9
	書院保	壯 老 弱			1.1(外)	2	13	13
	兵曹禁軍袄直	壯 老 弱						
	扇子匠奉足	壯 老 弱	1 1 }	2				
			(8.81) 373		(9.26) 569		(18.10) 884	
第十類	工曹匠人	壯 老 弱	12	12	工曹收布 匠人 2	2		
	膳工監匠人	壯 老 弱	7 1 }	8	3 1 }	4	22	22
	司饔院匠人	壯 老 弱	5	5	3 1 }	4		
	磨造匠	壯 老 弱	2	2			磨石匠14 1 }	15
	捉虎匠	壯 老 弱	2	2				
	紙匠	壯 老 弱	2(良)2(私)	6	6(良) 2(良) }	5	7	7
	硫黃募軍	壯 老 弱	4 1 }	5	硫黃軍10 4 }	14		
	硫黃店匠	壯 老 弱	9 5 }	14				
	採藥軍	壯 老 弱			58.3(外) 9 }	70		
	生鐵匠	壯 老 弱	30 4 4 }	38	52(良) 11(良) 14(良) }	77		
	沙鐵匠	壯 老 弱	1	1				

第十類		壯老弱						
第十類	水鐵匠	壯	5	6	19		18	22
		老		巡營匠4	1	25	4	
		弱	1	統營匠2	5			
	甕匠	壯	26(良)		45(良)		4	5
		老	1(兵曹匠)	34	7(良)	58	1	
		弱	7		6(良)			
	兵曹收布甕匠人	壯			備局			
		老			兵營	9		
		弱						
	扇子匠	壯	2(良)	2	2(良)	2		
		老						
		弱						
	笠子匠	壯	4(私)		10(良)			
		老	1(良)	5		18		
		弱			8(良)			
	沙器匠	壯	21				9	9
		老		23				
		弱	2					
	竹席匠	壯	1	1	9(良)4(私)		1	1
		老			1(良)1(私)	15		
		弱						
	鍮器匠	壯			22(良)			
		老				26		
		弱			3.1(外)(私)			
	擣砧匠	壯			1(良)	1	1	1
		老						
		弱						
	網布匠	壯			1(良)	1		
		老						
		弱						
	眞梳匠	壯			4(良)			
		老				5		
		弱			1(良)			
	鋼鐵匠	壯			2(私)	2		
		老						
		弱						
	筆匠	壯			1(良)	1		
		老						
		弱						
	漆匠	壯			1(良)	1		
		老						
		弱						
	石手	壯			1(良)	1	1	1
		老						
		弱						
	木手	壯	3(良)	3	5(良)5(私)		3	
		老			2(良)4(私)	16	1	4
		弱						

類	名	壯老弱						
第十類	皮匠	壯 老 弱	3(私)	3	11(良) 2(良)	13		
	柳器匠	壯 老 弱	2	2	8(良)12(私) 4 6(良)	30		
	冶匠	壯 老 弱	1(私) 1(私)	2	5(良)	5	7 2	9
	鎖匠	壯 老 弱			4(私)	4	2	2
	刻手匠	壯 老 弱			2(良)	2	4	4
	印出匠	壯 老 弱			3(良)	3		
	唐鞋匠	壯 老 弱					3	3
	弓人(匠)	壯 老 弱			4(良)	4	1	1
	矢人	壯 老 弱			1(良)	1		
	樂工	壯 老 弱					15	15
				(4.11) 174		(6.82) 419		(2.10) 121
第十一類	鄉吏	壯 老 弱	3 1	4	5 2	7	2(安逸戶長) 3(攝戶長) 5(記　官)	10
	假吏	壯 老 弱	2(良)	2				
	書員	壯 老 弱			10	10	鄉吏書員 7	7
	鄉廳書員	壯 老 弱					15	15
	鄉校書員	壯 老 弱					7	7

類	職役	壯老弱		計		計		計
第十一類	鄉校齋直	壯 老 弱			2(良) 1(良)	3		
	司僕諸員	壯 老 弱	5	5	5.1(外)	6		
	旋忠壇齋直	壯 老 弱			3(良)	3	1 2	3
	典設司諸員	壯 老 弱	2	2				
	律生	壯 老 弱	4 2	6	11	11	4 1	5
	官使令	壯 老 弱			2(良)7(私)	9		
	小童	壯 老 弱			7	7		
	藥夫	壯 老 弱	2 1	3				
	官日守	壯 老 弱	10	10			14	14
	醫生	壯 老 弱	4 2(外)	6	4	4	2	2
				(0.90) 38		(0.98) 60		(1.09) 63
第十三類	驛吏	壯 老 弱	72 5 13	90	90.46(外) 4.3(外) 37.11(外)	191	144 19 23	186
	驛保	壯 老 弱	101 2 11	114	39 3	42		
	束伍驛保	壯 老 弱	1	1				
	驛卒	壯 老 弱	18 4 5	27				
	驛奴	壯 老 弱			11.8(外) 8 7(外)	34	2 2	4
				(5.48) 232		(4.34) 267		(3.29) 190

類	구분	壯老弱						
第十四類	假吏寺奴	壯 老 弱	7	7				
	假吏私奴	壯 老 弱	3	3				
	官奴	壯 老 弱	24 3 8	32	28 1 14	43	27 11	38
	校奴	壯 老 弱	15 3	18	15.3(外) 9	27	6.1(外)	7
	寺奴	壯 老 弱	47 6 13	66	5.11(外) 1.3(外) 3.1(外)	24	3 2	5
	西學奴	壯 老 弱	5 4	9				
	成均館奴	壯 老 弱	4 2	6				
	內奴	壯 老 弱	8	8				
	守宮奴	壯 老 弱	2	2				
	院奴	壯 老 弱	5	5	14.10(外) 1.1(외) 8.4(外)	38	4	4
	私奴	壯 老 弱	1,041 62 368	1,471 (34.74)	517 119 338	974 (15.85)	76 42 40	158 (2.74)
	仰役奴	壯 老 弱	496 2 134	632 (14.93)	673 43 136	852 (13.86)	360 45 57	457 (7.92)
	束伍內奴	壯 老 弱	1	1				
	雇工(奴)	壯 老 弱	35 5	雇工 40	61 1 8	70		
	束伍成均館奴	壯 老 弱	3	3				
	束伍寺奴	壯 老 弱	9 11	9 120				
	束伍私奴	壯 老 弱	108	108				

類	항목	壯老弱						
第十四類	牙兵奴	壯 老 弱	16	16				
	各廳仰屬軍器監私奴	壯 老 弱			2	2		
	鄉校屬私奴	壯 老 弱			7 2	9		
	鄉廳屬私奴	壯 老 弱			3 1	4		
	養武臺私奴	壯 老 弱			2	2		
	巫夫	壯 老 弱	花郎 1(良)1(私)	2			25 3 2	30
			(57.58) 2,438		(33.38) 2,045		(12.11) 699	
第十五類	良人	壯 老 弱	74 23 46	143	22 102 188	312	450 201 217	868
	定配罪人	壯 老 弱	1	1	2	2	7 1 1	9
	居寺	壯 老 弱	2 1	3	16(良) 5(良) 5(私)	26		
	僧人	壯 老 弱	89 2 2	93		31		36
	向化倭人	壯 老 弱			2 1	3	2 1	3
	盲人	壯 老 弱			1	1	1	1
	病者	壯 老 弱	(良)4(私) 1(內奴)	29	42(良)23(私) 5(私) 13(良)	83	17 1 1	19
	鰥夫	壯 老 弱					1 5 13	18
			(6.35) 269		(7.45) 458		(16.53) 954	
	軍門受帖	壯 老 弱					2	2

第十五類	庶孽	壯 老 弱	2 1 2	}5				
	許通	壯 老 弱	5 1 1	}7				
女丁	淑人	壯 老 弱			1	1	1 1	}2
	婦女	壯 老 弱	218 21 24	263	659 101 99	}859	1,039 181 196	}1,416
	寡婦(女)	壯 老 弱			25 3	}28	51 22	}73
	良女	壯 老 弱	969 70 303	1,361	1,944 289 156	}2,389	2,155 415 1,772	}4,342
	寡女	壯 老 弱	105 24	129	76(良)24(私) 23(良)3(私)	}106	60 33	}93
	寺婢	壯 老 弱	26 2 3	31	6.3 21 11	}16	3 1	}4
	官婢	壯 老 弱	14 6 4	24	251 4 91	}41	21 8	}29
	校婢	壯 老 弱	20 3	23	12 3	}15	2 1	}3
	院婢	壯 老 弱	2	2	8.1(外) 3.1(外) 5	}18	3 1	}4
	驛婢	壯 老 弱	5	5	21.11(外) 3	}35	1 1	}2
	驛女	壯 老 弱	18 2 7	27				
	巫女	壯 老 弱			3 1	}4	11 8	}19
	私婢	壯 老 弱	1,143 83 375	1,601	767 122 385	}1,274	475 77 247	}799
	仰婢	壯 老 弱	588 8 106	702	1,192 59 358	}1,609	936 124 221	}1,281

女丁	雇工婢	壯 老 弱	11 5	}16		9 1 5	}15		
	內婢	壯 老 弱	3	3					

※표는 納粟者 數, (私)는 私奴, (良)은 良人, (外)는 外地人.

<표 10> 대구 신분직역 일람표(四方博 분류)

			영조 26년 누계		정조 13년 누계		철종 9년 누계	
	職役	總數		25,428		26,423		27,020
第一類	進士		6		3		8	
	幼學		4,017	4,023	4,170	4,174	4,284	4,296
	生員		(15.80)	(15.82)	(15.78)1	(15.80)	(15.85)4	(15.90)
第二類	校生		72		78		218	
	營府貢生		207		622		82	
	巡貢生						294	
	院生		9		31		199	
	出身		8	2,007	33	6,781	53	4,441
	閑良		205	(7.89)	1,260	(25.66)		(16.44)
	武學		564		365		738	
	業武		741		3,362		867	
	業儒		201		1,030		1,125	
第三類	封君		1		–		–	
	原從功臣		2		–		–	
	資憲大夫		–		–		1	
	嘉義大夫		–		–		29	
	嘉善大夫		70		158		32	
	通政大夫		74	302	148	596	85	236
	朝散大夫			(1.19)	1	(2.26)	–	(0.87)
	通德郎		68		112		27	
	宣務郎		1		–		–	
	通仕郎		1		–		–	
	從仕郎		–		–		3	
	將仕郎		1		–		–	
	折衝將軍		84		177		59	

類	項目		計		計		計
第四類	縣監	1		–		–	
	別檢	1		–		–	
	參奉	5		15		7	
	修撰	–		–		1	
	參議	–		–		1	
	典籍	–		–		4	
	僉正	13		41		–	
	判官	25		11		–	
	僉保	4		–		–	
	主簿	※ 7		1		–	
	司果	102	269 (1.06)	30	215 (0.81)	46	354 (1.31)
	察訪	※ 12		2		–	
	宣傳官	–		–		6	
	司僕	–		–		37	
	兼司僕	–		13		–	
	萬戶	1		–		–	
	營府將官	32		26		–	
	巡將官	–		43		185	
	營府知殼官	4		–		–	
	營府旗牌官	53		33		67	
	百摠將	3		–		–	
	守堞百摠將	2		–		–	
	烽燧別將	3		–		–	
第五類	忠義衛	77		166		329	
	忠贊衛	21		31		14	
	忠壯衛	2	106 (0.42)	–	197 (0.75)	1	460 (1.70)
	忠翊衛	6		–		–	
	忠親衛	–		–		116	
第六類	府軍官	–		891		283	
	在家軍官	–		101		109	
	在家出保軍官	80		–		–	
	在家作領軍官	107	739 (2.91)	–	2,170 (8.21)	–	1,548 (5.73)
	作領軍官	111		–		–	
	鎭作領軍官	138		–		–	
	帶率軍官	–		89		143	
	帶率出使軍官	90		–		–	

第六類	出使軍官	10		–		–	
	鎭軍官	–		128		106	
	鎭討捕軍官	171		–		–	
	守堞軍官	–		129		337	
	選武軍官	–		731		233	
	都訓導	32		40		61	
	別武士	–		61		276	
第七類	御營軍	152		167		265	
	禁軍	–		196		350	
	禁衛軍	226		–		–	
	主鎭軍	232		–		–	
	府馬軍	–		130		–	
	巡馬軍	–		170		–	
	巡軍	–		–		–	
	卜馬軍	54		–		–	
	營府標下軍	150		–		–	
	陸軍 / 分防軍	745		126 / 20		–	
	募軍	200	3,229 (12.70)	44	1,056 (4)	233	2,188 (8.10)
	城丁軍	203		154		236	
	步軍	590		–		–	
	旗手軍	100		49		–	
	正兵	–		–		–	
	騎步兵	202		–		273	
	大砲手	15		–		–	
	射夫	181		–		–	
	塘報手	30		–		–	
	細樂手	5		–		–	
	馬丁	115		–		831	
	都訓導馬丁	6		–		–	
	餘丁	23		–		–	
第八類	水軍	563		553		1,956	
	烽軍	75		284		305	
	束伍軍	1,451		812		1,173	
	束伍馬軍隨率	236		–		–	
	格軍	30		–		–	
	牙兵	–		236		905	

第八類	牙兵馬軍	226		–		–	
	各色火兵	293		195		886	
	軍牢	80	2,974	–	2,224	(巡)94	5,395
	府軍牢	15	(11.70)	144	(8.42)	43	(19.97)
	鎭軍牢	–		–		33	
	沙工	5		–		–	
第九類	御保	466		292		489	
	禁衛保	702		258		391	
	砲保	227		129		364	
	主鎭保	2		–		–	
	騎步兵袱直	50		–		–	
	陵保	331					
	馬保	–		555		261	
	卜馬保	100		–		–	
	水保	282		–		–	
	別武保	–				217	
	旗手保	68	4,602	–	2,436	–	1,847
	羅將保	92	(18.10)	–	(9.22)	–	(6.84)
	烽軍保	225		–		–	
	牙兵馬軍保	461		–		–	
	束伍保	1,043		107		–	
	束伍馬軍保	431		–		–	
	軍牢保	4		–		–	
	人吏保	105		1,090		125	
	繕工監保	–		5		–	
	刻手保	3		–		–	
	藥汗保	10		–		–	
第十類	各色匠人	394		227		639	
	弓人	60		–		–	
	矢人	20		–		–	
	皮匠	–		39		86	
	水鐵匠	22	831	–	651	–	1,555
	沙器匠	6	(3.27)	–	(2.46)	–	(5.75)
	甕匠	63		–		–	
	營府扇匠	–		76		–	
	營府冊匠	–		60		–	

類	職役						
第十類	鞝子匠	–		–		67	
	樂工	9		–		–	
	刻手	22		–		–	
	石手	–		41		–	
	硫黃軍	88		81		190	
	鉛鐵	–		23		–	
	燻造軍	–		35		75	
	擣帖軍	40		33			
	炭軍	9		–			
	需米軍	75		59		508	
第十一類	人吏	532		–		–	
	假鄉所	40		–		–	
	鄉有司	–		27		–	
	營府小童	471		116		62	
	巡小童	–		–		190	
	鎭小童	–		–		4	
	司僕諸員	8	1,274 (5.01)	–	517 (1.96)	–	675 (2.50)
	鎭吏	–		12		12	
	樂生	4		–		–	
	巡使令	–		240		74	
	府使令	–		–		61	
	鎭使令	–		–		45	
	倉直	75		99		227	
	各色隨率	125		–		–	
	樂汗	19		23		–	
第十二類	各廳下典	102	(0.40)	–		576	(2.13)
第十三類	驛吏	2,111		1,212		1,271	
	驛保	–	2,200 (8.65)	–	1,254 (4.75)	907	2,741 (10.14)
	驛奴	45		–		439	
	擺撥軍	44		42		124	
第十四類	官奴	193		–		–	
	營府奴	–	2,349 (9.24)	227	3,615 (13.68)	–	272 (1.01)
	府奴	–		–		82	
	寺奴	514		131		–	

第十四類	校奴	152		148		82	
	院奴	95		88		108	
	私奴	1,395		3,021		–	
第十五類	居士	31	421 (1.66)	–	537 (2.03)	–	436 (1.61)
	老除	–		345		–	
	盲人	17		–		–	
	病人	221		–		–	
	無役良人	152		192		436	

( )내 %는 필자가 작성한 것임, ※표는 단성과 동일년대임.

<표 11> 단성·대구 직역 비교

연도별		단성			대구		
		숙종 4년 (1678) Ⅰ	영조 8년 (1732) Ⅱ	정조13년 (1789)Ⅲ*	영조26년	정조13년 (1789)	철종9년
1류	男丁總數對百分比%	5.03	15.79	26.90	15.82	15.80	15.90
	職役數	213	970	1,550	4,023	4,174	4,296
2류	%	6.78	4.96	8.65	7.89	25.66	16.44
	職役數	287	296	499	2,007	6,781	4,441
3류	%	0.43	1.77	0.49	1.19	2.26	0.87
	職役數	18	109	30	302	596	236
	納粟數	8	24	9	–	–	–
4류	%	0.54	0.68	0.19	1.06	1.81	1.31
	職役數	23	42	11	269	215	354
	納粟數	19	12	–	–	–	–
5류	%	1.37	0.32	0.88	4.42	0.75	1.70
	職役數	58	20	51	106	187	460
6류	%	0.024	0.08	0.36	2.91	8.21	5.73
	職役數	1	5	194	739	2,170	1,548
7류	%	5.43	4.07	1.87	12.70	4.00	8:10
	職役數	230	250	108	3,229	1,056	2,188
8류	%	2.72	0.49	11.87	1.70	8.42	19.97
	職役數	115	399	685	2,974	2,224	5,395
9류	%	8.81	9.26	14.62	18.10	9.22	6.84
	職役數	373	569	844	4,602	2,436	1,847
10류	%	4.11	6.82	2.10	3.27	2.46	5.75
	職役數	174	419	121	831	651	1,555

					*各包匠人(394)	各包匠人(227)	各包匠人(639)
匠種	匠種	17	26	15			
	生鐵匠	38	77				
	甕匠(同甕院포함)	39	71	5	63		
	水鐵匠	6	25	22			
	沙器匠	23		9			
	鑰匠		26				
	皮匠						
	刻字匠				22		
	弓人				60		
私奴의 비중 높은 것	紙匠	2(良)4(私)					
	笠子匠	6(良)4(私)					
	竹席匠		10(良)5(私)				
	鋼鐵匠		2(私)				
	皮匠	3(私)				39	86
	柳器匠		14(良)16(私)				
	鎖匠		4(私)				
	冶匠	2(私)					
	冊匠					60	
	硫黃軍				88	81	190
11류	%	0.90	0.98	1.69	5.01	1.96	2.50
	職役數	38	60	63	1,274	517	675
12류							
13류	%	5.48	4.34	3.29	8.65	4.75	10.14
	職役數	232	267	190	2,200	1,254	2,741
14류	全體男奴數	2,436	2,045	699	2,349	3,615	272
	全男丁對全奴比%	57.58	33.28	12.11	9.24	13.68	1.01
	私奴數	1,471	974	158	1,395	3,021	
	全男丁對私奴比%	34.74	15.85	2.74			
	仰役奴數	632	852	457			
	全男丁對仰役奴比%	14.93	13.86	7.92			
	私奴數	1,471	973	158			
	全男奴對私奴比%	60.34	47.58	22.6			
	仰役奴數	632	852	457			
	全男奴對仰役奴比	25.92	41.66	65.38			
	全私奴仰役奴數	2,103	1,825	615			

	全男奴對私奴仰役奴比	86.26	89.24	87.98		
	全男丁對私奴仰役奴比	49.67	29.70	10.66		
	全奴對寺奴比				21.88	3.62
15 류	全男丁對雜類比 %	6.35	7.45	16.53		
	雜類數	269	458	954		

<표 12> 단성 女丁 실태

	Ⅰ	Ⅱ	Ⅲ
女丁總數	4,187	7,080	8,067
淑人	－	1	2
婦女	263	859	1,416
寡婦	－	28	73
良女	1,361	2,889	4,342
寡女	129	106	93
計	1,753	3,883	5,926
女丁總數百分比	41.87%	54.84%	73.46%婢
婢總數	2,407	3,027	2,141
女丁總數百分比	57.49%	42.75%	26.54%
私婢數	1,601	1,274	799
女丁總數百分比	38.24%	17.99%	9.91%
仰婢數	702	1,609	1,281
女丁總數百分比	16.77%	22.73%	15.88%
全婢에 대한 私婢 百分比	66.5%	42.09%	37.32%
全婢에 대한 私仰婢百分比	99.68%	95.24%	92.15%
女丁全體數에 대한 私仰婢 百分比	55%	40.72%	25.78%
男奴數	2,436	2,045	699
女婢數	2,407	3,027	2,141
計	4,843	5,072	2,840
全男·女合	8,421	13,225	13,839
男女奴婢百分比	57.51%	38.35%	20.52%

<표 13> 대구 신분직역 일람표(四方博 분류)

		I		II		III	
		숙종 16년		영조 5~8년		정조 7, 10, 13년	
	總戶數	3,156		3,029		2,811	
	總　數	2,698		2,445		2,840	
제1류	進士	1			△23.40%	1	
	生員	2	△7.71%	4	572	1	△44.75%
	幼學	205	208	567		1,268	1,271
	學生			1		1	
제2류	校生	24		5		6	
	貢生					1	
	院生	2		7		16	
	出身	10	△10.60%	2		1	
	及第		286	1	11.7%		15.21%
	閑良	7		2	288	147	432
	武學	175		73		41	
	業武	50		181		164	
	業儒	1		17		56	
	童蒙	17					
제3류	嘉善大夫	12		12(1)		17	
	通政大夫	21		13		9	
	通訓大夫	3		1			
	奉正大夫			1			
	通德郎	20		12		23	
	奉直郎	1					
	承議郎	2					
	宣教郎	9	△5.19%	1	△5.48%		△2.68%
	宣務郎	1	140(9)	8	134(3)		76(1)
	通仕郎	1					
	承仕郎	2					
	從仕郎	1					
	將仕郎	4		1			
	折衝將軍	1		3		21(1)	
	禦侮將軍	14					
	建功將軍	1					
	振威將軍	1					

류	職役						
제3류	宣略將軍	5		2			
	果毅校尉	4					
	顯信校尉	1		1			
	敦勇校尉	1					
	勵節校尉	3		6		2	
	秉節校尉	9(4)		48		1	
	迪順校尉	1					
	修義副尉	3(1)					
	効力副尉	1					
	展力副尉	18(4)		25(2)		3	
제4류	承政院副承旨						
	兵馬同僉節制使						
	兵馬節制都尉	(1)					
	縣監	(3)					
	義禁府都事			(1)			
	同知中樞府事			(2)		(5)	
	僉知	3					
	中樞府錄事	1					
	禁火司別	2					
	直長	4(1)					
	主簿	1		1			
	訓練院判官	(3)		(7)		(2)	
	訓練院僉正	(1)	△2.22% 60(53)	(1)	△3.44% 84(119)		△0.74% 21(29)
	奉事	10(6)					
	參奉	19(4)				4	
	郎廳					2	
	龍驤衛副護軍	(1)		(2)		(18)	
	龍驤衛副司果	(12)		(48)		(1)	
	司果	4(2)		1			
	忠武衛副司勇						
	察訪	(4)		7(5)			
	宣傳官	(1)					
	兼司僕	7(11)		30(25)		(3)	
	萬戶	(1)					
	府將官	2(1)		5(4)		4	
	巡將官	(1)		34(21)		9	

류	직역	값	백분율	값	백분율	값	백분율
제4류	架山鎭將官			(1)			
	別將	1		3(1)		1	
	烽燧別將	6		3(1)		1	
제5류	忠義衛	3		6(1)		30	
	忠贊衛	20(1)		9		3	
	忠順衛	5(1)	△1.89% 51(6)	2	△1.60% 39(2)		△1.20% 34
	忠壯衛	5		19(1)			
	忠翊衛	11(4)		3		1	
	定虜衛	7					
제6류	府護軍					1	
	軍官	4(6)		1(1)			
	府軍官	39(25)		160(68)		92(1)	
	巡在家軍官	39(48)		14(2)		7	
	巡帶率軍郎	(58)		23(16)		8	
	營將道廳軍官	8(4)					
	巡營中軍軍官	5(2)					
	鎭營軍官			15(3)		5	
	出保軍官			(13)		3(2)	
	鎭營出使軍官			8(3)			
	府出使軍官		△3.80% 103(144)	3(2)	△10.88% 266(117)		△6.02% 171(4)
	守堞軍官			32(7)		16	
	收布軍官			(1)		3	
	選武軍官					25	
	討捕軍官			1			
	營作領軍官					2(1)	
	營修理軍官					1	
	架山守軍官			1			
	城堞哨官						
	旗牌官			2(1)		2	
	都訓導	3		7		1	
	別武士	5(1)				4	
제7류	諸色軍					2	
	御營軍	46(2)		24(7)		25(1)	
	禁軍					13	
	禁營軍	32(2)		33(6)		17	
	鎭營軍			2			

類	軍種						
제7류	主鎭軍	15		11			
	扈輦隊軍	1					
	馬軍	1		1		1	
	府馬軍	1		14(1)		4	
	巡馬軍	51(9)		60		37	
	巡馬隊	2					
	卜馬軍			1		1	
	標下軍					1	
	陸軍			16(9)		5	
	保典軍						
	浦軍						
	防軍			1			
	架山防軍			1			
	架山募軍			1		4	
	城丁軍		344(61) △2.75%	10(2)	200(39) △8.18%	8	135(1) △4.75%
	別隊	1					
	府別隊	30(13)		5(1)			
	巡別隊	41(18)		6(1)		10	
	禁衛別隊	6(1)					
	才落軍			1			
	正兵	63(14)		1			
	騎兵	24(7)		1		1	
	步兵	22(5)		2			
	騎步兵						
	京步兵	6		3		5	
	下納步兵						
	砲兵						
	砲手			3		1	
	吹鼓手						
	餘丁	2		3(2)			
제8류	水軍	21(11)		44(17)		83(11)	
	水鎭軍					2	
	水軍別隊	3					
	烽燧軍	63		38(1)		22	
	束伍軍	120(1)		68(3)		61(1)	
	束伍馬軍	(1)		2		2	

류	항목						
제8류	束伍別隊	1					
	巡營格軍	27		6			
	水陸軍			1			
	牙兵	3		(1)		3	
	巡營牙兵	432(15)		115(5)		48	
	山牙兵	3		5(1)		13	
	火兵	3(1)					
	鎭營火兵		△25.80%	5	△12.76%		△8.38%
	府軍官廳火兵		696(30)	2	312(28)		238(1)
	左家廳火兵			8		1	
	巡帶率廳火兵			4		2	
	巡營軍牢	9(1)		11			
	營將軍牢	1					
	鎭營軍牢			1			
	束伍軍牢			1			
	巡巫房軍牢			1			
	沙工	10				1	
제9류	保人	20		14(4)		1	
	御保	109(14)		45(11)		23	
	禁保	8(3)		35(7)		26	
	禁衛保	83(12)		8(1)			
	砲保	38		25(2)		16	
	京砲保			2		2	
	騎步	143(63)		48(24)		1	
	步保	14(5)					
	陸保	(2)					
	射保					1	
	馬保	10(1)					
	府馬保			1			
	巡馬保			28(6)		20	
	水保	54(31)		31(11)			
	別隊保	10(2)		(1)			
	巡營別隊保			12(4)		8	
	巡格保			(1)			
	別武保					8	
	資保						
	破陣保					(1)	

類	項目						
제9류	扈輦隊保			1			
	巡騎手保人			1			
	束伍保			6(2)			
	巡羅將保					2	
	烽保			(1)			
	巡營軍牢保			4			
	吏保			6(1)		8	
	鎭吏保			4			
	補役保		△18.42% 497(135)	3(1)	△11.37% 278(79)		△4.23% 120(1)
	使令保人					1	
	扇匠保			(1)			
	弓人保					1	
	木手保人			2			
	刻手保人			2(1)			
	水鐵匠保	4(2)					
	樂工保樂色保	4					
	硯石匠人保	1					
	妓保					2	
제10류	匠人						
	工曹匠人	3(1)					
	繕工監匠人	(1)		(1)			
	漆匠人					4	
	巡弓人			1			
	冶匠	2		3(1)		2	
	皮匠	2		1			
	鍮匠人			1			
	水鐵匠人	21(7)		1			
	繕工匠人		△1.30% 35(9)		△0.92% 20(5)		△0.60% 17(1)
	鑄錫匠	1					
	笠工						
	雜役匠						
	樂工			1			
	木手	1					
	需米軍			2		5	
	硫黃軍	1		8(3)		6(1)	
	採銀軍	4					
	擣帖軍			2			

류	職役			
제11류	營人吏			
	巡小童			
	鄉吏			
	假鄉所	(1)	10(6)	3
	鄉有司			2
	司僕諸員	1	2	
	書院書員		1	
	書院齋直	1		
	書齋庫直	1		
	書院廟直			1
	書院庫子	1	1	1
	書記	(1)		
	巡營算書院	1		
	巡廳有司			1
	上有司伺候	1		
	巡官廳伺候		2	
	文書直	1	2	
	竹田直	1		
	縣戶長			
	縣屬	11	15	9
	縣直	13(1)	6(1)	6
	縣府使令	9	1	
	幕長	2(1)		
	營將隨率	1		
	藥漢	1	2	
	校下人			
	計	△1.67% 45(4)	△1.72% 42(7)	△0.81% 23
제12류	鎭營下典		14(1)	
	醫局下典	22		
	所下典		5	
	鄉所下典	7	12	
	府所下典	7	1	
	武學堂下典		(1)	
	杖房下典	4	2	
	營長房下典	2		
	營將下典	2		
	奴房下典	3		
	在家廳下典		1	2
	作廳下典	13	6	
	巡帶廳下典	2	1	3
	計	△4.93% 133(1)	△3.19% 78(4)	△0.56% 16

류	직역						
제12류	補役廳下典			(1)			
	都訓廳下典	1		4			
	星廳下典	3		2			
	將官廳下典	3		1			
	軍官廳下典			4		鎭1	
	府軍官廳下典	4		3			
	軍器下典	3		2			
	兵廳下典	5(1)					
	束伍廳下典	1				1	
	架山守堞下典			1			
	巡營營繕下典	2					
	氷庫下典			1			
	院下典	45		14(1)		7	
	校下典	2		3		1	
	鄕賢祠下典	1		1			
	書齋下典	1					
	江倉下典					1	
제13류	驛吏	319(2)	△15.46% 417(12)	410(6)	△17.74% 427(14)	287(2)	△10.18% 289(3)
	驛率丁	27				驛軍(1)	
	驛保	69(9)		11(6)		2	
	驛奴	2		2(1)			
	擺撥軍	(1)		4(1)			
제14류	上色才人	2	△1.02% 29(1)		△0.74% 18(2)		△0.11% 3
	丐乞人	3(1)		1			
	宦者			1		1	
	居士	8		9(1)		1	
	巫俗	4		3(1)		1	
	柳器匠人	12		4			
			3,044 (465)		2,758 (409)		2,829 (40)

분류하는 과정에서 직역 자체가 분명하지 않은 軍門受帖 書寫郞廳은 제15류에 넣었고 庶孼 許通도 전혀 직역과 관련되지 않아 15류에 넣었다.

제7류에 속하는 兵營親兵, 兵營城丁軍 등 병영에 속하는 것은 신분적인 면을 고려(私奴가 많음)할 때 제8류에 넣어야 할 것이지만 四方博 분류의 제7류에 준하였다. 四方博은 신분적인 면을 고려하였는지 柳器匠만은 匠種인 제10류에 넣지 않고 제14류에 넣고 있는데 제10류의 匠人에도 私賤이 있으니 제14류의 장인 중에서 유기장만 넣고 있음이 타당치 않을 것 같아 제10류에 넣었다.

대구장적의 통계표에 기재되어 있지 않는 직역명이 단성 통계표에 나타나는데, 이는 모두 四方博의 분류원칙에 의해서 구분한 것이다. <표 11>을 토대로 하여 類別로 단성과 대구의 것을 비교하여 보면 다음과 같다.

제1류

단성은 숙종 4년에 全男丁에 대한 비율이 5.03%에 불과하던 것이 영조 8년에는 15.79%로 약 3배의 증가율을 보이고, 영조 8년에서 정조 13년까지는 약 1.8배로 증가하고 있다. 그 간의 증가율은 놀라울 정도이다. 정조 13년의 수는 全男丁의 수에 대한 비율이 26.90%이다. 生員, 進士, 官職數는 거의 증가하지 않으나 幼學이 激甚하고 있는 것이 주목된다.

대구의 男丁에 대한 비율을 보면 증가율이 거의 없다. 영조 28년의 것과 정조 13년의 사이에 나타난 비율도 거의 같다. 대구의 정조 13년의 것이 15.80%인 데 비해 단성은 정조 13년의 것이 26.90%로 훨씬 높은 점이 주목된다.

제2류

단성은 全男丁에 대한 비율이 숙종 4년에 6.78%인 것이 영조 8년에는 4.96%로 감소현상을 보이고 있으며, 정조 13년에는 8.65%로 영조 8년에 비해 역으로 약 1.8배로 증가하고 있다. 전시대를 통해 보면 역시 증가하고 있다.

특히 증가율이 현저한 것은 業武·業儒·校生의 순이다. 대구는 영조 26년에 7.89%였던 것이 정조 13년에는 25.66%로 3배쯤 넘는 증가율을 보이고 있다. 여기서도 業武·業儒의 증가율이 높다.

단성보다 대구는 전반적으로 비율이 높고 정조 13년의 양 지역을 비교해 보면 대구가 단성보다 거의 3배에 가까운 비율을 보이고 있어 주목된다. 業儒는 양 지역에 정조 13년에는 前代에 비해 모두 크게 증가하고 있으나, 그 증가비율에 있어서 단성은 대구에 비해 문제가 되지 않을 정도 비율이 낮다.

제3류

단성은 숙종 4년에 비해 영조 8년에는 조금 증가하고 있었으나, 정조 13년에는 숙종 4년의 비율로 감소하고 있다. 官階는 영조 8년에 가장 높은 비율을 보이고 있지만 그것도 1.77% 밖에 되지 않는다. 納粟 官階는 숙종 4년보다 영조 8년이 수도 좀 많다. 그리고 官階 중 비중이 높은 것은 通政大夫, 嘉善人夫, 通德郎 등이다. 특히 영조 때에는 折衝將軍이 많이 수여되고 있으며, 官階가 주로 남발되었던 때였음을 알 수 있다.

대구는 영조 26년에서 정조 13년까지 계속 증가율을 보이고 있으나 그렇게 높지는 않다. 官階는 嘉善, 通政, 通德郎, 折衝將軍이 많이 수여되고 있으며 특히 정조대에 많아 양 지역을 비교해 보면 공통점이 많이 있지만, 정조 13년 당시의 비율은 대구가 2.26%, 단성이 0.49%로 대구가 훨씬 높다.

제4류

단성은 숙종 4년에 비해 영조 8년에는 다소 증가하고 있었으나 정조 13년에는 역으로 상당히 감소하고 있다. 관직이기 때문에 비율은 극히 낮아서 세 시기 중 다소 높은 영조 8년의 경우도 男丁 全職役에 대한 비율은 0.68% 밖에 되지 않는다. 納粟 官職이 일반적으로 숙종대에 많이 부여되었다고 하는 것처럼 여기에서도 세 시기 중 숙종 4년에 많이 나타나고 있다. 納粟官職은 하위직인 別座, 主簿, 察訪, 奉事, 參奉 등이다.

조선후기에 양반층 증가현상의 주된 원인 중의 하나가 官府에서 納粟에 의한 관직의 남발이라고 일반적으로 말하지만, 帳籍에 나타나고 있는 납속 관직의 수를 비추어 보면 주된 원인이 아닌 것 같다.

대구는 영조 26년에 비해서 정조 13년에는 다소 증가되고 있으며, 양 지역을 비교해 보면 대체로 단성은 男丁 總數에 대한 비율이 0.68% 이하인데, 대구는 1.06~1.81%로 상대적으로 대구가 높다. 정조 13년 단성은 0.19%인 데 비해 대구는 1.81%로 현저히 높다. 그러나 대구는 監營의 소재지이기 때문에 거기에 속하는 武職인 營府將官, 巡將官, 營府旗牌官 등이 많다는 사실이 주목된다. 이 수치를 제외하면 단성과 거의 같다. 그 외에 단성은 副司果, 兼司僕 등이 다소 많은 편인데 대구는 司果가 상당한 수를 차지한다.

제5류

단성은 숙종 4년에 가장 비율이 가장 높은 반면에 영조 8년이 세 시기 중 가장 낮고 정조 13년은 좀더 증가하고 있다. 숙종 4년이 높다고 하나 全男丁에 차지하는 비율은 1.37%밖에 되지 않는다.

제6류

단성은 숙종 4년에는 軍 1명이고 영조 8년에도 5명에 불과한데 정조 13년에는 194명으로 3.36%의 비율을 보이고 격증되고 있어 주목된다. 대구도 영조 28년에 739명으로 비율이 2.9%인 데 반해 정조 13년에는 2,170명으로 8.21%로 격증하고 있다.

양 지역은 영조대에 비해 정조대에 공통적으로 격증하고 있으나, 대구는 단성에 비하면 훨씬 이 직역의 비중이 높다. 대구가 감영이라는 지역성에 기인하는 것 같다.

이상의 6류까지의 분류표에서 살필 수 있는 것은 적어도 6류 이상이 상민의 상위 양반층에 속하는 것이라고 가정할 때, 단성은 정조 13년에 37.11%로 全男丁의 1/3의 비중을 차지하는 데 비해, 대구는 동일한 정조 13년에 46.28%로 단성보다 비율이 높아 대구 인구의 거의 반을 차지하고 있는 실정이다. 이 層의 수는 이중 직역을 부담하고 있지 않을 것이기에 實數에 가깝다고 하겠다. 그 중 數值뿐 아니라 현저한 증가율을 보이고 있는 것은 幼學, 武學, 業武, 業儒, 閑良(閑良만은 대구에 한함)이고 양반층의 증가현상이라는 점에서 볼 때 이 부류가 주목된다.

제7류

단성은 숙종 4년에서 영조 8년에는 약간 감소율을 보이고 있지만, 영조 8년에 비해 정조 13년에는 대폭 감소하고 있다. 대구 역시 영조·정조대에 같은 추세이다. 다만 단성에 비하여 대구는 全男丁에 대한 비율이 훨씬 높다. 정조 13년 단성은 1.87%인데 대구는 4%로 나타나고 있다. 兩班役에 있어 시대에 따라 良役인 軍役數가 감소되고 있는 것은 공통점이다. 상기 제6류의 군역이 증가하는 데 반해 여기에서는 감소하고 있음이 주목된다.

제8류

단성은 숙종 4년에 2.72%였던 것이 영조 8년에는 6.49%로 약 2.8배로 증가하고, 정조 13년에는 11.87%로 영조 8년에 비해 1.8배로 증가하여, 비교적 높은 비율의 증가를 보여 주목된다. 특히 이 직역에 있어 私奴, 賤民의 비중이 높다는 사실로 비추어 볼 때 앞서 살핀 양민의 군역인 제7류가 감소현상을 보이고 있는 것과 대비할 때, 시대의 추세를 살필 수 있다. 군역의 주된 種別은 束伍軍, 水軍, 烽燧軍 등이다.

대구는 영조 28년에 11.70%, 정조 13년 8.42%로 감소현상을 보이다가 철종 9년에는 19.97%의 급증률을 보이고 있다. 군역의 주된 것은 水軍, 束伍軍, 牙兵, 火兵 등이다. 양 지역을 비교해 보면 제7류보다 제8류의 비율이 높다는 것이 공통점이다. 한편 비율로 보면 단성이 대구보다 높고, 영조대에서 정조대로 나아감에 따라 단성은 증가되는 반면 대구는 감소하고 있다. 그리고 단성은 대구에 비해 烽燧軍役이 약간 높은 비율을 보이고 있다.

제9류

단성은 숙종 4년에 8.81%였던 것이 영조 8년에 9.26%로 약간 증가율을 보이다가 정조 13년에는 18.10%로 영조 8년보다 약 2배 정도 급증한다. 保種의 주된 것은 御營軍保, 禁衛營保, 束伍軍保, 驛保, 地方官衙에 속하는

保 등이다. 대구는 영조 28년에 18.10%였던 것이 정조 13년에는 9.22%로 약 1/2의 감소율을 보이고 있다. 保種의 주된 것은 御營軍保, 禁衛軍保, 束伍保, 馬保, 砲保, 人吏保 등이다.

양 지역을 비교하면 단성은 영조 8년에 비해 정조 13년에 급증하고 있지만 대구는 반대 현상을 보이고 있다. 시기적인 비율로 보면 단성의 영조 8년의 것과 대구의 영조 28년의 것은 대구가 약간 높고, 영조 13년의 비율은 단성이 상당히 높다. 保種에서 단성은 砲保가 보이지 않는데 이것은 단성장적의 기재상의 문제로 처리해야 할 것인지 모르겠다. 또한 人吏保는 단성보다 대구가 많은데 이는 대구가 감영이기 때문에 기인하는 것이다.

제10류

단성은 숙종 4년에 4.11%였던 것이 영조 8년에 6.82%로 상당한 수의 증가를 보이고 있으나 그 후 정조 13년에는 2.10%로 약 1/3의 비율로 격감하고 있다. 이는 정조대 工匠案이 폐지되는 것과 상관하여 轉業된 것이 아닌가 추측된다. 이것은 정조대의 『大典通編典』에 경상도 장인 수가 1,129명인데 정조 13년 단성의 장인 수(중앙에 속한 것 포함)가 121명을 감안하면 감소현상은 전국적 추세인 듯하다.

匠種別 인원을 보면 生錢匠, 甕匠, 水錢匠, 沙器匠 등이 많이 있다. 물론 단성 장인 안에는 중앙 외지 관아에 속한 수가 있기는 하지만 그래도 지방에 거주하는 장인이 많다. 그렇게 보면 대부분이 私匠인 것 같다.

匠種에 속한 인원을 보면 가장 많은 것은 시기에 따라 변화가 있기는 하지만 生鐵匠, 甕匠, 水鐵匠, 沙器匠 등이다. 장종 중 私奴가 많이 참여하고 있는 것은 紙匠, 笠子匠, 竹席匠, 柳器匠 등인데, 장적에 나오는 사노 또한 시기에 따라 변하기도 한다. 한편 장종 중 사노가 많이 편입된 순으로 보면 紙匠, 笠子匠, 竹席匠, 柳器匠(숙종 4년, 영조 8년) 등이고, 장적에 '私奴' '良'의 표기가 있어 추측 가능하다.

그러나 이와 같은 신분의 기재는 단성의 정조 13년의 장적통계에서는 보이지 않는다. 그 이유 중의 한 가지로 생각할 수 있는 것은 정조대 단성에서는 노비신분을 갖는 匠種에 대해서는 各色 匠人이란 항목이 있고, 별도로 匠種人員이 기재되고 있는데 후자의 匠種別 인원수가 전자의 各色 匠人 수에 포함되는 것 같지만, 그것을 숫자상으로 검토해 보면 그렇지 않고 별개의 것이다. 그렇게 구분하는 이유가 무엇인지는 잘 알 수 없다. 따라서 이 匠種에 대해서는 언급하지 않기로 한다.

　양 지역을 비교할 때, 쌍방의 시기에 약간의 차이가 있지만 대체로 격감하는데, 그러한 상황으로 인해 아예 기입하지 않은 것 같다. 대구는 영조 28년에 3.27%였던 것이 정조 13년에는 2.46%로 감소하고 있다. 철종 9년에는 반대로 5.75%로 비율상으로 보면 2배 이상 증가를 보이고 있다. 철종대에 급증하게 된 것은 대구지방이 인구가 많은 정치, 경제적인 고을이라는 점을 생각할 때 수공업이 성하였고, 따라서 私匠의 수가 증가한 것이 그 이유가 아닐까 한다. 물론, 그렇다 하더라도 큰 차이는 없다. 영조대에서 정조 13년에 격감하는 현상은 공통점을 보이고 있으며 철종 9년경의 사정은 단성의 자료가 없어 명확하지 않다.

제11류

　단성은 세 시기에 걸쳐 약간씩 증가하고 있고, 정조 13년에는 1.69%의 비율을 보이고 있다. 대구는 영조 28년에 5.01%, 정조 13년에 1.96%, 철종 9년에 2.5%를 각각 나타내고 있다. 영조 28년에 특히 많은 비율을 보이는 것은 이 시기만 '人吏' 532명이 기재되어 있고, 營府小童이 정조 13년, 철종 9년에 비해 월등히 많은 것에서 기인하고 있다. 人吏가 영조 28년에만 기재되고 있는 이유를 직접적으로 말할 수 없지만 대체로 대구가 감영이기에 단성보다 官衙屬員이 많은 것 때문이 아닐까 한다.

제12류

　대구의 분류표에는 기재되어 있지만, 단성의 장적통계에는 기재되어 있지 않아 부득이 생략한다.

제13류

단성은 세 시기에 걸쳐 약간씩 감소하고 있지만 全男丁에 대한 비율은 비교적 높고 정조 13년에는 3.29%를 보이고 있으며, 대구는 대체로 단성보다 비율이 훨씬 높다. 단성도 교통의 요지이기 때문에 驛 2개(新安·碧溪)가 있어 驛員이 많이 보이지만, 대구가 이보다 많은 것은 감영이기 때문이다.

제14류

단성의 全男丁에 대한 男奴 비율은 숙종 4년에는 57.58%로 全男丁 인구의 반보다 많은 비중을 차지하고, 영조 8년에는 20.45%로 숙종 4년의 비율보다 반 이상이 감소하였다. 또한, 정조 13년에는 12.11%로 약 1/3이 감소하고 수는 699명으로서, 숙종 4년의 5,758명에 비하면 거의 없어지다시피 되었다.

대구는 영조 28년에 9.24%이고, 정조 13년에는 영조 28년보다 오히려 증가하여 13.68%가 되었다가 철종 9년에 1.01%로 거의 없어지고 있다. 따라서 양 지역을 비교하면 단성은 대구보다 '奴'의 소멸이 일찍 이루어졌다고 말할 수 있다.

男奴에 대해 좀더 상세히 살피면, 단성은 여러 職名을 가진 男奴 중 私奴의 비중이 가장 높고 全男丁에 대한 비율이 숙종 4년에 34.74%, 영조 28년에 15.85%, 정조 13년에 2.74%로 나타나고, 시대가 내려감에 따라 격감하는 현상을 보이고 있다. 그 다음으로 비중이 높은 것은 仰役奴인데 앞에서 제시한 세 시기는 각각 14.93%, 13.86%, 7.92%로 나타나고 있고, 私奴에 비해 仰役奴의 소멸 과정이 시간적으로 느리다. 뿐만 아니라 仰役奴는 비교적 다른 직역을 가진 노비보다 오래도록 존속하지 않았나 싶다. 즉, 이 사노는 숙종 4년과 영조 8년에는 全奴 중 약 절반 정도를 차지하지만 정조 13년에 이르러서는 1/5 정도로 나타나고 있다. 仰役奴는 그와 반비례하여 숙종 4년에는 약 1/4, 영조 8년에는 3/5, 정조 13년에는 6/10을 각각 차지하고 있다. 이 사노와 仰役奴를 합한 수치는 全奴의 90% 정도를 차지한다.

대구는 男奴의 분류가 단성보다 세분화되어 있지 않아 사노와 앙역노의 비교는 불가능하다. 어떤 앙역노의 기재도 없는 것을 보면 사노에 합하여 기재하였다고 할 수 있는데, 사노는 전노와의 비율이 영조 28년에는 63% 정도, 정조 13년에는 83% 정도의 높은 비율을 차지하고 있다.

단성의 女婢에 대해 살펴 보면, 여기에서도 男奴와 같은 현상으로 私婢와 仰役婢의 비중이 높은데 전비에 대한 이들의 비율은 숙종 4년에 99.63%, 영조 8년에 95.24%, 정조 13년에 92.15%로 각각 나타나고 있다.

이 단성의 男奴와 女婢의 수를 단성 전체 인구에 대비해 보면, 숙종 4년 인구 8,421명일 때, 남노는 2,436명이고 여비는 2,407명이다. 이 남노와 여비의 수를 합하면 4,843명으로 이것은 전체 단성 인구의 57.51%로 절반을 넘은 비율을 차지하는 셈이 된다. 이렇게 보면 숙종 4년 단성의 사회계층 구조는 양반, 양민, 천민의 3대 계층으로 나누어지고, 양민층은 천민층보다 비중이 낮은 것으로 나타나고 있다. 이와 같은 사회구조는 다음 영조 8년과 정조 13년에 큰 변화를 일으키고 양반, 양민의 양대 계층을 형성하게 된다.

영조 8년을 보면 단성 전체인구가 13,225명인데 남노는 2,045명이고 여비는 3,027명으로 나타나 있어 이들의 수치를 합치면 5,072명이 된다. 전체 인구와의 비율은 38.35%로, 숙종 4년에 비하면 양반과 양민층이 증가하고 노비층이 감소하였음을 확인할 수 있다. 정조 13년에는 단성의 전체 인구 13,839명 중 남노는 699명, 여비는 2,141명으로 나타나 있고 이를 합하면 2,840명으로 전체 인구 중 20.52%를 차지한다.

대구는 여비의 분류표가 작성되어 있지 않아 단성의 경우와 같은 정확한 실태를 알 수 없지만, 남노와 여비의 비율이 거의 같은 것이 일반적 현상이라고 가정할 때 단성과 비슷한 사회적 변화추세를 생각해 볼 수 있다.

Ⅴ. 맺음말

단성과 대구 두 지역을 비교하여 보면, 호구의 증감현상은 지역에 따라 차이를 보이는 반면, 戶當 인구율은 공통점을 보이고 있다. 신분면에서 볼 때도 공통점뿐 아니라 역시 차이점을 보이고 있다. 이것은 대구가 감영의 소재지라는 점과 단성이 班常의 차이가 심한 향촌이라는 점에서 이유를 찾을 수 있겠다. 이러한 상황은 직역에 있어도 동일하다.

　위에서 살핀 두 지역의 실태에서 조선후기 사회의 실태 변화과정이 좀 더 정확하게 이해되지 않았나 생각한다. 자료의 미비로 인해 두 지역을 비교하는 데 충분치 못한 점이 있을 줄 알지만 대체적인 윤곽이라도 파악한 것을 다행스럽게 여긴다.

제3장 경상도 단성현 호적대장에 관한 연구
−18세기 逃亡·移去戶를 중심으로−

Ⅰ. 머리말

근년 학계에서는 조선후기 사회에 대한 연구에 호적대장의 자료 통계를 분석·조사한 성과를 많이 받아들이고 있으며, 한편으로는 호적대장의 자료를 분석하는 연구도 자못 성하다.

이러한 연구의 주된 경향은 신분계층의 변동, 촌락의 신분구성 그리고 호구의 구성에 관한 것이다. 이는 조선후기 사회의 변동 즉 사회의 구조와 특히 권력구조의 성격을 구명하는 데 중요한 과제라고 생각한다.

한편 호구의 이동에 관한 연구도 역시 사회를 고찰하는 중요 과제라고 생각되기 때문에 전국의 호구에 대해서는 근래에 선학들의 여러 편의 논고가 있다.[1] 그러나 한 지역에 관한 조사연구는 韓榮國 교수의 '新戶'에 관한 것을 제외하고는[2] 거의 없다.

본고에 있어서는 18세기 단성의 호적동태와 逃亡·移去戶口에 대해서 고찰할까 한다. 그러나 이 연구의 기본자료가 되는 호적대장에 기재가 不

---

1) 鄭德基, 「朝鮮王朝時代 戶口變遷의 社會經濟史的研究」, 『湖西史學』 2, 1973 ; 權泰煥·愼鏞廈, 「朝鮮王朝 人口推定에 關한 一試論」, 『東亞文化』 11, 1977 ; 馬淵貞利, 「李朝後期の戶口動態」, 『東京學藝大學紀要』 30, 1979, 167~199쪽 ; 하동호, 「17世紀末(肅宗初) 全國戶口 人口의 調査整理」, 『韓國學報』 20, 1980.
2) 韓榮國, 「十八·十九世紀大邱地域の社會變化に關ずる一考察 − 大邱府戶籍の'新戶'を中心に − 」, 『朝鮮學報』 80, 1976.

備하고 단성에 관한 문헌사료가 없기 때문에 목적하는 바 문제의 해결에
애로가 있고 따라서 논문에도 불비한 점이 많다. 많은 지도와 편달이 있기
를 바란다.

Ⅱ. 자료의 검토

이 논고에서 주로 활용한 자료는 18세기 숙종 46년(1720)~정조 13년
(1789) 단성 호적대장의 말미에 수록되고 있는 「絶戶秩」과 「戶口統計」이
다. 보조적으로 최근 부산대학교 사학과 교수에 의해 발굴한 경상도 언양
현 호적대장3)의 통계자료를 이용하였다.

「絶戶秩」은 각 大帳에 따라 '絶戶' 또는 '雜頉秩'이라고 쓰여진 데도 있
으며, 단성의 경우는 면별로 移去戶·逃亡戶·故戶 등이 표기되어 있고
戶主·가족의 직역 등을 기재하고 있다. 이거호의 경우는 이거처가 기록되
고 도망호는 도망해 간 연월이 역시 쓰여지고 있으며 동반한 가족도 밝히
고 있다.

언양현의 경우는 全邑을 일괄 기록하고 이거처나 도망한 연월은 기재하
고 있지 않으나 逃亡秩·絶戶秩·移去秩로 구분하여 기록하고 있다.

戶口統計는 前式年度(3年間)의 호수, 前式年度 이후의 雜頉戶數, 그리
고는 前式年度의 호수에서 雜頉戶數를 제외한 호수, 今式年度에 가입한
호수를 쓰고, 今式年度의 實戶를 기록하고 있다. 그리고 이에 대비하여 前
式年度의 인구수, 전식년도 이후의 잡이호수와 전식년도의 인구수에서 雜
頉戶數를 제한 인구수, 금식년도의 실인구수가 기재되고 있다. 언양도 같
은 서식이나 雜頉이란 용어 대신 '移去, 流亡, 絶戶'라 하고 있다.

단성의 숙종 43년(1717)·언양현의 숙종 37년(1711)의 대장에서 해당 원
문을 전재하면 다음과 같다.

---

3) 拙稿, 「朝鮮後期 慶尙道彦陽縣戶籍大帳에 關하여」, 『釜大史學』 7, 1983.

(1) 丹城縣 丁酉式(숙종 43년 : 1717)
元堂面 絶戸秩
戸卓五日妻李召史女助今女五今等晋州移去
戸私奴元伊妻私婢命化子善等丙申正月故
戸吳廣音之妻先德等丙申[4]二月日逃亡
戸私奴進達妻莫介子萬今女聖(?)今等乙 未三月日逃亡

(都)已上
甲午民戸貳千貳百柒拾捌戸內
　　甲午以後雜頉貳百柒拾參戸
在貳千伍戸
　　丁酉加入伍百玖戸
合時存實戸貳千伍百拾肆戸 作統伍百統
　　甲午男女幷壹萬陸百參口內
　　甲午以後雜頉壹千肆百柒拾貳口
在玖千壹百參拾壹口
　　丁酉加入貳千捌百拾貳口
合時存實人口壹萬壹千玖百肆拾參口內
　　男丁伍千伍百拾口
　　(職役表)
　　女丁參千參百玖拾壹口以
　　(職役表)
雜頉秩[5]
　　移去男 貳拾　女　參拾肆
　　逃亡男 肆拾貳　女　貳拾玖

---

4) 丙申年은 숙종 42년(1716)으로 숙종 43년 丁酉式戸籍大帳作成의 前年에 逃亡한
　 것을 알 수 있다.
5) 雜頉秩은 합계하면 655명이 된다. 그런데 위의 인구통계에 보면 갑오 이후 잡이는
　 1,472명으로 그 차가 심하다. 또 雜頉戸에서 조사한 바에 의하면 이 수에 비해 훨
　 씬 적다. 그런데 정조 10년, 13년의 式年大帳의 통계는 비슷하다. 그와 같은 차이
　 는 어디에 기인되고 있는지 구체적으로는 알 수 없으나 위의 655명은 實戸에서
　 나온 수라는 추정이 간다. 이 같은 서식은 다음에 구명되어야 할 문제라 생각된다.

　　故男 貳百陸拾肆 女 貳百伍拾捌
　　出嫁 玖

(2) 彦陽縣 辛卯式(숙종 37년 : 1711)
逃亡秩(邑全體)
　　戶禁衛保金守元妻仇召史卒女召史卒萬興
　　戶御營軍金永發妻召史卒子成中
　　戶沈小斤若未卒母金召史
　　戶私婢金先眞卒母私婢禮進卒子春石
　　戶正兵鄭命男妻良女金召史卒女史
絶戶秩
　　戶柒匠張妻良女召史卒女召史次女有再
　　戶通政大夫沈振榮
　　戶私奴李暹妻私婢金正分卒子進月
　　戶私婢兒玉卒孫子貴永次孫子貴發次孫子貴坦
移去秩
　　戶水軍金夢仁妻金召史
　　戶私奴吳弼上妻李上玉卒子貢山
　　戶驛保姜己奉妻末叱進
　　戶牧子軍金莫立妻金召史卒子就乙
　　戶驛吏趙成男妻金永今卒女永合

戊子戶壹千參百伍拾壹戶以 移去流亡絶戶幷貳百柒拾陸戶
　前棠戶壹千柒拾伍戶 今加現壹百伍拾柒戶
今棠戶壹千貳百參拾貳戶以 作統貳百肆拾陸統貳戶
戊子人口柒千拾貳口以 移去流亡絶戶幷捌百拾柒口除
　前棠人口陸千壹百貳拾伍口 今加現肆百肆拾肆口
　今棠人口陸千伍百陸拾玖口以
　男參千壹百柒拾捌口內
　(職役表)
　女丁參千參百玖拾壹口以
　(職役表 現在脫落)

단성의 호적대장은 숙종 43년 이후 정조 13년까지 每式年의 것이 구비되지 못하고 있으며 현존하고 있는 대장 중에도 絶戶秩·戶口統計가 탈락되고 없는 것, 있어도 부식이 심해 활용할 수 없는 것이 있다. 그것을 정리해 보면 다음 <표 1>과 같다.

<표 1>

活用可能	編成順	式年	備考	
△	1	肅宗　4年(1678)		
○	2	肅宗 43年(1717)		
○	3	肅宗 46年(1720)	호구통계표 파손, 絶戶秩 있음	
○	4	英祖　5年(1729)	戶口統計 파손, 絶戶秩은 法勿也面 7호만 있음	1723, 26年度 2式年度 없음
○	5	英祖　8年(1732)		
	6	英祖 11年(1735)	통계표 파손, 사용 불능	1735, 38, 41, 44, 45, 50年度 8式年度 없음
	7	英祖 26年(1750)	面雜頉秩 以後 파손, 사용 불능	
○	8	英祖 35年(1759)		
○	9	英祖 38年(1762)	面의 雜頉秩은 元堂·縣內·悟洞面만 완전, 都山面 一部 파손, 나머지 面은 파손이 심함	1765, 68, 71, 74, 77, 80年度 6式年度 없음
	10	正祖　4年(1780)	面의 雜頉 일부만 있음. 이후 파손	
○	11	正祖　7年(1783)		
○	12	正祖 10年(1786)		
○	13	正祖 13年(1789)		

이를 보면, 연대상으로는 18세기 초기인 1714년(1717년도의 것은 前式年度後 3년간의 기록임)부터 후기인 1789년까지 파악할 수 있으나 그간 이용할 수 있는 것은 9式年 27년밖에 되지 않기 때문에 연계적으로 또 총괄해서 파악하는 데 제약성이 있다. 연계적으로 파악해야할 경우는 그때 결여된 기간의 평균치를 구한다든지 그때그때 보완해가면서 처리할까 한다. 그 외에도 미비한 사항도 있으나 본론에서 문제를 다룰 때 언급하겠다.

그런데 호적대장을 조사할 때 문제시하고 있는 것은 기재사항의 정확성에 관한 일이다. 특히 호구문제도 그 대상이 되고 있다.

호구는 국가의 과세단위로서 국가재정의 기반이었으며, 兵制의 핵심을 이루는 군역을 유지하기 위해서 정확한 호구가 파악되지 않으면 안 되었기 때문에 국초부터 국가는 비상한 관심을 갖고 호구정책을 취했다. 그러나 국가의 통제력이 약할 때 또는 전란, 흉년 질병이 발생할 때 사회변동기에는 특히 호구정책은 제대로 정비될 수 없었다. 이에 대해서 崔弘基의『朝鮮戶籍制度史研究』6)에 비교적 잘 정리해 다루고 있어 참고가 되겠으나, 丁若鏞의 다음의 말에서 그 일면을 살펴볼 수 있다.

> 戶籍有二法一是覈法一是寬法 覈法者 一口無漏於口簿 一戶無落於戶籍 使無籍者 被殺而無檢 被劫而無訟 務得實數 束以嚴法者也 寬法者 口不必盡錄 戶不必盡括 里中自有私歷 以攤徭賦 府中執其大綱 以知都摠 務從均平 馭柔道者也……今若井地如制 而稅斂不濫 九賦如法 而徭役不繁 則括戶查口 下民不驚 其爲覈法不難也 擧國不然 而一縣之令 獨行覈法 則賦役日增 騷怨日興 吏緣爲奸民出其路 此無故作亂 於昇平之世也 故今之爲牧者 戶籍唯從寬法7)

즉 "호적에 두 가지 법이 있으니 覈法과 寬法이다. 핵법은 一口一戶도 누락됨이 없이 기재하고 엄하게 다스리는 법이요, 관법은 호와 구를 반드시 다 기재하지 않고 관부에서 그 대강을 파악하여 都摠에게 보고하고 너 그렇게 다스리는 법이다. 이제 만약 井地가 법대로 제도화되어 세를 함부로 거두지않고 九賦를 법대로 마련하여 요역을 번거롭게 않게 되면 戶를 포괄하고 口를 조사하여도 백성들은 놀라지 않을 것이다. 그래야만 핵법이 어지럽지 않게 시행될 것이다.……지금 우리나라의 목민관은 관법을 따르고 있다."

이것을 보면 호구수는 그다지 정확하지 못하다는 인상을 받지만8) 호구

---

6) 崔弘基,『韓國戶籍制度史研究』, 서울대출판부, 1975.
7) 丁若鏞,『牧民心書』卷六, 戶典 第六條 戶籍條.
8) 조선의 정확한 호구에 대한 접근을 위해서 시도한 논문으로는 權泰鎭·愼鏞廈,「朝鮮王朝時代 人口推定에 關한 一試論」,『東亞文化』11, 1977가 있다. 韓榮國 氏는『大邱市史』(一卷 제4편「조선후기」, 1973, 337쪽, 주109))에서『度支志』內篇總要條에 나타난 것을 기준으로 하여 漏戶率을 戶籍家族數의 18%, 漏口率을

의 개략적인 실태는 파악할 수 있다고 생각된다. 한편 정확성 문제는 문헌사료에서도 있는 것이다.

다행인 것은 역대 전국의 호구증감 추세로[9] 보아도 어느 정도 알 수 있지만 본인이 다루고자 하는 18세기는 숙종부터 영·정조에 해당하고 이때는 어느 때보다 호적제도가 체계적으로 정비되고 있다는 점이다.[10]

Ⅲ. 호구의 변동

18세기에 있어서 단성의 호구의 실태를 살펴보겠다. 이는 逃亡戶口 移去戶口의 관계를 연관지워 고찰하기 위해 필요하다고 생각된다.

18세기 단성의 호구와 그 변동 즉 증감과 변화량을 보다 상세히 파악하기 위해 30년 간을 한 연한의 단위로 삼았다. 현존하는 단성의 자료의 제한성으로 1단계는 숙종 40년(1714)~영조 5년(1729), 2단계는 영조 5년(1729)~영조 35년(1759), 3단계는 영조 35년(1759)~정조 13년(1789)으로 하였다. 1단계는 18세기 초기, 2단계는 중기로 지목하기에는 좀 타당하지 않으나 크게 무리가 없겠다. 3단계도 후기로는 역시 문제가 있으나 후기로 다루고자 한다. 단성의 경우 전국의 호구자료를 활용하고 전국과의 비교도 행하였다.

전국의 호구 통계는 權泰煥·愼鏞廈씨의 논문 附表(본고 부록에 게시)를 이용하였다.[11]

戶籍人口數의 27%로 계산하고 있으며, 全宇哲氏도 앞의 논문, 50쪽에서 이를 기준으로 해서 1678~1789년까지의 丹城縣의 호구를 계산하고 있다.

9) 부록의 「조선시대의 호구수」 참조.

10) 崔弘基, 앞의 책, 109쪽.

11) 權泰鎭·愼鏞廈, 앞의 논문 참고. 方東仁, 「人口의 增加」, 『한국사』 13, 국사편찬위원회, 293~296쪽에는 3년을 한 단위로 해서 인구증가 현상으로 다루고 있어, 그 호구통계표를 이용하려고 했는데 그 통계표에는 출처가 명시되고 있지 않으며 그 수치도 부정확한 곳이 더러 발견되었다. 權泰鎭·愼鏞廈氏의 통계는 鄭德基의 앞 논문에서 게시하고 있는 통계표와도 같고 다만 후자에서는 景宗 3년 것이 없고 전자에 없는 경종 2년 것이 있다.

1. 숙종 40년(1714)~영조 5년(1729)

<그림 1> 숙종 40년(1714)~영조 5년(1729) 丹城·全國戶增減表

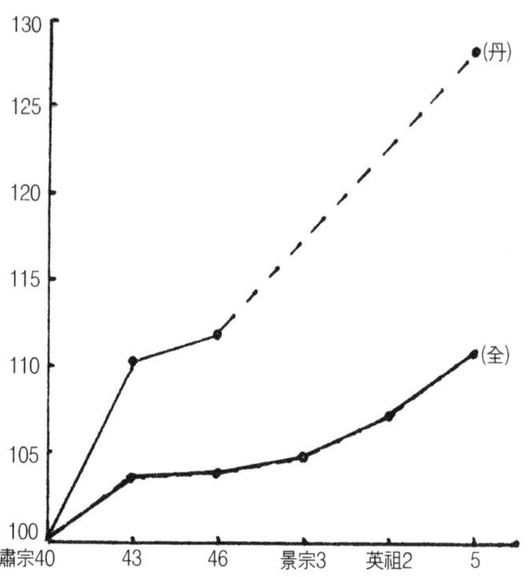

<그림 2> 숙종 40년(1714)~영조 5년(1729) 丹城·全國人口增減表

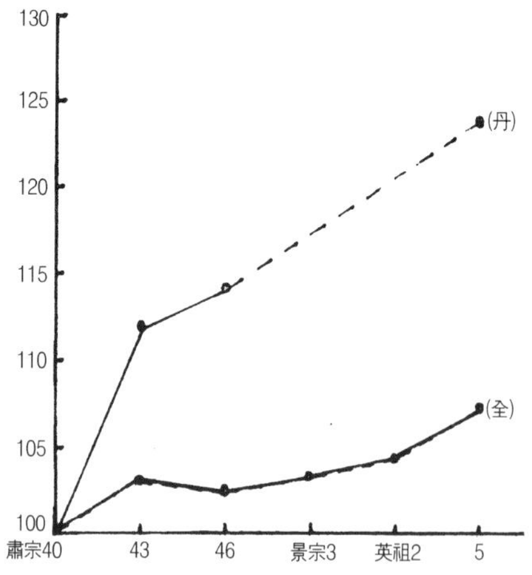

1. 단성현에서의 점선은 그 기간중의 자료가 결하여 증감을 3년 대비로 평균치
로서 나타낸 것이다.

2. 도표의 기준은 숙종 40년을 100으로 하였다.

<표 2> 숙종 40년(1714)~영조 5년(1729) 丹城 호구 통계

연대	호수	증가지수	3년간 증가율	인구수	증가지수	3년간 증가율	비고
肅宗 40年(1714)	2,278	100%		10,603	100%		
肅宗 43年(1717)	2,514	110.36%	10.36%	11,943	112.64%	12.64%	
肅宗 46年(1720)	2,570	112.80%	2.24%	12,116	114.27%	1.64%	9년간의
英祖 5年(1729)	2,914	127.92%	5.04%	13,178	124.28%	3.34%	수치

<표 3> 숙종 40년(1714)~영조 5년(1729) 全國 호구 통계

연대	호수	증가지수	인구수	증가지수
肅宗 40年(1714)	1,504,483	100%	6,662,175	100%
肅宗 43年(1717)	1,557,709	103.5%	6,839,771	102.7%
景宗 1년(1720)	1,559,488	103.7%	6,779,097	102.1%
景宗 3년(1723)	1,575,966	104.8%	6,865,404	103.1%
英祖 2年(1726)	1,614,598	107.3%	6,955,400	104.4%
英祖 5年(1729)	1,663,245	110.6%	7,131,553	107.0%

숙종 40년~영조 5년까지의 호구의 실태를 살피기 전에 그 이전 17세기 후기인 숙종 초년에서 18세기 초기 숙종 40년까지 전국과 단성의 실태를 비교해 보겠다(부록의 도표 참조).

전국은 숙종 원년(1675)에 호수 1,250,298호, 인구수 4,725,704명인데, 숙종 40년(1714)은 호수 1,504,483호, 인구수 6,662,175명으로 그간 숙종 원년에서 숙종 19년(1693)까지는 지속적인 증가세를 보이다가 숙종 22년(前式年度에서 3년간)~숙종 25년(前式年度에서 3년간)은 격감되고 숙종 25년(1699) 이후부터는 다시 숙종 40년(1714)까지 증가세를 보이고 있다. 숙종원년에 비하면, 숙종 40년은 호구가 많이 증가하고 있다(부록[Ⅰ] 도표 참조).

단성은 위의 도표에서는 밝히지 않았으나 숙종 4년(1678)의 호수는 2,113호, 인구수는 8,421명이었다. 그후 숙종 40년까지 36년 간(12式年)은 每式年마다의 호구통계가 없어서 그간 식년마다의 증감현상을 살필 수 없으나 숙종 4년의 호구수와 숙종 40년의 호구수를 대비해 보면, 평균 한 式

年間 호의 증가율은 대략 0.65%, 인구는 2.15%이다. 다만 그간에 숙종 22
년도의 전국 호구현상과 같은 기복현상이 있었는지는 잘 알 수 없다. 이
결과를 두고보면 대체로 전국과 단성은 증가폭은 고사하더라도 숙종 초부
터 숙종 40년까지 지속적 증가현상을 보이고 있었다는 점은 공통적이다.

　호구가 증가세를 보인 이유는 숙종 즉위년부터 강력히 추진한 호구정책
과 관련이 깊다고 보여진다. 그때까지도 국가에서는 호구 파악에 관심을
가졌으나, 크게 실효를 거두지 못했던 것 같은데 숙종 원년에는 「五家統事
目」을 발포하고 있다. 그 내용을 보면,

　　民戶는 이웃으로 하여금 家口의 다과, 재력의 빈부를 막론하고 五家를
　　一統으로 하여 統內人을 統首로 삼고 統內의 제반사를 돌보게 하고 또한
　　五家가 서로 농사를 돕고 질병을 구하고[12]……호의 규모에 따라 大中小
　　里로 구분하여 5통에서 10통에 이르는 것을 小里라 하고 11통부터 20통
　　까지를 中里로 하고 21통부터 30통까지를 大里로 하였다.[13]

또 일정한 거처를 갖지 않고 생업을 위해 각지에 전전하던

　　水鐵匠·磨造匠·柳器匠은 모두 이사하지 못하게 하고 이를 어기면
　　男女家口를 일반인과 함께 作統하도록 슦을 發해야 한다.[14]

고 하였다.

　이와 같은 五家統節目을 실시하는 한편 같은 해에 紙牌法을 발포하였
다.[15] 이 법은 숙종 3년에 사대부의 紙牌를 다시 號牌로 바꾸고[16] 숙종 11
년에 가서는 모두 木·角牌로 통일하였다.[17] 이 지패·호패법은 오가작통

---

12) 『肅宗實錄』 卷4, 肅宗 元年 9月 辛亥.
13) 『肅宗實錄』 卷4, 肅宗 元年 9月 辛亥.
14) 『肅宗實錄』 卷4, 肅宗 元年 9月 辛亥.
15) 『肅宗實錄』 卷4, 肅宗 元年 11月 壬辰.
16) 『肅宗實錄』 卷6, 肅宗 3年 11月 丁丑朔.
17) 『肅宗實錄』 卷16, 肅宗 11年 1月 己巳.

법과 함께 호적정비에 기본적인 수단·정책이었다. 이는 숙종조의 우의정 李尙眞이 다음과 같이 지적한 데서 알 수 있다.

有五家統紙牌然後 戶亦可得以着實 無此則戶籍一事 必至解弛矣[18]

이와 같은 통제책으로 민심의 동요와 반발이 격심하였으니 校理 目昌均은 그의 상소에서

自有紙牌之 民皆魚驚魚駭 中外騒然[19]

이라고 하였다. 그러한 가운데 숙종 6년(1680)에는 일시 폐지까지 하였지만,[20] 그 후 호구정비책은 계속되고 숙종 19년(1693)에 호구수는 최고로 기록되었다. 숙종 22년(1696)에서 숙종 25년까지는 위에서 본 바와 같이 호구가 격감하였는데 이 기간에는 癘疾이 전국에 유행하고 흉년이 겹쳐 기근이 일어나서 많은 사망자와 유민이 속출하였기 때문이었다. 숙종 22년에는 평안도·함경도는 호구 조사가 불가능했던 것 같으며, 숙종 25년에는 전국적으로 250,700여 명이 사망하였다고 한다.[21] 그 후 숙종 31년(1705)~숙종 33년에 다시 癘疾이 발생하여 많은 사망자와 飢民을 내었다.[22] 이때

---

18) 『增補文獻備考』 卷162, 戶口考 2月 附 號牌.

19) 『肅宗實錄』 卷6, 肅宗 元年 11月 乙未.

20) 『肅宗實錄』 卷9, 肅宗 6年 5月 癸丑, "上曰 紙牌事尹鑴之所請行者也 今民之疾苦如前 則領相出仕後 相議五家統紙牌號牌 竝皆罷之".

21) 『肅宗實錄』 卷30, 肅宗 22年 3月 庚戌, "時民飢日急 京師及郡縣皆設賑 以濟之 就哺者日增 京師過萬 八道各累萬 嶺南所報至五十六萬餘人 死亡前後凡數萬人" ; 『肅宗實錄』 卷33, 肅宗 25年 11月 庚戌, "初丙子(숙종 22년, 1696) 帳籍 因年凶 停止 至是始成 京外合戶 百二十九萬三千八十三, 口五百七十七萬二千三百 比癸酉(숙종 19년, 1693) 減戶 二十五萬三千三百九十一 口 一百四十一萬六千二百七十四 乙亥(숙종 21년, 1695) 以後以饑饉癘疫之慘乃至於此 是歲(숙종 25년, 1699) 癘疫尙熾 京中僵戶三千九百餘 各道死亡合二十五萬七百餘人".

22) 『肅宗實錄』 卷41, 肅宗 31年 2月 乙酉, "慶尙道飢民設賑 各邑所報無土飢民 竝三萬九千二百五十六名 道內染病 亦爲熾發 通前後方痛者 物故者 二十八名 道臣內以此聞" ; 『肅宗實錄』 卷45, 肅宗 33年 11月 乙卯, "是年 年事失稔 且自春至

호구통계는 증가율을 보이고 있으나 극히 미미한 증가세를 보인 것은 그 것으로 인한 것이다.

숙종 40년~영조 5년의 15년 간 경우를 보면 단성의 증가지수는 호가 127.9%로서 27.9%의 증가율과, 인구에서는 124%로 24.28%의 증가율을 보이고 있다. 이 기간 전국의 증가지수는 호가 110.6%로서 인구수는 107%이다. 양자를 비교하면 단성의 증가폭이 높다. 특히 숙종 40년~숙종 43년 간 단성은 증가폭이 크게 높아서 호의 증가지수는 110.36%, 3년간 10.36%의 증가율을 보이고 있으며 인구수는 이보다 좀더 높다. 이때 전국의 증가지수는 불과 호 10.35%, 인구 102.7%이다. 단성의 이 같은 현상은 주목되나 그 이유는 잘 알 수 없고 다만 그때 호구통계의 加入・移去戶口의 實數를 보면(부록[Ⅱ] 도표 참조) 가입호가 현저히 높은 데서 비롯된 것이라 보여진다. 이 시기는 전국적으로 흉년 癘疾이 번지고 있었는데 이때 이곳에 유민 이거민이 많이 들어온 것은 아닐까 생각된다. 앞서 전기간의 단성과 전국의 호구현상을 보았듯이 지속적인 증가세를 보이기는 하지만 증가율이 높지 않은 것은 숙종 42년(1716)~숙종 45년(1719)까지 癘疾・흉년・기근이 휩쓸었고 그에 따른 유민현상, 호구의 이동이 작용한 것이라 생각된다.

즉 숙종 42년에는 大旱災가23) 발생하였으며 숙종 43년에는 평안도를 위시한 서해안의 각 도와 경상도를 중심으로 癘疾이 번져 전국적으로 "離散相繼 十室九空"24)이라 하였으며, 숙종 44년 6월에는 旱魃이 팔도에 걸쳐 발생하여 "京外兵民 死者不知幾十萬"25)이라 할 정도였다. 이 재난은 숙종

秋 有班疹之疾 殆遍域中 死亡無算 兒弱夭札者尤甚 閭巷間小兒爲之稀少 外家 全家汲死之類 不知其數 實是灾沴之最酷也".

23) 『肅宗實錄』 卷58, 肅宗 42年 10月 癸丑, "右議政李頤命 上剳略曰 伏見在前荒歲 則雖當年還上 亦必有減分之令 而今歲則災荒地方 流移四出 相續於道路 冬初如此 春後可知".

24) 『肅宗實錄』 卷50, 肅宗 43年 1月 丙辰, "上 下敎 諭八道監司兩都留守曰 嗚呼 國家不幸 連歲荐飢 生民之困瘁 莫今日苦也……昨年災荒 挽近所無八路同然 沿海尤甚 離散相秘 十室九空". 그리고 『肅宗實錄』 卷59, 肅宗 43年 2月 戊申・庚戌・丁丑・壬午・丙戌 참조. 『肅宗實錄』 卷61, 肅宗 44年 2月 甲戌・庚辰 등에는 각도 道臣의 보고가 기재되고 있다.

25) 『肅宗實錄』 卷61, 肅宗 44年 6月 壬午, "是時 兩月旱乾 四野焦涸 飢癘交劇 如火

22년을 이은 가장 큰 피해였다.

2. 영조 5년(1729)~영조 35년(1759)

<그림 3> 영조 5년(1729)~영조 35년(1759) 단성·전국 인구증감표

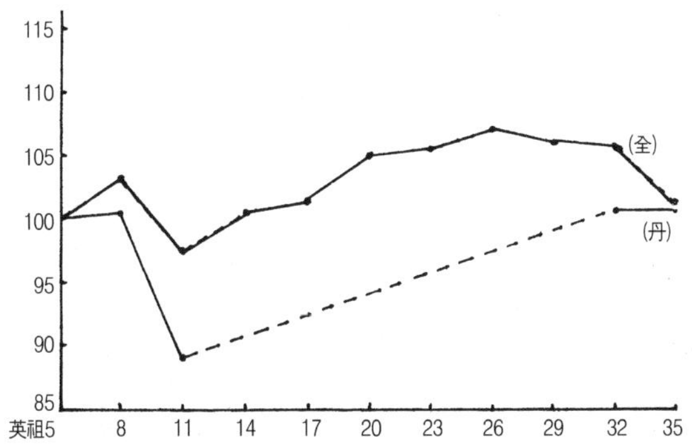

<그림 4> 영조 5년(1729)~영조 35년(1759) 단성·전국 호증감표

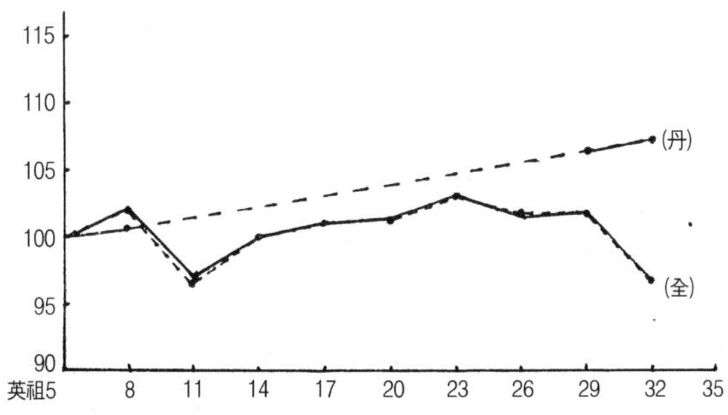

1. 단성현에서의 점선은 그 기간의 자료가 결손되어 증감을 3년 대비로 평균치
   로서 나타낸 것이다.
2. 이 도표의 기준은 영조 5년을 100으로 하였다.

益烈 入路以旱災疾死 聞者 鎭日相續 京外兵民死者 不知幾十萬".

<표 4> 영조 5년(1729)~영조 35년(1759) 단성 호구 통계

연대	호수	증가지수	3년간 증가율	인구수	증가지수	3년간 증가율	비고
영조 5년(1729)	2,914	100%		13,178	100%		
영조 8년(1732)	2,925	100.38%	0.38%	13,225	100.36%	0.36 %	
영조 11년(1735)	2,584	88.68%	11.7%			0.248%	人口數 不明
영조 32년(1756)	2,941	100.93%	1.75%	13,486		102.34 %	인구의 증기지수
영조 35년(1759)	2,941	100.93%	0%	13,498	102.43%	0.09 %	3년간 증가율은 24년간 치수

<표 5> 영조 5년(1729)~영조 35년(1759) 전국 호구 통계

연대	호	증가지수	인구	증가지수
영조 5년(1729)	1,663,245	100%	7,131,553	100%
영조 8년(1732)	1,713,849	103.0	7,273,446	102.0
영조 11년(1735)	1,618,172	97.3	6,979,798	97.9
영조 14년(1738)	1,672,184	100.5	7,096,565	99.5
영조 17년(1741)	1,685,884	101.4	7,192,848	100.9
영조 20년(1744)	1,749,612	105.2	7,209,213	101.1
영조 23년(1747)	1,759,692	105.8	7,310,318	102.5
영조 26년(1750)	1,783,044	107.2	7,328,867	102.8
영조 29년(1753)	1,772,749	106.6	7,288,736	102.2
영조 32년(1756)	1,771,350	106.5	7,318,359	102.6
영조 35년(1759)	1,690,710	101.6	6,968,856	97.7

　영조 5년(1729)~영조 35년(1759) 30년 간의 단성은 영조 5년~영조 8년 간에 호의 증가율은 0.38%, 영조 11년~영조 32년은 21년 간이나 이에 해당하는 기간은 호적대장에 그 수치를 잘 알 수 없으나 평균치를 취하면 호는 1.75%의 증가율을 보이고 있다. 그리고 영조 32년~35년은 증가율이 없다. 다만 주목되는 것은 영조 8년(1732)~11년은 호의 경우 11.7%란 격심한 감소율을 보이고 있는 현상이다.

　전국의 경우 30년 간 호가 1.6% 증가인 데 비해 인구는 2.3%가 감소되고 있다. 호의 경우만 보면 영조 5년~8년까지는 약간 증가하며 그후 영조 8년부터 11년까지 감소, 14년은 좀 증가하다가 그후 다시 26년까지는 계속 미미한 증가, 29년에는 다시 감소하고 있다. 이후 영조 32년에 극히 미미한 감소, 35년에는 크게 감소하고 있다.

단성은 자료가 결손된 기간이 길어서 전국과의 비교에 어려운 점이 많으나 영조 5년~8년은 동일하여 미미한 증가, 8년~11년도 다같이 감소, 32년~35년까지 단성은 증가율이 없는데 전국은 감소하고 있다. 영조 11년~31년까지는 비교할 수 없으나 그 외의 기간이 비슷한 추세이고 보니 이 기간도 같은 현상이 아닌가 싶다.

영조 5년~8년 간에 증가율이 낮은 것은 영조 7년(1731)에는 癘疾이 영남과 호남에 극심하였으며 전국적으로 여질과 기근이 덮치고 있었으며 이어 8년에는 人屍를 먹을 정도의 참상을 빚었다.[26] 그 피해는 단성도 예외는 아니었다. 그때의 호적대장의 絶戶秩에 '合家沒死' '合沒故'의 수가 많이 나타나고 있는 것에서 확인된다.[27]

이어 영조 9년~11년 사이에 단성에서 볼 수 있는 호의 격감 현상은 영조 9년(1733) 중부 이남지방에는 癘疾로 사망자가 13,000여 명이었다고 하

---

26) 『英祖實錄』 권32, 英祖 8年 12月 癸亥.
27) 合家沒死(단성현) (영조 5년~영조 10년)

연대	영조 5년	영조 8년	정조 7년	정조 10년
元堂面	故 3(4)	0	0	0
	合沒 8(28)	6(17)	1(4)	5(21)
縣內面	故 1(1)	3(3)		1
	合沒 7(20)	9(22)	10(36)	3(9)
北洞面	故 4(5)	0		0(2)
	合沒 2(4)	9(27)	8(32)	
悟洞面	故 1(1)	0		1
	合沒 1(4)	4(13)	5(11)	5(19)
都山面	故 1	0		0
	合沒 6(15)	10(30)	14(29)	2(4)
生比良面		1(3)		2(3)
	4(14)	15(38)	6(13)	12 (37)
新燈面	3(6)	1(1)		0
	2(5)	9(23)	4(10)	3(11)
法勿也面	落帳	0		
		13(23)	2(9)	5(12)
	31(90)	75(202)	50(154)	36(113)

( ) 내는 口數 ( ) 밖은 戶數

며, 또 就賑飢民만도 20여만 명에 이르렀다고 하고, 이해 5월에 경상도에는 癘疾 사망자가 3,399명이었다고 하며 또 饑民救恤者가 179,865명, 유망민이 11,685명, 사망자가 1,326명이었다고 한다.[28] 이러한 기민의 발생에 영조 40년(1734) 5월까지 경상도의 대구를 비롯한 27읍에는 기민을 구제하기 위하여 賑恤幕을 설치하여 就賑케 하였다고[29] 하고 있다. 이와 같은 癘疾과 기민은 단성에서도 같았다고 보여진다. 다만 이때의 '合沒' 등은 자료가 파손되어 찾을 수 없다.

영조 17년에 크게 또 감소하고 있는데 이때 다시 癘疾이 만연하기 시작하여 18년에 크게 성하여 많은 사망자를 내었기 때문이었다.[30] 그리고 영조 26년에도 막대한 인명이 사망하고 유이민도 속출하고 있다.[31]

영조 32년~35년에 증가율이 없었던 것은 32년에 경상도 등 5道에 흉년이 들고 사망자가 18,000여 명이라 하고 있다. 단성도 역시 피해가 있었기 때문이라고 보여진다. 즉 영조 32년(1756) 정월 경상도에는 흉년이 들어 장시에는 곡물이 絶種하였다고[32] 하며 또 같은 해 2월 경상감사 李益輔가 상소하여 "災荒이 酷甚하여 流散이 相續하니 이때 호구를 成籍하게 하면

---

28) 『英祖實錄』 卷34, 英祖 9年 4月 乙卯・丙辰 ; 英祖 9年 5月 丙子, "慶尙道癘疫死亡 三千三百九十九名" ; 辛卯・乙巳 "慶尙道 就賑饑民 十七萬九千八百六十五口 流亡 一萬一千六百八十五口 死亡 一千三百二十六口".

29) 『英祖實錄』 卷38, 英祖 10年 6月 甲辰, "慶尙道大丘等 二十七邑 忠淸道泰安等 十一邑 江原道三陟等 九邑 平安道定州等 八邑 大饑設賑 至是月 始罷 饑民摠計 爲七萬一千九百餘口".

30) 『英祖實錄』 卷55, 英祖 18年 5月 戊寅, "副修撰洪啓禧上疏略曰 災異疊現 流民通路 癘疾大行 十家九空".
『英祖實錄』 卷55, 英祖 18年 10月 戊戌, "校理兪宇基上疏略曰……自春徂夏 癘疾遍于一國 死亡不知其幾十萬 而以京城言之 十居而病者爲八九焉 十病而死者 亦過半焉 向者街市 磨肩連袂 民物繁殖者 數月之間 若經兵燹 惟聞家家號哭 處處埋瘞".

31) 『英祖實錄』 卷72. 英祖 26年에는 月末別 지방관의 癘疾사망자 수의 보고가 월별로 기재되고 있다.

32) 『英祖實錄』 卷87, 英祖 32年 1月 癸酉, "慶尙監司李益輔上書略曰 本道今年災傷 毋論田與畓峽與野 己無優劣之可言 甚至於菁芹草菜之屬於民食者 一無所成 場市之間 以穀爲名者 殆乎絶種 窮民之阽於危亡 推此可知".

虛僞之弊가 생길 것이니 麥秋를 기다리고 하자"고 하여 동의를 얻고 있는 정도였다.[33] 이 같은 흉작으로 유민의 증가에서 호구가 늘지 않았던 것이다. 뒤에 언급할 단성에서 도망호가 증가하고 있는 것은 그 구체적인 증거가 되겠다.

대체로 이 시기에 癘疾 기근 유민사태로 때로는 호구의 감소현상을 보인 때도 있었지만 단성과 전국이 모두 전 시기를 거쳐서는 다소나마 증가를 보이고 있는 것은 영조 4년에는 오가작통법·里定의 법이 시행되었으며,[34] 영조 7년에는 公私賤의 법을 제정하여 民戶의 감축을 금하려고 하였다.[35]

한편 민의 安撫·安集策에도 애쓰고 있다. 즉 영조 16년에는 田稅를 全減하였으며[36] 영조 18년에는 身布·還穀을 蕩減하였고[37] 영조 28년에는 획기적인 조치인 均役法이 실시되었다. 이러한 일련의 시책은 전국적으로, 또 단성에서 호구증가가 다소나마 있게 된 이유라 생각된다.

3. 영조 35년(1759)~정조 13년(1789)

영조 35년(1759)~정조 13년(1789)까지 30년간 단성의 호 증가율은 2.41%, 인구 증가율은 2.53%의 미미한 증가를 보이고 있다. 영조 35년~영조 38년은 불과 0.1%의 증가, 영조 38년~정조 4년까지 18년 간은 호구의 증감 자료가 없어서 잘 알 수는 없으나 그 3년 간의 평균은 0.29% 밖에 되지 않는다. 그리고 정조 4년~13년까지도 또한 극히 낮아 3년마다 5~6호 정도가 증가하고 있는 실정이다. 이 같은 증가율은 정상적인 증가지수로 기준해 보면 증가하고 있다고 할 수 없다.

전국은 영조 35년~41년에는 감소현상을 보이고 있으며, 그 후 조금씩 증가하고 있으나, 영조 50년에서야 영조 38년 수준으로 회복되고 있다가

---

33)『英祖實錄』卷87, 英祖 32年 1月 癸酉.

34)『英祖實錄』卷22, 英祖 5年 6月 甲申.

35)『英祖實錄』卷29, 英祖 7年 3月 戊子.

36)『英祖實錄』卷51, 英祖 16年 6月 壬申.

37)『英祖實錄』卷56, 英祖 18年 8月 丙午.

정조 원년~4년에는 극히 미미한 감소율을 보이고 있다. 그 후 정조 13년까지는 계속 미미하게 증가하고 있다. 30년 全 기간을 통해 보면 호는 3.7%, 인구는 6.2%의 증가율을 보이고 있다. 다만 인구의 경우 영조 41년에서 약간 감소하고 있는 외에는 정조 원년까지는 증가하고 있으며, 정조 4년에 조금 감소하였다가 13년까지는 계속 상승세를 유지하고 있다.

　단성과 전국의 호구현상을 비교해 보면 특히 인구증가율은 단성이 낮은 편이나 단성과 전국은 모두 극히 증가율이 둔화하고 있다.

<그림 5> 영조 35년(1759)~정조 13년(1789) 단성·전국 호 증감표

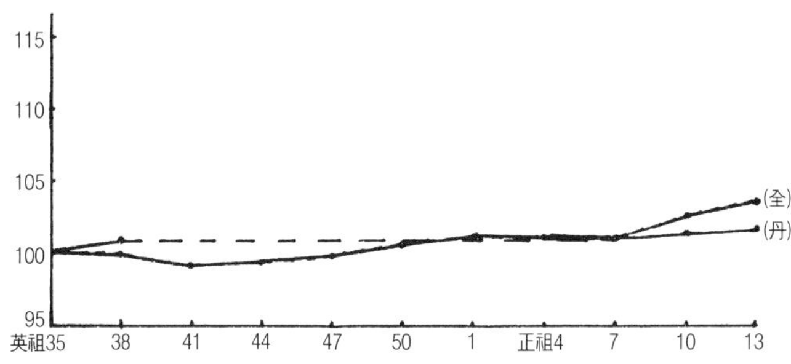

<그림 6> 영조 35년(1759)~정조 13년(1789) 단성·전국 인구 증감표

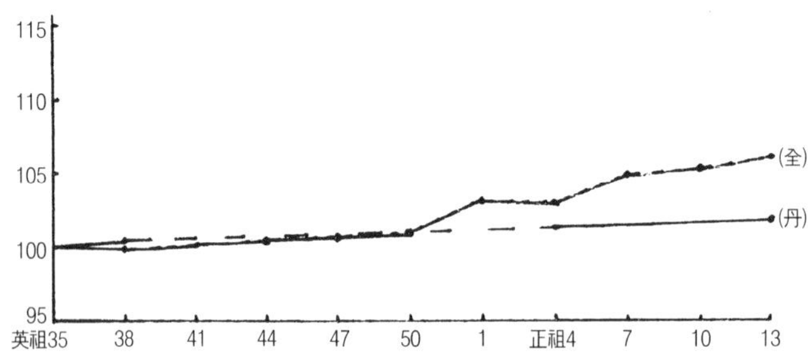

별첨
1. 단성현에서의 점선은 그 기간의 자료가 결손되어 증감을 3년 대비로 평균치로 나타낸 것이다.
2. 이 도표의 기준은 영조 35년을 100으로 하였다.

<표 6> 영조 35년(1759)~정조 13년(1789) 단성 호구 통계

연대	호수	증가지수	3년간 증가율	인구수	증가지수	3년간 증가율	비고
영조 35년(1759)	2,941	100%		13,498	100%		
영조 38년(1762)	2,944	100.10%	0.1%	13,505	100.05%	0.05%	
정조 4년(1780)	2,996	101.87%	0.295%	13,804	100.27%	0.37%	18년간의 수치
정조 7년(1783)	3,001	102.04%	0.17%	13,819	102.38%	0.11%	
정조 10년(1786)	3,006	102.21%	0.17%	13,828	102.44%	0.06%	
정조 13년(1789)	3,012	102.41%	0.2%	13,839	102.53%	0.09%	

<표 7> 영조 35년(1759)~정조 13년(1789) 전국 호구 통계

연대	호	증가지수(%)	인구	증가지수(%)
영조 35년(1759)	1,690,715	100%	6,968,856	100%
영조 38년(1762)	1,691,040	100.0	6,981,598	100.2
영조 41년(1765)	1,675,267	99.1	6,974,642	100.1
영조 44년(1768)	1,679,865	99.3	7,006,248	100.5
영조 47년(1771)	1,689,046	99.9	7,016,370	100.7
영조 50년(1774)	1,703,030	100.7	7,098,441	101.8
정조 1년(1777)	1,715,371	101.5	7,238,523	103.9
정조 4년(1780)	1,714,550	101.4	7,228,076	103.9
정조 7년(1783)	1,733,757	102.5	7,316,924	105.0
정조 10년(1786)	1,710,592	103.0	7,330,965	105.2
정조 13년(1789)	1,752,837	103.7	7,403,606	106.2

대체로 단성이나 전국이 영조 후기에 증가율이 낮은 이유는 前代를 이어 또 그 영향으로 기근과 유망민이 속출한 데 있었다. 즉 영조 45년에는 다시 癘疾이 창궐하고 있으며, 이 癘疾은 다음해 1월에 팔도에 癘祭를 마련할 것을 명하고 있을 정도였다. 그때 "팔도에는 사망이 계속되어 民戶가 10戶에 7·8戶는 비어 있었다"[38]고 지적하고 있어 그 처참함을 실감케 하고 있다.

그리고 정조 7년~10년까지는 단성에서도 이 癘疾의 피해가 심하였다고 보여진다. 이는 合家沒死의 수가 이를 알려주고 있다.[39]

---

38) 『英祖實錄』卷114, 英祖 46年 1月 壬辰.
39) 주 24) 참조.

그래도 이 전 기간을 통해서 호구가 단성이나 전국이 크게 감소하지 않고 있는 것은 癘疾·기근·유민의 사태가 발생할 때마다 진휼책과 유민의 安集策과 호구 파악에 적극성을 보였기 때문이라 생각된다. 진휼책은 이미 영조 22년(1746)에 반포된 『大典』에 구체적으로 명시되고 수령의 진휼과 유력자의 사적인 진휼을 장려하고 있으며,[40] 또 정조 10년에 반포된 『大典通編』에도 각 도의 賑恤願納入에 대한 錄啓와 施賞을 규정하고 있을 정도[41]이며, 영조 42년(1766), 정조 2년(1778), 정조 6년(1782)에 진휼한 양만 수십만 석에 달하였다고 한다. 그외에도 安撫策으로 영조 42년에는 還上를 탕감하여 민의 부담을 경감케 하고,[42] 정조 7년에는 量田을 개량하고 있다.[43]

이상의 것을 요약해 보면 18세기에 단성의 호수는 2,950호 내외, 인구수는 13,500여 명 정도이다. 그리고 인구의 자연증가율은 0.5~0.05%, 호수의 자연증가율은 0.1~0.3% 정도이다.

전기·중기·후기로 나누어 보면 전기는 단성이나 전국이 모두 중·후기보다 호구의 지속적인 증가율을 보이고 있었다. 이는 17세기 후반을 이은 호구책의 강화도 한 요인이라고 보여진다.

중기는 비록 전 기간을 통해서 볼 때 호구는 감소되지 않았지만 이 기간 중 3년을 단위로 해서 볼 때 증감의 기복이 심하였다. 후기 역시 비슷한 현상이었다. 이 기간은 전 기간을 통해서 볼 때 증가세는 둔화되고 있다.

빈번한 여질, 기근 등에 사망자 유민이 속출하는 등의 사태가 있었음에도 호구가 감소되지 않았던 것은 정부의 유민에 대한 安集策·진휼대책, 부담 경감 등의 조치, 호구정책의 지속적인 노력에 있었다고 보여진다.

한편 호구 증가율의 둔화, 때때로 감소현상은 18세기를 통해 끊임없이

---

40) 『續大典』 卷2, 戶典 備荒, "守令善賑 爲一道最者論賞 私賑飢民 濟活多者 出私穀補官賑者 隨其多少論賞 有差".

41) 『大典通編』 卷2, 戶典備荒, "各道賑穀願納入 五十石以上錄啓 五十石以下 自本道施賞 守令之稱以補賑 箕歛權利 虛張數爻者 令該道臣査啓 以報上不以實論律".

42) 『英祖實錄』 卷107, 英祖 42年 8月 甲寅.

43) 『正祖實錄』 卷22, 正祖 7年 11月 丁酉.

유행하던 癘疾, 그리고 흉년·기근에서 많은 사망자가 발생하였다는 것도 한 원인이겠으나 유민 도망 이거자의 漏籍과 漏丁에도 큰 원인이 있다고 보여진다.[44] 특히 유민 도망의 현상은 자연적 재해가 심했던 때 특히 심하였음은 위에서 본 바와 같지만, 그러지 않은 때도 몰락 농민들은 역을 피해 벗어나기 위해, 부채로 他處에 전전하기도 하고 또한 토호·서원 등에 투속해 漏籍한 사실이 많았음은 당시의 문헌 등에서 허다하게 발견할 수 있고[45] 영조 22년『속대전』의 漏戶者, 漏丁者, 漏籍者, 虛戶者 등의 禁制 규정에서도 그 실태를 알 수 있다.

Ⅳ. 逃亡·移去戶口의 실태

1. 도망·이거호구의 개관

18세기 호구 변동의 증감현상과 관련하여 도망·이거호구에 대해 고찰하겠다. 18세기의 단성 호적대장 중 이용할 수 있는 9책 九式年의「絶戶秩」또는「雜頉秩」에서 도망 이거의 호구를 추출하여 다음과 같이 도표를

---

44) 馬淵貞利氏의 앞 논문에서는 호구의 변동을 검토하면서 기근 癘疫 군역 등에 언급하고는 신분제 농민층의 분해를 다루고 있다.

45) 安秉旭,「18世紀末 三南守令의 應旨民隱疏分析」, 서울대 석사학위논문, 1981에서 三政紊亂에 따른 민의 동향에 대해서 언급하고 있다.
   18세기의 私撰·官撰기록에는 도망·流散, 移去가 심했다고 기술하고 있는 것은 허다하게 볼 수 있으나, 구체적으로 몇 읍의 元戶와 대비한 도망호구의 예를 들어 보면 다음과 같다. 언양현은 숙종 37년(1711) 元戶 1,232호 인구 6,569명인데 前 3년간 162호, 381명이 도망하고 있으며, 移去는 48호, 122명이었다. 도망·이거를 합하면 210호, 503명으로 元戶口에 대해 도망 이거호는 17%, 逃亡 移去 인구는 7%이다(언양호적대장조사).
   안병욱의 위 논문에서는 18세기 말의 도망 逃故 등의 사례를 들고 있다.
   함안군(군수의 疏文)은 정조 즉위년(1776) 元戶 5,370호에 轉徙가 800호(3년간)로 전체 호에 대해 15%이다. 풍기군(군수의 疏文)은 정조 6년(1782) 元戶 2,502호에 도망호가 534호로 21%이다. 군위현(경상감사의 疏文)은 정조 5년(1781) 元戶 4,000호에 도망호가 1,200여 호로 33.3%(필자기입)이다. 해남현(현감의 疏文)은 정조 19년 元戶 5,978호에 軍額 5,192명인데 금년 逃故(질병·재해)가 1,128명이다.

작성하였다(부록 도표 참조). 매 식년의 자료가 갖추어졌으면 18세기 전반에 걸친 실태를 좀더 정확히 파악할 수 있겠으나 유감스럽다.

이 도표에서 알 수 있는 바와 같이 연대폭은 숙종 41년(1715)~정조 13년(1789)까지이나, 이 75년 중 자료가 갖추어진 27년 간의 실태이다. 다행히 불완전한 자료·통계이지만 18세기 초·중·후반의 일부 자료가 있어 도움이 된다.

한 式年間에는 도망호는 최고가 223호에서 최저가 77호, 또 도망인구는 최고가 737명에서 최저가 275명이다. 이는 한해에 약 47호, 인구는 149명이 도망하고 있는 셈이다.

도망호구의 한 式年度 전체 호구에 대한 비율은 호는 최고 9%에서 최저가 2.6%이고, 인구는 전체 인구에 대해 최고 5.6%, 최저 2%를 나타내고 있다.

18세기 27년 간 대체로 도망호는 1,265호이고 인구수는 4,016명이었다. 실제로는 영조 5년, 영조 38년의 대장에 누락도 있으니 이 수보다 많다고 생각되지만, 단성의 경우 18세기에 한 해의 대략적 평균호수는 2,814호, 인구는 13,216명이었기 때문에, 이를 미루어보면 27년 간 한해의 호의 45%와 인구의 30.3%가 도망하고 있는 사정이다. 18세기 100년을 두고 계산한다면 全邑의 호구수를 상회한다는 결론이 나온다.

移去戶는 27년 간은 대체로 호수는 625호, 인구수는 2,323명이다(영조 5년, 영조 38년 누락). 단성의 한해 평균 호구수에 비하면 이거호는 22%, 이거인구는 17%가 된다. 도망호구수에 비해서 이거호는 약 반을 밑돌고 있고 인구수는 반을 조금 넘는 수치이다. 따라서 도망호구수에 비할 정도는 되지 못한다. 이 이거호도 한 式年간 최고가 111호, 최저가 35호이고 한해는 평균 23호, 86명이 이사하고 있다.

이거 호구수의 한해의 전체 호구수에 대한 비율은 호수 최고가 4.4%, 최저가 1.1%이며 이거 인구수는 최고가 6.1%, 최하가 1.1%이다. 이 27년 간의 도망·이거 호구수를 합하면 호수는 1,890호이고 인구수는 6,339명으로 한해 전체 평균 호구와 비교하면 호수는 67%, 인구수는 47%로서 호는 과

반수, 인구는 과반수에 좀 미달하는 수가 27년 간 이동했다는 결론이 나온
다. 이로 미루어 본다면 18세기는 인구이동의 세기라고 할 만하다.

<표 8> 逃亡戶口·移去戶口(숙종 40년~정조 13년)

王代	숙종 4	숙종43	숙종46	영조 5	영조 8	영조35	영조38	정조 7	정조10	정조13	총호수	총인구수
式年度	戊午	丁酉	庚子	己酉	壬子	己卯	壬午	癸卯	丙午	己酉		
西紀年	1678	1717	1720	1729	1732	1759	1762	1783	1786	1789		
戶口	호구	호구	호구	호구	호구	호구	호구	호구	호구	호구		
도망수	32 : 76	126 : 387	118 : 346	220 : 737	223 : 715	187 : 550	116 : 309	95 : 347	103 : 340	77 : 275	1,297 (1,265)	4,092 (4,016)
總戶數對逃亡戶 百分比	1.5%	5%	4.6%	9%	7.6%	6.3%	3.9%	3.2%	3.4%	2.6%		
總人口數對逃亡 人口百分比	0.9%	3.2%	2.9%	5.6%	5.4%	4.1%	2.3%	2.5%	2.5%	2.0%		
移去數	112 : 324	111 : 358	100 : 389	89 : 368	41 : 161	81 : 280	67 : 247	35 : 150	57 : 234	37 : 165	737 (625)	2,687 (2,323)
總戶數對移去戶 百分比	5.3%	4.4%	3.9%	3.6%	1.6%	2.7%	2.2%	1.1%	1.8%	1.2%		
總人口數對移去 人口百分比	3.8%	2.9%	3.2%	2.7%	1.2%	2.1%	1.8%	1%	1.6%	1.1%		
總戶數對逃移去 戶比率合計	6.8%	9.4%	8.5%	12.6%	9.2%	9%	6.1%	4.3%	5.2%	3.3%	계 2,034 (1,890)	6,729 (6,339)
總人口數對逃移 去人口比率合計	4.7%	6.1%	6.1%	8.3%	6.6%	6.2%	4.1%	3.5%	4.1%	3.1%		
戶數	2,113	2,514	2,570	2,419	2,925	2,941	2,944	3,001	3,006	3,012	연평균 2,814 (숙종4년제외)	
人口數	8,421	11,943	11,943	12,116	13,178	13,225	13,498	13,505	13,819	13,839	연평균 13,216 (숙종4년제외)	

비고 : 영조 5년의 통계는 8面 중 7면은 기재가 완전하고 1면 法勿也面은 7호
만 기재되고 나머지는 파손하여 활용치 못하였음.
영조 38년의 통계는 3면만이 완전하고 나머지는 파손이 심해 활용치 못
하였음
* ( )字는 숙종 4년 제외한 수
* 備考에서 보다시피 기록이 파손되어 계산하지 못한 수가 있으나 實地의 수
는 이를 상회한다.

위 <표 8>의 호구 변동에서 본 바와 같이 18세기에는 단성이나 전국 모
두 호구의 증감이 심한 시기도 있었지만 전체 기간 100년을 두고 볼 때 증
감률은 낮아도 감소현상은 없었다. 그러므로 한 고을에서 이거·도거하는
현상과 같이 이입 유입하는 현상도 그만큼 많았다고 보아야겠다.

참고로 이입해 온 호구에 대해서 살펴보겠다. 다음 <표 9>는 단성 호적 대장의 호구통계에 기재되고 있는 '加入' '雜頉'의 수를 추출하여 시대별로 정리한 것이다.

<표 9> 雜頉·加入戶口數

연 대	雜 頉		加 入	
	戶	口	戶	口
숙종 4년	532	1,066		
숙종 43년	273	1,472	+509	+2,812
숙종 46년	263	820	+319	+993
영조 8년	356	325	367	372
영조 11년	816	'2,856	520	
영조 35년	332	1,023	332	1,035
영조 38년	262	739	245	774
정조 7년	191	665	196	670
정조 10년	180	671	185	680
정조 13년	175	639	281	650
계	2,848	9,210	2,954	7,986

가입호구는 新戶 즉 이사해 온 호구 수만은 아니다. 역시 雜頉호구도 逃去戶·移去戶 등의 수도 포함하고 있다. 때문에 이거해 간 호구와 이입해 온 호구수를 정확히는 알 수 없으나 숙종 43년(1717)~정조 13년(1789)까지 9式年 즉 27년 간 잡탈호구는 호가 2,848호 인구는 9,210명이고, 가입호구는 호가 2,954호 인구는 7,896명으로 거의 같은 수를 보이고 있다. 이것은 호구가 안정세를 보인 이유인 동시에 도망, 이거, 유입, 이사도 거의 비슷한 수가 아니었는지 하는 추측도 가능케 한다.

이같이 逃去·이거·유입·이사가 심했다는 사실은 적어도 18세기 100년 간에는 촌락민의 구성을 비롯하여 촌락의 구조면에 크게 변화를 초래하였다고 보여진다.

다음 <표 10>은 도망·이거호구를 연대별로 나타낸 것이다.

영조 5년·영조 38년의 것은 정확한 수가 아니므로 고려되어야 하겠으나, 도표 통계를 두고 도망·이거가 많았던 7식년의 것을 살피면, 먼저 도

<표 10> 도망·이거호구의 시대적 변화

연대	逃亡戶	逃亡口	移去戶	移去口
숙종 41~43년	126④	387④	111①	358②
숙종 44~46년	118⑤	346⑤	100②	389①
영조 3~ 5년	220②	737①	89③	268③
영조 6~ 8년	223①	715②	(41)	(161)
영조 33~35년	18③	550③	81④	290④
영조 36~38년	116⑥	309⑥	67⑤	242⑤
정조 8~10년	103	340	57⑥	234⑥

비고 : * 一面은 누락
　　　영조 6~8년 移去는 적은 편
　　　①·② 등의 부호는 많은 수의 차례
　　*기록에 3面만 완전, 다른 것은 미비하나 계산에 넣었음

망호구가 많았던 식년을 순위로 하면 1, 2위는 영조 3~5년, 영조 6~8년 (호수는 영조 6~8년이 좀 많고 인구수는 영조 3~5년이 좀 많다), 3위는 영조 33~35년, 4위는 숙종 41~43년, 5위는 숙종 44~46년, 6위는 영조 36 ~38년이다.

다음으로 이거호구를 순위로 하면 1, 2위는 숙종 41~43년과 숙종 44~ 46년(호수는 숙종 41~43년이 좀 많고 인구수는 숙종 44~46년이 좀 많다), 3위는 영조 3~5년, 4위는 영조 33~35년, 5위는 영조 36~38년, 6위는 정 조 8~10년이다. 도망호구의 순위와 이거호구의 순위가 꼭 일치하지 않으 나, 6위까지의 6식년 중 4식년은 공통적으로 많다. 그것은 도망이 많던 때 이거가 많았다는 것인데 그 이유는 위의 인구동태에서 살피면 숙종 41~43 년과 숙종 44~46년은 흉년 기근 癘疫이 연속된 때였으며 영조 3~5년과 영조 6~8년도 흉년이 연속하고 여역이 유행하던 때였다. 이러한 사회현상 을 계기로 더욱 호구의 이동이 심하였다고 보여진다.

2. 도망·이거호의 신분

신분의 분류는 종래부터 크게 양반·상민·노비 또는 천민의 3계층으로, 또 중인층을 설정하여 4계층으로 나누고 있다. 대구호적을 조사한 四方博

은 職役을 기초로 14類로 나누었으며 그 후 韓榮國은 8類 또는 10類로, 金泳模는 8類로 나누고 있다. 최근 全宇哲은 그의 논문에서 20類로 나누고 있으며[46] 武田幸男은 10類로 나누고 있다.[47]

여기에서 취급할 도망·이거자의 직역 종류는 그다지 많지 않으므로 양반·준양반·중인·상민·노비의 5부류로 나누고 이에 준하여 논하겠다.

(1) 도망호와 신분

숙종 46년(1720), 정조 7년(1783)의 호적대장에서 추출하여 도표로 만들

<표 11> 面別 職役別 逃亡戶口(숙종 46년, 1720)

職役	元堂面 戶	口	縣內面 戶	口	北洞面 戶	口	梧洞面 戶	口	都山面 戶	口	生比良面 戶	口	新燈面 戶	口	法勿也面 戶	口	計 戶	口	
武學	1	(1)															1	(1)	
鄕吏									1	(5)	1	(6)	1	(3)	1	(4)	4	(18)	
假吏			2	(7)													2	(7)	6(25)
皮匠	1	(5)									1	(3)			1	(3)	3	(11)	
草笠匠	1	(2)	1	(4)													2	(6)	
甕器匠			1	(3)							3	(8)					4	(11)	
兵營甕匠															1	(5)	1	(5)	
鑄匠			2	(10)					1	(2)							3	(12)	
水鐵匠											1	(3)					1	(3)	14(48)
水保			1	(5)													1	(5)	
兵營束伍軍	1	(4)															1	(4)	
官奴			1	(3)													1	(3)	
私奴婢	13	(27)	3	(11)	3	(8)	4	(15)	6	(16)	2	(4)	7	(25)	1	(3)	39	(109)	62(195)
寡女	2	(4)	1	(2)	1	(3)			3	(5)			1	(3)	1	(2)	9	(19)	
良女·良民											1	(4)	1	(4)			2	(8)	
居士			1	(2)							1	(2)			1	(2)	3	(6)	
職役不明	3	(9)	10	(30)	13	(39)	1	(2)	1	(2)	4	(10)			22	(66)	54	(158)	

---

46) 全宇哲,「18世紀前半期 農村社會相에 關한 一研究」, 인하대학교 석사학위논문, 1982, 42쪽, <표 5> 階層別職役分類例(戶籍分析의 경우)에 잘 정리되어 있다.

47) 武田幸男,「제2편 19世紀鎭海縣의 社會構造와 그 變動」,『朝鮮戶籍大帳의 基礎研究』, 學習院大學東洋文化研究所, 1977, 50~51쪽,「職役과 身分」도표 참조

<표 12> 面別 職役別 逃亡戶口(정조 7년, 1783)

職役＼面別	元堂面 戶	口	縣內面 戶	口	北洞面 戶	口	梧洞面 戶	口	都山面 戶	口	生比良面 戶	口	新燈面 戶	口	法勿也面 戶	口	計 戶	口	計
業武	1	(3)			3	(13)	1	(3)			1	(3)			1	(3)	7	(25)	
閑良											2	(12)					2	(12)	9(37)
鄉吏											1	(3)			1	(2)	2	(5)	2(5)
木手							1	(5)									1	(5)	
沙器匠					1	(2)											1	(2)	
藥保											1	(3)			2	(8)	3	(11)	
日守					1	(7)											1	(7)	
鄉廳保									1	(3)							1	(3)	
騎兵					1	(3)											1	(3)	
馬兵															1	(3)	1	(3)	
主鎮軍											1	(5)					1	(5)	
束伍	2	(9)			1	(3)	1	(3)	1	(3)	3	(11)			2	(8)	10	(37)	
水軍							1	(3)							2	(9)	3	(11)	
牙兵	1	(5)															1	(5)	
御營保									1	(4)					1	(3)	2	(7)	
禁衛保											1	(4)					1	(4)	27(103)
私奴	3	(11)	1	(3)	2	(9)	1	(2)	2	(7)			1	(26)			15	(58)	15(58)
良人	5	(20)	9	(36)	1	(4)	1	(3)	6	(18)	4	(10)	3	(14)	1	(3)	30	(108)	
病者							1	(3)									1	(3)	
職役不明									1	(4)							1	(4)	

면 <표 11>·<표 12>와 같다. 寡女·居士·병자는 신분을 정확히 알 수 없기 때문에 예외로 하였으며 良人은 신분이나 직역이 아니기 때문에 상단의 良民役 난에는 기재하지 않았다.

숙종 46년(3년간)의 경우 가장 수적으로 비중이 높은 것은 노비계층으로 總도망호구(직역이 분명한 것) 62호 195명에 대해 40호 112명으로 과반수를 좀 넘고 있다. 노비중 관노는 단 1호밖에 없다.

다음으로는 양민층이 많아 16호, 57명이다. 양민, 양녀, 과녀, 거사(대부분 양민층으로 추측됨)까지 포함시키면 30호, 70명이 된다. 그러나 직역불명이 54호, 158명인데 이것이 良賤 어느 쪽이 많은가에 따라 양·천의 순위는 달라진다. 준양반층에 속한다고 하는 武學, 중인층에 속하는 향리·假吏는 합해서 7호, 26명에 지나지 않는다. 향리는 避役 또는 신분을 바꾸기 위해 도망하는 사례는 있을 수 있다고 하나 무학의 도망은 18세기 초의 경우임으로 주목된다.

정조 7년의 경우 가장 수적으로 비중이 높은 것은 양민계층이다. 총도망호구(직역이 분명한 것) 53호, 203명에 대해 27호, 103명으로 과반수를 점하고 있다. 여기에 양인이라고 기재하고 있는 30호, 108명을 포함하면 절대다수이다.

다음으로는 私奴가 높아 30호, 108명이고 가장 비중이 낮은 것이 준양반층에 속한다는 業武 7호, 25명, 한량 2호, 12명이고 향리는 2호, 5명이다.

속종 40년과 정조 7년의 것을 비교하여 특징적인 것은

첫째, 숙종 46년은 노비층의 비중이 높았는데 정조 7년은 상민층의 비중이 훨씬 높다는 사실이다.[48] 그 이유는 이미 대구·울산·단성 등의 호적 연구에서 밝혀지고 있는 그대로 18세기 말로 내려갈수록 노비층이 대폭 줄고 반대로 양민 양반층이 증가하고 있기 때문이라고 생각된다.

이는 앞에서 제시한 도표에 있는 그대로 단성에서는 숙종 43년(1717)은 양반호가 19.9% 상민호가 52.5%, 노비호가 27.6%인 데 비해, 정조 10년(1786)은 양반호가 32.2% 상민호가 59.0% 노비호가 8.8%로 양반호는 69년간 12.3%나 급격하게 증가하고 있으며 상민호는 6.5%로 증가하고 있다. 이에 반해 노비호는 18.8%나 격감하고 있음을 확인할 수 있다. 그러나 한편 정조 7년 노비 도망호의 통계를 정조 10년의 계층간 비율을 가지고 비교하는 데는 약간의 문제가 있으나 59.0%의 상민호 중 도망호가 57호, 103명과 노비호의 8.8% 중 15호, 58명의 비율로 보면 역시 노비호의 도망이 높다는 것을 알 수 있는데 이는 유의해야 할 일이라 생각된다.

둘째, 숙종 46년의 경우 상민층 16호, 57명 중 匠人이 14호, 48명을 차지하고 있으며 나머지 2호, 9명만이 水保와 병영 속오군이다. 그런데 정조 7년의 경우는 상민층 중 직역을 가진 자 27호, 103명 중 藥保까지 포함해서

---

48) 언양현은 단성현과는 달리 양민층의 비중이 높다(부록 도표 참조).

5호, 18명이다. 숙종 46년에 비해 훨씬 적은 비율이다. 그 이유는 잘 알 수 없으나, 장인은 원래 직업상 이동성이 높은 직종이고 18세기 초에는 이미 도시수공업의 발달에 따라 이곳 장인들은 대거 인근 도시로 도망해 간 것이 아닌지 모르겠다. 이는 언양현의 경우도 같은 추세이다.

셋째, 준양반층은 숙종 46년에는 1호밖에 도망호가 없었음에 비해 정조 7년에는 業武 7호, 한량 2호가 도망하고 있다.[49] 직역 위에서도 언급한 바 있지만 정조 7년 즉 1783년 당시 양반호(준양반호 포함)가 크게 증가하고 있는데 증가하고 있는 양반호 중에는 종래 상민층에 포함될 수도 있는 준양반호인 자도 있었다고 보여진다. 이는 도망했던 그들의 가계를 통해서도 알 수 있다.

숙종 46년과 정조 7년 대장에 기재되고 있는 도망호 중 武學·業武·閑良을 그 전식년도 대장에서 찾아 부·조·증조·외조의 직역과 처의 姓號를 정리하면 다음과 같다.

숙종 46년도 武學 1호
元堂面 陸里 柒統 伍戶
　　戶武學李貴萬 戊戌七月日逃亡
　　武學李貴萬 父 良人 祖 正兵 曾祖 正兵 外祖 正兵 妻召史

정조 7년도 業武 7호
梧洞面 伍里 拾統 肆戶
　　　　戶業武鄭太孫參口辛丑柒月逃亡
　　　　幼學鄭太孫 父學生 祖學生
　　　　曾祖通德郎 外祖 妻朴氏

生比良面 拾里 參統 伍戶
　　　　戶業武申世太參口庚子玖月逃亡
　　　　業武申世太 父業武 祖業武

---

49) 언양현은 단성현과는 달리 숙종 46년(1720) 한량·업무 등 준양반층의 비중이 높다. 두 지역의 신분층 분해의 지역성 차이에 기인하고 있는 듯하다.

曾祖汗永 外祖趙長善 妻郭姓

法勿也面 貳里 三統 肆戶
　　　戶業武卞玉貳口壬寅貳月逃亡
　　　業武卞玉 **父海發 祖海立**
　　　曾祖納通政 外祖妻(?)(?)妻故

元堂面 戶業武具益太參口壬寅貳月逃亡
北洞面 戶業武李德甫伍口壬寅貳月逃亡
　　　〃 金德三貳口辛丑伍月逃亡
　　　〃 朴貴良陸口壬寅貳月逃亡

* 4호는 정조 3년의 호적대장에 보이지 않음.
  북동면의 이덕보는 이덕귀와 동일인물(?)

閑良 2호
生比良面 拾壹里 壹統 肆戶
　　　戶閑良李時化伍口辛丑拾月逃亡
　　　閑良李時和(化?) **父老職嘉善叔介 祖莫龍 曾祖貴仁 外祖南哲**
　　　見 妻金姓
　　　戶閑良沈有世柒口辛丑拾壹逃亡
* 심유세는 정조 3년의 호적대장에 보이지 않음

위의 가계를 보면 숙종 46년의 武學 李貴萬은 武學이지만 정조 7년의 친족 외족 처족도 모두 양인 신분이다. 業武 鄭太孫은 일반 양반의 신분을 표시하고 있다(정조 7년도 대장에 업무인데 정조 3년도 대장에 유학이 되어 있는 것은 납득이 되지 않는다).

그 밖에 業武 申世太는 증조·외조는 신분이 표시되어 있지 않으며 처도 상민의 여자가 통칭하는 '姓'을 기재하고 있으며, 업무 卞玉도 부와 조는 신분을 역시 표시하고 있지 않으며 증조가 納通政이고 외조는 신분표시가 없다. 閑良 李時化는 부가 老職嘉善이고 조, 증조, 외조도 신분표시가 없고 처도 '姓'을 칭하고 있다.

몇 호의 사례이기는 하지만 이를 미루어 보면 준양반층이라는 業武·武學·閑良도 18세기에 들어서는 격하되고 있다.[50] 한편 17·18세기 양반, 준양반층이 증가하는 가운데 이와 비슷한 신분이 적지 않았다고 생각되고 이러한 신분층에는 경제적 기반이 약한 자도 있었을 것이니 향촌에서 逃散할 수 있는 소지가 있었다고 보여진다.

(2) 이거호와 신분

도망호의 경우와 같이 숙종 46년, 정조 7년의 대장에서 추출하여 다음과 같은 도표를 작성하였다.

<표 13> 面別·職役別 移去戶口數(숙종 46년, 1720)

면별 / 직역	元堂面		縣內面		北洞面		梧洞面		都山面		生比良面		新燈面		法勿也面		합계		호구
	戶	口	戶	口	戶	口	戶	口	戶	口	戶	口	戶	口	戶	口	戶	口	
進士			1	(27)													1	(27)	
幼學	5	(15)	2	(12)			1	(7)	1	(2)	2	(11)	2	(28)	1	(10)	14	(85)	
通德郎													2	(18)			2	(18)	17(130)
武學											2	(7)					2	(7)	
業武							1	(5)									1	(5)	
忠義衛													1	(5)			1	(5)	4(17)
驛吏									1	(3)							1	(3)	
兵營軍	1	(1)															1	(1)	
御營保													1	(2)	1	(3)	2	(5)	
砲保													1	(6)			1	(6)	
兵營軍保															1	(3)	1	(3)	
生鐵匠			1	(5)							1	(3)					2	(8)	
甕器匠			1	(3)							2	(4)					3	(7)	11(33)
校奴			2	(5)													2	(5)	
寺奴			1	(3)					1	(2)							2	(5)	
私奴婢	1	(1)	1	(8)			3	(6)	2	(6)	2	(4)	2	(6)	4	(12)	14	(43)	18(53)

---

50) 李俊九, 「朝鮮後期 兩班身分 移動에 關한 研究」, 『歷史學報』 96, 1982, 164~179 쪽. 18세기 준양반층에 대해서는 금후 연구되어야겠다.

직역	元堂 戶	口	縣內 戶	口	北洞 戶	口	梧洞 戶	口	都山 戶	口	生比良 戶	口	新燈 戶	口	法勿也 戶	口	합계 戶	口	호구
寡婦	1	(4)	2	(6)	2	(3)			1	(4)	3	(10)					9	(27)	
良人													1	(3)			1	(3)	
居士											1	(2)					1	(2)	11(32)
職役不明·기재없음			12	(40)	5	(12)	9	(41)	1	(5)	7	(23)	1	(4)	1	(4)	36	(129)	
																	90	(376)	

* 通德郎은 受帖者인지 帶品者인지 명확하지 않고, 일단 여기시는 帶品者에 포함한다.

<표 14> 面別·職役別 移去戶口數(정조 7년, 1783)

면별 / 직역	元堂面 戶	口	縣內面 戶	口	北洞面 戶	口	梧洞面 戶	口	都山面 戶	口	生比良面 戶	口	新燈面 戶	口	法勿也面 戶	口	합계 戶	口	호구
幼學	6	30	1	4	1	5	1	4	1	4			1	5			11	52	
業武	1	6															1	6	
閑良											1	4					1	4	
通德郎									1	3							1	3	14(65)
驛吏					2	7					1	4					3	11	
驛保					1	6											1	6	
水軍	1	3			3	12			1	5							5	20	
御營軍					1	4											1	4	
御營保													1	3			1	3	
日守			1	4													1	4	8(31)
私奴婢	1	7					1	5					1	5			3	17	3(17)
良人			1	5	2	6			1	4			1	3			5	18	
寡女					1	2											1	2	6(20)
																	35	150	

숙종 46년의 경우, 양반·준양반층은 21호, 147명으로서 전체 직역자의 50호, 233명에 비하면 호수는 42%에 해당된다. 상민층 11호, 33명으로 양반·준양반층에 비해 호는 약 1/5, 인구는 약 1/7밖에 되지 않는 수이다. 다만 과부·거사·양인(11호, 32명)이 모두 상민이라고 해도 22호, 65명밖에 되지 않는다.

노비층은 18호, 53명으로 직역이 명시되고 있는 신분층 중 가장 많은 것은 양반·준양반 그리고 노비층 끝이 상민층의 순이다. 그러나 이 순위는 직역불명의 수가 많고 또 과부 등의 수도 있으니 상민·노비층은 우선순위를 명백히 할 수 없다.

정조 7년의 경우 양반·중양반층은 합해 14호, 65명인데 양인층은 13호, 49명(양인 포함)이다. 이렇게 보면 두 계층은 거의 비슷하고 노비층은 불과 3호, 17명에 지나지 않는다.

숙종 46년의 것과 정조 7년의 것을 비교하면 첫째, 숫자적인 면에서 숙종 46년이 월등히 많아 전자는 90호, 376명인 데 비해 후자는 35호, 150명이다. 이 구체적인 이유는 잘 알 수 없으나 주목되는 현상이다. 도망호의 경우 반대 현상이다.

둘째, 노비층이 크게 감소하고 있다. 이는 도망노비의 경우과 같은 추세로서 위에서 설명한 그대로 18세기 초보다 후기에 노비층이 감소되었다는 것이 그 이유가 되겠으며, 한편 위의 도표에서도 알 수 있겠는데 대부분이 사노비가 주로 되고 있는 것을 보아 上典인 幼學 등의 이거와 관계 있는 결과가 아닌지 모르겠다.

양민층의 이거 이유는 잘 알 수 없으나, 양반호의 경우는 통혼관계 토지소유관계 등에 의해 연고지에 이거되었다고[51] 생각되며, 사노비는 소속된 주인의 형편에 따라 이거되었을 것으로 생각된다. 연고지는 단성의 양반계층의 통혼권인 인근 군현이 주된 곳이라고 보여진다.

참고로 정조 10년의 이거대상지를 보면 진주 23호·함양 4호·산청 5호·안의 3호·삼가 6호, 의령 7호, 거창 1호, 곤양 1호, 합천 1호, 사천 1호, 성주 1호, 김해 1호, 전라 2호이다. 이를 보면 모두 경상우도 단성을 중심으로 한 지역이고 전라도 2호가 도를 달리하고 있으나 조선후기 단성에서는 남원 등지와 통혼하는 사례도 있다.

3. 도망·이거호구와 촌락

---

51) 李樹建, 『嶺南士林派의 形成』, 영남대학교 출판부, 1979. 맺는 말에 중앙에서 낙향하는 在京官人들도 당시의 가족제도와 자녀균분상속제에 의하여 각지 外鄕과 妻鄕으로 가서 쉽게 안착할 수 있었다고 하였다.

⑴ 도망호구와 촌락

면별로 도망호구의 실태를 도표화하면 다음과 같다.

<표 15> 숙종 4년(1678)~정조 13년(1789) 面別 逃亡戶口數

연대별 면별	숙종 4년		숙종 43년		숙종 46년		영조 5년		영조 8년		영조 35년		영조 38년		정조 7년		정조 10년		정조 13년		總戶數	總人口數	戶當人口數
	戶	口	戶	口	戶	口	戶	口	戶	口	戶	口	戶	口	戶	口	戶	口	戶	口			
元堂面	4	8	25	89	21	50	21	88	17	51	14	44	16	42	13	52	11	34	9	30	⑦151 (147)	488 (480)	3.23
縣內面	8	18	26	85	23	77	45	147	27	81	24	71	16	47	11	43	14	47	7	20	①201 (193)	636 (618)	3.16
北洞面	2	16	17	40	18	52	44	141	32	104	14	42	14	42	9	34	2	5	12	37	③164 (162)	513 (492)	3.12
梧洞面	1	3	14	51	5	17	23	78	20	62	13	39	?10	?33	8	25	5	19	10	34	⑧109 (108)	361 (358)	3.31
都山面	9	19	13	36	14	35	13	46	28	98	46	132	?36	?81	16	53	11	34	13	54	②199 (190)	586 (567)	29.4
生比良面	1	3	4	11	16	44	31	91	29	89	21	63	?3	?13	17	59	29	105	6	24	⑤157 (156)	502 (499)	3.19
新燈面	5	13	13	37	9	32	36	126	26	90	24	84	?8	?19	10	43	8	28	9	34	④148 (143)	506 (493)	3.41
法勿也面	2	6	14	38	12	39	7	20	44	140	31	75	?13	?33	11	38	23	68	11	43	⑥168 (166)	500 (494)	2.97
합계	32	76	126	387	118	346	?220	?737	223	715	187	550	?116	?309	95	347	103	340	77	275	1297 (1265)	4092 (4016)	3.15

* ( ) 안 숫자는 숙종 4년의 호구수를 제외한 수
* 총호수란에 ①②③ 등의 부호는 호구가 많았던 순위
* 영조 5년, 58년은 수의 누락이 있음

　　영조 5년과 영조 38년의 통계가 정확치 못하나 위의 통계를 두고 볼 때 숙종 41년(1715)부터 정조 13년(1789)까지 27년 간 가장 도망호가 많았던 면은 1위가 현내면 201호 636명, 2위 도산면 199호 586명, 3위 북동면 164호 513명, 4위 신등면 148호 506명, 5위 생비량면 157호 502명, 6위가 법물야면 168호 500명, 7위 원당면 151호 488명, 8위 오동면 109호 361명의 순이다.

　　이들 8개 면의 신분구조와 도망호의 관계를 숙종 43년(1717), 정조 10년(1786)의 두 연대를 표준으로 하여 살펴볼까 한다. 두 시기 면별 신분별 통계는 다음과 같다.52)

<표 16> 신분별 戶數(숙종 43년, 1717)

면별 신분별	元堂面	縣內面	北洞面	梧洞面	都山面	生比良面	新燈面	法勿也面	總數(총수에 대한 %)
양반호	104호 (35.5)	54 (13.7)	60 (20.4)	41 (22.0)	92 (25.2)	27 (7.7)	75 (28.7)	47 (12.7)	500 (19.9)
상민호	83호 (28.3)	216 (54.7)	196 (66.7)	82 (44.1)	166 (45.5)	273 (78.0)	64 (24.5)	239 (64.6)	1,319 (52.5)
노비호	106호 (36.2)	125 (31.6)	38 (12.9)	63 (33.9)	107 (29.3)	50 (14.3)	122 (46.8)	84 (22.7)	695 (27.6)
총수	293호	395	294	186	365	350	261	370	2,514 (100.0)

<표 17> 신분별 戶數(정조 10년, 1786)

면별 신분별	元堂面	縣內面	北洞面	梧洞面	都山面	生比良面	新燈面	法勿也面	總數(총수에 대한 %)
양반호	167호 (51.1)	82 (21.2)	120 (34.8)	82 (34.5)	226 (45.5)	75 (20.8)	116 (31.1)	101 (21.1)	969 (32.2)
상민호	126호 (38.5)	244 (63.0)	213 (61.7)	116 (52.9)	223 (45.0)	271 (75.1)	196 (52.5)	374 (78.1)	1,773 (59.0)
노비호	34호 (10.4)	61 (15.8)	12 (3.5)	30 (12.6)	47 (9.5)	15 (4.1)	61 (16.4)	4 (0.8)	264 (8.8)
총수	327호	387	345	238	496	361	373	479	3,006

숙종 48년에 도망호가 많았던 면을 순위로 하면 1위 현내면(26), 2위 원당면(25), 3위 북동면(17), 4위 오동면(14), 5위 도산면(13)·신등면(13), 6위 생비량면(4)이다. 그런데 4위와 5위는 단 1호의 차이밖에 없다.

이때 양반호의 비율(촌락전체 호에 대한)을 보면 1위 원당면(35.5), 2위 신등면(28.7), 3위 도산면(25.2), 4위 오동면(22.0), 5위 북동면(20.4), 6위 현내면(13.7), 7위 법물야면(12.7), 8위 생비량면(7.7)이다.

여기에서 보면 특기할 곳은 현내면이다. 양반호는 적으나 관청 소재지로 관청과의 관계가 깊은 곳이기 때문에 가장 도망호가 많은 것이 아닌가 생

---

52) 金錫禧·朴容淑, 「18世紀 農村社會構造 - 丹城縣의 경우」, 『부대사학』 3집, 1979. 여기서는 준양반층은 양반호에 계산되고 있다.

각된다. 다음으로 도망호가 많은 곳이 원당면인데 이곳은 양반호가 가장 많은 곳이다. 이것이 역시 도망호가 많은 이유와 관계가 있는 것인지 모르겠다. 이런 점을 고려해 보면 관아가 있는 곳, 양반호가 많은 곳이 대체로 도망호가 많았다고 추측된다.

정조 10년에 도망호가 많았던 곳은 1위 생비량면(29), 2위 법물야면(23), 3위가 현내면(14), 4위 도산면(11)·원당면(11), 5위 신등면(8), 6위 오동면(5), 7위 북동면(2)이고 양반호가 많은 곳은 1위 원당면(51.1), 2위 도산면(45.5), 3위 북동면(34.8), 4위 오동면(34.5), 5위 신등면(31.1), 6위 현내면(21.2), 7위 법물야면(21.1), 8위 생비량면(20.8)이다.

위의 숙종 43년의 양반호와 순위가 약간 달라지고 있다. 여기에서는 도망호가 많았던 생비량면과 법물야면은 양반호가 가장 적었던 곳이다. 이는 숙종 13년도에 비해 반대적 경향이다. 그리고 현내면은 여전히 많다.

(2) 이거호구와 촌락

<표 18> 숙종 4년(1678)~정조13년(1789) 面別 이거호구수

연대별 면별	숙종 4년 戶	口	숙종 43년 戶	口	숙종 46년 戶	口	영조 5년 戶	口	영조 8년 戶	口	영조 35년 戶	口	영조 38년 戶	口	정조 7년 戶	口	정조 10년 戶	口	정조 13년 戶	口	總 戶數	總 人口數	戶當 人口數
元堂面	17	62	9	45	8	21	6	26	8	21	4	10	13	50	9	46	11	45	9	43	④ 94 (77)	369 (307)	3.9
縣內面	15	45	15	50	25	106	11	40	20	20	12	47	5	20	3	13	16	57	7	31	②129 (114)	429 (384)	3.3
北洞面	7	12	11	33	7	15	23	98	5	16	9	34	2	7	10	40	1	8	4	21	⑤ 79 (72)	284 (272)	3.5
梧洞面	6	24	14	45	14	59	4	18			4	19	10	39	3	11	7	33	2	7	⑦ 64 (58)	255 (231)	3.98
都山面	22	57	19	50	7	22	30	108	7	26	13	39	19	68	4	16	4	27	1	4	①126 (124)	417 (360)	3.3
生比良面	28	58	23	75	20	64	6	24	2	4	11	39	?	?	2	8	10	37	5	27	③102 (79)	336 (278)	3.2
新燈面	10	35	8	29	11	72	9	54	1	6	12	60	3	10	3	13	5	20	5	19	⑧ 67 (57)	318 (283)	4.7
法勿也面	12	31	12	31	8	30	?	?	6	18	15	42	? 15	? 48	1	3	3	13	4	13	⑥ 76 (64)	229 (198)	3.0
합계	112	324	111	358	100	389	36 ?	889 ?	49	161	81	290	? 67	? 242	35	150	57	234	37	165	737 (625)	2,637 (2313)	3.5

* 총호수란 안의 ①②③의 부호는 호구가 많았던 순서.

* 영조 15년(1739), 38년은 수의 누락이 있음
* ( ) 숫자는 숙종 4년의 수를 제외한 수

면별로 이거호구의 실태를 도표화하면 위와 같다.

여기서도 영조 5년과 숙종 38년의 호구수가 분명치 않으나 위의 통계를 두고보면 숙종 41년(1715)부터 정조 13년(1789)까지 74년 간 가장 이거호가 많았던 면은(戶·口가 꼭 일치하지 않음) 1·2위가 현내면·도산면, 3·4위가 생비량·원당면, 5·6위가 북동면·법물야면, 7·8위가 오동면·신등면이다. 도망호에 비해 이거호가 적었기 때문에 면별 호구수는 적지 않았지만 1·2위의 도산면은 124호 360명, 현내면이 114호 384명이고 그 나머지는 79호~57호 사이로 각 면마다 큰 차이가 없다. 더욱이 생비량면, 법물야면의 경우는 자료가 일부 미비하여 정확하지 못하다.

여기에서 역시 특히 주목할 것은 현내면과 도산면이다. 두 곳의 신분구조와 성격은 앞서도 지적하였지만 이거호에 어떤 관계도 있지 않나 생각된다. 여기에서 도망·이거호가 가장 많았던 촌락을 도표화하면 다음과 같다.

<표 19> 숙종 41년(1715)~정조 13년(1789) 면별 도망·이거호구수

면별	이거		도망		계	
	호	구	호	구	호	구
원당면	77	307	147	480	224	787
현내면	114	384	193	618	307	1,002
북동면	72	272	162	497	234	769
오동면	58	231	108	358	166	589
도산면	124	360	190	567	314	927
생비량면	79	278	156	499	235	777
신등면	57	283	143	493	200	483
법물야면	64	198	166	494	230	692
계	625	2,313	1,265	4,016	1,890	6,329

74년 간 현내면은 307호, 1002명, 도산면은 314호, 927명으로 가장 이거·도망이 많은데 현내면의 경우 숙종 43년은 395호, 정조 10년 387호, 도산면은 숙종 43년 365호, 정조 10년 496호이다. 양자를 관계지어 보면 적어도

이 두 촌락의 경우는 촌락 구조면에서 18세기 100년 간 상당한 구조변화가 있었다고 보아야겠다.

V. 맺음말

본론에서 18세기(숙종 40년~정조 13년)에 있어서 단성의 호구 증감현상과 호구동태 가운데 도망·이거호구의 실태를 살펴보았다.

단성현은 서부경남에 위치하고 있는 班村으로, 이 지역에 관한 결과를 두고 전국적인 현상으로 획일성을 구할 수는 없겠다.[53] 그러나 지역적 특성도 고려하면서, 한편 여러 읍의 조사연구가 종합적으로 이루어지면 전국적인 실태가 좀더 정확히 파악되리라 믿는다.

조사의 결과를 요약하면 다음과 같다.

(1) 호구의 증감현상은 단성과 전국의 추세는 式年度에 따라서 차이가 있으며 또 증감률도 상이한 바 있다. 그러나 대체로 유사한 현상추세가 있었다.

조사 현상의 기간이 분명하게 18세기 초·중·후기로 나누어진 것은 아니지만 대체로 초기는 17세기 후반을 이어서 지속적인 증가세를 보이고 있는데 반해 중·후기는 式年에 따라서는 증감현상에 기복이 심하고 증가율도 전 기간을 통해 보면 증가되고 있으나 증가폭은 극히 미미하다. 이는 정상적인 증가율은 아니다. 그 이유는 초기에도 癘疾·기근이 있기도 했으나 중·후기는 특히 심했으며, 이를 계기로 한 사망자의 증가, 유민, 도망, 漏戶籍의 현상이 초래한 결과라 보여진다. 그러한 사태에 관의 安集策, 민의 安撫策, 호구통제책은 어느 정도의 증가를 가져오게 했다고 보여진다.

(2) 18세기 초·중·후기에 걸친 단성의 9式年 27년 간의 도망호·이거호를 보면, 먼저 도망호는 1,265호, 4,016명이다. 18세기 평균 연도의 호수

---

53) 金錫禧, 「朝鮮王朝後期의 慶尙道 丹城縣 戶籍大帳에 對하여」, 『釜山文理大 論文集』 14, 1975 ; 全宇哲, 앞의 논문에도 언급되고 있다.

는 2,814호 정도, 인구수는 13,216명 정도였기 때문에 27년 간의 도망호는 한해 호수의 45%, 인구는 30.3%를 점하고 있다. 한 식년의 경우는 최고 223호~최저 275호, 인구는 737명~275명이다.

이거호는 27년 간 호는 625호, 인구는 2,323명이다. 단성의 한해 평균 호구수에 비하면 이거호는 22%, 이거인구는 17%가 된다. 도망 호구수에 비해서는 이거호는 약 반을 밑돌고 있어도, 인구수는 약 반을 조금 넘는 수치이다.

이 27년 간의 도망·이거 호구수를 합하여 전체 평균 호구와 비교하면 호수는 67%, 인구수는 47%이다. 27년 간의 수치가 이와 같으니 1세기를 계산하면 놀랄 정도의 수가 된다고 보여진다. 때문에 18세기는 인구이동의 세기라고 해도 과언이 아니겠다. 이와 같은 현상은 이곳만의 일이 아니었고 전국적인 현상이었다고 보여진다.

이렇게 보면 촌락의 구성 성격에도 변화가 있었다고 보여지며 촌락의 통제 문제에도 심각성이 있었다고 생각된다.

(3) 도망·이거호구 증감의 시대적 추세는 단성의 경우 초기에 적었고 중·후기에 많았다는 결론은 볼 수 없었고, 중기인 영조 5년(3년간)·영조 8년(3년간)·영조 35년(3년간)에 많았는데 이때는 癘疫의 유행과 기근이 심했던 때이다. 이를 계기로 도망자가 더욱 속출했다고 보여진다.

(4) 도망·이거자의 신분은 숙종 46년과 정조 7년의 大帳에서 추출하였는데 도망호의 경우 숙종 46년도는 노비층의 비중이 높았는데 정조 7년도는 양민층의 비중이 높다. 이는 단성만의 문제가 아니고 타 지역에서도 18세기로 내려갈수록 양반·준양반·양민층이 높아지는 현상에서 나타나는 실상이다. 그러나 정조 7년의 경우 노비도망호가 줄었다고 하지만 그때의 노비호의 비례로 보아서는 역시 많이 도망하고 있다.

숙종 46년도에 있어서 工匠의 도망자가 많으나 반대로 정조 7년도는 격감하고 있다. 이는 언양현에서 도시상업지로 유입되어 들어간 것이 아닐까 하는 추리를 갖게 한다.

(5) 숙종 46년도는 도망호 중 준양반층은 武學 1명밖에 없는데 정조 7년

도에는 業武 7호, 한량 2호로 증가하고 있는바, 이들의 가계를 살펴보면 거의 다 양인층에 가까운 신분성을 가지고 있다. 후기로 갈수록 양반·준양반층이 증가하는 추세에 양민층에서 많이 상승해 갔다고 보여진다. 때문에 그들 중에는 경제적 기반이 약해서 도망갈 소지가 있다고 보여진다.

이거호의 신분은 숙종 46년도와 정조 7년도 모두 양반·준양반층에 속하는 자가 많다. 이는 대체로 경제력의 측면에서 상당한 결과이며, 숙종 46년은 노비층이 많는데 정조 7년은 격감하고 있다. 이는 단성의 신분구조로 보아 당연한 추세이며 대부분이 사노비임으로 上典에 따라 이거했다고 보여진다.

(6) 촌락과 도망호·이거호의 관계는 일률적으로 설명할 수 없을 정도로 숙종 46년도와 정조 10년도는 상이하다. 도망호구·이거호구가 가장 많았던 곳은 27년 간 현내면이 307호 1,002명, 도산면이 314호 927명, 북동면 234호 769명 등등이다. 현내면이 숙종 43년에 395호, 정조 10년에 387호, 도산면이 숙종 43년 365호, 정조 10년 496호 등인데 이 면의 평균 호수와 비교해 보면 그들 촌락은 18세기에 특히 많은 구조적 변화가 있었음을 알 수 있다. 이같이 18세기 단성현은 촌락 전반에 걸쳐 종전의 사회구조가 크게 붕괴되었던 것이다.

부록 [I]

조선시대의 전국 호구수(『호구총수』와 『왕조실록』에서 발췌함)

年度	王朝	戶數	口數	備考
1393	태조 2		301,300	兩界　누락
1401	태종 4	153,404	322,786	한성부 경기도 누락
1406	태종 6	180,216	370,365	한성부 누락
1423	세종 5	196,976		
1426	세종 8	16,921	103,328	八道調査　缺
1440	세종 22	201,853	692,475	한성 개성 누락
1445	세종 27	217,000		한성 戶口 누락
1519	중종 14	754,146	3,745,481	
1531	중종 26		3,965,253	
1543	중종 38	836,669	4,162,021	
1639	인조 17	441,827	1,521,165	
1642	인조 20	481,660	1,649,012	
1645	인조 23	505,911	1,738,888	탁지지 : 441,321 ; 1,531,365
1648	인조 26	533,720	1,793,701	
1651	효종 2	580,539	1,860,184	
1654	효종 5	628,603	2,017,261	
1657	효종 8	668,737	2,201,098	탁지지 : 658,771 ; 2,290,083
1660	현종 1	758,417	2,479,658	
1663	현종 4	809,365	2,851,192	
1666	현종 7	1,108,351	4,107,156	
1669	현종 10	1,313,652	5,018,744	탁지지 : 1,313,453 ; 5,018,614
1670	현종 11	1,342,074	5,164,521	
1672	현종 13	1,205,866	4,720,815	
1675	숙종 1	1,250,298	4,725,704	
1678	숙종 4	1,332,446	5,872,217	탁지지 : 1,312,428 ; 5,246,900
1681	숙종 7	1,376,842	6,218,312	
1684	숙종 10	1,444,377	6,573,107	
1687	숙종 13	1,468,537	6,769,723	
1690	숙종 16	1,514,000	6,952,907	
1693	숙종 19	1,547,237	7,045,115	
1696	숙종 22	1,296,569	5,626,968	평안도, 함경도는 흉년으로 조사가 缺
1699	숙종 25	1,333,330	5,774,739	
1702	숙종 28	1,342,486	5,922,510	
1705	숙종 31	1,370,313	6,062,953	

年度	王朝	戶數	口數	備考
1708	숙종 34	1,406,610	6,206,554	
1711	숙종 37	1,466,245	6,394,028	
1714	숙종 40	1,504,483	6,662,175	
1717	숙종 43	1,557,709	6,839,771	
1721	경종 1	1,559,488	6,799,097	
1723	경종 3	1,575,966	6,865,404	
1726	영조 2	1,614,598	6,955,400	
1729	영조 5	1,663,245	7,131,553	
1732	영조 8	1,713,849	7,273,446	
1733	영조 9	1,714,569	7,273,446	
1735	영조 11	1,618,172	6,979,798	
1738	영조 14	1,672,184	7,096,565	
1739	영조 15	1,662,219	7,040,480	
1741	영조 17	1,685,884	7,192,848	
1744	영조 20	1,749,612	7,209,213	
1747	영조 23	1,759,692	7,310,318	
1750	영조 26	1,783,044	7,328,867	
1753	영조 29	1,772,749	7,288,627	
1756	영조 32	1,771,350	7,318,359	
1759	영조 35	1,690,715	6,968,856	
1762	영조 38	1,691,040	6,981,598	
1765	영조 41	1,675,267	6,974,642	
1766	영조 42	1,675,267	6,974,642	
1768	영조 44	1,679,865	7,006,218	
1771	영조 47	1,689,016	7,016,370	
1774	영조 50	1,703,030	7,098,441	
1777	정조 1	1,715,371	7,238,523	
1780	정조 4	1,714,550	7,228,076	
1783	정조 7	1,733,757	7,316,921	
1786	정조 10	1,740,592	7,330,965	증보문헌비고 : 1,737,670 ; 7,356,783
1789	정조 13	1,752,837	7,103,606	
1792	정조 16	1,689,596	7,433,185	
1799	정조 23	1,741,181	7,412,686	
1801	순조 1	1,757,973	7,513,792	
1807	순조 7	1,764,801	7,561,403	
1811	순조 11	1,761,887	7,583,046	
1814	순조 14	1,637,108	7,903,167	

年度	王朝	戶數	口數	備考
1816	순조 16	1,555,998	6,595,368	
1820	순조 20	1,533,515	6,512,349	
1823	순조 23	1,534,238	6,470,570	
1826	순조 26	1,549,653	6,558,784	
1829	순조 29	1,563,216	6,644,482	
1832	순조 32	1,565,060	6,610,878	
1834	순조 34	1,578,823	6,755,280	
1835	헌종 1	1,572,451	6,615,407	
1837	헌종 3	1,575,411	6,613,327	제주포함 1월
1837	헌종 3	1,551,951	6,708,572	제주포함 12월
1839	헌종 5	1,577,806	6,681,191	1월
1839	헌종 5	1,577,824	6,693,006	제주 제외 12월
1840	헌종 6	1,560,774	6,617,997	
1842	헌종 8	1,568,176	6,625,953	1월
1842	헌종 8	1,570,473	6,701,629	3월
1843	헌종 9	1,566,892	6,630,491	1월
1843	헌종 9	1,582,313	6,703,681	12월
1844	헌종 10	1,582,673	6,719,648	
1845	헌종 11	1,572,656	6,656,440	
1846	헌종 12	1,581,591	6,743,862	
1847	헌종 13	1,587,181	6,751,656	
1850	철종 1	1,529,356	6,170,730	
1852	철종 3	1,588,875	6,810,206	
1856	철종 7	1,597,313	6,838,907	제주포함
1859	철종 10	1,600,431	6,869,102	
1861	철종 12	1,589,038	6,748,138	

＊ 權泰煥・愼鏽廈,「朝鮮王朝時代 人口 推定에 關한 一試論」,『東亞文化』11, 1977, 317~319쪽 附表 인용

부록 [II]

숙종 37년(1711) 언양현 도망호구 일람

직역	호	구	직역	호	구	직역	호	구	직역	호	구
幼學	2	(6)	御營保	1	(2)	沙器匠	1	(2)	寺奴	2	(4)
禦侮將軍	1	(3)	正兵	1	(11)	櫃匠	2	(5)	校奴	1	(2)
司果	1	(2)	餘丁	1	(3)	土器匠	2	(5)	老人	5	(9)
司僕	1	(2)	別隊	1	(3)	水鐵匠	6	(15)	寡女	9	(15)
忠壯衛	1	(1)	別砲	1	(3)	笠子匠	2	(4)	居士	7	(16)
武學	4	(11)	烽軍	6	(14)	治匠	5	(12)	良人	1	(2)
業武	4	(11)	騎兵	4	(11)	金丁	1	(2)	僧還俗	1	(2)
烽燧別將	1	(2)	水軍	2	(6)	漆匠	1	(2)	病人	2	(6)
驛吏	18	(48)	御保	3	(22)	鍮匠	1	(2)	계	162	381
下典	1	(3)	步兵	1	(3)	匠人	1	(2)	양반·준양반	14	(36)
營房上典	1	(3)	陸軍	5	(14)	鰥夫	1	(1)			
禁衛軍	3	(6)	束伍	2	(3)	呈才人	1	(4)	常民	21,70	(233)
禁衛保	4	(12)	硫黃軍	1	(2)	私奴	8	(19)	노비	14	(31)
禁保	1	(2)	樂工	1	(2)	私婢	1	(3)	기타	26	(51)
御營軍	1	(3)	柳匠	2	(2)	官婢	2	(3)	장인	24	(53)

*전 호수 1,185호

숙종 37년(1711) 언양현 이거호구 일람

직역	호	구	직역	호	구
幼學	10	(26)	烽軍	1	(2)
司果	1	(3)	禦保	2	(5)
察訪	1	(4)	砲保	2	(4)
閑良	1	(2)	禁保	2	(5)
武學	4	(11)	治匠	1	(2)
業武	2	(5)	呈才人	1	(3)
通政大夫	1	(3)	藥干	1	(2)
烽燧別府	1	(2)	私奴	3	(9)
驛吏	5	(15)	不明	1	(2)
驛保	1	(2)	계	48	122
校書員	1	(2)	양반·준양반	20	(54)
水軍	2	(3)	상민	24	(57)
牧子軍	1	3	노예	3	(9)
步保	1	3	기타	1	(2)
軍餉保	2	(4)			

* 전 호수 1,185

정조 22년(1798) 언양현 도망호구 일람

직역	호	구	직역	호	구
幼學	2	(8)	禁保	1	(3)
閑良	2	(5)	釜山射夫	1	(2)
禁衛軍	2	(7)	聰長	1	(2)
御營軍	1	(3)	巫夫	1	(2)
水軍	1	(4)	계	12	(36)

* 전 호수 1,224호

정조 22년(1798) 언양현 이거호구 일람

직역	호	구	직역	호	구
幼學	5	18	束伍軍	1	4
忠義衛	1	3	別砲手	1	5
業武	1	3	別隊	1	3
閑良	1	3	禁保	1	3
老除	1	2	竹席匠	1	3
老職通政	1	2	계	22	78
納嘉善大夫	1	5	兩班準兩班	11	(36)
驛吏	3	14	御營軍	2	7
常民	11	(42)	水軍	1	(3)

제4장 18세기 농촌의 사회구조
-경상도 단성현의 경우-

Ⅰ. 머리말

최근에 호적장적을 자료로 삼아 조선후기 사회를 연구해 보려는 노력은 자못 활발하고, 또한 많은 성과를 얻고 있다.

필자는 이미 경상도 단성현 호적장적에 대해서 그 내용과 가치성을 밝힌 바 있고, 또 장적 말미에 기재되어 있는 통계자료를 이용하여 단성의 호구 및 신분, 직역 관계를 대구지방의 그것과 비교·검토도 하였다.[1] 그러나 현재까지 대부분의 연구는 사회적인 측면에 관한 것이었고, 한 지역에 대해 종합적인 면에서 시대적 변천상을 파악하려는 연구는 드물었다. 다만 일본학자 四方博의 대구장적을 이용한 연구가 유일한 것이었다.[2]

본고에서는 장적의 내용을 조사·분석하여 18세기 단성지방의 사회구조 -통치조직, 호구의 구성, 동족부락, 특수부락 등-를 다각적인 면에서 밝혀 보고자 한다.

---

1) 金錫禧, 「朝鮮王朝後期의 慶尙道 丹城縣 戶籍帳籍에 對하여(Ⅰ)」, 『釜山大學校文理大論文集』14, 1975, 279~294쪽 ; 金錫禧·朴容淑, 「朝鮮後期의 丹城縣 戶籍 帳籍에 對하여(Ⅱ)」, 『釜山大學校文理大論文集』17, 1978.

2) 四方博, 「李朝人口に關する一研究」, 『京城帝國大法文學會論集』9, 1937 ; 四方博, 「李朝人口に關する身分階級的 觀察」, 『朝鮮經濟の研究』3, 1938 ; 四方博, 「李朝時代の都市と農村とに關する一試論」, 『京城帝國大法文學會論集』12-3· 4, 1941.

현재 단성향교에 보관되어 있는 장적은 모두 13책이다. 그 중 연대가 가장 오래된 것은 숙종 4년(1678)의 대장이며 연대가 가장 낮은 것은 정조 13년(1789) 대장으로 그 연대차는 111년 간이 된다. 그러나 13책 중 내용도 완전하고 표지에 편찬 연대가 기재되어 있는 것이 6책이며, 내용은 완전하나 표지가 없는 것이 1책이고 나머지는 훼손이 심하여 자료로 이용하기에는 곤란한 것이다. 본고에서는 完帙冊 중 연대가 가장 오래된 숙종 43년(1717)의 것과 연대가 낮은 정조 10년(1786)의 대장을 자료로 삼았다.

양 대장은 연대상으로 69년의 간격이 있어 약 2세대에 해당됨으로써 이 지역사회의 대체적인 변천상이 파악되리라고 생각된다.

조선시대의 호적에서 그 기재 내용의 정확성이나 신빙성 등이 많이 문제가 되어 왔는데, 실제로 장적 내용을 분석하여 보니 말미의 통계와 일치되지 않는 것이 나타나기도 하였다.

Ⅱ. 향촌의 통치조직

1. 면·리·통 조직

조선시대의 지방통치체제는 주지하는 바와 같이 郡縣制 즉 수령체제였다. 이 군현제의 운영에 기조가 되며, 군현의 하부구조를 이루고 있는 향촌에 대한 통치조직은 『經國大典』에

　　京·外 以五戶爲一統 有統主 外卽每五統 有里正 每一面有勸農官 地廣·戶多則量加(『經國大典』 卷 2, 戶典 戶籍條)

라 하여 5戶로써 統을 만들고 統에는 統主를 두며 5統마다 里正을 두고 각 面에는 勸農官을 둔다고 규정하고 있다.

그러므로 군현하에 面-里-統制를 두어 향촌의 행정을 수행하였으며 국가권력을 침투시키는 행정상의 말단조직이 五家作統制였다. 이 오가작통

제의 시행은 세종대로 보고 있으나,[3] 『경국대전』의 기록을 보아 성종 때부터 전국적으로 시행되었다고 본다. 그러나 향촌통치체제인 이 오가작통제는 실제 운영면에서 큰 성과를 얻지 못하고 유명무실해졌던 것 같다. 그것은 壬亂 후 사회적 동요가 극심하게 되자 이 제도의 재시행이 거듭 논의된 데서도 알 수 있다. 효종 즉위년 備局은

祖宗朝經國大典 豈非今日之可法乎 臣等取考戶典 則以五戶爲一統 統有里正 面有勸農官者 其意深遠 實合於今日 依此擧行 則必多補益 (『增補文獻備考』卷 161, 戶口考 1)

이라 하여 『경국대전』에 규정되어 있는바 오가작통제는 금일의 실정에 맞는 것으로 시행하면 이익됨이 많다고 주장되고 있다. 그리하여 숙종 1년(1675)에 備局은 21개항으로 된 五家統事目을 제정하였다.[4] 이 事目은 오가작통에 관한 사료로서는 가장 잘 정리되어 있다고 볼 수 있다. 여기에 참고로 주요한 것을 들면 다음과 같다.

1. 모든 民戶는 家口의 다과나 재력의 빈부를 막론하고 五戶로써 作統하고 統內에는 1명의 統首를 두어 統內事를 관장토록 한다.
3. 作統時 五戶를 초과하거나 부족하더라도 다른 面에 편입시키지 말고 統에 添加한다.
4. 촌락의 규모에 따라 小里(5~10통), 中里(11~20통), 大里(20~30통)로 규정하고 각 里에는 1명의 里正과 有司 2명을 두어 里內事務를 관장케 한다.
5. 里의 행정은 面에 귀속시키고 면에는 1명의 都尹과 1명의 副尹을 임명한다.
6. 里正과 面尹은 庶孼賤類 중에서 임명되는 것이 관례였으나 금후로는 반드시 향촌에서 지위 있고 신망 있는 자를 임용토록 하고, 기피하는 자는 徒配之律로써 논죄한다.

---

3) 『世宗實錄』卷40, 世宗 10年 閏 4月 己丑條.
4) 『肅宗實錄』卷4, 肅宗 1年 10月 辛亥條.

12. 流民層에 속하는 각종 匠人(水鐵匠, 磨造匠, 柳器匠 등)은 이동이 심하니 定住地를 갖지 못하더라도 原住地의 統에 편입시킨다.

16. 避役者가 생겨 타 지방으로 도망했을 때는 統首가 里正에게 里正은 面尹을 거쳐 守令에게 보고한다.

21. 面尹은 里正을 통솔하고 里正은 統首를 지휘하며 그들의 임기는 삼년으로 한다.

호적장적상에 나타난 단성현의 행정조직을 보면 다음의 <표 1>과 같다.

<표 1> 里・統數

里統數 面別	里　數		統　數	
	숙종 34년	정조 10년	숙종 34년	정조 10년
元 堂 面	9	9	59	66
縣 內 面	16	21	77	77
北 洞 面	7	13	56	69
悟 洞 面	5	9	37	45
都 山 面	11	16	73	100
生比良面	9	12	70	73
新 燈 面	6	10	52	73
法勿也面	14	19	72	100
計	77	109	496	603

　양 시대 모두 8개 面으로 구성되었으며, 숙종대에는 77개 리, 496통으로 평균 1개 면이 통 10개 리의 행정부락을 포함하며 1개의 행정부락인 洞里는 평균 약 33호로 구성되어 있다. 그러나 위 표에서 보는 바와 같이 悟洞面의 경우는 행정부락이 5개 리인 데 반해 현내면은 16개 리나 된다. 이는 행정부락이 주로 자연부락을 근간으로 하여 인위적으로 편성되었기 때문이다. 정조 10년의 경우는 里名이 숙종대의 것과 일치되지 않는 곳이 많으며 동리수 109, 통수 603으로 격증되고 있다. 그러므로 1개 면은 평균 11개의 행정부락을, 한 동리는 전자보다는 적은 약 28호로 이루어지고 있다. 이는 그간 행정구역의 광대 또는 재편성의 결과가 아닌가 생각된다.

2. 촌락의 형태

향촌을 구성하는 기본단위는 자연부락이다. 이 자연부락은 그 곳 주민들의 공동생활권임과 동시에 독립적이고 통일된 조직체를 이루고 있는 지연집단이다. 이 자연부락이 기초가 되어 행정부락이 이루어지며 이는 행정기구의 말단조직으로서 인위적으로 만들어진 것이다.

우리나라의 향촌은 대체로 두 개 내지 세 개의 자연부락이 결합하여 하나의 행정적 통일적인 행정부락을 구성하지만, 하나의 자연부락이 하나의 행정부락을 구성하는 경우도 있고 때로는 하나의 자연부락이 두 개의 행정부락에 속해 있는 경우도 있다.[5]

단성현도 호적장적의 기록에 따르면 자연부락이 결합하여 행정부락인 里(村)가 형성되었음을 엿볼 수가 있다. 즉 각 면을 구성하고 있는 동리 수의 차이는 기존 자연부락을 토대로 행정부락을 형성한 데서 온 것이고, 동리의 조직도 『경국대전』에는 매5통으로 구성토록 규정되어 있으나 실제로 숙종대의 대장에 보면 원당면 제8리(中村)는 1개 통으로 이루어져 있고, 많을 때는 도산면 제8리(圓山村)의 경우와 같이 19개 통으로 되어 있다. 또 오가작통에 있어서도 대부분의 통은 5호로 되어 있으나 때로는 1통이 3~4호 또는 7~9호로 구성된 것도 있다. 이는 전술한 五家統事目 3조에 5가를 초과하거나 부족하더라도 다른 면에 편입시키지 말라고 했듯이, 자연부락의 계열에 따라서 행정구역을 책정하였음을 의미하는 것이다.

호적장적을 통해서 나타나는 또 하나의 특색은 촌락에 거주하는 주민들의 신분적 구성이다. 幼學戶 등을 중심으로 한 이른바 양반호가 주가 되어 있는 班村과 常民 賤民類戶가 거주하는 民村이 있으며, 또한 동일촌락 내에 동족집단이 주가 된 동족부락과 非동족부락(各姓部落) 등으로 구분되고 있다. 동족부락에 관해서는 후술할 것임으로 여기에서는 숙종대에 나타나는 대표적인 班村을 살펴보기로 하겠다.

元堂面 第一里(蛇山村)

---

5) 崔在錫, 『韓國農村社會硏究』, 一志社, 1975, 74쪽.

호별 구성을 보면 총호수 31호 중 陜川李氏 18호, 密陽朴氏 2호, 私奴 11호로 되어 있는데 이 중 陜川李氏 17호가 幼學戶이며 1호가 京砲保로 양민에 속하고 密陽朴氏 2호도 모두 유학호이다. 그러니 이 부락은 전 호수의 65%가 양반호이고 나머지는 노비호로 이루어진 대표적인 반촌이라 할 수 있다. 유학호인 합천 이씨 17호는 모두 부자호, 형제호 등이 연이어져 있으며 밀양 박씨 2호도 형제호이다. 사노비호 11호 중 奴主가 타처에 거주하는 경우는 3호이고 나머지는 모두 부락 내에 거주하는 합천 이씨의 소유노비로 되어 있다. 이로 미루어 이 같은 반촌에서는(量案을 갖지 못하여 당시의 토지소유관계는 알 수 없으나) 독립호를 이룬 사노비들은 신분적으로는 지주인 上典과 예속관계에 있고 경제적으로는 독립세대를 이루어 상전호의 토지를 경작하는 전호적인 존재였다고 하겠다. 그리고 그들은 솔거노비보다는 자유스러운 존재였다고 생각되나, 때로는 상전호의 경작노동이나 그 밖의 잡역에도 동원되었을 것이다.

法勿也面 第三里(巨洞村)

호수는 불과 10호로 소규모의 촌락이나 특색 있는 부락이다. 尚州金氏 6호, 慶州鄭氏 4호로 구성되어 있으며 모두 유학호로 단성현 내에서는 유일하게 상민호나 노비호가 없다.

3. 향촌 임원의 신분

향촌임원인 面尹·里正·統首 등이 지방행정에 끼치는 영향은 매우 컸을 것이다. 더욱이 신분제사회에서 이들 임원들의 대민활동은 그들의 사회적 신분이나 지위에 따라 상당한 차이가 있었다고 생각되므로 그들의 신분을 분석해 보고자 하다. 그러나 호적대장에는 유감스럽게도 面尹·里正에 대한 기재는 없고, 다만 각 통수만은 분명하게 신분·직역이 명기되어 있다.

면윤·이정들의 직무·임기·신분 등에 관한 것은 부득이 숙종대의 五

家統事目을 이용해야겠다. 6조에 의하면 "수령직의 대행자 역할을 했던 面尹이나 里正의 소임이 향촌통치조직에서 차지하는 비중이 컸기 때문에 관례처럼 되어온 庶孼賤類 중에서 임명하는 것을 시정하여 부락에서 지위가 있고 또한 덕망이 있는 사람을 임명토록 한다"는 것이다. 이를 통해 숙종대 이후부터는 대체로 면윤·이정 등은 부락민 중 신분적으로 상층에 속하는 사람들을 원칙적으로 임명하게 되었음을 짐작할 수가 있다. 그러나 기피하는 자를 무겁게 논죄한다는 규정을 볼 때 과연 어느 정도의 실효를 거두었는지는 의문이다. 그리고 同事目 21조에 의하면 직무가 규정되어 있고 임기는 3년으로 되어 있다.

　다음으로 이정의 통솔·지휘를 받으면서 이정의 지휘사항을 직접 부락민에게 전달하는 통수의 신분을 보기로 한다.

<표 2> 統首의 身分 職役(숙종 43년, 1717)

統首의 신분 직역	인원수	統首의 신분직역	인원수
幼學	1	正兵	9
院生	1	諸軍	37
業儒	2	諸保	94
業武	3	良人	24
武學	12	樂工	1
納嘉善大夫	1	畵員	1
納通政大夫	5	木手	1
納折衝將軍	2	匠人	46
司果	1	居士	4
納僉知	1	免賤	1
納察訪	1	使令	1
律生	4	驛吏	20
記官	2	驛卒	1
醫生	2	驛保	11
訓導	1	公私奴	204
鄕吏	1	計	496
假吏	1		

　위의 <표 2>에 의하면 유학은 1명뿐이고, 신분적상 상층부에 속한다고 볼 수 있는 幼學에서 武學까지가 19명으로 3.8%에 불과하며, 帶品·職者

는 거의가 納粟에 의한 것이다. 특히 공사노비로 통수가 된 자는 총 496명의 통수 중 204명으로 전체의 41%를 차지하고 있다.

統首는 신분적으로 상민층과 천민층으로 구성되어 있고 부락 내에서 영향력이 크다고 볼 수 있는 상층신분은 극소수에 불과하다. 그러나 통수는 실질적으로 주민들에게 영향을 주었다기 보다는 행정명령의 한 전달자에 지나지 않았다고 보여진다.

Ⅲ. 호구의 구성

1. 신분별 호구수

조선후기의 신분구조 변화에 대해서는 최근 호적이나 양안을 분석·연구하여 접근을 시도하고 있다.[6] 신분의 분류는 신분에 대한 개념이나 그 방법 여하에 따라 다를 수가 있다. 본 조사에서는 양반호, 상민호, 노비호로 삼분하고 분류는 四方博의 방법을 따랐다. 즉 양반호의 결정에서는

① 戶主가 幼學·學生·進士·生員으로 記載된 것. 이들은 명백히 儒生 혹은 試科登第者의 신분에 관한 기재로서 다음의 표준과도 모두 일치한다.

② 호주의 妻·母·婦·嫂 등의 姓에 '氏'를 붙이고 연령에 '歲' 혹은 '齡' 본관에 '籍'이라고 되어 있기 때문에 명백히 일반들의 '某召史' '某助是'

---

6) 四方博, 앞의 주 2) 참조 ; 鄭奭鍾, 「朝鮮後記 社會身分制의 붕괴」, 『19世紀의 韓國社會』, 大東文化研究院, 1972, 267~343쪽 ; 韓榮國, 「18·9C 大邱地域의 社會變動에 關한 一試考」, 『朝鮮學報』 80, 1976, 73~86쪽 ; 韓榮國, 「朝鮮中葉의 奴婢結婚樣態」, 『歷史學報』 75·76합집, 77 ; S. S. Shin, The Social Structure of Kumhwa County in the Late 17th-Century, *Occasionl Papers on Korea* 1, 1974 ; E.W.Wagner, Social Statification in 17th-Century Korea : Some Observations from 1663 Seoul Census Register, *Occasionl Papers on Korea* 2, 1974 ; J. N. Sommerville, *Success and Failure in 18th-Century Ulsan : A study in Social Mobility,* Ph. D. dissertation, Haruard Univ., 1974 ; 金容燮, 『朝鮮後期農業史研究』 Ⅰ·Ⅱ, 一潮閣, 1970.

‘某姓’ 및 ‘年’ ‘本’이라고 기재한 것과 구별되어 있는 것.[7]

위의 기준에다 現·前職官 및 帶品者(기재상 納粟의 경우나, 四祖의 신분을 조사하여 양반호로 인정 곤란한 것은 제외함)를 포함시켰으며 校生·出身·閑良·業武·業儒·武學 등은 상민의 상층, 양반의 하층에 속하는 중간계층으로 볼 수 있기 때문에 모두 상민층에 포함시켰다.

노비호는 호적상 분명히 ‘奴某’ ‘婢某’로 기재되어 있기 때문에 구분이 쉬우며 공사노비를 막론하고 독립호를 이루고 있는 경우도 모두 대상으로 삼았다. 단성현의 총호수에서 양반호와 독립노비호를 뺀 나머지를 상민호수로 계산하였다.

女戶主는 신분·직역이 명기되지 않아 신분의 파악이 곤란하였으나 기재사항을 분석하여 해당 신분호에 넣었다.

이상과 같은 분류기준에 의하여 시대별·신분별의 戶口構成表를 작성하였다.

<표 3> 身分別 戶數(숙종 43년, 1717)

면별 신분별	元堂面	縣內面	北洞面	悟洞面	都山面	生比良面	新燈面	法勿也面	총수(총수에대한 %)
양반호	104호 (35.5)	54 (13.7)	60 (20.4)	41 (22.0)	92 (25.2)	27 (7.7)	75 (28.7)	47 (12.7)	500 (19.9)
상민호	83호 (28.3)	216 (54.7)	196 (66.7)	82 (44.1)	166 (45.5)	273 (78.0)	64 (24.5)	239 (64.6)	1,319 (52.5)
노비호	106호 (36.2)	125 (31.6)	38 (12.9)	63 (33.9)	107 (29.3)	50 (14.3)	122 (46.8)	84 (22.7)	695 (27.6)
총수	293호	395	294	186	365	350	261	370	2,514 (100.0)

<표 3>에 의하면 1717년의 총호수 2,514호 중 양반호가 500호로 19.9%, 상민호 1,319호로 52.5%, 노비호는 695호로 27.6%로 구성되어 있다. 이 중

---

7) 四方博, 「李朝人口에 關한 身分階級的 觀察」, 梨大出版部, 13쪽(이하 四方博, 논문(Ⅰ)로 칭함).

양반호가 많은 면은 元堂面과 新燈面 등이며 양반호가 많은 곳일수록 노비호의 비율이 높다. 新燈面은 전 호수의 76%가 양반호와 노비호이다.

<표 4> 身分別 戶數(정조 10년, 1786)

면별 신분별	元堂面	縣內面	北洞面	悟洞面	都山面	生比良面	新燈面	法勿也面	총수(총수에 대한 %)
양반호	167 (51.1)	82 (21.2)	120 (34.8)	82 (34.5)	226 (45.5)	75 (20.8)	116 (31.1)	101 (21.1)	969 (32.2)
상민호	126 (38.5)	244 (63.0)	213 (61.7)	116 (52.9)	223 (45.0)	271 (75.1)	196 (52.5)	374 (78.1)	1,773 (59.0)
노비호	34 (10.4)	61 (15.8)	12 (3.5)	30 (12.6)	47 (9.5)	15 (4.1)	61 (16.4)	4 (0.8)	264 (8.8)
총수	327	387	345	238	496	361	373	479	3,006

<표 4>를 보면, 69년 후인 1786년에는 총호수 3,006호 중 양반호 969호로 32.2%, 상민호 1,773호 59.0%, 노비호 264호 8.8%의 비율을 이루고 있다. 다음으로 양 시대의 신분별 호수를 비교하면 <표 5>와 같다.

<표 5> 身分別 戶數

호별 년대별	양반호	상민호	노비호	총수
숙종 43년(1717)	500	1,319	695	2,514
정조 10년(1786)	969	1,773	264	3,006

양 시대 69년 간에 전체 호수는 492호가 늘었으며, 이 중 양반호는 약 2배, 상민호는 1.3배로 증가하고 반대로 노비호는 약 3분의 1로 감소하고 있다. 이상을 다시 백분비로 표시하면 <표 6>와 같다.

<표 6> 總戶數 中에 점하고 있는 지위(%)

호별 년대별	양반호	상민호	노비호
숙종 43년(1717)	19.9	52.5	27.6
정조 10년(1786)	32.2	59.0	8.8

백분비를 살펴보면 양반호는 69년 간에 12.3%나 급격히 증가하였으며, 상민호는 6.5%로 늘어나 급격한 변동은 없으나 노비호는 18.8%나 감소되고 있다.

다음으로는 신분별 인구에 대한 구성비율을 밝혀보기로 한다. 이제까지의 호별구성 통계에서는 노비호의 경우는 독립노비호(외거노비호)만을 대상으로 삼았으나 인구통계에서는 상전호에 소속되어 있는 솔거노비의 인구수의 비율도 문제가 되겠다. <표 7>은 양반인구수, 상민인구수, 독립노비인구수, 솔거노비인구수 등의 전체 인구수에서 차지하는 비율과 그 변화관계를 나타내는 것이다.

<표 7> 신분별 인구수

	총인구	양반인구	%	상민인구	%	솔거노비인구	%	독립노비인구	%
숙종 43년 (1717)	11,943	1,530	12.8	5,035	42.2	2,835	23.7	2,543	21.3
정조 10년 (1786)	13,828	3,228	23.4	7,014	50.7	2,731	19.7	855	6.2

즉 양반인구는 69년 간 12.8%에서 23.4%로 약 2배, 상민인구는 42.2%에서 50.7%로 약 1.2배 증가하고 있으며, 독립노비인구는 21.3%에서 6.2%로 약 3분의 1로 격감되고 있다. 솔거노비를 제외한 각 신분별 인구의 구성비율은 신분별 호수비교에서 나타난 바와 같이 양반호의 격증, 상민호의 증가, 노비호의 격감현상과 비슷한 경향을 보이고 있다. 솔거노비인구수를 보면 23.7%에서 19.7%로 감소되기는 하였으나 독립노비인구에서처럼 격감현상은 보이지 않고 있다. 이는 후기로 내려오면서 소멸되어 가는 독립노비와는 달리 솔거노비는 끈질기게 존속하고 있음을 말하여 주는 것이라 하겠다.

다음으로 단성현의 것과 대구 및 울산지방의 것을 비교 검토하고자 한다.8)

---

8) 大邱의 통계는 四方博, 앞의 논문(Ⅰ), 26쪽의 도표에서, 蔚山의 것은 鄭奭鍾, 앞

<표 8> 地方別 戶構成 比率

지방별	연대별	양반호	상민호	노비호
丹 城	I (1717)	19.9	52.5	27.6
	II(1786)	32.2	59.0	8.8
大 邱	I (1729, 1732)	18.7	54.6	26.6
	II(1783, 1786, 1789)	37.5	57.5	5.0
蔚 山	I (1729)	26.3	59.8	13.9
	II(1765)	41.0	57.0	2.0

세 지방의 장적으로 연대가 동일한 것이 없다. 그래서 비교에는 다소 무리가 있기는 하나, 비교적 연대가 근접하고 있는 통계를 이용하여 <표 8>을 작성하였다. 표에 의하면 단성과 대구는 그 구성비율이나 증감률이 거의 비슷하게 나타난다. 그러나 울산의 경우는 다소 차이가 있다. I 시대에서 단성이나 대구보다 양반호와 상민호가 차지하는 비율이 높으며 노비호는 그 비율이 두 지방의 절반밖에 되지 않는다. 그리고 II시대에서 울산은 단성보다 21년이나 빠른 시대의 통계인데도 상민호가 감소되고 있으며 노비호는 거의 소멸되어 가고 있다. 물론 지방에 따른 특수성이 있기는 하겠으나 조사대상을 10개 면 중 農所 1개 면만을 취한 데서 오는 결과가 아닌가 한다.

18세기 단성현에는 양반호의 격증은 있었으나 상민호의 감소경향은 없었으며 노비호도 격감되기는 하나 소멸의 단계에는 이르지 않고 있다.

이상에서 호적장적을 이용한 신분별 호구의 분석에서 일반적인 사회 신분변동의 추세를 파악하여 보았다. 이 같은 변동의 원인에 대해서는 각종 사료에 보이기도 하나, 四方博은 이 변화는 인구의 자연적인 증가에 기인하는 것이 아니라 각 호가 신분상으로 변화하였고 동시에 노비호가 상전가에 몰입되어 버린 것이라 보고, 구체적인 원인으로는 ① 양반신분의 冒稱·良籍의 假托 ② 신공, 납속에 의한 位階職官의 취득 또는 면천 ③ 노

의 논문, 284쪽의 통계표에서 인용하였음. 특히 정석종은 울산호적의 대상자료에 대해서 "울산 10개 면 중 시대적으로 연계가 지어지는 장적은 4개 면뿐이며 이 중 3개 면은 호구의 출입이 연대를 따라 일정하지 않으므로 農所 1개 면만을 대상으로 하였다"고 밝히고 있다.

비의 속량·도망·투탁 등을 들고 있다.[9]

　부언해 두고 싶은 것은 양반호의 증가에서 유학호가 차지하는 비중이다. 숙종 때 양반호 500호 중 유학호가 78%인 392호였으나 정조대에는 양반호 969호 중 887호로 91%를 차지하고 있어, 양반호의 증가는 유학호의 증가라고 할 수 있겠다.

2. 신분별 호당 현주인구

　흔히 우리나라의 전통적인 가족은 대가족제도였다고 한다. 과연 전통적 가족이 몇 명의 구성원을 포함하고 있었는가를 호적상의 기재를 통하여 분석해 보고자 한다.

　먼저 호적장적 말미에 기록되어 있는 통계를 이용하여 호당 인구를 산출해 보면 숙종대는 총호수 2,514호에 총인구 11,943명으로 평균 호당 인구는 4.8명이며 정조대에는 총호수 3,006호에 인구 13,828명으로 평균 4.6명이다. 이 숫자는 고유의 가족만이 아니라 노비·고공 등 종속자까지 포함한 것이다. 참고로 동시대 전국 통계를 보면 4.4명과 4.2명으로 나타난다.[10]

　四方博의 대구지방 통계에서는 숙종대에는 4.4명, 영조대에는 4.6명으로 나타나며, 양 시대 모두 1호 4명의 호수가 가장 많고 전체의 2할 3푼을 점하며 다음으로 3명호, 4명호, 2명호의 순으로 되어 있다[11]고 하였다. 그리고 그는 신분별 戶數對 인구의 할당평균 인구를 <표 9>와 같이 산출하고 있다.[12]

---

　9) 四方博, 앞의 논문(Ⅰ), 31쪽.
　　그 밖에 신분변동의 원인에 대해서 鄭奭鍾은 앞의 논문에서 일반 사료를 광범위하게 이용하여 구체적인 예증을 하고 있으며 金泳謨는 『朝鮮支配層硏究』(一潮閣, 1977, 42~43쪽)에서 "封建的 身分體制의 모순이 具體的으로 表現된 것으로 科擧合格者의 大量生産, 賣官賣職, 貪官汚吏, 士大夫의 平民侵虐, 士豪의 武斷, 冒稱兩班, 冒稱幼學, 庶孼許通, 戶籍賣買, 資料 및 科擧不正, 軍功·身功·納粟, 免賤·贖良·奴婢逃亡·投托·寒儒·貧士 등"으로 말하고 있다.
　10) 『增補文獻備考』 卷161, 戶口考 1.
　11) 四方博, 「李朝人口에 關한 硏究」, 310~311쪽(이하 四方博, 논문(Ⅱ)로 칭함).
　12) 四方博, 앞의 논문(Ⅰ), 28쪽.

<표 9> 身分別 戶數 對 人口의 割當平均 人口

연대별	양반호	상민호	노비호	총수	독립노비호
Ⅰ(1690)	3.5人	4.1人	5.0人	4.4人	3.7人
Ⅱ(1729, 1732)	3.8	4.8	5.8	5.0	3.2
Ⅲ(1783, 1786, 1789)	3.7	3.9	12.2	4.3	2.6
Ⅳ(1858)	2.9	3.2	77.6	4.3	2.1

* 노비호의 숫자가 높은 것은 노비호 이외에 居食하는 다수의 노비를 모두 노
비호에 귀속시켜 계산한 것임.

이상에서 보면 단성현의 평균 1호당 인구가 전국통계와 대구의 숫자와
큰 차이는 없으나 다소 높은 편이다.

다음으로 단성현 호당 현주인구표는 노비·고공 등을 제외하고 고유의
가족과 동거 중인 친척 등 혈족만을 대상으로 하여 작성하였다.

<표 10> 戶當 現在人口(숙종 43년, 1717)

인구수 \ 신분별	1인호	2	3	4	5	6	7	8	9	10	11	호수 총계	인구 총계	평균 인구
양반호	33	177	143	80	34	18	8	4	2	1	–	500	1,530	3.3
상민호	28	244	360	299	210	107	36	23	8	1	3	1,319	5,035	3.8
노비호	20	140	180	186	92	54	15	4	3	–	1	695	2,543	3.7
총계	81	561	683	565	336	179	59	31	13	2	4	2,514	9,108	(3.6)
총호대비율(%)	3.2	22.2	27.2	22.5	13.4	7.1	2.3	1.2	0.5	0.1	0.2	100.0	–	–

<표 11> 戶當 現住人口(정조 10년, 1786)

인구수 \ 신분별	1인호	2	3	4	5	6	7	8	9	10	11	12	호수 총계	인구 총계	평균 인구
양반호	25	289	290	193	97	45	18	9	2	–	–	1	969	3,228	3.3
상민호	77	219	422	469	321	165	61	21	14	3	1	–	1,773	7,014	4.0
노비호	34	57	69	55	25	15	7	2	–	–	–	–	264	855	3.2
계	136	565	781	717	443	225	86	32	16	3	1	1	3,006	11,097	(3.5)
총호대비율(%)	4.5	18.8	26.0	23.9	14.7	7.5	2.9	1.1	0.5	0.1	0	0	100.0	–	–

양 시대의 신분별 호당 인구를 비교해 보면 양반호는 동일한 3.3명이고,

상민호는 3.8명에서 4.0명으로 조금 늘어났으며, 노비호는 3.7명에서 3.2명으로 감소되고 있다. 四方博이 말한바 "신분관계가 내려감에 따라서 자연 그 1호당 인구의 감소 경향이 심하다"[13]고 한 현상은 18세기 단성현의 경우에서는 볼 수가 없다. 전체 호당 인구도 3.6명과 3.5명으로 거의 변동이 없다.

양 시대 모두 3명호가 27.2%, 26.0%로 가장 많고, 다음이 4명호, 2명호, 5명호의 순으로 2~4명호가 차지하는 비율은 전 호수 중 70%이며 6명 이상의 호는 그 비율이 매우 낮고 양 시대를 통하여 혈족만을 중심한 호당 인구수는 12명이 가장 많다.

실제 호적의 기재를 조사해 보면 호주를 기준으로 볼 때 조부모의 기재는 거의 볼 수 없고, 소호적을 통하여 孫의 기재는 가끔 보이나 증손의 기재는 볼 수 없었다. 그리고 성혼한 형제자매나 자녀의 동거하는 사례도 그렇게 많지는 않았다. 숙종대의 양반호를 보면 주로 부부를 중심한 2명으로 된 호가 全양반호의 35%를 차지하고 있다. 호적상 많은 인구를 갖고 있는 호는 대부분 솔거노비나 고공들을 갖고 있기 때문이다. 숙종대 최고 33명이 현주인구로 나타나는 호를 보면 가족은 4명이고 나머지는 모두 솔거노비이다.

이상과 같이 혈족만을 대상으로 삼을 때 호적상에 나타나는 가족의 숫자로는 이른바 大家族制度가 성립하지 않는다고 보아야겠다.

그런데 여기 문제가 되는 것은 호적상에 나타난 인구수의 타당성 문제이다. 조선후기 사회에서 호적상의 기재가 문란하였음은 사료의 곳곳에서 지적되고 있는 바이니, 그 일례를 들면 다음과 같다. 영조 35년 영의정 兪拓基는 상소에서

近來紀綱解弛 籍法不嚴 各邑守令或慮以減戶被罪 惟以增戶爲主 或令以獨子分戶 或令以單奴各戶 其弊特甚 殘民之難保 虛戶之日增 多由於此 不可不各別嚴禁 (『增補文獻備考』卷161, 戶口考 1 英祖條)

---

13) 四方博, 앞의 논문(Ⅰ), 27쪽.

이라 하여 각읍의 수령들이 減戶로 인하여 처죄당할 것을 염려하여 허위로 호를 증가시키고 獨子를 分戶케 하여 호수를 늘이고, 또 單奴를 分居, 別居케 하니 그 폐단이 매우 심하다고 하여 이를 엄금할 것을 건의하고 있다. 이는 지방관에 의한 강제 分戶가 성행하였다는 사실을 말하는 것이다.

이러한 강제 분호가 없었더라면 인구에 대한 호수는 좀더 적었을 것이고 따라서 일호당 인구수도 다소 높아지리라 생각된다.

3. 노비소유호수

양 시대의 노비소유호를 면별 신분호별로 조사하여 <표 12>를 작성하였다.

<표 12> 奴婢所有戶數

신분별	면별	元堂面	縣內面	北洞面	悟洞面	都山面	生比良面	新燈面	法勿也面	총호수	총수 (총수에 대한 %)
양반호	호수	104 (167)	54 (82)	60 (120)	41 (82)	92 (226)	27 (75)	75 (116)	47 (101)	500 (969)	
	노비소유호	92 (140)	51 (66)	52 (114)	37 (80)	83 (210)	20 (71)	75 (109)	47 (97)	457 (887)	91.4 (91.5)
상민호	호수	83 (126)	216 (244)	196 (213)	82 (126)	166 (223)	273 (271)	64 (196)	239 (374)	1,319 (1,773)	
	노비소유호	11 (35)	49 (25)	8 (39)	49 (43)	19 (22)	22 (36)	8 (9)	31 (77)	197 (286)	14.9 (16.1)
노비호	호수	106 (34)	125 (61)	38 (12)	63 (30)	107 (47)	50 (15)	122 (61)	84 (4)	695 (264)	
	노비소유호	1 (-)	9 (3)	- (-)	5 (1)	3 (1)	- (1)	3 (-)	- (2)	21 (8)	3.0 (3.0)
총호수		293 (327)	395 (387)	294 (345)	186 (238)	365 (496)	350 (361)	261 (373)	370 (479)	2,514 (3,006)	
총노비소유호		104 (175)	109 (94)	60 (153)	91 (124)	105 (233)	42 (108)	86 (118)	78 (176)	675 (1,181)	26.8 (39.3)

*( )안의 숫자는 1786년의 것임.

양반호의 노비소유는 양 시대 각 91.4%, 91.5%로 양반호의 9할 이상이 노비를 소유하고 있으며, 상민호는 14.9%에서 16.1%로 다소 증가되고, 노비호의 노비소유[14]는 각 3.0%로 나타난다. 현내 총호수에 대한 노비소유호의 비율은 26.8%와 39.3%로 정조대에 12.5%의 증가를 보이고 있다. 정조대에 와서 독립노비호가 격감되어 가는 반면에 노비소유호수는 증가하고 있다는 사실은 무엇을 말하는 것일까? 종래 독립호를 이루었던 노비들이 호를 단위로 하여 부과된 각종의 부담을 피하기 위하여 권세가를 의지하거나 혹은 직접 상전호에 솔거되었기 때문이 아닌가 한다.[15]

그리고 단성현의 경우 양 시대를 통하여 노비소유호의 소유구수를 보면 대부분 호적상에 많은 노비가 기재되어 있기는 하나, 사망·도망·타처거주 등을 제외하면 실지로 主家에서 現住하는 것은 1~2명에 불과한 호가 압도적으로 많다. 이는 노비의 대다수가 고용인이 되었음을 의미하는 것이라 하겠다.

이제 단성과 대구 두 지방의 노비소유호의 각 신분별 총호수에 대한 비율을 비교해 보기로 한다

<표 13> 身分別 總戶數에 대한 奴婢所有戶의 比率

	大邱	丹城	大邱	丹城
시 대	1729, 1732	1717	1783, 1786, 1789	1786
양반호	70	91.4	68	91.5
상민호	1	14.9	7	16.1
노비호	11	3.0	1	3.0
평 균	24	26.8	26	39.3

<표 13>에서 단성의 연대와 비슷한 대구의 것을 이용하여 비교하였다. 대체로 노비소유호의 신분별 총호수에 대한 비율은 단성현이 훨씬 높다.

---

14) 노비가 노비를 소유한 사실에 대한 근거로는 『經國大典』 卷五, 公賤條에 "公賤無子女身死者奴婢田宅 屬於本司本邑 私賤則幷其財産 許本主區處"라고 한 데서나 또 同 賤娶婢産條에 "公私賤娶自己婢所生 給己之官主 娶妻婢所生 給妻之官主"라고 한 데서 알 수가 있다.

15) 四方博, 앞의 논문(Ⅰ), 57쪽.

즉 양반호의 경우 단성은 9할 이상이 소유하고 있는데 대구는 약 7할 정도이다. 상민호의 소유비율도 단성이 월등히 높다. 그러나 총호수에 대한 노비소유호의 비율은 대체로 비슷하며 양 지방이 모두 증가하는 추세를 보이고 있다.

4. 호주의 연령구성

촌락의 구성을 이해하기 위하여 호주의 연령을 조사하여 보았다. 이 조사는 숙종장적 중에서 비교적 세 신분호의 구성비가 균형을 이루고 있는 元堂·悟洞·都山 3개 면의 호주 850명을 대상으로 하였다.

<표 14> 戸主의 年齡構成

연령 \ 신분	양반호	상민호	노비호	계
10대	3(1.2%)	3(0.9%)	1(0.4%)	7(0.8%)
20	12(5.0)	20(6.0)	11(4.0)	43(5.1)
30	65(26.8)	78(23.6)	53(19.2)	196(23.1)
40	54(22.2)	85(25.7)	75(27.2)	214(25.2)
50	60(24.7)	65(19.6)	55(19.9)	180(21.2)
60	28(11.5)	49(14.8)	45(16.3)	122(14.2)
70	18(7.4)	25(7.6)	32(11.6)	75(8.8)
80	3(1.2)	5(1.5)	4(1.4)	12(1.4)
90	-	1(0.3)		1(0.1)
계	243	331	276	850
평균연령	48.2	45.0	49.5	47.6

호주의 연령은 <표 14>에 나타나 있는 바와 같이 30대에서 60대에 이르는 연령층에 분포되어 있으며 最頻値는 양반호주는 30대, 상민호주 40대, 노비호주 40대를 보이고 있다. 호주의 평균연령은 노비호주가 가장 높으며 다음이 양반호주, 상민호주가 가장 낮다. 그러나 큰 차이는 없으며 대체로 40대 후반이 호주연령의 평균치로 나온다. 가족집단의 형성에서 신분에 따른 차이는 별로 없는 것으로 생각된다.

5. 부부 연령차

혼인관계 전반에 관한 분석은 후일로 기약하고, 우선 부부의 연령차 문제를 조사하고자 한다. 이는 우리 사회에 통설로 되어 있는 妻가 연장인 부부가 많다고 하는 바를 밝혀 보기 위함이다.

숙종대 3개 면(元堂·悟洞·都山)의 총호수 844호 중 부부가 俱存하는 669호를 대상으로 삼았다.

<표 15> 부부연령차

신분 연령차	양반	상민	노비	계
처 연 상	40(22.9%)	63(22.4%)	37(17.4%)	140(20.9%)
동 갑	8(4.5)	15(5.3)	28(13.1)	51(7.6)
남편연상	127(72.6)	203(72.3)	148(69.5)	478(71.5)
계	175(100.0)	281(100.0)	213(100.0)	669(100.0)

<표 15>에 의하면 669쌍의 부부 중 남편연상이 71.5%로 단연 비율이 높고 처연상은 20.9%, 동갑부부는 7.6%에 불과하다. 이를 다시 신분별로 보면 남편연상은 세 신분이 모두 비슷한 70%내외이고, 처연상은 양반층과 상민층이 22%정도로 거의 같고, 동갑부부는 노비의 경우가 많다.

다시 <표 16>을 보면 처연상의 연령차는 1~3년이 가장 많다. 연수가 올라감에 따라 격감되고 있으며 처연상은 10년 이상이 불과 2명인 데 반하여 남편연상일 경우는 20년 이상이 22명으로 나타났다. 그러므로 처연상이라 하여도 그 연령차는 크지 않다.

한편 남편연상은 1~8년 사이에 많이 분포되고, 처연상의 경우보다는 연장에 따라 격감되지는 않고 있다. 그러니 남편연상은 처연상보다 연령차가 훨씬 컸다고 보겠다.

이상에서 우리는 한국사회의 혼인 연령이 조화를 이루지 못했다는 점을 알 수 있으며, 또 처가 연장인 부부가 많았다는 통설이 20%의 율로서 성립될 수 있을지는 의문이나 압도적인 현상이 아님을 보았다. 이 문제는 역시 다른 나라의 통계와 비교 검토되어야 하겠다.

<표 16> 夫婦年齡差

연령차		양반	상민	노비	계
처연상	10이상		2		2
	9		1		1
	8	1	3		4
	7	4	1	2	7
	6	2	2	1	5
	5	2	6	5	13
	4	6	3	1	10
	3	4	11	8	23
	2	14	16	13	43
	1년	7	18	7	32
동갑		8	15	28	
남편연상	1년	15	15	15	45
	2	14	17	10	41
	3	12	22	15	49
	4	5	15	18	38
	5	7	20	16	43
	6	6	18	7	31
	7	9	13	11	33
	8	13	12	9	34
	9	6	12	5	23
	10	5	13	7	25
	11	3	1	9	13
	12	9	7	3	19
	13	5	3	3	11
	14	2	6	-	8
	15	3	8	3	14
	16	2	6	1	9
	17	5	1	3	9
	18	-	2	5	7
	19	1	2	1	4
	20이상	5	10	7	22
계		175	281	213	699

Ⅳ. 동족부락

한국의 농촌구조를 밝히는 데 있어서 동족부락의 문제는 매우 중요하다.

현재까지 동족 또는 동족부락에 대한 연구는 활발하여 많은 성과를 올렸다.[16]

동족부락의 개념에 대해서는 한국의 동족부락을 다년간 연구한 일본인 善生永助는 "동일한 조상에서부터 나온 同本同姓者가 한 部落 또는 한 지방에 집단 거주한 것을 말한다"[17]고 하였다. 또한 그는 동족부락의 실태 조사를 통하여 한국촌락의 반 이상에 해당되는 약 15,000개의 동족부락이 각 지방에 잔존하고 있다고 했으며, 그 중 지방의 양반·유생들에 의하여 세워진 소위 저명 동족부락만도 1,685개가 된다고 하였다.[18]

과연 그가 말하고 있는 바와 같이 우리나라에 그렇게 많은 동족부락이 존재하였는가는 동족부락의 정의에 따라 차이가 있을 듯하다. 그러나 "동족부락이 우리나라의 촌락구조상 가장 중심적인 세력을 이루고 있었다"[19]는 것은 사실이다.

동족부락을 언급함에 있어서 중요한 점은 그 지역 내에 동족이 몇 호나 거주하며 그 지역 내의 사회생활에 어느 정도 지배적 영향을 끼쳤는가 하는 두 가지 측면에서 논의되어야 할 것이다. 그러나 호적상에 나타난 자료로는 전자의 경우 즉 양적인 측면 만이 파악될 뿐이다. 본관 및 성씨는 호적기재의 한 요건이었기 때문에 호적에 분명히 나타난다. 그러나 노비의 경우는 원칙적으로 이름은 있으나 성이 없기 때문에 파악이 곤란하다. 본 조사에서 취급한 동족(同姓同本)은 양반층과 상민층에 한정하였다. 동족 조사대상 호수는 숙종 43년의 8개 면 총 2,514호 중 노비호 695호, 불명호 119호를 제외한 1,700호이다.

---

16) 업적을 남긴 국내학자로는 李覺鍾, 金斗憲, 崔在錫, 李光奎 등 여러 학자가 있으며 日人학자로는 善生永助, 四方博, 秋葉隆, 鈴木榮太郎 등이 있다.
17) 朝鮮總督府, 『朝鮮의 聚落』後篇 序文, 1935, 1쪽.
18) 朝鮮總督府, 앞의 책, 1쪽.
19) 金斗憲, 『朝鮮家族制度研究』, 乙酉文化社, 1949, 128쪽. 김두헌은 그의 저서(67쪽)에서 同族의 개념에 대해 "同姓同本에도 同族의 기능을 가지지 않는 異族이 있기 때문에 同祖意識을 가진 同姓同本의 男系親族이 아니면 同族이라 할 수 없고 또 同姓異本 혹은 異姓同本에도 同族인 경우가 있다"고 하였다.

<표 17> 主要姓氏의 調査對象戶數

면별＼호수	元戶數	奴婢戶	不明	조사대상호수
元 堂 面	293	106	15	172
縣 內 面	395	125	7	263
北 洞 面	294	38	12	244
悟 洞 面	186	63	10	113
都 山 面	365	107	17	241
生比良面	350	50	19	281
新 燈 面	261	122	23	116
法勿也面	370	84	16	270
계	2,514	695	119	1,700

주요 성씨의 면별 호수를 보면 다음과 같다.

<표 18> 主要姓氏의 面別 戶數

성씨＼면별	元堂面	縣內面	北洞面	悟洞面	都山面	生比良面	新燈面	法勿也面	합계
金海金氏	12	41	37	21	44	49	17	39	260
密陽朴氏	11	31	26	10	32	22	6	18	156
陜川李氏	27	27	2	5	12	15	2	7	97
晋州姜氏	9	9	15	3	15	9	4	18	82
晋州柳氏	1	0	9	5	11	2	26	6	80
安東權氏	13	12	2	-	3	8	25	-	63
星州李氏	12	12	18		3	3	-	-	48
晋州鄭氏	16	5	3	1	7	12	1	1	46
草溪鄭氏	10	1	5	17	-	2	3	6	44
全州李氏	1	7	12	3	5	4	4	2	38
坡平尹氏	-	2	-	6	1	3	2	20	34
晋州河氏	2	1	14	-	6	10	-	-	33
南原梁氏	-	-	-	-	22	8	2	1	33
慶州崔氏	1	6	2	5	2	1	2	9	28
慶州李氏	-	5	3	2	7	-	-	9	26
仁同張氏	-	3	7	1	1	7	-	5	24
咸安趙氏	3	1	1	2	1	8	1	5	22
安東金氏	-	-	-	-	8	8	2	4	22
全州崔氏	2	9	-	1	-	8	2	-	22
大邱徐氏	2	11	2	1	-	1	-	5	22
尙州金氏	-	-	-	-	-	-	-	22	22

위의 <표 18>은 면내에 20호 이상을 갖는 동성동본의 이른바 동족호수를 집계한 것이다. 이 표로는 동족부락의 구성을 알 수는 없으나, 이 지방의 대세를 엿볼 수 있으리라 생각한다.

단성현내에서 양적인 면에서의 大性은 金海金氏의 260호, 密陽朴氏의 156호, 陝川李氏의 97호, 晋州姜氏의 82호 등으로 이 大姓戶는 각 면마다 분포되어 있다. 그러나 동족부락의 분포를 파악하기 위해서는 里別分布 상태를 밝혀야겠다. 주요 동족의 里別戶數를 보면 다음 <표 19>와 같다.

<표 19> 主要姓氏의 里別 戶數

동리명		동리총호수	주요 성씨
元堂面	蛇山村	31(11)	陝川李氏 18(58.1)
	元堂村	39(17)	安東權氏 6(15.4) 陝川李氏 7(17.9)
	沙月村	55(32)	密陽朴氏 7(12.7)
	鳩山村	28(8)	晋州姜氏 6(21.4) 金海金氏 5(1.8)
	文法村	41(2)	草溪鄭氏 10(24.4) 晋州鄭氏 8(19.5)
	立石村	19(6)	安東權氏 7(36.8)
縣內面	大方村	26(3)	陝川李氏 9(34.6) 密陽朴氏 7(26.9)
	麻屹村	30(5)	陝川李氏 6(20)
	新基村	19(-)	金海許氏 5(26.3)
	新邑內	62(35)	金海金氏 7(11.3)
	江樓村	32(11)	安東權氏 5(15.6)
	放牧村	20(7)	星州李氏 6(30)
	水山村	37(9)	金海金氏 9(24.3)
	榛子村	36(4)	密陽朴氏 8(22.2) 大邱徐氏 8(22.2)
北洞面	松界村	42(5)	金海金氏 12(28.6) 密陽朴氏 12(28.6)
	安峯村	31(3)	金海金氏 6(19.4)
	加坪村	20(5)	星州李氏 5(25)
	新安村	56(4)	金海金氏 13(23.2) 全州李氏 6(10.7) 密陽孫氏 5(9.0)
	月明村	70(14)	星州李氏 13(18.6) 晋州河氏 13(18.6) 八莒都氏 12(17.1)
	竏田村	43(-)	晋州姜氏 12(27.9) 密陽朴氏 10(23.3) 仁同張氏 5(11.6) 光陽車氏(11.6)
悟洞面	上丁太村	41(24)	迎日鄭氏 8(19.5) 晋州柳氏 5(12.2)
	下丁太村	23(3)	草溪鄭氏 10(43.5)
	藪代村	6(1)	金海金氏 9(25.0) 坡平尹氏 5(13.9)
	悟洞村	44(10)	金海金氏 11(25.0) 密陽朴氏 5(11.4)
	靑峴村	38(14)	慶州崔氏 5(13.2)

都山面	進台村	29(7)	密陽朴氏 15(51.7)
	文太村	17(-)	金海金氏 6(35.3)
	龍興村	19(4)	南原梁氏 8(42.1)
	古邑大村	26(8)	南原梁氏 6(23.1)
	燈光村	21(5)	草溪周氏 6(28.6)
	碧溪村	40(2)	金海金氏 19(47.5) 晋州姜氏 7(17.5)
	所耳谷村	28(1)	密陽朴氏 10(35.7) 晋州柳氏 8(28.6)
	圓山村	98(42)	安東金氏 8(8.2) 金海金氏 7(7.1) 陝川李氏 8(8.2)
	道田村	34(9)	晋州河氏 6(17.6)
	悟里洞村	31(7)	濟州高氏 5(16.1)
生比良面	大屯村	40(4)	金海金氏 5(12.5) 南原梁氏 5(12.5)
	猪洞村	47(9)	晋州河氏 9(19.1) 密陽朴氏 6(12.8) 金海金氏 5(10.6)
	禾音峴村	32(-)	金海金氏 10(31.3)
	方下谷村	50(1)	完山崔氏 8(16.0) 光州李氏 6(12.0) 安東權氏 6(12.0) 金海金氏(10.0)
	可谷村	32(2)	金海金氏 9(28.1) 玄風郭氏 6(18.8)
	三多大村	33(6)	陝川李氏 6(18.2) 金海金氏 5(15.2)
	龍串村	42(3)	海州吳氏 6(14.3) 金海金氏 5(11.9)
	法坪村	47(6)	晋州姜氏 7(14.9) 晋州鄭氏 6(12.8) 清州石氏 5(10.6) 密陽朴氏 5(10.6)
新燈面	丹溪村	175(90)	安東權氏 22(12.6) 晋州柳氏 20(11.4) 金海金氏 9(5.1)
	島內村	11(2)	晋州柳氏 6(54.5)
	丘坪村	26(5)	金海金氏 6(23.1)
法勿也面	可述村	40(14)	密陽朴氏 5(12.5)
	靑山村	18(6)	坡平尹氏 5(27.8)
	巨洞村	10(-)	尙州金氏 6(60.0) 慶州鄭氏 4(40.0)
	平地村	40(11)	尙州金氏 11(27.5)
	王壹洞村	30(5)	利川徐氏 8(26.7)
	梨橋村	19(1)	大邱徐氏 5(26.3)
	損項村	34(10)	坡平尹氏 6(17.6) 晋州姜氏 6(17.6) 金海金氏 5(14.7)
	上法村	30(1)	金海金氏 12(40)
	上慕禮村	61(6)	金海金氏 10(16.4) 密陽朴氏 6(10.0) 慶州李氏 5(8.0)
	慕禮村	19(-)	茂松尹氏 7(36.8)

<표 19>는 각 동리 내에 있는 주된 동족호(1개 리 5호 이상)를 뽑아 그 밖의 諸姓氏호와의 비율을 나타낸 것이다. 동리 총호수 중 ( ) 안의 숫자는 노비호 및 불분명한 호를 나타낸 것이며, 주요 성씨란의 ( ) 안 숫자는 동

리 총호수 중 동족호가 점하고 있는 백분비이다.

한국의 촌락은 동족결합의 유무에 따라 다음의 세 가지 유형으로 나눌 수 있을 것이다.[20]

(a) 단일 동족이 지배적인 촌락
(b) 두 개 또는 그 이상의 동족집단이 공존하고 있는 촌락
(c) 雜姓으로 되어 있는 촌락

이 분류는 결국 동일 촌락 안에서 동족호수가 타성호수에 대해서 점유하는 비율도를 문제로 삼은 것이다. 그러면 그 비율에 있어서 어느 정도의 것을 동족집단이라 할 것인가 하는 문제가 생긴다.[21]

편의상 위의 표 중에서 동족호가 총호수 중 절반 이상을 차지하고 있는 경우를 보면 원당면 제1리(蛇山村)의 陜川李氏(58.1%), 도산면 제1리(進台村)의 密陽朴氏(51.7%), 신등면 제2리(島內村)의 晋州柳氏(54.5%), 법물야면 제3리(巨洞村)의 尙州金氏(60%) 등이며 2성의 동족이 절반 이상을 차지하는 경우는 현내면 제1리(大方村)의 陜川李氏(34.6%)와 密陽朴氏(26.9%), 북동면 제1리(松昇村)의 金海金氏(28.6%)와 密陽朴氏(28.6%), 도산면 제6리(碧溪村)의 金海金氏(47.5%)와 晋州姜氏(17.5%), 同面 제7리(所耳谷村)의 密陽朴氏(35.7%)와 晋州柳氏(28.6%), 그리고 법물야면 제3리(巨洞村)의 尙州金氏(60%)와 慶州鄭氏(40%) 등이다.

여기에 단일 동족이 지배적인 촌락인 원당면 사산촌을 보기로 한다. 촌락의 형태에서 이미 언급한 바와 같이 이 촌락은 합천 이씨가 18호로(17호가 幼學戶) 동족집단을 이루어 지배하던 곳이다. 동족관계를 분명히 하기 위해 호적기재를 통하여 각호 상호간의 혈연관계를 정리한 것이 다음의 <표 20>이다.

---

20) 李萬甲, 『韓國農村의 社會構造』, 韓國硏究圖書館, 1960, 4쪽.
21) 앞의 『朝鮮의 聚落』에서는 예외적인 것은 별도로 하고 대체로 全戶數의 4분의 1
   내지 5분의 1 정도를 표준으로 삼고 있다.

<표 20> 陜川李氏 系譜

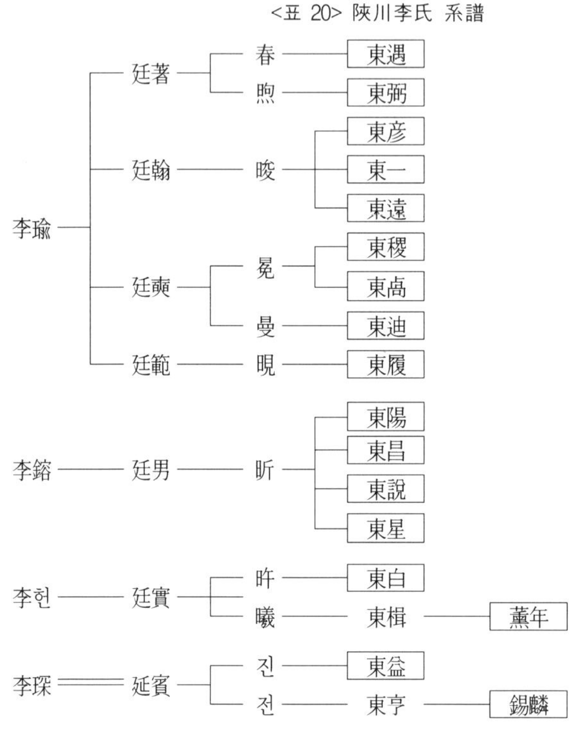

* □ 표는 호주명임
* 18호 중 사망한 李東郁의 世系는 불분명

　호적상, 증조까지가 기재되어 있기 때문에 당대 호주들의 증조대의 혈연
관계는 밝히지 못하였으나 계보에서 나타난 바와 같이 이 부락은 부자호,
형제호 등이 연이어져 있다. 이 동족호가 같은 울타리 안에서 몇 개의 독
립가옥을 이루어 생활하였는지 또는 부락 내에 산재하고 있었는지는 분명
치 않으나 어쨌든 한 부락을 중심으로 동족의식에 의해 강하게 결속되어
있었다고 생각된다.

　리별 동족호수표에 나타난 바와 같이 숙종대의 단성현에는 한 부락 안에
1성의 동족호가 압도적 다수를 차지하는 경우는 드물고 2성 또는 그 이상의
동족호가 부락의 중심세력을 이루고 있는 것이 대부분임을 알 수 있다.

　한편 부락의 총호수가 많을 때는 동족호수가 차지하는 비율이 낮아도 절대수로서는 상당한 영향력을 갖는 집단이라고 인정되는 경우도 있다. 예를 들면 숙종대의 신등면 제1리(丹溪村)의 경우이다.

총호수 175호로 77개 리 중 가장 많은 호수를 갖고 있는 부락이다. 성씨별로는 22호를 갖는 安東權氏가 첫째이며, 다음이 晋州柳氏 20호, 金海金氏 9호의 순이며, 그 밖에 17개의 성씨가 거주하고 있고, 노비호는 88호나 된다. 신분별 구성을 보면 安東權氏 22호 중 20호가 유학호이며, 나머지는 副司直, 折衝將軍이 각 1호씩이다.

진주 류씨는 20호 중 17호가 유학호이며, 그 밖에 업무 2호, 첨지 1호이다. 이 2성의 동족집단이 차지하는 호수의 비율은 전 호수의 24%에 불과하다.

그러나 이 두 동족집단은 신분적으로 양반호에 속할 뿐만 아니라 부락내 노비호 88호 중 안동 권씨가 45호, 진주 류씨가 17호를 소유하고 있어 비록 호수의 비율은 낮아도 그 지배력은 상당한 것이었다고 하겠다.[22]

다음으로 법물야면 제4리(平地村)의 상주 김씨의 동족부락을 보면 총 40호 중 11호로 그 비율은 낮다. 그 밖에 노비호 11호, 11개 성씨로 된 18호가 있다.

이 중 상주 김씨는 유학호 10호, 업무 1호이며 나머지 각 호는 모두 상민층이다. 양반으로 이루어진 상주 김씨 동족집단이 이 부락에 끼친 영향력은 컸을 것이다.[23]

동족부락의 형성요인에 대해서는 제설이 있으나 대체로 양반·유림신분의 동족부락이 많으며 또한 상민층의 동족부락도 적지는 않다. 그러나 한국사회에서 정치·경제적 실권과 명망을 갖고 실질적으로 촌락을 지배한 것은 양반 유림이 이룬 동족집단일 것이다. 한 부락에 신분이 높은 집단과

---

22) 朝鮮總督府에서 1930년에 조사한 50호 이상의 著名同族部落에 이 丹溪里의 安東權氏 동족부락이 들어 있다(『朝鮮의 聚落』後篇, 480쪽). 단계리 총호수 342호 중 안동 권씨 78호, 순천 박씨 26호, 동족외 238호로 되어 있으나, 순천 박씨의 경우는 18세기의 호적에는 나타나지 않는다.

23) 앞의 1930년의 조사에 의하면 平地里는 總戶數 211호 중 尚州金氏가 150호이고 同族外의 호수는 61호로 되어 있다.

신분이 낮은 다른 동족집단과 잡성으로 구성되었을 때 후자는 전자에 의해 압박을 받았을 것이며, 정치적·경제적으로 예속되는 경우가 많았으리라 생각된다. 동족부락의 신분관계를 밝혀 보기 위해 양반호를 이루는 중심인 유학호의 성씨별 호수표를 작성하여 보았다.

<표 21> 幼學戶의 姓氏別 戶數

( )는 1786년의 숫자임

	元堂面	縣內面	北洞面	悟洞面	都山面	生比良面	新燈面	法勿也面	계
安東權氏	12(28)	12(26)	(10)	(1)	(8)		33(57)	(1)	57(131)
陜川李氏	27(47)	1(2)	1(2)	4(26)	7(9)	(4)	(2)	(2)	40(94)
晋州柳氏	(3)	2(1)		5(12)	7(9)	1(5)	20(14)	3(6)	38(50)
南原梁氏		2	(1)		16(30)	5(8)	2 -		25(39)
密陽朴氏	10(6)	1	2(9)		12(45)	- (4)	1(3)		26(67)
星州李氏	8(20)	6(26)	5(32)	(2)	2(9)				21(89)
尙州金氏							(2)	17(40)	17(42)
茂松尹氏						(2)	1(2)	12(9)	13(13)
八莒都氏		12(13)					(1)	(1)	12(15)
晋州河氏	(1)	6(12)		6(6)	(2)			(1)	12(22)
晋州鄭氏	7(4)	1	1(1)		(4)	1(3)	(3)	(6)	10(21)
晋州姜氏	4(2)		2(8)	(2)	2(9)		(3)	(3)	8(27)
草溪周氏					8(12)				8(12)
泗川韓氏		7							7(-)
迎日鄭氏	(1)	1		7(8)					8(9)
安東金氏		(1)	(1)		4(2)	2(3)		(2)	6(9)
慶州崔氏				4(2)	(1)	(1)	1(1)	(2)	5(7)
坡平尹氏			(1)	1(2)			2	2(9)	5(12)
靑松沈氏	(7)				3(9)		(1)		3(17)
全義李氏		(1)			3(8)	(4)	1		4(13)
金海金氏	(1)			(7)		(1)		(1)	(10)
居昌劉氏						(9)			(9)
完山李氏			(1)		(4)	(1)	(2)		(8)
海州鄭氏					2(11)				2(11)
順興安氏	(1)			1		(6)			1(7)
金海許氏			(1)			(5)			(6)
其 他	12(34)	6(11)	6(20)	8(13)	18(34)	4(7)	5(17)	5(11)	64(147)
計	80(155)	39(68)	35(112)	30(75)	90(210)	13(65)	66(108)	39(94)	392(887)

위 표를 보면 앞의 주요 성씨의 면별 호수와는 상당한 차이가 있음을 알 수 있다. 현 내에서 수적으로 본 大姓으로는 金海金氏, 密陽朴氏, 陝川李氏, 晋州姜氏 등이 있으나 유학호를 중심으로 해서 보면 숙종대의 대성으로는 安東權氏, 陝川李氏, 晋州柳氏, 南原梁氏, 密陽朴氏, 星州李氏, 尙州金氏의 순이며, 安東權氏는 현내 63호 중 유학호가 57호로서 90%를 점하고 있다.

한편 현 내에 260호를 갖고 있는 金海金氏는 숙종대는 유학호가 없고 정조대에 겨우 10호가 나타나며 密陽朴氏는 156호 중 26호에 불과하다.

양 시대 69년 간 유학호의 증가를 보면 392호에서 887호로 약 2.3배가 늘었으나 유학호의 순위는 대체로 비슷하다. 특히 눈에 띄는 것은 茂松尹氏와 八莒都氏는 거의 증가가 없고 전대에 7호가 있었던 沔川韓氏戶가 정조대에는 보이지 않는 점이다. 그리고 정조대에 와서 비로소 나타나는 幼學戶는 金海金氏, 居昌劉氏, 完山李氏, 金海許氏 등이다. 그러므로 그동안 양반호의 동족부락은 다소의 변동은 있었으나 대체로 그 우위를 유지하고 있었다고 하겠다.

이상에서 소규모이기는 하나 단성현 내에 동족부락이 산재해 있었음을 보았다. 끝으로 1개 리 내에 5호 이상의 동족호를 갖고 있는 집단을 조사해 보기로 한다.

<표 22> 面別同族集團數(숙종 43년)

면별	동족집단	집단총수
元堂面	*陝川李氏 2, *安東權氏 2, *密陽朴氏, 晋州姜氏, *晋州鄭氏, 金海金氏 草溪鄭氏 각 1	9
縣內面	陝川李氏 2, 密陽朴氏 2, 金海金氏 2, 金海許氏 · *安東權氏 · *星州李氏 · 大邱徐氏 각 1	10
北洞面	金海金氏 3, 密陽朴氏 2, *星州李氏 2, 全州李氏 · 密陽孫氏 *八莒都氏 · *晋州河氏 · 晋州姜氏 · 仁同張氏 · 光陽車氏 각1	14
悟洞面	金海金氏 2, *迎日鄭氏 · *晋州柳氏 · 草溪鄭氏 · 坡平尹氏 · 密陽朴氏 · 慶州崔氏 각 1	8
都山面	金海金氏 3, *密陽朴氏 2, *南原梁氏 2, *草溪周氏 · 晋州姜氏 · *晋州柳氏 · 安東金氏 · 陝川李氏 · *晋州河氏 · 濟州高氏 각 1	14

生比良面	金海金氏 7, 密陽朴氏 2, *南原梁氏 · 晋州河氏 · 完山崔氏 · 光州李氏 · 安東權氏, 玄風郭氏 · 陜川李氏 · 海州吳氏, 晋州姜氏 · 晋州鄭氏 · 濟州石氏 각 1	20
新燈面	*晋州柳氏 1, 金海金氏 2, *安東權氏 1	5
法勿也面	金海金氏 3, *尙州金氏 2, 密陽朴氏 2, 坡平尹氏 2, 慶州鄭氏 · 利川徐氏 · 大邱徐氏 · 晋州姜氏 · 慶州李氏 · *茂松尹氏 각 1	15
계		95

* 표는 幼學戶 중심의 집단

<표 22>에서 보는 바와 같이 총 95개의 동족집단이 있었으며 그 중 28 개 집단이 유학호를 중심한 동족집단이다.

V. 특수부락

호적장적의 조사에서 주목을 끄는 것은 일반 촌락과는 달리 특수한 신 분직역을 갖는 사람들이 집단을 이루어 한 부락 내에 거주하는 특수부락 이 있다는 사실이다. 몇 개의 예를 들어보기로 하겠다.

[驛吏部落]

驛吏란 특수직역으로 신분상의 제약을 받아 온 계층이다.[24] 이들의 집 단거주부락은 북동면 4리 新安村과 도산면 6리 碧溪村으로 이곳에는 각각 新安驛과 碧溪驛이 있었던 곳이다. 먼저 신안촌을 보면 숙종대 부락 총호 수 56호 중 35호가 驛吏戶로 63%를 점하며 그 밖에 驛保 1호, 역리호는 아니나 그 子가 역리인 호가 7호, 妻夫가 역리인 2호로 역리와 관계있는 호수는 모두 45호가 된다.

---

24) 驛吏에 대해서는 『經國大典』 卷五, 賤妻妾子女條에 "鄕吏驛吏鹽干牧子等嫁自 己婢所生 於父役處定役 不通士路"라 하였고, 『續大典』 刑典 公賤條에는 驛吏가 良女를 娶妻하여 소생한 남자는 驛吏로 하고 여자는 驛女로 하며, 또 公私賤을 娶妻하여 소생한 남녀는 모두 母役에 따르게 한다고 하여 驛吏를 公賤條에서 취 급하고 있다.

　벽계촌은 총 40호 중 역리호가 29호, 역보 1호, 역졸 2호, 子가 역리인 호 1호, 母가 역녀인 1호로 구성되었으며 역리와 전혀 관계없는 호는 6호 뿐이다. 역리는 그 직무상 역의 소재지에서 멀리 떨어져 살 수 없기 때문에 역부근에 집단거주했던 것으로 생각된다. 벽계촌의 동족수를 보면 역리수 29호 중 大姓에 속하는 金海金氏가 16호, 晉州姜氏 7호로 동족집단을 형성하고 있다.

[匠人部落]

① 현내면 13리 拎里川村은 숙종대 12호 중 生鐵匠이 8호이며, 자제가 생철장인 호가 1호로 전혀 관계없는 호는 3호 뿐으로 生鐵匠部落이다.

② 현내면 14리 瓮店村의 경우 그 지명이 말하듯 14호 중 瓮匠이 11호로 되어 있다.

③ 현내면 14리 靑溪岩村은 총 20호 중 生鐵匠 9호, 水鐵匠 6호, 盤匠 1호로 16호가 장인호이다.

④ 생비양면 8리 能串村은 42호 중 瓮匠 30호, 鍮匠 3호, 子가 장인인 호가 2호로 관계없는 호는 7호뿐이다.

　장인들만으로 이루어진 부락이 현 내에 4개가 있으며 장적상으로 編戶가 되어 있으나 그들은 직업상 유민층에 속하는 경우가 많아 이동이 심하였으나 실제 그 부락내에 정주하고 있었는지는 의문이다.[25]

[奴婢部落]

官奴部落 : 현내면 9리 新邑內村은 64호 중 관노호가 25호로 현내의 촌락 가운데 가장 많은 관노가 집단거주하고 있다.

校奴部落 : 현내면 6리 校洞村 20호의 반인 10호가 교노호이며 그 밖에 사노 4호, 유학호 6호이다.

---

25) 앞의 五家統事目 12조 참조.

私奴部落 : 부락 내 사노만이 거주하고 있는 부락은 없다. 대부분 양반
　　　　호의 비중이 높은 부락에 사노호가 많이 살고 있다. 부락 총호수 중
　　　　사노호가 반 이상을 점하고 있는 곳은

　　　元堂面 : 元堂村, 墨谷村, 沙月村
　　　縣內面 : 九印村
　　　悟洞面 : 上丁太村
　　　都山面 : 圓山村
　　　新燈面 : 丹溪村

등 7개 부락이다.

VI. 맺음말

　이상에서 단성현 호구장적을 분석 조사하여 18세기 단성지방의 사회구조를 몇 가지 측면에서 구명하여 보았다. 이에 지금까지의 논지를 다시 요약해 보면 다음과 같다.

　(1) 행정구역을 자연부락의 계열에 따라 인위적으로 편성하였기 때문에 면별의 동리수에 차이가 나고, 五家作統도 때로는 3~4호 또는 7~9호로 편호되는 경우도 있었다. 촌락은 班村과 民村, 동족부락과 각성부락 등으로 구분되며 향촌임원의 신분인 面尹과 里正은 호적상으로는 구명하기 어려우나 대체로 그 지역에서 지위나 덕망이 있는 자가 임용된 것 같다. 統首의 경우는 상층신분이 3.8%에 불과하며 공사노비가 41%를 점하고 있다. 그러므로 통수의 신분은 주로 상민과 천민층으로 그들은 단순한 행정명령의 전달자에 불과했다고 하겠다.

　(2) 단성지방의 신분별 호수의 구성비율은 1717년에 양반호 19.9%, 상민호 52.5%, 노비호 27.9%로 되었던 것이 69년 후인 1786년에는 양반호 32.2%, 상민호 59.0%, 노비호 8.8%로 그간 양반호는 약 1.6배, 상민호는 약

1.1배로 증가하였으며 노비호는 약 3분의 1로 격감하고 있다.

신분별 인구의 구성비를 보면 양반인구는 12.8%에서 23.4%로, 상민인구는 42.2%에서 50.7%로 각각 약 1.8배, 1.2배로 늘어나고 있다. 그러나 독립노비인구는 21.3%에서 6.2%로 약 3분의 1로 격감하고 있다. 솔거노비를 제외한 신분별 인구의 구성비 변동은 신분별 호수의 구성비 변동과 거의 같은 경향을 나타내며 독립노비의 격감현상과는 달리 솔거노비수의 감소는 그렇게 현저하지 않다.

단성과 대구 양 지방의 호구 구성비율이나, 그 증감률을 비교해 보면 거의 비슷한 추세를 보이나, 울산지방의 경우와는 제법 차이가 나타난다.

신분별 총호수에 대한 노비소유호의 비율을 보면 다소 증가하는 경향이며, 대구지방보다 훨씬 높다. 특히 단성의 양반호는 90% 이상이 노비를 소유하고 있는데 대구는 70% 내외이고, 상민호의 노비소유율도 단성이 월등히 높다. 아마 이는 대구가 監營의 소재지라는 점과 단성이 班常의 차가 심한 향촌이라는 점에서 오는 차이라고 보여진다. 그리고 양반호의 증가에는 幼學戶의 증가가 압도적인 비중을 점하고 있음을 알 수 있다.

(3) 호당 현주인구수는 양 시대 4.8명, 4.6명으로 나타나 동시대의 전국통계나 대구와 큰 차이는 없으나 단성이 다소 높은 편이며, 솔거노비나 고공 등 종속자를 제외하고 고유의 가족만을 계산하면 3.6명, 3.5명이 된다. 호적기재의 정확성 여부, 가족의 개념 등이 문제가 되기는 하겠으나 호적의 분석상으로 이른바 대가족제는 성립되지 않는다.

(4) 부부의 연령차에 있어 처가 연상인 경우는 20% 내외이며 그 차이는 1~3년이 가장 많다. 남편이 연상인 경우는 70% 이상이며 그 차는 1~8년 사이가 가장 많다. 우리나라에서 처가 연상인 부부가 많았다고 하는 통설은 단성의 경우는 적용되지 않는다.

(5) 한 동리 안에 5호 이상의 同姓同本戶를 갖는 집단을 조사한 결과, 단성지방에는 1성의 동족호가 압도적 다수를 차지하는 경우는 드물고, 2성 또는 그 이상의 동족호가 부락의 중심세력을 이루고 있는 것이 대부분이다. 그리고 부락의 총호수가 많을 때는 동족호수가 점하는 비율이 낮아도

절대수로서는 상당한 영향력을 갖는 동족집단도 있었다. 단성현 내에는 소규모의 것이기는 하나 95개의 동족부락이 있었으며 그 중 28개가 유학호를 중심으로 한 동족부락이었다.

(6) 직역이나 신분관계로 일종의 특수집단을 형성하여 거주하는 특수부락이 있었다. 驛吏部落 2개, 匠人部落 4개, 官奴部落 1개, 校奴部落 1개 등이다.

제3편 언양현의 호적대장

제1장 조선후기 경상도 언양현 호적대장에 관하여

Ⅰ. 머리말

언양현 호적대장은 울주군청에 보관되어 있는 1책을 제외하고는 지금까지 학계에 소개되지 않았던 자료이다.[1] 1982년 4월 15일 울주군청의 호적대장을 살피기 위해 부산대학교 한국사 교수인 김석희·박용숙·채상식 3인은 현지에 가서 이를 열람하였다. 그때 그곳 공보실 문화재담당위원으로부터 언양면에 호적대장이 또 있다는 말을 들은 후 언양향교에서 6책을 확인하고, 다시 언양면에 거주하는 鄭仁泰씨가 소장하고 있는 2책을 발굴할 수 있었다. 이것을 간략히 정리하면 다음 <표 1>과 같다.

<표 1> 언양현 호적대장

책순	式　　　　　年	책수	크기 종횡	지　역	보존상태	소　장	비　고
1	肅宗 37년(1711) 辛卯式	1	79×57	全　邑	前面上部 12枚 腐蝕	향교	表紙 麻布
2	正祖 19년(1795) 乙卯式	1	51×36	天(川北三面)	양호	〃	표지 韓紙厚紙
3	正祖 22년(1798) 戊午式	2	51×36	天·地(全邑)	〃	〃	〃
4	純祖 13년(1813) 癸酉式	1	51×36	地(川南三面)	〃	울주군	〃
5	純祖 25년(1825) 乙酉式	1	44×28	(上北面六里)	〃	향교	〃
6	哲宗 9년(1858) 戊午式	1	44×28	地(川南三面)	〃	鄭仁泰	〃
7	哲宗 21년(1861) 辛酉式	2	49×29	天·地(全邑)	〃	鄭仁泰 향교	〃

---

1) 현재 호적대장은 서울대학교 도서관 규장각도서에 252책, 단성향교에 13책, 고려대학교 박물관에 1책, 울주군청에 1책, 일본 天理大學 도서관에 1책, 미국 Harvard Yenching Library에 1책이 소장되어 있다(韓榮國, 「丹城縣戶籍大帳解題」).

향교에 소장되어 있는 대장은 제상·제기 등을 보관하고 있는, 통풍이 되지 않는 창고에 방치되어 있었다. 이 때문에 연대가 가장 오래된 숙종 37년(1711)의 대장 1책은 전면 상부의 일부가 부식되어 있었으나 다행히 나머지 5책은 그런 대로 상태가 좋았다. 보관에 만전을 기하고자 경상남도 문화재로 지정 상신 중에 있다. 그리고 정인태씨 소장의 2책은 본인이 귀중한 자료로 알고 있었기 때문에 보관상태가 양호하였다.

이 호적대장이 보관되어 왔던 내역은 관계인사로부터 듣기는 하였으나 구체적인 것을 알 수는 없었다. 아마 단성현 호적대장이 보존되어 내려온 경위와 같이 관아에 있던 것을 향교로 옮겨 보관하였던 것 같다. 그 후 일부의 대장은 향교에 출입하던 인사가 자기 先代의 내역이 기록되고 있어서 가지고 나갔던 것으로 추측된다. 현지의 풍문에는 아직도 많은 양이 민간에 흩어져 있을 것이라고 한다. 부산대학교 한국사연구실은 계속 이에 대해 관심을 가지고 있다.

부산대학교 한국사연구실에서는 全대장을 군청, 향교 소장자의 협조를 얻어 이를 차용 완전히 복사하는 데 성공하여 김석희·박용숙·채상식 세 교수와 대학원생이 각각 분담하여 조사를 진행하였다. 이 글은 언양현 호적대장을 소개하는 일종의 간략한 보고이다.

Ⅱ. 언양현의 지역적 특성

호적대장의 내용을 언급하기 전에 언양현의 지역적인 특성을 살피겠다. 이는 호적대장의 내용을 이해하는 데 필요하다고 생각되기 때문이다.

현재의 언양은 울주군에 속해 있으며, 예로부터 산세경관이 수려하기 때문에 명승지로 알려졌다. 石南寺를 비롯한 고찰과 근년에 개발된 선사시대의 암각화가 있는 반구대는 유명하다. 언양은 부산에서 경주가도를 따라 올라가면 양산과 경주의 중간에 위치하고 있으며 울산과 인접하고 있다. 언양현 당시의 경역은 다음과 같다.

自官門(縣衙) 東至蔚山界十九里 南至梁山界二十里 西至淸道界三十
里 西至密陽界三十一里 北至慶州界三十里 東距兵營(蔚山·左兵營)十
里 半日程 東南踞水營(東萊·左水營)一百十里 一日程 (『彦陽邑誌』, 조
선후기 편찬, 연대미상 / 慶尙南道道誌編纂委員會,『慶尙南道輿地集成』,
1963 수록) ※( )안은 필자 기입

서쪽의 청도·밀양과는 縣衙가 있는 중심지로부터 거리도 떨어져 있거
니와 높은 산이 가로막고 있기 때문에 통행이 불편하지만, 동·북의 울산
·경주, 남의 양산·동래간에는 교통이 발달하였으며, 특히 인접하고 있는
양산·경주와는 과거에도 합속된 일이 있기 때문에 밀접한 관계를 갖고
있다.

언양은 古邑으로 신라시대는 居知火縣이라 칭하고 景德王때 巘陽으로
개칭하고 良州(梁州)의 領縣이 되었으며, 고려 현종 때는 울산에 속하였고
인종조에는 監務가 설치되었다. 그 후 지금의 邑名인 언양이 되었다.[2] 조
선조에 들어와서 縣으로 승격되고 선조 32년(1599)에 蔚山都護府에 속하
였으나 광해군 4년(1612)에 다시 언양현으로 복구되어 조선후기까지 내려
오다가[3] 고종 32년(1895) 東萊府 관하의 郡으로 승격되었으나 1914년 蔚
州郡에 편입되어 현재에 이르고 있다. 군사체제상으로는 조선초기부터 慶
州鎭管에 속해 있었으나 철종 때는 東萊鎭管에 속하기도 하였다.[4]

조선조의 언양의 邑勢를 다음의 <표 2>로써 살펴보겠다. 이 표에는 게
시하지 않았지만『世宗實錄地理志』를 보면 현재 경상남도의 28개 府·郡
·縣 중 언양현은 호구수 상 18위에 해당하는 자그마한 고을이었고 동부
경남에서는 機張 다음으로 작은 고을이었다.

조선후기에도 기장보다는 인구는 약간 많으나 호수는 훨씬 적은 고을이
었다. 국초와 후기의 戶·口의 증가율을 보면, 동부 경남의 4개 군현(동래
제외)의 경우 호수는 울산이 7.5배, 양산이 4.8배, 기장이 12.5배인데, 언양

---

2) 『新增東國輿地勝覽』권23, 彦陽縣.
3) 『彦陽縣邑誌』.
4) 철종 21년(1861)의 호적대장 말미에 "通訓大夫 彦陽兼任 行梁山郡守 兼東萊鎭下
   兵馬同僉節制 李(手決)"라고 기재되고 있다.

<표 2> 언양의 邑勢

府郡縣	世宗實錄地理志		邑誌*		世宗實錄 地理志	邑 誌		
	戶數	人口數	戶數	人口數	結數		結　　數	
울산도호부*	1,058	4,161	8,670	32,973	6,482	4,343結	31負	7束(時起田)*
언양현	421	1,458	1,224*	10,961	1,518	1,109 1,189	32 61	5(旱田) 1(水田)
양산군*	425	937*	2,079	12,178	2,030	1,415 2,274	13 51	5(旱田) (水田)
동래도호부	398	1,493	7,190	32,158	1,723	1,033 2,203	21 41	9(旱田) 7(水田)
기장현	174	397	2,178	10,620	730	850 1,551	48 54	5(旱田) 2(水田)

* 읍지는 조선후기에 편찬된 것이지만 연대가 같지 않아 비교하는데 문제점이 있다.
* 『세종실록지리지』에서는 울산은 군이었고 동래는 현이었다. 동래도호부 때는 동래현이 면으로 편입되었다.
* 양산군의 『세종실록지리지』 인구수는 여자가 제외된 수.
* 울산의 결수는 읍지에 水田 旱田이 구별되어 기록되어 있지 않음.
* 『언양현읍지』의 戶·人口數는 정조 22년(1798)의 호적대장수를 보면 今實戶 1,224호, 今實人 10,200으로 되어 있다.

은 2.9배의 증가를 보이고 있으며, 인구수는 울산이 약 8배, 양산이 9.5배 (『세종실록지리지』 937口×2배로 할 때), 기장이 27배인데, 언양은 7.5배의 증가를 나타내고 있다. 인접한 양산과 함께 증가폭이 낮다. 이 점은 토지 결수에 있어서도 같은 현상이다. 통계 숫자의 정확성에 문제가 없는 것은 아니나 이것으로 대체적인 실상을 알 수 있겠는데, 언양은 발전성이 없었 던 자그마한 고장이었음을 알 수 있다.

다음으로 面里의 편성을 보겠다. 이는 시대에 따라 약간의 변동이 있는 데, 다음에 언급할 호적대장의 내용을 게재한 표에서 구체적으로 나타나고 있다. 조선후기의 『彦陽縣邑誌』에 기재된 것을 옮기면 다음과 같다.

上北面(屬里七)·中北面(屬里七)·下北面(屬里五)·上南面(屬里七)· 中南面(屬里五)·下南面(屬里八)의 6面이고 縣衙는 中北面에 있으며 언 양현의 중심지였다. 현재 舊언양현은 蔚州郡管에 편입되어 있는데, 舊상

북면·중북면은 언양면으로, 舊하북면·상남면은 상북면으로, 舊중남면은 삼남면으로, 舊하남면은 삼동면으로 개칭되었다.5) 당시에 있어서 촌락의 형성 분포에 대해 자세한 것은 알 수 없으나, 많은 자연촌락으로 이루어져 있었다고 보여진다. 1982년도에 편집한 울주군 행정통계에 의하면 언양면에 行政里 22·法定里 15·자연부락이 48, 상북면에 행정리 20·법정리 13·자연촌락 54, 삼남면에 행정리 14·법정리 5·자연리 39, 삼동면에 행정리 13·법정리 7·자연부락 28로 나타나고 있어 조선후기 촌락구조의 일단을 짐작케 한다.

언양면의 면적은 285.41㎢로서 숙종 37년(1711)의 호수 1,232, 인구수 6,569일 때는 인구밀도가 23명/㎢ 정도였다. 문화적 현황을 살펴보면 다른 군현과 같이 조선조에는 향교(숙종조에는 德泉에 있었음)와 鄕射堂이 있어 이곳 士民의 기반이 되고 있었으며, 숙종조에는 槃皐書院(鄭夢周, 李彦迪, 鄭逑 合享)이 세워져서 향교와 함께 이 곳 교육의 중심이 되고 있었다.

울산은 산지가 많은 여건으로 예나 지금이나 농산물이 풍부한 곳은 아니다. 읍지 風俗條에 "土俗儉嗇 服色尙素 食飮菲薄"이라고 한 데서 그 곳 주민 생활의 일단을 살필 수 있겠다.

관직에 오른 인물을 보면 고려시대에는 彦陽金氏가 세력을 떨친 것 같다. 읍지 人物條에는 金就礪(官至 侍中)·金文衍(官至 僉議中贊)·金胼(官至 僉議參理)·金倫(官至 司徒)의 4명이 기재되고 있으며 그 중 김취려는 고종조 거란족의 침입을 격파한 인물로 언양 김씨 출신이다. 조선조에는 저명한 관인 학자는 거의 배출되지 않았으며 읍지에도 金渚(태종조 丙申 登第壯元 官至 參判)·徐錫麟(숙종조 登科) 2명밖에 기재되어 있지 않다. 이러한 점으로 미루어 신분적인 면에서 사족의 기반이 강한 고장은 아니었던 것으로 보인다. 이 점은 대구, 단성과는 크게 차이가 나며 이는 호적대장과 읍지 인물조를 비교하여 보아도 알 수 있다. 이러한 지역적인 특성은 이곳 호적대장의 연구에서 주목되어야 할 점이다.

---

5) 『蔚州郡行政地圖』(1982. 5. 31 작성).

Ⅲ. 외형과 편재

호적대장의 외형과 편재를 살펴보면 외형은 숙종 辛卯式으로 대구, 단성의 대장과 같이 표지는 마포로 되어 있다. 책의 우측 단에는 철판을 붙이고 鐵釘(못)을 쳐서 책장이 흩어지지 않도록 되어 있고, 앞뒤의 철판에는 각각 두 개의 둥근 고리가 부착되어 있어 대장을 걸게 되어 있다. 대장의 크기는 앞의 표에서 보다시피 79cm×57cm로서 일견 거대한 책이다. 서울대학교 규장각에 소장되어 있는 숙종~영조조의 대구호적대장이 78cm×58cm로 거의 비슷한 크기이며, 단성대장의 경우 숙종~정조까지 약간 차이가 있으나 대체로 68cm×70cm 정도이므로 전국적으로 동일한 규격에 의해 만들어진 것 같지는 않고 숙종 때는 대구·언양의 크기가 표준적인 것이 아니었나 생각된다.

그런데 언양의 것은 정조 때부터 크기가 줄고 동시에 표지도 韓紙의 厚紙를 사용하고 있으며, 兩端은 종전과 같은 철판을 부착하지 않고, 면사로써 종횡으로 엮어놓고 있다. 그리고 숙종 때의 것은 1책으로서 全邑의 호적이 수록되고 있으나 정조~철종 때는 모두 2책 또는 6책(순조 25년 乙酉式의 경우 면별로 작성되었다고 보아짐)으로 나누어 놓고 있다. 크기에 있어서도 정조 19년, 정조 22년, 순조 13년의 것은 51cm×36cm로서 숙종 때의 것과 비교하면 훨씬 축소되고 있다. 그러다가 순조 25년과 철종 9년이 되면 44cm×28cm로 한층 줄고 있다. 다만 철종 12년의 것은 49cm×29cm로 세로의 길이가 좀 길어지고 있지만, 대체로 시대가 내려가면 가볍고 작아졌던 것은 전국적 현상 같으며 四方博氏도 「大丘戶口帳籍에 대하여」(『大丘府史』, 1939)에서 "숙종대 장적의 화물 같은 것에 비하면 후대의 것은 輕少한 것이다"라고 하여 다시 이를 지적하고 있다.

언양호적대장의 편재를 살펴보면, 숙종 37년(1711) 辛卯式의 경우는 첫帳 1행에 "月 日 彦陽縣辛卯式年 戶籍大帳"이라 쓰고, 그 다음은 面·里別로 나누고 오가작통법에 의해 1통, 2통의 순으로 기재하고 있다. 그리고 말미에는 다음의 순서로 각종 통계가 기재되고 있다. (1) 사찰의 승려, (2) 逃亡秩, 絶戶秩, 移去秩의 개개 호를 쓰고 있으며, (3) 호구의 實數를 전식년도 조사시의 실수와 그 해 조사한 실수를 다음과 같이 기록하고 있다.

戊子戶壹千參百伍拾壹戶以 移去流亡戶弁貳百柒拾陸戶除
前實戶壹千柒拾伍戶 今加現壹百拾柒戶 今實戶壹千貳百參拾貳戶以
作統貳百衙拾陸統貳戶
戊子人口柒千拾貳口以 移去流亡絶戶弁捌百捌拾柒口
前實人口陸千壹百貳拾伍口 今加現肆百肆拾肆口
今實人口陸千伍百陸拾玖口以
男參千壹百柒拾捌口內

(4) 남자의 직역을 長·老·弱으로 나누어 수를 기재하고, (5) 말미는 낙장되고 없어 알 수 없으나 女丁관계가 기록되어 있었다고 보여진다. 끝에는 수령의 職銜手決이 있고 監官姓名 色吏姓名이 있으며, 또 兼使都事가 기록되고 겸사의 手決이 있다.

이와 같은 편재와 기록방법은 숙종 때 호적대장의 일반적인 형식으로 단성현의 숙종 43년(1717) 丁酉式大帳도 이와 비슷하다. 그런데 숙종 때의 것을 제외한 언양현의 정조~철종까지의 대장은 6面을 川北三面·川南三面으로 이분하여 天地 2책으로 편철하고 있다.

정조 22년(1798) 戊午式의 1책(天)을 보면 첫 장의 표제에는 "嘉慶三年 月 日 慶尙道彦陽縣川北三面戊午式戶籍大帳"이라 쓰여 있고 그 뒤는 숙종 때의 것과 같이 面·里別로 나누어 기록하고 있다. 그러나 里의 말미에는 "己上元戶參拾貳戶"라고 쓰고 행을 바꾸어 "人口貳百肆拾參口內 男壹百拾柒口 女壹百貳拾陸"이라고 적고 있다. 그리고 面의 말미에도 "己上六里元戶參百參拾貳戶 人口貳千伍百拾參口內 男壹千貳百陸拾口 女壹千貳百陸拾參口"라고 기재되어 있다. 각 리, 각 면마다 호수, 남·여 수를 기재하고 있는 것은 숙종 때의 것과는 다른 형식이다. 그리고 책의 말미에도 3面 내에 있는 連高寺, 石南寺 승려의 籍을 기재하고 있으며 끝 장에는 "色吏貢生吳漢秀", 행을 바꾸어 한 자 높여 "監官幼學姜恩"이라 쓰고 다시 행을 바꾸어 역시 높여 "嘉善大夫行彦陽縣監慶州鎭管兵馬節制

都尉(姓)"과 수결이 기재되어 있다. 말미에는 3면 전체의 각종 통계가 기재되어 있지 않을 뿐 종래의 단책으로 된 호적대장과 다를 바 없다.

또 한 책인(地) 川南三面의 경우를 보면 川北三面의 것과 기재 형식은 같으나 다만 종래의 단책과 같이 말미에는 각종 통계, 사찰 승려의 籍이 기재되고 있다.

이와 같이 분책으로 호적대장을 작성하는 것을 통해 호구 파악을 보다 정확히 할 수 있었다고 보여진다. 이러한 분책의 형식은 호구가 많은 고을에서는 처음부터 단책으로 할 수 없어 분책의 형식을 취했지만, 호수가 적은 고을에서도 의무적으로 분책의 형식을 강제하지 않았다는 것은 단성현의 정조 13년(1789)의 것이 단책이란 점에서 알 수 있겠다. 이와 같이 분책으로 그나마 里·面에 통계를 붙여 놓고 있는 것은, 全面의 호적을 엮어 거대한 책으로 엮는 번거로움을 피하고 또 호구의 보다 정확한 파악을 기하기 위함이었다고 생각된다.

여기에서 또 한 가지 주목되는 것은 천북·천남을 임원이 분담하여 정리했는지 하는 문제이다. 천북면의 것에는 '書寫'의 성명이 기록되어 있지 않고 다만 監官 色吏의 성명만이 있다. 그러나 천남면의 끝에 川上의 감관, 색리의 이름이 기록되어 있고 그 아래에 5명의 '書寫'가 있는 것으로 보아 單冊成籍할 때와 같았다고 보여진다. 이는 순조 25년(1825) 乙酉式大帳의 上北大帳의 말미와 같은 임원명이 기재되어 있기 때문에 더욱 명확해진다.

그리고 철종 9년, 10년의 양 대장에는 종래의 리마다 말미에 기재되었던 戶·口·男·女別 통계가 없고 분책 이전의 형식으로 환원하고 있다.

한 가지 흥미로운 것은 순조 13년의 대장 끝장에는 종래의 형식과 같이 오른쪽에서부터 수령의 職銜, 姓, 手決이 있고, 그 아래에 낮추어 감관, 색리, 서사의 성명이 있는데, 감관은 幼學 某라 하고, 색리는 記官 某, 서사는 幼學 某라 하여 종전과 달리 신분을 표시하고 있다는 것이다. 감관은 『續大典』에 "外邑各面監官以大夫擇差"라고 한 바와 같이 각 읍 각 면의 유력자이며 사족 출신이었으나, 색리는 향리 출신이었고, 서사 역시 같았다. 그런데 이와 같이 유학의 호칭을 쓰고 있는 것은 호적상 그 당시의 신분변동을 시사하고 있는 것이다. 그 뿐만 아니라 철종 13년의 대장에는 감관과 색리 사이에 한 칸을 낮추어 쓰던 서식도 무시되고 수령의 성도 감관 색리의 성명과 평행으로 맞추어 쓰고 있다.

Ⅳ. 촌락의 구성

호적대장을 통해 촌락의 구성에 대해 살펴보겠다. 먼저 면·리별로 統과 호수를 표로 작성하면 다음과 같다.

1. 숙종 37년 辛卯式

<표 3> 숙종 37년 면·리별 統과 戸數

面名	里名	戸數	統數	頁數	面名	里名	戸數	統數	頁數
北面	松北里	30(?)	6	4		楊等里	25	5	3
	邑內里	145(?)	29	17		巨里洞里	48	10	7
	馬屹里	24(?)	5	3		吉川里	44	9	(5)
	泉所里	54	11	9		鳴村里	75	15	8
	大谷里	17	3	2		德泉里	92	18	11
	庫下里	12	2	2		雙水亭里	47	10	8
	茶開里	30	6	3		加乙川里	89	18	12
	機池里	35	7	5		早日里	35(?)	7	(5)
	外池內里	84	17	12		○○○	67(?)	13	(7)
	山前里	51	10	7		松面里	43	9	5
	禾皮里	35	7	3		鷄洞里	49	10	6
	石南里	54	11	5	합계	23里(?)	1,185(?)	238	149

비 고 : (첫)里1~6統上缺

　　　馬屹里 5統上缺

　　　泉所里1. 3. 5. 8統上缺

　　　吉川里 6統3戸~8統4戸까지 11戸缺

　　　鳴村里 2統4戸~3統3戸까지 5戸缺

　　　早川里 7統1戸 以後缺

　　　○○里 1統3戸欠 2統 4戸부터 시작

2. 정조 19년 乙卯式

<표 4> 정조 19년 면·리별 統과 戶數

面名	里名	戶數	統數	頁數	面名	里名	戶數	統數	頁數
上北面	松北里	31	6	10		直洞里	39	8	13
	東部	103	21	31	下北面	池內里	59	12	22
	南部	84	17	28		陵八里	35	7	14
	於音里	35	7	11		山前里	45	9	19
	盤松里	22	4	9		石南里	27	5	12
	泉所里	41	8	15		禾皮里	41	8	9
中北面	大谷里	26	5	10	합계	2部	618	122	214
	茶開里	30	6	10		12里			

비 고 : 현재 6面 중 川北三面뿐이다

3. 정조 22년 戊午式

<표 5> 정조 22년 면·리별 統과 戶數

面名	里名	戶數	統數	頁數	面名	里名	戶數	統數	頁數
川北三面						巨里洞里	36	7	12
上北面	松北里	32	6	10		吉川里	37	7	13
	東部	101	20	36		鳴村里	38	8	14
	南部	89	18	30		川前里	34	7	14
	於音里	36	7	11		移川里	11	2	3
	盤松里	23	5	10	中南面	德泉驛里	31	6	11
	泉所里	41	8	16		德泉民里	20	4	7
中北面	大谷里	26	5	11		坪地里	21	4	6
	茶開里	27	5	9		雙水亭里	47	9	21
	直洞里	40	8	13		加乙川里	36	7	13
下北面	池內里	61	12	21		方基里	21	4	8
	陵八里	32	6	14	三同面	早日里	78	16	28
	山前里	48	10	19		旺方里	46	9	17
	禾皮里	41	8	13		荷岑里	32	6	14
	石南里	24	5	8		鵲洞里	59	12	(15)
川南三面						九藪里	23	5	12
上南面	楊等里	31	6	10	합계	2部 29里	1,224	242	439

비 고 : 全邑의 것

      鵲洞里 2統 3戶~5統 끝까지 落

4. 순조 13년 癸酉式

<표 6> 순조 13년 면·리별 統과 戶數

面名	里名	戶數	統數	頁數	面名	里名	戶數	統數	頁數
川南三面						平里	21	4	6
上南面	楊等里	31	6	10		雙水亭里	43	8	20
	臨溪里	38	7	15		大野里	43	8	18
	吉川里	37	7	13		方基里	22	4	10
	鳴村里	37	7	16	三同面	早日里	68	13	23
	川前里	24	5	10		旺方里	53	10	22
	登億里	10	2	5		荷岑里	32	6	14
	梨川里	13	3	5		鵲洞里	61	12	22
中南面	校洞里	22	4	7		九秀里	26	5	15
	德泉里	33	6	12	합계	18	614	117	243

5. 순조 25년 乙酉式

<표 7> 순조 25년 면·리별 統과 戶數

面名	里名	戶數	統數	頁數	面名	里名	戶數	統數	頁數
上北面六里						於音里	35	7	15
上北面	松北里	36	7	14		盤松里	31	6	8
	東部里	90	18	40		泉所里	39	8	18
	南部里	86	17	36	합계	5里	278	63	126

비 고 : 川北三面 중 上北面 1面 6冊 중 한 冊(?)

6. 철종 9년 戊午式

<표 8> 철종 9년 면·리별 統과 戶數

面名	里名	戶數	統數	頁數	面名	里名	戶數	統數	頁數
川南						雙水亭里	32	6	7
上南面	楊等里	37	71	9		華山里	16	3	4
	巨里同里	54	11	13		加川里	57	11	13
	吾山里	13	3	4		方基里	31	6	7
	吉川里	30	(5)	(8)	三同面	早川里	44	9	11
	○○里	○	○	○		實隱里	23	5	6
	知火里	15	3	3		松亭里	5	1	1
	鳴村里	17	3	5		金谷里	10	2	3

面名	里名				面名	里名		
	川前里	20	(4)	(5)		沙村里	6	1	1
	登億里	21	4	5		荷岑里	40	8	9
	梨川里	15	3	4		鵲洞里	54	11	13
中南面	校洞里	16	3	4		九秀里	27	5	17
	德泉里	28	6	6	합계		628	119	154
	平里	17	3	4					

비 고 : 吉川里 5統 2戶 중간부터 落, 8統末부터 있음.
　　　川前 2統 4戶 이후 落, 3統 4戶 중간부터 있음.
　　　川南의 말미 통계 중 職役 중간부터 落.

7. 철종 12년 辛酉式

<표 9> 철종 12년 면·리별 統과 戶數

面名	里名	戶數	統數	頁數	面名	里名	戶數	統數	頁數
川北						巨里洞	14	11	54
上松面	松北里	6	4	20		吉川里	15	12	58
	東部里	19	16	80		鳴村里	6	4	19
	南部里	13	12	61		川前里	(15)	(3)	(4)
	於音里	7	5	23		梨川里	4		
	盤松里	9	8	38	中南面	校洞里			17
	泉所里	13	10	51		德泉里	7	6	28
中北面	盤谷里	10	8	38		平里	4	3	17
	茶開里	12	9	45		雙水亭里	7	6	32
	直洞里	12	10	50		華山里	4	3	16
下北面	上洞里	7	5	26		加川里	14	12	60
	池內里	7	6	29		方基里	8	6	31
	稷山里	5	4	18	三洞面	早川里	10	9	43
	香山里	5	4	21		實隱里	7	5	23
	道洞里	2	1	6		松亭里	1	1	6
	山前里	4	5	24		金谷里	3	2	11
	亏萬里	2	2	10		沙村里	2	1	6
	禾皮里	5	4	21		荷岑里	10	8	41
	弓根亭里	2	1	6		鵲洞里	14	11	56
	鳴峴里	5	4	18		九秀里	6	5	25
川南					합계	40	1,224	231	1,170
上南面	楊等里	9	7	37					

비고 : 천전리·이천리는 53호가 누락, 천전리는 4統부터 落, 川南의 말미 통계
　　　표 중 女秩 중간부터 落

※란 외 川南, 川北 등의 표시는 대장 첫 행에 기재되고 있는 것.
※ ( )안의 수는 낙장을 제외한 현재의 것을 파악한 수

촌락의 편성은 다른 읍과 같이 面·里·統으로 되어 있다. 숙종대의 대장에서는 면의 기재가 불명확한 데 반해 정조 이후는 6개 面으로 편성되고 있다. 이를 대별하여 北·南의 2개를 각각 상·중·하로 나누고, 다시 상북·중북·하북·상남·중남·삼동(下南이라고 해야 할 것이나 三同)으로 나누고 있다. 이 북·남은 원래 언양을 관류하고 있는 南川을 기준으로 나누었던 것 같으며, 이는 대장에도 천북·천남이라는 명칭이 기재되고 있는 것으로 보아도 알 수 있는 것이다.

면·리의 구성을 시대별 표로 작성하면 다음 <표 10>과 같다. 다만 숙종 때의 것은 필자가 후대의 것을 참작하여 분류하였다.

<표 10> 시대별 면·리의 구성

시대	상북면	중북면	하북면	상남면	중남면	삼동면	계
숙종 37(1711)	4	3	5	4	3	4	23
정조 19(1795)	6	3	5				
정조 22(1798)	6	3	5	6	6	5	31
순조 13(1813)	6			7	6	5	
순조 25(1825)							
철종 9(1858)				10	7	8	
철종 12(1861)	6	3	10	6	7	8	40

이 표를 보면 시대가 내려옴에 따라 里數가 늘어나고 있음을 알 수 있다. 북면(川上)의 경우는 정조 19년에는 숙종 때 상북면의 邑內里를 이분하여 6리로 되고 있으며 이는 철종 때까지 그대로 지속된 것 같다. 하북면은 순조 때의 대장이 없기 때문에 잘 알 수는 없으나 철종 12년의 경우에 5리에서 10리로 배로 분화되고 있으며, 역시 남면(川南)의 경우도 같다.

전체적인 면에서 볼 때 철종 9년까지는 里마다에 호수·통수에 차이가 많으나 철종 12년에는 상당히 평균화, 세분화되고 있음을 알 수 있다. 이는 종래 자연촌락, 集村을 그대로 두고 리로 편성한 것이기 때문에 리에 호수

가 많아 철종 때는 이 집촌을 세분하고, 散村된 마을은 그대로 리로 편성하되 대체로 15호 이하로써 里의 단위로 한 것 같다. 물론 이때도 원근의 거리를 참작 안한 것은 아니다. 이는 1호, 2호로써 統이 구성되고, 또 1통으로써 리가 성립되고 있는 예가 있는 것에서 알 수 있다.

그리고 作統法에 있어서도『경국대전』戶典・戶籍條에 "京・外 以五戶爲一統 有統主 外則五統有里正 每一面有勸農官(地廣・戶多則量加)"이라 한 것으로 보아 5통으로 1면을 구성하는 원칙은 잘 준수되고 있었다. 다만 규장각소장의 戶籍事目(甲午式)에

一士夫常漢 一從家(座)次弟 五家作統 而有餘戶 未準五數 不必越合他面 雖過數 一二戶則 合作一統 三四戶則 分以一統爲白齊

라고 한 원칙도 그대로 지켜지고 있다. 이는 상기 표의 호수에서 짐작할 수 있으니 그런 경우는 대부분이 里의 끝통에서 4호・6호・7호로 처리하고 있다.

이와 같이 면・리・통은 농촌의 통제체제와 관련하여 武田幸男이 지적하고[6] 있는 里正, 면의 권농관, 면임과의 관계, 면리의 실태에 대한 이해는 고려해 보아야 할 과제라 생각된다.

V. 맺음말

조선시대의 호적대장은 군현의 촌락구조, 주민상을 구체적으로 파악할 수 있는 사료적 가치가 높은 자료이다. 그러나 현존하는 것은 그렇게 많지 않다. 특히 동시대(式年分)의 군현 전읍과 연대를 달리하여 연계적으로 살필 수 있는 호적대장은 거의 없는 실상이다.[7] 그러므로 일찍이 필자와 박

---

6) 武田幸男,『朝鮮戶籍大帳の基礎的研究』, 1983, 9~10쪽.
7) 韓榮國,「丹城縣戶籍大帳解題」,『慶尙道丹城縣戶籍大帳』(下), 한국정신문화연구원, 1980.

용숙 교수가 소개하고, 한국정신문화연구원에서 영인하여 간행한 단성현 호적대장은 그런 점에서 높이 평가될 수 있는 것이다. 이번에 발굴한 언양현의 호적대장도 역시 동시대의 군현 舍邑의 것을 연계적으로 파악할 수 있기 때문에 중요한 사료라고 하겠다.

단성과 언양의 대장을 연대 폭을 비교하면, 상한은 단성의 것이 1678년(숙종 4)인데, 언양은 1711년(숙종 37)으로 단성 것이 좀 빠르나, 하한은 단성이 1789년(정조 13)인데 언양은 1861년(철종 12)으로 언양의 것이 더 늦다. 따라서 단성의 연대 폭은 111년, 언양은 150년이 된다. 이런 점으로 보아 언양호적대장은 사회변동을 좀더 깊게 파악할 수 있다는 점에서 더 중요한 사료라 하겠다.

특히 대장의 기재 중에서 단성의 대장에서 볼 수 없는 '挾人' 등의 표기가 있어 주목된다. 그리고 대구·단성은 그 나름대로 지역적 특성을 가지고 있다. 가령 대구는 大邑인 동시에 감영이 설치된 곳이고, 단성은 小邑이지만 경상도에서 '班'의 기반이 강한 곳이기도 하였다. 그러나 언양은 한촌의 소읍으로 단성, 대구보다 관인, 학자의 배출이 적었던 점으로 미루어 '班'의 기반이 약한 지역이었던 것으로 짐작된다. 때문에 대구·단성·언양은 제각기 다른 일면을 가진 사회라는 점에서 언양호적대장이 가지는 가치가 크다고 하겠다. 특히 언양에 관한 연구조사는 비슷한 많은 군현의 실상을 이해하는 데 도움이 되고, 아울러 보다 많은 고을을 조사하는 가운데 조선후기 사회의 보다 정확한 실상이 파악되리라 믿는다.

끝으로 이 졸고에서는 호적대장의 편성 과정, 호적 운영 등의 문제에 대해서는 이미 많은 연구가 이루어져 있기 때문에 언급을 피하였다.[8]

---

8) 총괄적으로 잘 설명하고 있는 논저는 다음과 같다. 四方博, 「大邱戶籍口帳籍に就いて」, 『大邱府史』 特殊篇, 1939, 145~165쪽 ; 崔弘基, 『韓國戶籍制度史研究』, 서울대출판부, 1975 ; 金錫禧, 「朝鮮王朝後期의 慶尙道丹城縣 戶籍帳籍에 대하여」, 『부산대문리대논문집』 14, 1975 ; 韓榮國, 「丹城縣戶籍大帳解題」, 『慶尙道丹城縣戶籍大帳』(下), 한국정신문화연구원, 1980 ; 武田幸男, 『學習院大學藏 朝鮮戶籍大帳の基礎的研究 - 19世紀·慶尙道鎭海縣の戶籍大帳を通じて -』, 學習院大學 東洋文化研究所, 1983. 3.

제2장 18·19세기 戶口의 실태와 신분변동
－新例 彦陽縣 戶籍大帳을 중심으로－

Ⅰ. 머리말

본 논문에서 분석하고자 하는 18세기 초기에서 19세기 중기는 조선의 봉건사회가 급격히 해체되는 시기였다. 이 시기의 실태를 파악하는 것은 극히 중요한 과제이기 때문에 다각적인 면에서 많은 연구성과가 나왔다. 그 중에는 1970년도부터 활발히 분석 연구된 호적대장을 기초로 한 실증적 연구성과도 빼놓을 수 없다.

그런데 호적대장을 통한 연구는 그 대상이 된 것이 대구·울산·단성·상주·산음·진해 등 몇 개의 군현에 불과한 실정이다. 때문에 그 결과를 두고 전국적인 윤곽을 파악하기에는 미흡한 점이 있다. 더욱이 각 고을에는 제각기 다른 지역적 특성이 있기 때문에 문제성을 갖고 있다. 하지만 새로이 발굴되는 호적대장의 연구분석 결과를 지금까지의 연구성과에 추가하면 좀더 구체적 사회상이 부각될 수 있을 것이다. 다행히 1982년 본교 한국사 담당 교수에 의해 발굴된 언양호적대장은 그러한 점에서 큰 수확이라 믿는다.

이 글에서는 18세기 초기 및 말기 그리고 19세기 중기의 三式年度의 모든 읍의 호적대장을 활용하여, 각 시기 촌락의 편제·호구·신분·직역 실태와 변동 사항을 고찰하고자 한다. 언양은 위 고을과는 지역성이 달라 그 결과는 주목되리라 믿는다.

Ⅱ. 자료의 가치와 지역의 특성

언양 호적대장은 현재까지 발굴 조사된 것이 모두 7식년분 9책이다. 그 내용을 보면 다음 <표 1>과 같다.

<표 1> 언양 호적대장의 식년

책순	식년	책수	지역	보존상태
1	숙종 37년(1711) 辛卯式	1	全邑	앞면 상부 17매 부식
2	정조 19년(1795) 乙卯式	1	天(川北三面)	양호
3	정조 22년(1798) 戊午式	2	天・地(全邑)	〃
4	순조 13년(1813) 癸酉式	1	地(川南三面)	〃
5	순조 25년(1825) 乙酉式	1	(上北面六里)	〃
6	철종 9년(1858) 戊午式	1	地(川南三面)	〃
7	철종 12년(1861) 辛酉式	2	天・地(全邑)	〃

조선시대 호적대장은 군현의 촌락구조, 주민상태를 실증적으로 파악할 수 있는 점에서 사료면의 가치성이 높다. 그러나 같은 연대(식년분)의 군현 내 모든 읍의 호적대장, 그리고 다른 연대를 비교할 수 있는 호적대장은 거의 없는 실정이다. 그런 점에서 언양현의 호적대장은 가치가 있다. 이 호적대장의 연대폭은 18세기 초에서 19세기 중엽까지 약 150년에 걸쳐 있고, 호적은 87년, 63년 간의 간격으로 작성된 것이 있기 때문에 사회의 추세를 살필 수 있는 좋은 자료이다.

언양현의 지역성을 살펴보면, 현재 경남 울주군 언양면・상북면・삼남면이 이에 해당되며, 옛부터 경관이 수려하여 명승지로 알려져 왔다. 석남사를 비롯한 고찰과 선사시대의 암각화가 있는 반구대는 유명하다.

언양현의 당시 境域은 다음과 같다.

自官門(縣衙) 東至蔚山界十九里 南至梁山界二十里 西至淸道界三十里 西至密陽界三十一里 北至慶州界三十里 東距兵營(蔚山・左兵營)十里 半日程 東南距水營(東萊・左水營)一百十里 一日程[1]

---

1)『彦陽邑誌』, 조선후기 편찬년대 미상 / 慶尙南道道誌編纂委員會, 『慶尙南道輿地

서쪽의 청도·밀양과는 왕래가 있기는 하였으나, 높은 산이 가로막고 또 縣衙가 있는 중심지로부터 거리가 멀고, 동·북쪽의 울산·경주, 남쪽의 양산과는 거리도 가까워 교통이 발달하였다. 따라서 과거 양산, 울주와 合屬된 경우도 있어 이들 지역과 문화·경제상 밀접한 관계를 갖고 있다.

언양은 신라시대에는 居知火縣이라 칭하고 경덕왕때 巘陽으로 개칭하고 良州(梁州)의 領縣이 되었으며, 고려 현종때는 울산에 속했고 인종때는 監務가 설치되었다. 그 후 지금의 지명인 彦陽으로 되었다.[2]

조선시대에 들어와 縣으로 승격되고, 선조 32년(1599)에는 蔚山都護府에 속했으나, 광해군 4년(1612)에 다시 복구되어 조선후기까지 내려오다가,[3] 고종 32년(1895) 동래부 관할의 군으로 승격되었으나 1914년 울주군에 편입되어 현재에 이르고 있다. 군사체제상 조선초기부터 慶州 鎭管에 속해 있었으나 철종때는 東來 鎭管에 속하기도 하였다.

조선조에 있어서 언양의 읍세를 다음 <표 2>로써 살펴보겠다.

<표 2> 조선조 전후기 읍세일람

부·군·현	세종실록지리지		경상도읍지		비고
	호수	인구수	호수	인구수	
밀양도호부	1,999	6,785	8,303(辛卯式)	33,142	
양산군	425	937	2,079	12,170	
울산군	1,058	4,161	8,670	39,273	
동래현	398	1,493	7,190(辛卯式)	32,158	동래도호부(읍지)
창녕군	825	4,352	5,921	32,791	
언양현	421	1,458	1,224(辛卯式)	10,961	
기장현	174	397	2,687(〃)	10,691	
영산현	471	2,106	3,526	17,423	
합천군	701	2,361	4,772(辛卯式)	25,474	
초계군	463	2,537	3,238(辛卯式)	12,673	
진주목	2,220	7,522	15,671(辛卯式)	71,808	
김해도호부	1,390	7,139	6,632(辛卯式)	24,138	

集成』, 1963 수록.
2)『新增東國輿地勝覽』卷23, 彦陽縣.
3) 앞의 책,『彦陽邑誌』.

창원도호부	1,094	4,955	7,290(〃)	29,509	
함안군	732	3,266	4,699	21,021	
함양군	428	1,948	4,696(辛卯式)	24,698	
곤남군	271	1,300	3,686	15,272	곤양군(읍지)
고성현	531	2,885	9,922(庚午式)	46,190	
거제현	153	423	6,660	31,502	거제도호부(읍지)
사천현	370	1,817	3,313	14,620	
거창현	505	1,640	5,016	25,156	거창도호부(읍지)
하동현	349	1,108	3,832(辛卯式)	17,289	하동도호부(읍지)
진성현	373	1,368	2,526	9,994	단성현(읍지)
칠원현	441	1,631	3,100(辛卯式)	13,019	
산음현	257	1,138	2,114(辛卯式)	8,989	산청현(읍지)
안음현	481	793	4,505	19,311	안의현(읍지)
삼가현	307	2,027	3,085(辛卯式)	17,131	
의령현	1,059	2,611	6,844(辛卯式)	29,565	
진해현	202	953	1,245(辛卯式)	3,885	

비 고 : 1. 『世宗實錄地理志』의 인구수는 남자수.
     2. 『邑誌』는 규장각본 아세아문화사 간행.

　『世宗實錄地理志』를 보면, 경상남도 내에 있었던 28개 목·부·군·현 중 호수는 18위, 인구수는 19위에 해당되고, 『邑誌』(1832년도 경)에서 보면 호수는 27위로 끝에서 두 번째, 인구수는 24위였다. 호구수가 적은 고을이기도 하지만, 조선초기에서 후기에 이르면서 타 고을에 비하면 호구에서 신장세가 낮은 고을이었다. 이 표에서는 토지결수에 대해서 기록하지 않았지만 호구와 같이 결수도 많지 않았다.

　언양의 문화적 환경은 다른 군현과 같이 향교와 鄕射堂이 있어 이곳 土民의 기반이 되고 있었으며, 숙종 때는 槃皐書院(정몽주·이언적·鄭逑 合享)이 세워져서 향교와 함께 이곳 교육의 중심이 되고 있다.

　생산물은 산지가 많은 여건으로 예나 지금이나 농산물이 풍부한 곳은 아니며 읍지 風俗條[4)]에 "土俗儉嗇 服色尚素 食飮菲薄"이라고 한 데서 이곳 주민 생활상의 일단을 살필 수 있겠다.

---

4) 앞의 책, 『彦陽邑誌』.

관직에 오른 인물을 보면, 고려시대에는 언양 김씨가 세력을 떨친 것 같으며 읍지 인물조에 金就礪(官至侍中), 金文衍(官至僉議中贊), 金胼(官至僉議參理), 金倫(官至司徒)의 4명이 기재되어 있으며 그 중 김취려는 고종조 거란족의 침입을 물리친 인물이다.

조선시대에는 저명한 관인·대학자가 거의 배출되지 않았으며, 邑誌에도5) 金渚(태종조 丙申 登第壯元 官至參判), 徐錫麟(숙종조 登科) 2명밖에 기재되어 있지 않다. 사족 신분은 존재하고 있었지만 관인의 배출이란 점에서 대구·단성과는 크게 차이가 나며 이는 호적대장과 읍지 인물조를 비교하여 보아서도 알 수 있다. 이러한 지역적 특성은 이곳 호적대장의 연구에서 주목되어야 할 일이겠다.

---

5) 앞의 책, 『彦陽邑誌』.

Ⅲ. 촌락의 편제와 호구의 구성

1. 촌락의 편제

호구의 구성을 언급하기 전에 호적대장을 통해서 면·리별 편제를 도표화하면 다음과 같다.

(1) 숙종 37년 辛卯式

<표 3> 숙종 37년 면·리별 편제

面名	里名	戶數	統數	面名	里名	戶數	統數
	松北里	(30)?	6		楊等里	25	5
	邑內里	(145)?	29		巨里洞里	48	10
	馬屹里	(24)?	5		吉川里	44	9
	泉所里	54	11		鳴村里	75	15
	大谷里	17	3		德泉里	92	18
	庫下里	12	2		雙水亭里	47	10
	茶開里	30	6		加乙川里	89	18
	機池里	35	7		早日里	(35)?	7
	外池里	84	17		○○里	(67)?	13
	山前里	51	10		松面里	43	9
	禾皮里	35	7		鵲洞里	49	10
	石南里	54	11	합계	23里(?)	1,185(?)	

※ (?) 표시는 推算數
비 고 : (첫)里1~6통 上缺
　　　　馬屹里 5통 上缺
　　　　川所里 1.3.5.8통 上缺
　　　　吉川里6통3호~8통4호까지 11戶缺
　　　　鳴村里2통4호~3통3호까지 5戶缺
　　　　早川里 7통1호 이후 결
　　　　○○里 1통3호缺 2통4호부터 시작

(2) 정조 19년 乙卯式

<표 4> 정조 19년 면·리별 편제

面名	里名	戶數	統數	面名	里名	戶數	統數
上北面	松北里	31	6		直洞里	39	8
	東部	103	21	下北面	池内里	59	12
	南部	84	17		陵八里	35	7
	於音里	35	7		山前里	45	9
	盤松里	22	4		石男里	27	5
	泉所里	41	8		禾皮里	41	8
中北面	大谷里	26	5				
	茶開里	30	6	합계	2부 12리	618	123

비 고 : 현재 6면 중 川北은 삼면뿐이다.
　　　 말미 作統數는 124 실계산수는 123統

⑶ 정조 22년 戊午式

<표 5> 정조 22년 면·리별 편제

面名	里名	戶數	統數	面名	里名	戶數	統數
上北面	松北里	32	6		吉川里	37	7
	東部	101	20		鳴村里	38	8
	南部	89	18		川前里	34	7
	於音里	36	7		梨川里	11	2
	盤松里	23	5	中南面	德泉驛里	(31)	(6)
	泉所里	41	8		德泉民里	(20)	(4)
中北面	大谷里	26	5		平地里	21	4
	茶開里	27	5		雙水亭里	47	9
	直洞里	40	8		加乙川里	36	7
下地面	池内里	61	12		方基里	21	4
	陵八里	32	6	三同面	早川里	78	16
	山前里	48	10		旺方里	46	9
	禾皮里	41	8		荷岑里	32	6
	石南里	(24)	5		鵲洞里	59	12
上南面	楊等里	31	6		九藪里	23	5
	巨里洞里	36	7	합계	2部 29里	1,224	242

비 고 : 全邑의 것
　　　 鵲洞里 2統3戶~5統끝까지 결

⑷ 순조 13년 癸酉式

<표 6> 순조 13년 면·리별 편제

面名	里名	戶數	統數	面名	里名	戶數	統數
上南面	楊等里	31	6		雙水亭里	43	8
	臨溪里	38	7		大野里	43	8
	吉川里	37	7		方基里	22	4
	鳴村里	37	7	三同面	早日里	68	13
	川前里	24	5		旺方里	53	10
	登億里	10	2		荷岑里	32	6
	梨川里	13	3		鵲洞里	61	12
中南面	校洞里	22	4		九秀里	26	5
	德泉里	33	6				
	平里	21	4	합계	18里	614	117

비 고 : 6면 중 3면

⑸ 순조 25년 乙酉式

<표 7> 순조 25년 면·리별 통제

面名	里名	戶數	統數	面名	里名	戶數	統數
上北面	松北里	36	7		盤松里	31	6
	東部里	90	18		泉所里	39	8
	南部里	86	17				
	於音里	35	7	합계	6리	317	63

비 고 : 6面中 北川의 上北面 1面
　　　　대장말미에는 310호 於音里의 말미에는 33호이나 實計算은 35호
　　　　盤松里의 말미에는 28호이나 實計算은 31호

⑹ 철종 9년 戊午式

<표 8> 철종 9년 면·리별 통제

面名	里名	戶數	統數	面名	里名	戶數	統數
上南面	楊等里	37	7		登億里	21	4
	巨里洞里	54	11		梨川里	15	3
	吾山里	13	3	中南面	校洞里	16	3
	吉川里	30	5		德泉里	28	6
	知火里	15	3		平里	17	3
	鳴村里	17	3		雙水亭里	32	6
	川前里	20	4		華山里	16	3

	加川里	57	11		沙村里	6	1
	方基里	31	6		荷岑里	40	8
三同面	早川里	44	9		鵲洞里	54	11
	寶隱里	23	5		九秀里	27	5
	松亭里	5	1				
	金谷里	10	2	합계	25里	628	119

비 고 : 川南의 三面 吉川里 5統 2戶 중간부터 缺. 8통말부터 있음. 川前 2統4
戶 이후 缺, 3統 4戶 중간부터 있음.
川南의 말미 統計중 職役 중간부터 缺.

⑺ 철종12년 辛酉式

<표 9> 철종 12년 면·리별 면제

面名	里名	戶數	統數	面名	里名	戶數	統數
上北面	松北里	20	4		吉川里	58	12
	東部里	81	16		鳴村里	19	4
	南部里	61	12		川前里	(19)?	(4)?
	於音里	23	5		梨川里	(35)?	(7)?
	盤松里	38	8	中南面	校洞里	(17)?	(3)?
	泉所里	51	10		德泉里	28	6
中北面	般谷里	38	8		平里	17	3
	茶開里	48	9		雙水亭里	32	6
	直洞里	50	10		華山里	16	3
下北面	上洞里	26	5		加川里	60	12
	池內里	29	6		方基里	31	6
	陵山里	18	4	三同面	早日里	43	9
	香山里	21	4		寶隱里	23	5
	道洞里	6	1		松亭里	6	1
	山前里	24	5		金谷里	11	2
	亏萬里	10	2		沙村里	6	1
	禾皮里	21	4		荷岑里	41	8
	弓根亭里	11	2		鵲洞里	56	11
	鳴峴里	18	4		九藪里	25	5
上南面	楊等里	37	7				
	巨里洞里	54	11	합계		1,224	231

비 고 : 川前里, 梨川里는 53戶가 缺, 川前里는 4統부터 缺, 梨川里는 1統부터
缺. 川南의 말미 통계표 중 女秩 중간부터 결. 실계산 가능한 것은 1,170戶.
※ ( )내의 수는 결락이 있어 추산 수

촌락의 편성은 다른 읍과 같이 面·里·統으로 되어 있는데, 숙종대에는 대장에 면의 분류가 불명확하여 몇 면으로 구성되었는지 알 수 없으나, 정조 이후는 6개 면으로 편성되고 있다. 이를 北·南의 2개를 上·中·下로 나누어, 上北·中北·下北, 上南·中南·三同(下南이라고 해야 할 것이나 三同)으로 나누고 있다. 이 北·南은 원래 언양을 관류하고 있는 南川을 기준으로 川北·川南으로 구분하여 호칭하였던 것 같다. 호적대장에도 그 명칭이 기재된 것도 있다.

면·리의 편성을 위의 도표를 참작하여 시대별로 표를 작성하면 다음 <표 10>과 같다. 다만 숙종 때의 것은 면의 표시가 없기 때문에 필자가 후대의 것을 토대로 분류하였다.

<표 10> 面·里의 編成表

면 시대	上北面	中北面	下北面	上南面	中南面	下南面	計
숙종 37(1711)	4	3	5	4	3	4	23
정조 19(1795)	6	3	5				
정조 22(1798)	6	3	5	6	6	5	31
순조 13(1813)				7	6	5	
순조 25(1825)	6						
철종 9(1858)				9	7	8	
철종 12(1861)	6	3	10	6	7	8	40

이 <표 10>을 보면 시대가 내려감에 따라 리의 숫자가 늘어나고 있음을 알 수 있는데, 18세기 초에서 18세기 말에 이르는 과정에 리의 부분적인 재편성이 있었던 것 같다. 川南의 경우 정조 19년은 대장이 보존되지 못한 관계로 알 수 없지만, 정조 22년의 리 숫자를 보아 짐작이 간다. 즉 川北의 경우, 上北面의 邑內邑 馬屹里를 다시 東部·南部·於音·盤松의 4리로 조절한 것 같으며, 川南도 역시 상남면의 鳴村里를 鳴村·川前·梨川의 3리로 나눈 것 같다.

정조 22년인 18세기 말에서 철종 12년인 19세기 중엽에 이르는 동안 또 조절되어 숙종 37년에서 철종 12년 사이의 150년 간 23개의 리가 40개로 약 2배 가까이 늘고 있다.

이 같은 재편성은 종래 지역별로 성립되었던 촌락을 토대로 편성되었던 里制를 그대로 두고, 한 리에 통·호수가 집중적으로 증가할 때 리를 분할하였던 것 같다. 그 이유는 위의 分里되었던 리의 통·호수를 연관해 보면 추측이 간다. 그리고 모든 읍을 일률적인 척도의 기준으로 재편성하지 않았음은 통·호수가 줄었던 리가 그대로 존속하고 있는 데서도 알 수 있겠으며, 또 철종 12년의 리제를 보면, 최고의 한 리는 81호로 되어 있고 최저는 6호로 구성되어 리가 성립되어 있는 것을 보아 알 수 있다.

이로 미루어 보면, 이 때도 호수가 늘어난 촌락은 分里하고 호수가 줄어든 옛 촌락은 한 리로 계속 존속시켰음을 알 수 있다.

이와 같은 실태라면, 적어도 『經國大典』 戶典 戶籍條의 "京·外以五戶 爲一統 有統主 外則五統有里正 每一面有勸農官(地廣·戶多則量加)"란 규정은 후기에는 잘 준수되지 않았던 것 같다. 따라서 가령 4통 이하의 리에도 里正을 두었는가 하는 의문도 제기된다.

그러나 규장각 소장의 戶籍事目(甲午式)에,

> 一, 土夫常漢 一徙家(坐)次第 五家作統 而有餘戶 未準五數 不必越合他
> 　　面 雖過數 一二戶則合作一統 三四戶則 分以一統爲白齊

라고 한 이 규정은 그대로 지켜지고 있다. 이는 위 표의 리 호수와 통수를 비교해서 짐작할 수 있으니, 그런 경우는 대부분 리의 끝 통에서 4호, 6호, 7호로서 처리하고 있다.

끝으로 면·리의 편성과 함께 里正·면의 권농관·면임과의 관계 또 지방관과의 관계 등, 즉 향촌의 통제체제 문제는 연구 해명되어야 할 과제라고 생각된다.

2. 호구의 실태와 변동

⑴ 호구의 개관

<표 11> 언양현의 호구수 변동

典據	年度	戶數	人口數	男女數		平均家族數	期間
				男	女		
호장대장	숙종34년(1708)	1,351	7,012			5.19	
호적대장	숙종37년(1711)	1,232 (-119)	6,559(-453)	3,178	3,381(+203)	5.32	3년
언양읍지*	정조10년(1786)	1,224 (-8)	9,307(+2,748)	4,312	4,995(+683)	7.60	75년
호구총수**	정조13년(1789)	1,224	9,410(+103)	4,355	5,055(+700)	7.69	3년
호적대장	정조19년(1795)	1,224	9,994(+584)			8.16	6년
호적대장	정조22년(1798)	1,224	10,224(+224)	4,945	5,235(+290)	8.35	3년
언양읍지***	순조31년(1831)	1,224	10,961(+737)	5,666(+371)	5,295	8.96	33년
호적대장	철종 9년(1858)	1,224	11,281(+320)			9.21	27년
호적대장	철종12년(1861)	1,224	11,375(+94)	5,733(+91)	5,642	9.29	3년

참고 : 1. 평균 수치는 0. 이하 3단위에서 반올림.
　　　2. *『彦陽邑誌』규장각 소장본 필사본, 慶南興地集成(경상남도지편찬위원회간)인용, 연대 미상이라 하나, 戶口條에 丙午式은 정조 10년으로 추정됨.
　　　**『戶口總數』慶尙道七十管 彦陽 서울대출판부
　　　*** 慶尙道邑誌 중 彦陽邑誌 奎章閣所藏本, 慶尙邑誌編 叢書邑誌 (一) 韓國地理志 亞細亞文化社 1982年刊, 1832年頃(解題)이라 하나 辛卯式은 1831년임.

위의 도표를 토대로 18·19세기 언양의 (A) 호구의 평균치 (B) 호구의 증감현상 (C) 남녀별 비율 (D) 가족수를 개괄적으로 살펴 보겠다.

(A) 호구의 평균치는 18세기의 6式年을 평균하면 호수는 1,246호, 인구수는 8,751명이며, 1708년(숙종 34)에서 1798년(정조 22)까지의 90년 간 호수는 1,351호~1,224호이며 인구는 6,559명에서 10,224명이다. 19세기 중기(초기는 기록이 없음)는 3식년의 것을 평균하면 호수는 1,224호이고 인구는 11,206명(四捨五入)이다. 호수는 1,224호로 고정되어 있으나 인구는 10,961명에서 11,375명으로 증가되고 있다.

(B) 호구의 증감현상은 18세기 초인 1708년(숙종 34)에서 1711년(숙종 37)의 3년 사이에 호수는 119호, 인구수는 453명이 감소하고 있다. 그 이유는 잘 알 수 없으나, 숙종 37년의 호적대장 말미의 호구 통계에 보면

戊子 戶 壹仟參百伍拾壹 移去流亡絶戶幷 貳百柒拾陸戶 戊子 口 柒仟
拾貳口 移去流亡絶戶幷 捌百捌拾柒口 前棠戶 今加現 壹百伍拾柒 前棠
口 陸仟壹百貳拾伍口 今加現 肆百肆拾肆口 今棠戶 壹仟貳百參拾貳戶
作統 貳百肆拾陸統 今棠口 陸仟伍百伍拾玖口

라 기록되어 있어서 移去流亡絶戶가 276호인데 새로 가입된 것이 157호이
기 때문에 호는 129호가 감소되고 있으며, 인구 역시 이거유망절호로 없어
진 인구가 887명인데 비해 가입된 수가 444명이므로 443명이 감소된 것이
다(대장에는 453명인 데 이는 착오가 아닌가 싶다).

移去流亡絶戶가 많았던 것은 1708년(숙종 34)에 "전국에 홍역 · 癘疫이
만연하고 이어 흉년까지 겹쳤기 때문"으로 추측된다.[6] 17세기 말에서 이 시
기까지 수차례의 흉년 · 기근 등으로 많은 사망자와 유민이 속출하였다.[7]

1711년(숙종 37)에서 1786년(정조 10)까지 75년 간의 식년별 호구의 증
감현상은 자료가 없어 알 수 없으나, 정조 10년은 숙종 37년에 비해 호는
8호가 감소한 데 비해 인구는 2,748명이 증가하고 있다. 그 후는 6식년의
자료를 통해 보면 호수는 증감이 없이 1,224호로 고정화되고 있는데 인구
는 계속 증가세를 보이고 있다.

(C) 남녀별 비율은 1711년(숙종 37)에서 1798년(정조 22)까지 18세기 4
식년 전체의 통계 자료에서는 남자보다 여자가 많다. 즉 1711년에는 203명
이 많고 1786년(정조 10)에도 683명이 많다. 1789년(정조 13)에도 700명,
1798년에는 290명이 많다. 이와 같은 자료로 미루어 보면 18세기에는 남녀
의 비율에서 여자가 높다.

18세기 언양의 실태와 단성의 것을 비교하기 위해 양자의 남녀비율을

---

6) 『숙종실록』 권46, 34년 戊子 2월 甲午條, "甲午 傳曰 連觀三南狀啓 染病紅疫熾
   盛 民人相繼死亡 湖南爲大甚 誠極驚慘……".
   『숙종실록』 권46, 34년 戊子 10월 乙巳條, "吏曹判官 李寅燁 上疏曰 今年荒歉 諸
   道大抵同怨 而槩以論之 畿甸爲尤甚 湖西次之 湖南次之 嶺南又次之 當隨其緊
   歇而爲之 兩南雖有失稔處 本道穀物 自可推移沾焉".
7) 金錫禧, 「慶尙道 丹城縣戶籍大帳에 關한 硏究 - 18世紀 逃亡 · 移居戶를 中心으
   로 -」, 『부산대학교 인문논총』 24, 1983. 12 참조.

도표화하면 다음과 같다.

<표 12> 언양현 남녀수의 비율

연도	남		여	
	수	비율	수	비율
숙종 37년(1711)	3,178	94.0	3,381	100
정조 10년(1786)	4,312	86.3	4,995	100
정조 13년(1789)	4,355	86.1	5,055	100
정조 19년(1795)	2,289(2,292)	87.4(87.5)	2,629	100
정조 22년(1798)	4,945	94.5	5,235	100
순조 13년(1813)	2,638(2,643)	91.7(92.3)	2,877(2,862)	100
순조 25년(1825)	1,280(1,310)	104.5	1,255(1,237)	100
순조 31년(1831)	5,666	107.0	5,295	100
철종 12년(1861)	5,733	101.6	5,642	100

비 고 : 위의 표에서 추출.
　　　단, 정조 19년은 상북·중북·하북의 3면.
　　　(　)는 각 리의 실수. (　　)밖의 수는 면의 말미의 통계수.
　　　승려 11명 포함하지 않음.
　　　순조 13년은 상남·중남, 삼동면의 3면. 순조 25년은 상북면 1면.

<표 13> 단성현 남녀수의 비율

연도	남		여	
	수	비율	수	비율
숙종 4년(1678)	4,234	100.1	4,187	100
숙종 43년(1717)	5,510	85.7	6,433	100
숙종 46년(1720)	5,692	88.6	6,424	100
영조 8년(1732)	6,145	86.8	7,080	100
영조 35년(1759)	5,378	66.2	8,120	100
영조 38년(1762)	5,677	72.5	7,828	100
정조 7년(1783)	5,999	76.7	7,820	100
정조 10년(1786)	6,003	76.7	7,825	100
정조 13년(1789)	5,772	71.6	8,067	100
순조 31년(1831)	4,320	71.5	5,674	100

비고 : 통계의 출처는 호적대장. 단, 순조 31년은 단성읍지에서 인용.

　　18세기 단성과 언양의 남녀비율을 비교할 때, 단성은 1717년(숙종 43)부터 1789년(정조 13)까지 8식년의 통계가 있으며, 언양은 3식년 것밖에 없다. 그 중 동일년의 것은 1786년(정조 10), 1789년(정조 13)뿐이다. 때문에 정확한 비교는 안되나 개괄적인 면에서 18세기에 공통적인 것은 양 고을 모두 여자의 비율이 높다는 점이다. 위의 2식년을 비교하면 단성이 언양보다 여자의 비율이 높다. 같은 식년의 것은 아니나 18세기 초인 1711년(숙종 37)의 언양과 1717년(숙종 43)의 단성은 반대로 언양이 높다.

그런데 四方博씨가 조사한 대구의 경우도 1690년(숙종 16)과 1741년(영조 17)의 호적대장(전자는 10면, 후자는 4면 모두 부분적)에서 "여자가 남자에 비해 절대적으로 우세한 실정이다"[8]고 하고 있다.

이 언양·단성·대구의 예를 미루어 18세기는 여자가 남자보다 비율이 높은 것이 일반적인 것이 아닌가 싶다. 그리고 이 점에 대해서 四方博씨는 일반적인 것이라고 지적하면서 그런 경향을 직역을 면하기 위한 누적에서 그 원인을 구하고 있다.

그러나 여기에 문제가 있는데 그것은 武田幸男씨가 1825년(순조 25)의 鎭海縣 호적대장의 조사결과로써 四方博의 위 견해가 적용되지 않는다면서 남자의 비율이 높다고 하였다.[9]

역시 이와 같은 경향은 언양도 같다. 1825년(6면 중 3면)은 남자가 여자에 비해 4.5%나 높고, 1861년(철종 12)은 1.6%가 높다. 武田幸男도 이를 두고 '근대적 數價'에 가깝다면서, 이 점은 검토되어야겠다고 하였는데, 역시 필자도 공감을 가지나, 충분한 여러 고을의 자료가 없어서 확인하기 힘들지만 대체로 19세기에 접어들면 고을에 따라 남녀의 비율차가 좁아지는 현상이 나타나는 것이 아닐까 생각한다. 단성은 1831년(순조 31)에도 여자의 비율이 여전히 높다.

아마도 19세기의 실상은 다른 지방의 조사와 함께 그 실태를 밝혀야 하겠다. 또 한편 여자가 많아진 현상을 四方博씨의 견해대로 避役으로 인한 누적이라고 한 점도 문제시된다. 왜냐하면 진해·언양과 같이 남자가 많아진 순조·철종대에는 농민부담이 완화되었느냐는 점에는 의문이 생기기

---

8) 四方博, 「李朝人口に關する身分階級的觀察」, 『朝鮮社會經濟史研究』中, 18쪽.

9) 武田幸男, 「19世紀鎭海縣の社會構造とその變動」, 『學習院所藏 朝鮮戶籍大帳の 基礎的研究』, 48쪽.

때문이다.

(D) 호의 평균 인구수는 <표 11>에 의하면, 1708년(숙종 34)에서 1798
년(정조 22)까지 18세기 6식년의 호는 1,246호이고, 호당 평균 인구수는 7
명이다. 19세기 중엽은 3식년의 평균이 호가 1,224호, 인구수는 9.2명이다.
그리고 표에서 보다시피 1708년에서 1798년까지는 5.19명에서 8.35명으로
매 식년마다 계속적인 증가세를 보이고 있다. 이러한 추세는 19세기 중엽
까지 지속되고 있다. 이 같은 언양의 실태와 다른 고을을 비교하기 위해
몇 도표를 제시한다.

<표 14 > 단성현 戶의 평균 인구수

연도	평균인구수	연도	평균인구수
숙종 4년(1678)	3.98	영조 38년(1762)	4.59
숙종 43년(1717)	4.75	정조 4년(1780)	4.61
숙종 46년(1720)	4.71	정조 7년(1783)	4.60
영조 5년(1729)	4.52	정조 10년(1786)	4.60
영조 8년(1732)	4.52	정조 13년(1789)	4.59
영조 35년(1759)	4.59	평 균	4.57

<표 15> 전국의 호당 인구수

연도	호당평균인구	연도	호당평균인구
숙종 19년	4.7	영조 35년	4.1
숙종 22년	4.5	영조 38년	4.1
숙종 31년	4.5	영조 41년	4.2
경종즉위년	4.4	영조 42년	4.2
경종 3년	4.3	영조 44년	4.2
영조 2년	4.3	영조 47년	4.2
영조 5년	4.3	영조 50년	4.2
영조 8년	4.2	정조 1년	4.2
영조 11년	4.3	정조 4년	4.2
영조 14년	4.2	정조 7년	4.2
영조 17년	4.2	정조 13년	4.1
영조 23년	4.2	정조 16년	4.4
영조 26년	4.1	정조 23년	4.3
영조 29년	4.1		
영조 32년	4.1	평 균	4.24

참 고 : 왕조실록에서 抄錄 계산.

<표 16> 경상도 각읍의 평균 가족수(1786)

대구	4.58	울산	3.77	초계	4.33	의령	4.34	함창	4.13
경주	3.86	동래	4.12	양산	3.22	안의	4.15	지례	4.63
상주	3.78	하동	4.87	영덕	3.99	칠원	3.95	청하	3.80
진주	4.62	거제	4.30	경산	4.53	웅천	4.80	진해	3.52
성주	4.55	영천	4.42	남해	5.27	창녕	5.41	봉화	5.59
안동	4.33	흥해	3.66	고성	4.31	신령	5.10	고령	4.27
창원	4.05	예천	3.50	의성	3.71	용궁	4.21	사천	4.41
영해	3.44	영천	6.24	연일	4.62	현풍	3.83	영양	4.20
청송	3.52	풍기	3.76	장자	3.74	삼가	5.12	예안	2.85
밀양	4.97	청도	4.54	비안	3.31	언양	7.69	개령	4.22
인동	4.11	금산	4.58	단성	4.59	하양	4.19	영산	4.66
순흥	4.81	합천	5.36	군위	4.54	의흥	5.63		
칠곡	4.37	함양	4.84	기장	4.14	자인	3.81		
선산	4.85	곤양	4.55	문경	2.94	거창	4.80		
김해	3.93	함안	4.41	산청	4.29	진보	4.68	평균	4.36

7명 초월 1, 6명 초월 1, 5명 초월 7, 4명 초월 41, 3명 초월 19, 2명 초월 2, 합계 71

자 료 : 全宇哲, 『十八世紀 前半期 農村의 社會相에 關한 一硏究』, 53쪽 도표 인용

참 고 : 호구총수 제8책 경상도 편에 의거하여 작성됨.

단성의 실태로 보면, 1678년(숙종 4)에서 1789년(정조 13)까지 81년 간 11식년의 평균 호의 인구수는 4.57명이고 최고는 4.61명, 최저가 3.98명이다. 대구는 四方博씨의 조사에 의하면 숙종대에 4.4명, 영조대에 4.6명이라고 하였다.[10] 전국의 경우는 1693년(숙종 19)에서 1799년(정조 23)까지 106년 간 28식년의 것을 평균하면 4.24명이다. 그간 1693년이 최고 4.7명이며 최저는 4.1명으로 6식년이 모두 동일하다. 이 기간 중 거의 큰 변화가 없는 것이 특징적이다.

이렇게 보면 언양이 가장 높고 단성과 대구 순으로, 단성과 대구는 큰 차이가 없다. 그러나 언양은 말할 것도 없고 대구·단성도 전국의 평균보다 높다. 그리고 단성·대구·전국은 전 기간을 통해 대체로 증감의 폭이 거의 없는 데 비해, 언양은 시대가 내려감에 따라 증가율이 높다는 점이 다

---

10) 四方博, 앞의 책, 41쪽.

른 읍과 특별히 다르다.

언양은 단성·대구와 다른 것만은 아니다. 1786년의 경우 <표 16>의 경상도 71개 읍 중 언양만이 7.69명이고, 다음은 영천 6.24명으로 언양에 비하면 1.45명의 차가 있다. 그 외의 읍은 5.0대, 즉 5명 이하이다. 심지어 3.0대도 많다.

이런 결과를 통해, 언양은 다른 읍과 호의 편제가 다른 것이 아닐까 하는 추측도 가능하다.[11] 그런데 조선시대는 초기부터 分戶政策을 통해 作戶增戶策을 추진하였다. 四方博씨도 이를 인용하고 있지만『세조실록』권25, 세조 7년 9월조에,

己未 論諸道戶籍敬差官曰 賚去事目內 廣作長籬 就籬內別立門戶 編爲一家者 刷出定爲一戶 單寒無托或爲人雇工或爲婢夫 寄生者 拘於良人別立一戶必至逃散 以率丁錄之 今聞雖居計貪窮依籬內過活者及單寒寄托者 並皆刷出別立一戶 上項事目更加看群

라고 하였다.

이와 같은 정책은 영조조에서도 계속되었다. 이는 다음『증보문헌비고』권161, 영조조에서도 볼 수 있다.

三三十五年 領議政兪拓基筵啓 近來紀綱解弛 籍法不嚴 各邑守令或慮以減戶被罪 惟以增戶爲主或令以獨子分戶……

라고 한 데서도 알 수 있다.

정조 때도 이 원칙은 크게 변하지 않았음은 전국의 호당 口數가 크게 변하지 않았다는 데서도 알 수 있다. 그런데 오직 언양만은 <표 11>에서도 알 수 있는 것과 같이 1711년(숙종 37)의 경우 호는 1,232호, 구수는 6,559명이었던 것이 1786년(정조 10)은 호가 1,224호로 호는 감소하였는데, 구수

---

11) 金載珍,『韓國의 戶口와 經濟發展』, 博英社, 1967, 46쪽에서도 그와 같은 뜻을 비추고 있다.

는 9,307호로 증가하고 있다. 위에서도 언급한 바 있지만 정조 10년도의 1,224호는 그 후 6식년도에 변하지 않고 口數만 계속 증가하고 있다. 이런 점을 볼 때, 언양만(영천도 문제시되나) 分口政策에 따르지 않았다는 결론이 나온다. 당시 이와 같은 것이 가능하였던가? 이 점은 크게 주목되는 동시에 추후 연구되어야 할 문제라 생각된다. 그러면 그 언양의 실상은 어떠하였는지 호내의 구수와 직역 신분별 구수를 조사해 보겠다.

⑵ 호당 구수

1호를 구성하는 구수(호적에 등재)는 친족·외족·처족 등의 혈족과 비혈족인 雇工·婢夫·奴婢·挾人 등으로 되어 있다. 호적대장의 호의 기재에는 武田幸男씨가 진해현의 호구 조사에서 지적하고 있는 그대로 언양의 호적대장에서도 간혹 출가하고 없는 자, 사망자, 移居者, 다른 곳에 있는 외거노비(?)까지도 기재하고 있어 조사에 방해가 된다. 이런 자들을 제외하고 1798년(정조 22)의 언양 6면의 호당 구수를 조사한 도표를 제시한다.

<표 17> 언양현 戶의 구성 인원수(1798년, 정조 22)

면 호내구수	3북			3南			호합계(%)	구수합계
	상북면	중북면	하북면	상남면	중남면	삼동면		
1口	5						5(0.4)	5
2	3	1	2		1	1	8(0.7)	16
3	17	1	11	13	8	6	56(4.7)	168
4	22	11	17	17	11	14	92(7.7)	368
5	37	17	14	24	23	20	135(11.3)	675
6	50	10	23	22	21	19	145(12.1)	870
7	35	11	34	21	18	27	146(12.2)	1,022
8	35	12	14	20	24	31	136(11.4)	1,088
9	35	10	17	19	16	16	113(9.4)	1,008
10	23	7	13	11	14	19	87(7.3)	870
11	10	4	15	18	10	11	68(5.7)	748
12	11	2	13	9	7	11	53(4.4)	636
13	10		7	2	3	9	31(2.6)	403
14	8	3	11	6	5	10	43(3.6)	602
15	4	1	4	1	2	4	16(1.3)	240

	상북면	중북면	하북면	상남면	중남면	삼동면	계(%)	합계
16	4	2	3	1	4	9	23(1.9)	368
17	2		3		2	5	12(1.0)	204
18		1	2	1		2	6(0.5)	108
19	1		1		2	3	7(0.6)	133
20	1		1	1			3(0.3)	60
21	1		2		1	1	5(0.4)	105
22	1				1	1	3(0.3)	66
23			1			2	3(0.3)	69
24				(38)	(29)			
이상				1	1		2(0.2)	67
총호수	315 (26.3)	93 (7.8)	208 (17.4)	187 (15.6)	174 (14.5)	221 (18.4)	1,197 (100.0)	
총구수	2,429 (24.5)	702 (7.1)	1,811 (18.3)	1,454 (14.7)	1,454 (14.7)	2,042 (20.5)		9,899 (100)
호당 구수	7.7	7.5	8.7	7.9	8.4	9.2	8.2	

여기서 파악된 1798년(정조 22) 호의 구성인원, 즉 총호수 1,197호, 口數 9,899명으로 1호당 평균 구수는 8.2명이 된다(이 수치는 위의 <표 11>의 정조 22년과 상위하며 거기에선 8.35명이다). 여기에서 호당 인구수는 면에 따라 차이가 있고, 가장 많은 곳은 삼동면으로 9.2명, 가장 적은 곳은 7.5명의 중북면이며, 나머지 4면은 대체로 7명을 좀 상회하는 수이다.

호는 1口에서 23구로 23종, 그 밖에 2종은 29구, 38구이다. 그 중 5구에서 9구까지의 비중이 전체 비율의 56.4%로 가장 높다. 그러므로 호는 5명 내지 9명이 많은 것이다.

5구에서 9구까지의 지역별 실태를 살피기 위하여 도표화하면 다음 <표 18>과 같다.

<표 18> 언양현 면별 호수(5口 ~9口)의 통계

	상북면	중북면	하북면	상남면	중남면	삼동면	합계
5~9口의 호수	192	60	102	106	102	113	
총호수	315	93	208	187	174	221	1,198
비율(%)	60.9	64.5	49.0	56.7	58.6	51.1	

이것을 토대로 하여 가장 비율이 높은 순으로 1위는 중북면 64.5%, 2위

는 상북면 60.9%, 3위는 중남면 58.6%, 가장 낮은 비율은 하북면 49.0%이다.

일반적으로 대가족제, 동족가족이 많은 것은 상위계층이며, 반대로 소가족제를 유지하고 있는 것은 양·천의 하위계층이라고 하는데, 이를 살필 수 있는 한 자료로서 언양의 1798년(정조 22) 면별 상위신분층의 구조를 도표화하면 다음 <표 19>와 같다.

<표 19> 언양현 지배계층의 호수

신분＼면별	상북면	중북면	하북면	상남면	중남면	삼동면	합계
양 반	119	55	155	130	61	120	640
준 양 반	81	17	17	12	26	29	182
중 인	25						25
계	225	72	172	142	87	149	847
총 호 수	320	93	208	187	176	221	1,205
면호수에 대한 비율%	70.3	77.4	82.7	75.9	49.4	67.4	70.46
순 위	4	2	1	3	6	5	
5~9口의 戶의 높은 순위	2	1	6	4	3	5	

참고 : 지배계층의 호수는 <표 20>과 후기의 면별 호수표에 의해 작성.

이 표를 보면, 중북면, 상북면, 상남면이 상위계층이 많고 5~9구로 호를 구성하는 순위도 역시 높다. 단지 하북면만은 이 순위에 합치되지는 않으나 전체적으로 수긍이 간다. 이 결과는 위에서 말한 상위계층에 호내 구수가 많다는 것을 증명하고 있다. 그렇다고 상위계층의 비중이 높은 곳이 꼭 일치하지 않는 것은 하위계층에도 많은 동거자가 있음을 단적으로 시사하는 것이다.

이를 좀 구체적으로 이해하기 위해서 1798년(정조 22) 상북면만의 직역 신분별 구수를 표로서 제시한다. 직역 신분 분류는 양반·준양반·중인·한량·노비의 5구분을 하였다.

<표 20> 상북면의 직역·신분별 구수(1798년, 정조 22)

직역	호수	구수	평균구수	노비소유 호수	雇工소유 호수	挾人소유 호수
進士	1	11	11	1		1
幼學	110 (107)	901	8.4	105		39
嘉善大夫	1	10	10	1		1
老職通政大夫	1	15	15	1		1
通德郎	1	6	6	1		
承仕郎	1	14	14	1		1
將仕郎	1	20	20	1	1	1
老職折衝將軍	2	28	14	1		2
效力副尉	1	13	13	1	1	1
계	119 (116)	1,018	8.77	0.97 113	0.02 2	0.40 47
諸衛	5	40	8	4	1	4
業武	6	40	6.7	2	2	2
閑良	51	384	7.5	28	18	4
軍官	11	81	7.4	4	1	6
選武士	1	3	3			
都訓導	1	8	8			
從仕郎	1	15	15	1		1
折衝將軍	1	7	7			1
展力副尉	1	5	5	1		
納嘉善大夫	1	4	4		1	
納通政大夫	2	20	10	2		1
계	81	607	7.49	0.52	0.28	0.24
安逸戶長	1	6	6	1		
記官	12	128	10.7	10	8	4
貢生	5	42	8.4	4		2
假吏	3	23	7.7		1	2
所書員	4	28	7		1	2
계	25	227	9.08	0.6 15	0.4 10	0.4 10
驛吏	7	51	7.3	1	1	5
烽軍	3	18	6.3		1	1
禁衛軍	5	34	6.8	2	1	1
禁衛軍保	1	3	3			
御營軍	4	30	7.5	2		1
主鎭軍	1	6	6			

別隊	12	85	7.1		2	7
別砲手保	1	3	3			
束伍軍	4	22	5.5			2
水軍	7	46	6.6			4
別武士裸直	1					1
笠子匠	2	12	6			1
唐鞋匠	2	7	3.5			
冶匠	1	10	10			
甕器匠	3	18	6			2
作廳文書直	1	6	6			1
所直	1	4	4			
使令	6	40	6.7		1	1
小童	1	5	5		1	1
藥漢	2	14	7		1	1
巫夫	2	12	6			1
老除	10	58	5.8		1	1
良人	2	14	7			
假官奴	3	26	8.7		1	2
女性	3	20	6.7			2
無役	2	10	5	1		
病者(良人)	1	6	6		1	1
계	88	567	6.44	0.08 7	0.13 11	0.40 36
官奴	4	29	7.25		0.75 3	1.00 4
定屬婢	2	3	1.5			
계	6	32	5.33		0.5	6.7
총계	320	2,451	7.65	0.55	0.15	0.36

참고 : ( )의 수는 定配罪人을 제외한 수.

　위의 도표에 의해 신분별로 구수를 살펴보면, 평균호구수는 중인층이 9.08명으로 1위를 점하고 있으며, 2위는 양반층 8.77명, 3위는 준양반층 7.49명, 4위는 상민층 6.44명, 5위는 노비층 5.33명이다. 노비층은 6호 밖에 되지 않지만, 관노 4호만을 보면 7.2명으로 상민층의 비율보다 높다. 역시 관아에 속해 있는 중인층이 가장 높은 점이 주목된다. 이에 대해서는 다시 후술하겠다.

　양반호에 대해서 보면 대체로 유학호에 비해 진사·대품 受帖者가 많아

9호 중 8명 이하가 2호, 나머지는 10명 이상이고 28명의 대가구를 가진 것
도 있다. 유학호도 호에 따라 차가 많다. 준양반호는 숫자적 비율이 높은
것은 한량·군관 등인데, 여기서는 정확히는 알 수 없으나 준양반호는 대
체로 가구수가 양반호에 비해 적다. 중인층은 5役種 중에는 호수가 많은
記官이 1호당 11명에 가깝고 가장 많은 편이며, 나머지 職種은 6~8명 정
도로 비슷하다. 상민호에서는 직역에 따라 비슷한데 假官奴가 3호인데 평
균 8.7명으로 좀 많은 것 같다.

호내의 구수는 타읍과도 같이, 대가족이나 동거자가 많은 경우는 다수의
친족, 드물게 외족·처족 이성의 緣戚이 함께 거주하고 있고, 한편으로는
노비·고공·비부가 함께 있다. 그러나 노비는 호적에만 등재되고 있으면
서 함께 거주하고 있지 않는 경우도 있다. 그리고 언양에는 타읍의 호적대
장에서는 볼 수 없는 '挾人'이 호주 밑에 동거자로 신고되고 있다.

먼저 예속층이라 볼 수 있는 노비·고공의 신분층별 소유실태를 보면
다음 <표 21>과 같다.

<표 21> 신분층별 노비·고공의 소유 실태

신분별	소유노비수	소유고공수	협인수
양 반	0.97	0.02	0.4
준양반	0.52	0.28	0.24
중 인	0.6	0.4	0.4
상 민	0.08	0.13	0.4
노 비	–	0.5	0.67

노비의 소속을 보면 양반호는 97%, 호당 1명 정도 갖고 있으며, 다음은
중인호로서 60%, 준양반호는 52%, 상민은 8% 정도 갖고 있다. 그런데 고
공의 수를 합해 보면 양반호는 99%, 준양반호는 80%, 중인층 100%, 상민
호는 21% 정도이다. 여기서 주목할 것은 중인층이 양반층과 거의 같은 비
율이고 양반층보다 1% 높다는 사실이다. 18세기 말에 있어서 언양의 중인
의 지위, 경제력의 실태를 간접적이지만 살필 수 있어 관심의 대상이 된다.
이 문제는 다른 군현의 실태와 비교하면 이 시대 중인층의 일반성을 살필

수 있을 것이다.

그리고 또 고공의 예속이 주목된다. 戶數面에 양반호가 다른 계층보다 적기는 하지만 중인층이 40%, 노비호(수가 적음) 50%, 준양반호가 28%, 상민호가 13%, 양반호가 2%의 비율로 해서 거느리고 있다. 양반호가 가장 적다는 점과 함께 중인 · 노비 · 상민의 비율이 높은 데 관심을 끌게 한다.

挾人에 대해서 살펴보겠다. 협인은 5계층에 두루 분포하고 있다. 양반호 116호에 47명으로40%, 준양반 81호에 20명으로 24%, 중인 25호에 10명으로 40%, 상민 88호에 36명으로 40%, 노비 6호에 4명으로 67%, 단 定屬婢 2호에는 없고 관노 4호에만 4명이 있다. 비율상으로 호수는 적으나 1위는 노비호, 다음은 양반 · 중인 · 상민이 같은 비율이고, 가장 낮은 것은 준양반호로서 좀 이상한 감도 있다. 이와 같은 현상은 한 면을 대상으로 조사한 것이므로 보편성에는 문제가 있겠으나 주목되어야 할 과제라 생각된다.

협인의 실태는 언양의 호적대장에 숙종 때에서 순조 때까지 모두 기록되어 있다. 다만 철종 때는 보이지 않는다. 그리고 과문한 탓인지 지금까지 각읍의 호적대장에 협인이 기재되고 있다는 보고가 없고, 따라서 논문도 나온 것이 없다. 필자가 본 일부의 대구장적 · 단성장적에도 볼 수 없었다.

협인의 기원은 분명하지 않으나, '挾戶' '挾戶살이' '挾幕人' '挾作人' 등으로 불리기도 한다. 그들의 실태에 대해서 조선총독부에서 간행한 『朝鮮ノ小作慣行』에서는 "지주의 가택 일부에 거주하거나 지주 집 부근에 마련된 가옥에 살면서 자경지의 경작에 종사하는 한편 소작도 하는 소작인"[12]이라고 하였다. 이는 일제시대 협호의 실태를 유추한 이해이며, 언양의 경우에는 지주의 집 내지 부근의 가옥에 살면서 지주의 토지를 경작하는 소작인 같은 형태도 있었으나 노비 · 양인의 경우는 그들의 노동력을 고용할 여력이 없었을 것이니, 집의 일부를 빌리든지 또는 부근에 집을 가지고 籍을 다만 노비 · 양인호에 올린 것이 아닐까 생각된다. 어쨌든 조선후기 농민층의 분화가 격화되면서 다량으로 배출된 몰락농민이라고 추측된다. 숙종 때보다 정조 때 많은 수의 협인이 대장에 기재되어 있는 것으로 보아

---

12) 朝鮮總督府, 『朝鮮ノ小作慣行』上, 1932, 816~821쪽.

협인의 숫자가 시대가 내려감에 따라 많아졌음을 알 수 있다.

다른 읍도 언양과 같이 광범하게 거주하였다고 생각되나 호적대장 기재가 없다. 다만 조사되었다는 것은 규장각 소장 「甲午年 成冊規式」에 「挾戶成冊」이 있음으로써 알 수는 있다. 언양이 타읍보다 호에 구수가 많은 이유 중 하나는 협인의 수가 합해졌기 때문이라 믿어진다. 1798년(정조 22)에는 총구수가 10,200口인데, 협인수는 1,758口로 파악되고 있다. 이를 두고 총구수에서 이 협인의 수를 제외하고 총구수로 계산하면 호당 평균구수는 7.0口로써 이것도 적은 수가 아니다. 때문에 (전국·타읍과 비교할 때) 언양이 타읍보다 호당 구수가 많은 이유는 협인 이외의 다른 요인이 있을 것으로 해석되며, 이에 대한 연구가 필요하다.

(3) 면별·연령별 실태와 남녀인구수

1차적으로 면별의 연령별·남녀인구수표를 작성하고 다음으로 그것을 근거로 연령별 남녀인구구성도(그래프)를 작성한다. 그리고 武田幸男씨가 작성한 1825년(순조 25) 그래프[13]와 해방전후 1935년, 1965년의 그래프[14]를 게시한다. 이는 상호 비교하기 위해서이다.

<표 22> 면별 연령별 남녀인구수(1798년,정조22)

연령 \ 면	상북면		중북면		하북면		상남면		중남면		삼동면		계	계	
	남	여	남	여	남	여	남	여	남	여	남	여		남	여
1	1				1						1	1	4	3	1
2	13	4			20	10	8	1	12	13	6	10	97	59	38
3	20	15		1	18	16	3	6	19	21	12	24	155	72	83
4	15	12	2		7	4	5	2	2	9	12	11	81	43	38
5	31	25	3	9	18	21	16	6	17	38	21	47	252	106	146
6	13	16		3	12	9	6	3	7	9	6	22	106	44	62
7	11	24	7	13	10	9	13		5	15	9	27	143	55	88
8	31	25	3	5	26	18	10	5	11	11	11	22	178	92	86
9	26	13	6	3	24	6	16	2	14	9	22	23	174	108	66

---

13) 武田幸男, 앞의 책, 48쪽.

14) 金哲, 『韓國の人口と經濟』, 岩波書店, 1965, 118쪽.

10	33	17	4	6	16	11	8	13	6	13	21	15	163	88	75
11	17	23	2	7	22	27	15	2	12	20	20	28	195	88	107
12	13	21	1	4	15	11	7	9	9	10	10	23	133	55	78
13	22	26	4	10	14	19	16	14	13	15	22	27	202	91	111
14	19	28	6	9	13	14	17	5	12	14	15	23	175	82	93
15	32	34	11	17	30	17	18	15	15	23	19	22	253	125	128
소계 (%)	297 (12.9)	283 (12.2)	49 (2.1)	87 (3.8)	246 (10.6)	192 (8.3)	158 (6.8)	83 (3.6)	154 (6.7)	220 (9.5)	207 (9.0)	335 (14.5)	2,311 100%	1,111	1,200
16	20	10	3	3	10	9	8	4	19	13	19	12	130	79	51
17	28	16	5	11	7	10	10	5	14	7	19	20	152	83	69
18	30	10	6	6	24	14	25	16	15	16	17	17	196	117	79
19	22	20	5	6	18	12	16	5	11	2	19	20	156	91	65
20	21	32	4	21	19	13	21	18	17	13	13	18	210	95	115
21	28	23	9	19	16	20	24	14	18	9	22	20	222	117	105
22	17	19	6	1	22	17	16	15	15	14	17	10	169	93	76
23	9	30	2	1	14	13	18	18	8	12	14	7	146	65	81
24	19	16	3	4	21	19	13	4	16	12	12	17	156	84	72
25	44	23	10	17	19	26	18	21	10	13	30	29	260	131	129
26	15	14	7	9	23	17	6	13	5	12	12	19	152	68	84
27	19	16	5	13	16	13	11	9	9	4	17	15	147	77	70
28	24	18	5	4	9	15	11	22	22	14	20	13	177	91	86
29	14	13	3	6	9	15	11	9	5	9	22	24	140	64	76
30	34	32	3		21	16	16	20	13	8	13	17	193	100	93
31	21	31	3	8	14	16	14	16	17	15	15	19	189	84	105
32	23	20	5	5	11	11	14	7	13	8	19	21	157	85	72
33	20	14	5	3	12	14	14	18	12	12	14	20	158	77	81
34	28	37	6	7	11	12	12	19	9	10	25	21	197	91	106
35	36	27	10	7	22	18	17	15	16	20	13	17	218	114	104
36	17	16	2	3	16	7	7	9	11	11	13	10	122	66	56
37	30	27	8	10	12	16	16	19	11	5	9	18	181	86	95
38	20	23	4	2	20	17	15	15	17	16	19	23	191	95	96
39	17	19	5	7	15	12	13	10	16	12	13	16	155	79	76
40	17	25	5	6	19	19	15	15	8	10	12	16	167	76	91
41	26	20	7	9	10	17	16	9	21	11	15	17	178	95	83
42	21	21	7	5	16	15	11	11	10	8	17	13	155	82	73
43	11	11	4	1	9	10	5	4	9	10	9	6	89	47	42
44	11	16	1	4	12	14	6	10	11	6	12	20	123	53	70
45	14	14	2	5	14	15	10	11	10	11	17	21	144	67	77
46	12	7	2	5	8	10	7	7	4	3	13	8	86	46	40
47	9	13	5	3	5	2	10	9	5	4	6	15	86	40	46
48	11	14	3		7	8	4	9	7	13	5	7	88	37	51

49	20	17	4	5	8	13	20	18	15	21	15	19	175	82	93
50	16	8	1	2	6	5	3	7	2	7	14	12	83	42	41
51	13	15	4	4	12	8	6	7	8	2	7	13	99	50	49
52	7	6	12	6	11	7	7	8	3	4	6	9	86	46	40
53	8	9	2	7	5	8	11	8	6	9	6	9	88	38	50
54	11	9	2	2	5	16	9	6	6	4	14	9	93	47	46
55	26	29	7	7	23	19	19	19	15	19	15	19	217	105	112
56	4	9	1	2	9	7	7	10	2	9	4	7	71	27	44
57	7	8	4	4	4	14	5	6	5	6	14	10	87	39	48
58	5	4	5	6	10	13	5	5	5	5	7	7	74	34	40
59	11	12	4	2	5	11	6	7	6	8	12	11	95	44	51
60	10	15	3	4	10	11	6	13	6	4	6	8	96	41	55
소계(%)	826 (12.6)	788 (12.0)	209 (3.2)	262 (4.0)	589 (9.0)	594 (9.1)	534 (8.1)	520 (8.0)	480 (7.3)	441 (6.7)	632 (9.6)	679 (10.4)	6,554 (100)	3,270	3,284
61	13	19	3	4	11	5	16	6	15	5	12	12	125	74	51
62	11	7	3	1	5	7	5	7	6	5	6	9	72	36	36
63	9	15	2	1	10	9	5	6	5	9	14	7	92	45	47
64	11	14	6	6	7	14	12	6	7	9	7	12	111	50	61
65	23	13	3	10	11	13	16	12	18	12	6	3	140	77	63
66	7	6		1	4	4	5	5	5	5	2	2	46	23	23
67	5	3	3	5	4	7	2	2			4	5	40	18	22
68	7	10	2	2	5	5	4	2	1	3	6	5	52	25	27
69	4	6	4	6	3	5	5	4	4	3	6	3	53	26	27
70	3	7	3	1	4	4	1	2	1	1	5	2	34	17	17
71	7	7	1		3	2	5	2	3	4	10	3	47	29	18
72	3		2		2	2	2	1	2		1	2	17	12	5
73	2	3	2	2	1	1	3	2	1	1	1	4	23	10	13
74	3	1	1	2		4	1	1		1	3	3	20	8	12
75	3	7	2	3	3	1	2	4	4	5	1	4	39	15	24
76	2	5			1	1	1	3	3	2	4	2	24	11	13
77	4	2			1			3	1	1	1	5	20	9	11
78		1			1	2		2		1	1	2	10	2	8
79	2	2	3	4	1	1		1	2	2	2	3	23	10	13
80	3	3	1		1	1	1	1		6			17	6	11
81		1		1	2	3	1			3		3	14	3	11
82			1	1	1	1	3	1				1	9	5	4
83					2	2		1					5	2	3
84	1	2		1	1	3			1	1			10	3	7
85	2		1	1	2	2	1	3	1	1		1	15	7	8
86					1	1		1		1		1	5	1	4

87					1	1		1				1	4	1	3
88	1	1				1						2	5	1	4
89	1	1		1	1			1					4	2	2
90													1	0	1
91						1	1						2	1	1
92		1											1	0	1
93															
94								2					2	0	2
95															
96				1									1	0	1
97		1											1	0	1
98															
99															
100															
소계 (%)	127 (11.7)	138 (12.7)	47 (4.3)	54 (5.0)	89 (8.2)	103 (9.5)	94 (8.7)	82 (7.6)	80 (7.4)	81 (7.5)	92 (8.5)	97 (8.9)	1,084 (100)	529	555
총계 (%)	1,250 (12.6)	1,209 (12.2)	305 (12.2)	403 (4.1)	924 (9.3)	889 (8.9)	786 (7.9)	685 (6.9)	714 (7.2)	742 (7.5)	931 (9.4)	1,111 (11.2)	949 (10.0)	4,910	5,039

<표 23> 언양현 1798년(정조 22) 연령별 남녀인구수 구성도

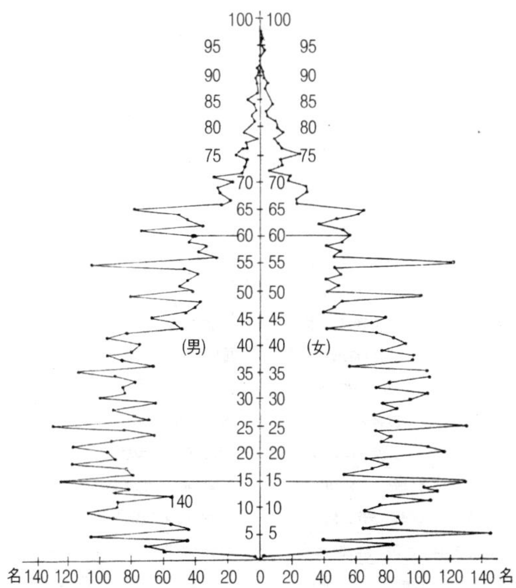

<표 24> 한국 남녀별 연령구성도(1935년, 1955년)

연령	1935년				1955년			
	남		여		남		여	
	인구수	비율(%)	인구수	비율(%)	인구수	비율(%)	인구수	비율(%)
총인구	11,271,005	100.0	10,937,097	100.0	10,752,973	100.0	10,749,413	100.0
0~ 4	1,864,127	16.5	1,807,454	16.5	10,752,973	16.2	1,633,870	15.2
5~ 9	1,478,064	13.1	1,408,407	12.9	1,742,778	13.9	1,371,517	12.8
10~14	1,301,810	11.6	1,229,821	11.2	1,495,871	12.7	1,249,453	11.7
15~19	1,080,314	9.6	1,021,591	9.4	1,256,904	11.7	1,138,007	10.6
20~24	959,748	8.5	937,281	8.6	808,143	7.5	946,257	8.8
25~29	811,545	7.2	802,225	7.3	635,243	5.9	803,884	7.4
20~34	652,568	5.8	633,374	5.8	679,017	6.3	710,431	6.6
35~39	669,307	5.9	639,446	5.9	585,542	5.4	583,037	5.4
40~44	572,611	5.1	540,153	4.9	530,158	5.0	523,904	4.9
45~49	508,714	4.5	482,679	4.4	496,405	4.6	451,476	4.2
50~54	409,120	3.6	388,381	3.6	337,483	3.1	342,418	3.2
55~59	334,045	3.0	331,983	3.0	295,560	2.7	319,434	3.0
60~64	248,205	2.2	255,063	2.3	217,405	2.1	263,101	2.4
65~69	179,466	1.6	202,173	1.8	156,091	1.5	203,113	1.9
70~74	113,398	1.0	134,568	1.2	80,971	0.8	110,771	1.0
75이상	87,963	0.8	122,498	1.2	63,834	0.6	98,740	0.9

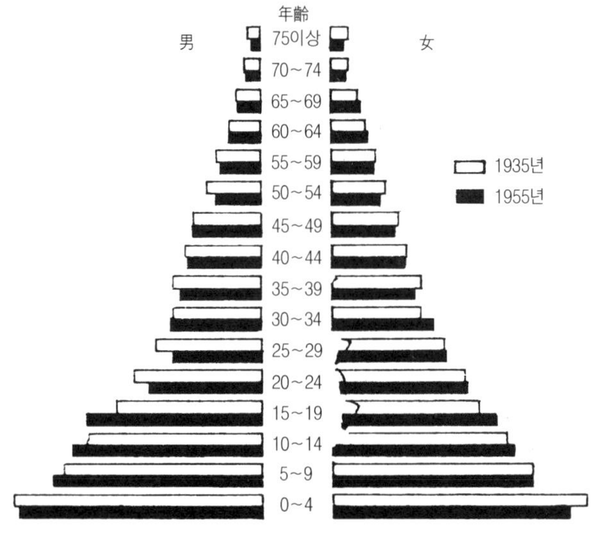

<표 25> 진해현 1825년(순조 25) 연령별 男女口數 구성도

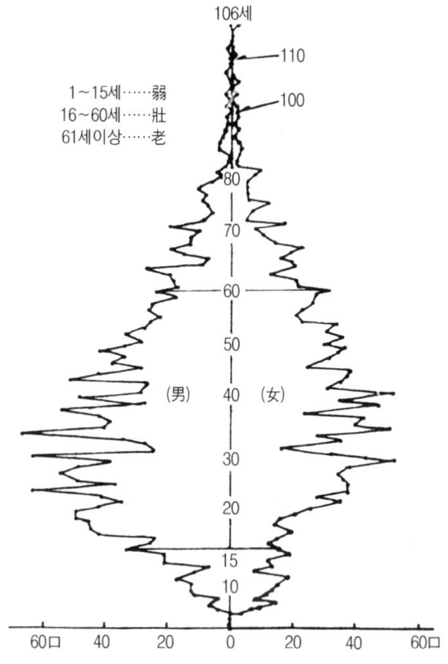

　남녀간의 비율은 앞에서도 언급한 대로 1798년(정조 22) 호적대장의 통계에서 계산하면 10,180명으로 여자에 비해 남자가 94.5% 밖에 되지 않고 있다. 파손되어 정확히 계산할 수 없는 것을 제외하거나 面末의 통계, 대장 말미의 통계를 무시하고 각 호별로 조사한 인구수는 9,949명이었다. 남자는 4,910명이고 여자는 5,039명으로 그 비율은 남자가 49.4%로 그 차이는 얼마되지 않는다. 호적대장에 구분되어 있는 弱(1~15세)·壯(16~60세)·老(61세 이상)를 남녀별로 살펴 보겠다.

　'약'의 남녀 비율은 남자가 여자에 비해 48.1%를 점하고 있다. 전체 면의 남녀대비율보다 낮다. 그러나 연령별로 보면 15세 중 6개의 연령에서는 남자가 많고 9개의 연령에서는 여자가 많아 일률적으로 여자가 많은 것만은 아니다. 6개 면 중 하북면의 경우만 남자 30명에 여자 17명으로서 남자가 많다.

다음으로 '장'은 남녀간 비율은 남자가 여자에 비해 49.9%로 거의 차이가 없다. 전체 비율은 약·노보다 높다. 연령별로 보면 21개의 연령은 남자가 많다. 그러나 전체 비율에서 보면 그 차이는 극히 적은 편이다. 면별로 보면 남자가 많은 곳은 상북면·상남면·중남면이다.

'노'는 남자가 529명 여자는 555명으로 큰 차는 없는데 비율은 남자가 48.8%이다. 어느 연령이나 여자가 많은데 다만 82세의 경우 한 연령만 남자 5명, 여자 4명이다. 대체로 여자가 장수한 듯하다. 면별은 상남면만이 남자가 좀 많다.

<표 23>·<표 24> 그래프를 토대로 살펴보면, 안정된 사회에서 잘 파악된 호구조사를 기초로 작성된 그래프는 피라미트형으로 나타나는 것이지만 언양은 꼭 그렇지는 못하다.

첫째, 15세 이하의 인구수가 15~30세까지의 수에 비해 적다. 둘째, 曲折이 눈에 띈다. 즉 14세에 비해 15세층이 급격히 증가하고 있으며 그와 같은 현상은 5세(특히 여자)·25·35·55·65세층이다. 그 이유는 잘 알 수 없으나 주목되는 현상이며 앞으로의 연구 과제이다.

15세까지의 연령층이 적은 것은 철저하지 못한 출생신고에 기인한 것으로 이해되며 상당한 숫자가 누적되었다고 보여진다.

그런데 이와 같은 현상을 다른 읍과 비교할 때, 언양은 그래도 지극히 정상적(?)으로 口의 파악이 잘 되고 있는 편이며, 근대의 안정된 사회의 피라미드형에도 가깝게 보여진다.

언양의 이 <표 23>은 1798년(정조 22)의 것이며, 武田幸男씨가 조사한 것은(<표 25>) 1825년(순조 25)으로 그들 간에 27년의 차이가 있는데, 그 도표를 보면, 15세 이하는 언양에 비해 현저히 적다. 뿐만 아니라 진해의 20대, 30대와도 차가 심한 것을 볼 수 있다. 그리고 1~2세는 전무하다. 그러므로 武田幸男씨는 이를 두고, "……특히 15세 이하의 연령계층인 '약'에 있어서는 이것이 진실을 전하고 있다고 믿을 수 없고 1~2세가 절무하다는 것은 명백한 허위다"15)라고 하고는 甲午式 戶籍事目 10조를 들고 있

다.16)

즉 "士夫·常漢을 논하지 않고 1·2세의 아동이라 할지라도 남김없이 開錄하라", "그러나 근래 사람들은 법을 두려워하지 않고 처녀를 적에 넣지 않는 자가 심히 많다"하고 벌칙을 명기하고 있으나 이와 같은 현상은 개선되기는커녕 더욱 심해졌던 것 같다고 하였다.17) 그런데 언양의 것에는 이와 같은 설명은 적용되지 않음을 알 수 있다.

필자가 살핀 바로는 대구는 숙종 경오년(1690)의 10면, 영조 신유년(1741)의 4면은 1·2세까지도 신고실적이 양호하여 언양과 같으며,18) 단성은 진해와 같은 경향이다.

결론적으로 말하면, 언양의 인구 실태를 미루어 보아 호적조사는 비교적 잘 이루어졌다. 그리고 이곳의 호구 실태는 특이한 고을의 예라고 하기 보다는, 타읍의 실상도 호적대장의 등재 사실과 달리 이와 같았다고 볼 수 없겠는지 이 점은 좀더 구체적으로 구명해 볼까 한다.

언양은 질적으로 비옥하거나 양적으로 많은 田地를 가지고 있는 고장은 아니나, 호적대장에 보면 외래자의 入居도 그다지 많지 않고 또 移居者의 수도 많지 않다. 단적인 예는 도망자의 수도 타읍에 비해 훨씬 적다.19) 때문에 호구 조사가 좀 실제의 수에 접근하는 수적 파악이 된 것이 아닐까 생각해 본다.

끝으로 다음에 다룰 직역 문제 및 위에서 다루었던 연령별·남녀구수표와도 관련된 노·장·약에 대해서 살펴 보겠다. 이 점은 武田幸男씨도 다루고 있기 때문에 그 견해도 아울러 살피겠다.

다음 <표 26>은 면별 연령별 남녀구수표에서 수치를 추출 작성하였다.

---

15) 武田幸男, 앞의 책, 48쪽.
16) 奎章閣所藏 『戸口事目』 甲午式, "一. 勿論士夫·常漢 雖一二歲兒童 無遺開錄 而近來人不畏法 處女之不入籍者甚多 如此之類 因事發覺 則家杖一百 徒三年 別文書及任掌等 杖一百爲白齊".
17) 武田幸男, 앞의 책, 48쪽.
18) 四方博, 앞의 책, 22쪽.
19) 金錫禧, 앞의 논문 참조.

<표 26> 면별 연령별 인구수

	상북면	중북면	하북면	상남면	중남면	삼동면	계
약 1~15세	580 (25.1)	136 (5.9)	438 (18.9)	241 (10.4)	374 (16.2)	542 (23.5)	2,311 (100) △(232)
장16~60세	1,614 (24.6)	471 (7.2)	1,183 (18.1)	1,054 (16.1)	921 (14.0)	1,311 (20.0)	6,554 (100) △(65.9)
노61세이상	265 (24.4)	101 (9.3)	192 (17.7)	176 (16.3)	161 (14.9)	189 (17.4)	1,084 (100) △(10.9)
계	2,459 (24.8)	708 (7.2)	1,813 (18.2)	1,471 (14.8)	1,456 (14.7)	2,042 (20.6)	9,949 (100) △(100)

이를 두고 호적대장 말미의 직역 일람을 조사해 보면, '약'은 남자 867명·여자 700명, '장'은 남자 3,053명·여자 3,352명, '노'는 남자 1,014명·여자 1,183명으로 남자 총 4,934명 여자 총 5,235명으로 도합 10,169명이다.

그런데 대장 道已上(邑總體數)에는 10,224명, 남자 4,945명, 여자 5,235명으로 되어 있다. 말미의 직역 대상자 수와 都已上의 인원수는 남자의 경우만 11명 정도가 다를 뿐으로 같은 수치이다. 그러나 위의 표에서 이를 비교해 보면 위에서는 '약'이 2,311명 '장'이 6,554명 '노'가 1,084명 총계 9,949명(낙장된 호구 연령이 기재되지 않은 것은 계산하지 않았음)이다. 총계의 인원수는 뒤로 미루더라도, 弱·壯·老에 현저한 차가 나온다. 그러면 여기에 호구대장 개개호의 기재 내용과 말미의 직역 대상자 수와는 어떤 관련이 있는지 의문시된다.

이 점에 대해서 武田幸男씨도 "대장 말미의 已上條 통계만을 대상으로 삼아 연구하는 것은 위험하다"[20]고 하였다. 현재로서는 필자도 같은 견해이다. 다만 이 호적대장 말미의 직역 일람의 기재는 연구되어야겠다.

---

20) 武田幸男, 앞의 책, 49쪽.

Ⅳ. 신분 · 직역의 실태와 변동

신분계층의 분류는 여러 학자에 의해 의견들이 제시되고 있다. 넓게 양반 · 상민 · 노비의 3계층과 좁게는 양반 · 준양반 · 상민 · 노비의 4계층, 그리고 향리층 등을 별도로 추가하여 5계층으로 하기도 하고, 또는 상민을 나누어 身良役賤을 한 계층으로 삼는 이도 있다. 그러므로 대체로 3~6계층으로 나누고 있다.

일반적으로 알려져 있는 바와 같이 호적대장에는 공적 부담을 표시하고 있는 諸種의 직역이 개개인에게 기재되고 있다.

이 여러 종류의 직역을 신분계층으로 분류하는 방법은 최초로 대구호적대장을 분석한 四方博이래 지금까지 여러 연구자에 의해 행해졌다. 그것을 보면 직역을 8류 · 10류 혹은 20류로 나누고 다시 이를 3~6계층의 신분층을 구분하고 있다. 이와 같이 직역을 신분별로 구분하는 기준은 학자에 따라 다소 차이가 있으나 대체로 四方博씨의 설을 기준으로 하고 있다.

본인은 이 논고에서 양반 · 준양반 · 중인 · 노비의 다섯으로 구분하였는데 준양반을 계층간의 실태와 변동을 살피기 위해 (Ⅰ), (Ⅱ), (Ⅲ)으로 나누었다.[21]

---

21) [양반]
    (1) 前 · 現職者 및 帶品者(4祖 조사하여 아래의 준양반 · 중인 · 상민 · 천인의 신분이 있는 자와 처 · 母의 호칭이 '氏'가 아닌 자는 제외).
    (2) 진사 · 급제 등 科試合格者.
    (3) 幼學 · 童蒙.
    (4) 여성호주로서 호칭이 '氏'인 자.
    [준양반]
    (1) 軍官 閑游者 등으로 처가 '氏'의 호칭을 갖고 있는 자.
    (2) 군관 한유자 등으로 처가 '姓' '召史'의 호칭을 갖고 있는 자.
    (3) 帶品職者 중 양반의 (1)에서 제외된 자로서 처의 호칭이 '氏' '姓' '召史'인 자와 納粟帶品者.
    ※ 양반 · 상민 · 노비로서 처리할 때는 준양반층은 상민에 넣음.
    [중인]
    安逸戶長 記官 貢生 등 吏胥層.
    [상인]

단, 이 글에서 모든 읍의 개인 직역을 모두 조사하지 못하고 호주의 신분직역을 조사하여 그 실태와 시대 간의 변동을 고찰해 볼까 한다. 조사대상은 숙종 37년(1711), 정조 22년(1798), 철종 12년(1861)의 호적대장이다. 그런데 다음 면별 戶數表에서 보다시피 위의 세 호적대장에는 파손되어 확인할 수 없는 호도 있어 숙종대의 것은 1,119호, 정조대의 것은 1,205호, 철종대의 것은 1,172호이다. 연대상으로는 18세기 초에서 19세기 중엽인데 150년 간이며, 숙종 37년에서 정조 22년까지는 87년, 정조 22년에서 철종 12년까지는 63년간이다.

다음의 <표 27>은 면별 호수를 구체적으로 나타낸 것이다.

<표 27> 언양현의 면별 호수

숙종 37년(1711)

면별 호	상북면	중북면	하북면	상남면	중남면	삼동면	계
확인되는 호수	254	94	224	174	229	186	1,161
실계산 호수	212	94	224	174	229	186	1,119

참고 : 戶籍大帳 末尾의 총호수 통계는 1,232호이나, 파손된 것이 71戶임으로 확인될 수 있는 것은 1,161호. 그러나 42호가 職役不明하여 계산할 수 있었던 것은 1,119호

정조 22년(1798)

면별 호	상북면	중북면	하북면	상남면	중남면	삼동면	계
대장의 면리별 호수	322	93	208	187	176	238	1,224
실계산 호수	320	93	208	187	176	221	1,205

참고 : 호적대장 말미의 총호수 통계는 1,224호이나 상북면에 2호가 파손, 삼동면에 17호가 파손되어 계산할 수 있었던 것은 1,205호

양인의 諸軍役帶役者, 諸軍保帶役者, 驛吏驛保, 各色匠人, 鄕廳有司 등, 鄕校齊直 등, 官廳下典, 巫夫 등.

[노비]

奴・婢.

※ 공동연구자인 박용숙 교수는 후편의 고공・노비에 관한 고찰에서 준양반(Ⅰ)을 양반에 넣고 納粟帶品者는 상민에 넣어 계산하고 있다.

철종 12년(1861)

호 \ 면별	상북면	중북면	하북면	상남면	중남면	삼동면	계
대장의 면리별 호수	273	133	184	222	201	211	1,224
실계산 호수	273	133	176	187	192	211	1,172

참고 : 호적대장 말미의 총호수 통계는 1,224호이나, 하북면의 산전리 8호가 파
  손, 상남면 천전리, 이천리 35호가 파손, 중남면은 교동에 5호, 가천리에
  4호가 파손.

시대별 면별 호주의 신분직역을 도표화하면 다음 <표 28>과 같다.

<표 28> 숙종 37년(1711) 신분별 호수

신분	직역 \ 면별	상북면	중북면	하북면	상남면	중남면	삼동면	계
양반	幼學	11	4	36	22	11	27	111
	及第	2						2
	判官	1						1
	察訪	1						1
	參奉			1			1	2
	宣傳官						1	1
	副護軍	2		1				3
	副司果	1					2	3
	通政大夫	2					1	3
	通德郎	2			1		2	5
	將仕郎					3		3
	折衝將軍			1				1
	果毅校尉						2	2
	女性(氏)							
	計	22	5	39	23	14	36	138
준양반 (I)	諸衛	3	(1)	3	1		2	10
	業儒				3			3
	業武	4	5	3	12	1	5	30
	校生	1	1					2
	武學			4	2			6
	出身					1	1	2
	諸衛	3	(!)	3	1		2	10
	業儒				3			3

준양반(Ⅰ)	業武	4	5	3	12	1	5	30
	校生	1	1					2
	武學			4	2			6
	出身					1	1	2
	閑良	1						1
	軍官		(1)					1
	旗牌官	(1)					(1)	2
	兼司僕				2			2
	女性(氏)	4		7	2	4	3	21
	計	14	8	17	22	6	12	80
준양반(Ⅱ)	諸衛	1	2	2	2	4	1	12
	業武	1	1	4	2	2	1	11
	校生						1	1
	武學	7	5	16	26	14	8	76
	軍官				1		3	4
	別將		1	1	1			3
	計	9	9	23	32	20	14	107
준양반(Ⅲ)	嘉善大夫	1	3	5	1	1		11
	通政大夫	7	4	8	3	6	1	29
	折衝將軍	3	1		2			6
	副司果						1	2
	計	11	8	13	7	7	2	48
중인	貢生	10						10
	律生	1						1
	文書直	1						1
	假吏	2					2	4
	計	14					2	16
상민	良役	91	58	117	76	168	100	610
	女性(召史)	14	2		2	5	6	29
	計	105	60	117	78	173	106	639
노비	官奴	1不明1寺奴 12		1寺奴				13
	校奴		2			4		6
	私奴	26	2	14	11	5	14	72
	計	38	4	15	11	9	14	91
總計		212	94	224	174	229	186	1,119

참고 : 준양반(Ⅰ)에 ( )내의 수는 4호가 양반. 妻가 '氏'의 호칭을 가짐. 兼司僕은 처가 '氏'의 호칭을 갖고 있으나 4조가 양반이 아님. 여성호주는 '氏'이나 4조가 양반이 아님.

<표 29> 정조 22년(1798) 신분별 호수

신분	직역	상북	중북	하북	상남	중남	삼동	계
양반	進士	1						1
	幼學	110	51	145	124	48	117	595
	童蒙			1	2			3
	嘉善大夫	1				3	1	5
	通政大夫	1		1		1		3
	通德郎	1	2			3		6
	承仕郎	1						1
	將仕郎	1						1
	折衝將軍	2	1	3	2	1		9
	秉節校尉			1		1		2
	效力副尉	1						1
	展力副尉						1	1
	女性(氏)		1	4	2	4	1	12
	計	119	55	155	130	61	120	640
준양반(Ⅰ)	諸衛	2	5			2	3	12
	院生						1	1
	出身			2	1			3
	閑良	13	3	1	1	7	5	30
	選武士	1	1	1				3
	計	16	9	4	2	9	9	49
준양반(Ⅱ)	諸衛	3	5	1	2	7		18
	業武	6		3	3	1		13
	武學			1	1		1	3
	閑良	38	3	4	3	4	12	64
	軍官	11				3	3	17
	旗牌官				1			1
	都訓導	1						1
	郎廳			1			1	2
	計	59	8	12	10	15	18	122
준양반(Ⅲ)	嘉善大夫			1		1氏		2
	通政大夫					老職1氏		1
	從仕郎	1						1
	折衝將軍	1					1	2
	展力副尉	1						1
	納嘉善大夫	1						1
	納通政大夫	2					1	3
	計	6		1		2	2	11

중인	安逸戶長	1						1
	記官	12						12
	貢生	5						5
	假吏	3						3
	所書員	4						4
	計	25						25
상민	驛吏	7	7	5	10	56	18	103
	烽軍	3	1	2	2	2	3	13
	禁衛軍	5	2	9	2	6	12	36
	禁衛軍保	1		1	1			·3
	御營軍	4	2	3	2	2	11	24
	御營軍保	1				1		2
	主鎭軍	1		1	1	2		5
	別武士祅直	1						1
	別隊	12	2	7	10	5	13	49
	別砲手	1						1
	砲保		1				1	2
	守城軍		1					1
	兵營軍幕軍					1		1
	束伍軍	4		2	6		2	14
	水軍	7	1	2	3	5	7	25
	帳幕手					1		1
	牧子軍		1					1.
	木手				1	1		2
	兵營銀匠					1		1
	豆錫匠						1	1
	笠子匠	2						2
	唐鞋匠	2						2
	冶匠	1						1
	甕器匠	3						3
	匠人			1				1
	杻骨匠				1			1
	刻手匠						1	1
	所有司						1	1
	作廳文書直	1						1
	所直	1						1
	使令	6						6

	小童	1						1
	藥漢	2						2
	巫夫	2						2
	老除	10	1	2	3	1	1	18
	良人	2			1			3
상민	假官奴	3						4(?)
	女性(婦召史)	3				1		4
	病者	1						1
	鰥夫	1						1
	無役	1		1	1	1		4
	計	89	19	36	44	85	72	345
노비	官奴	4	2		1	3		10
	定屬婢	2				1		3
	計	6	2		1	4		13
총호주수		320	93	208	187	176	221	1,205

참고 : 1) 假官奴는 4祖를 보면 양인임.

　　　2) 양반, 幼學에 상북면 3명 중북면에 1명은 처의 호칭이 ‘姓’임.

　　　3) 준양반(Ⅰ)은 수가 적어 (Ⅱ)와 합하였음. (　)내의 수는 처의 호칭이 ‘氏’임. 단 別武士는 처의 호칭이 ‘氏’이나 4祖가 양반이 아님. 준양반 (Ⅲ)에 상북면 將仕郎 1명은 父·祖는 安逸戶長, 증조는 記官 처는 ‘氏’의 호칭을 갖고 있음.

<표 30> 철종 12년(1861) 신분별 호수

신분	職役　　面別	上北	中北	下北	上南	中南	三同	計
양반	幼學	186	123	150	172	125	170	926
	童蒙	3	1		2		1	7
	通德郎	1				1	1	3
	將仕郎						1(환부1)	1
	折衝將軍				1			1
	女性(氏)			1	1			2
	計	190	124	151	176	126	173	940
준양반(Ⅰ·Ⅱ)	忠義衛	1				(氏2) 3(환부1)		4
	院生	(1)						1
	校生	(1)					1	2

준양반(I·II)	閑良	(姓17) 20(환부3)				13		33
	軍官	1				1		2
	別武士	(1)					1	2
	巡將	1(환부1)				1(환부1)		2
	計	26				18	2	46
준양반(III)	通仕郎	1						1
	將仕郎	1						1
	嘉善大夫	1						1
	通政大夫	1						1
	納通政大夫	1						1
	折衝將軍	1						1
	納折衝將軍	1						1
	參奉					(姓1) 2(환부1)		2
	計	7					2	9
중인	安逸戶長	5						5
	記官	20						20
	貢生	8						8
	計	33						33
상민	驛吏	1	1	4		27	7	40
	烽軍	1						1
	烽台直					1		1
	兵營將幕軍	1						1
	童蒙別隊	2			1		2	5
	別隊	2	4	10	4	7	12	49
	御營軍	2	1	3	2		5	13
	禁衛軍	1	1	3	2	2	5	14
	禁正(?)軍					3		3
	御元(?)軍			1				1
	束伍軍			1			1	2
	正兵			1				1
	陸軍						1	1
	砲保			1				1
	藥軍					2		2
	殿庫直					1		1
	殿直					1		1

상민	使令	1						1
	老除	2	1	1	2	1	3	10
	良人	1				1		2
	假官奴	1						1
	計	15	8	25	11	46	36	141
노비	定屬婢	2						2
	院奴		1					1
	計	2	1					3
총계		273	133	176	187	192	211	1,172

위 <표 30>을 토대로 호주의 신분별 구성의 비율을 살펴보기 위해 다음
과 같이 도표를 작성하였다.

<표 31> 호주의 신분별 구성

신분＼연도	숙종 37년(1711)				정조 22년(1798)				철종 12년(1861)			
양 반	12.42%	(139)			53.11%	(640)			80.20%	(940)		
준양반(Ⅰ)	7.06	(79)	% 20.98	상층 % 34.67	4.06	(49)	% 15.09	상층 % 70.29	0.34	(4)	% 4.68	상층 % 87.71
〃 (Ⅱ)	9.56	(107)			10.12	(122)			3.58	(42)		
〃 (Ⅲ)	4.28	(48)			0.91	(11)			0.76	(9)		
중 인	1.34	(15)			2.07	(25)			2.82	(33)		
상 민	57.10	(639)			28.63	(345)			12.03	(141)		
노 비	8.22	(92)			1.08	(13)			0.26	(3)		
계	100%	(1,119)			100%	(1,205)			100%	(1,172)		

참고 : 소수점 세자리에서 반올림. ( )내는 호주수.

1. 시대별 신분구조와 변동

숙종 37년(1711)의 호수는 양반 12.42%, 준양반 20.98%, 중인 1.34%, 상
민 57.10%, 노비 8.22%로 구성되어 있다. 비율이 높은 순으로 보면 상민호,
준양반호, 양반호, 노비호로 되어 있으며 노비호와 상민호를 합하면 이 계
층은 65%가 좀 넘는 비율이다.

정조 22년(1798)에는 양반 53.11%, 준양반 15.09%, 중인 2.07%, 상민
28.63%, 노비는 불과 1.08%이다. 비율이 높은 순으로 보면 양반호, 상민호,

준양반호, 노비호로 되어 있다. 특히 양반호가 상민호의 2배에 가까운 비율로 나타나고 있다. 양반호, 준양반호와 중인호를 합하면 상층은 70.27%나 되어 나머지가 하층에 속하고 있어 종래의 봉건적 신분구성은 18세기 말인 정조 22년에는 완전히 무너지고 있다.

이 두 시기를 비교하면, 87년 간에 양반호와 중인호는 각각 4.2배, 1.5배로 증가하고 있으나, 준양반호는 5.97% 감소하고 있다. 상민호는 약 반으로 줄고 있으며, 노비호 역시 7.14%로 크게 감소되고 있다. 결국 이것은 하층에서 상층으로 신분의 상승현상이 크게 촉진되었음을 반영하는 것이다.

철종 12년(1861)에는 양반호가 80.2%, 준양반호는 4.68%, 중인호는 2.82%, 상민호는 12.03%, 노비호는 0.26%이다. 비율이 높은 순으로는 양반호, 상민호, 양반호, 중인호, 노비호로 되어 있다.

정조 22년에서 철종 12년까지 63년 간을 비교하면, 양반호는 27.09%로 크게 증가하고 있으며, 준양반호는 1/3 정도로 크게 줄고 있다. 중인호는 0.75%로 약간 늘고 있으며, 상민호는 2배를 좀 넘는 비율로 크게 감소되고 있어 전읍의 호수 1,172호 중 141호에 불과한 실정이다. 노비호는 1.08% 13호에서 0.26%로 단지 3호밖에 남지 않는 실정이다.

철종 12년인 19세기 중기의 언양은 절대 다수의 양반호와 소수의 상민호의 2계층으로 구성되고 있는 읍으로 변모하고 있다.

그리고 신분층의 해체과정에서 가장 주목되는 양반호의 증가는 숙종 37년에서 정조 22년까지는 연간 0.47%, 정조 22년에서 철종까지는 0.43% 증가하고 있어 18세기 초에서 18세기 말까지가 18세기 말에서 19세기 중기까지 보다는 증가율이 높아 이 기간에 신분의 해체, 하층의 상승이 심했음을 알 수 있다.

2. 직역과 신분

煩細한 감이 있으나 직역과 신분을 연계하여 그 변화를 살펴보기로 한다. 양반호는 帶品者와 유학호가 주된 것으로 숙종 37년에는 總양반호 139호 중 유학호는 111호로 79.9%를 차지하고, 정조 22년에는 640호 중 596호로 93.2%, 철종 12년에 940호 중 926호로 98.5%로 되어 있다. 즉 양반호 중 유학호의 비중이 절대적으로 높으며 시대가 내려옴에 따라 증가하고 있다. 하층에서 신분적 상승을 도모할 때 유학이 주 대상이 되었던 것으로 보여지는데,[22] 철종 12년의 경우는 유학호주의 처가 '氏'의 호칭을 갖는 것이 보통인데 '性'의 표시를 갖고 있는 것도 4호나 되고 있어 상민과 양반과의 통혼도 행해졌음을 볼 수 있다. 신분제의 문란을 그대로 반영하고 있다.

준양반호는 숙종 37년에 20.98%, 정조 22년에 15.01%, 철종 12년에 4.68%로 계속 감소하고 있고, 특히 철종 12년에는 더욱 감소하는데 이는 정조 때까지 상민의 양반화 현상이 심해지는 가운데 나타난 현상이다. 즉 숙종 37년에서 철종까지는 이 계층은 양반화가 되어 줄었기 때문이라 생각된다. 이는 철종 12년 상민호의 비율이 12.03% 밖에 되지 않는 사실에서 이해가 간다.

諸衛·閑游者·군관 등의 직역을 가지면서 양반 출신의 여성이라고 보여지는 '씨'의 호칭을 가진 이와 통혼하고 있는 (Ⅰ)류는 숙종 37년에 7.06%, 정조 22년에 4.06%, 철종 12년에는 0.34% 단지 4호로서 시대가 경과함에 따라 감소되어 철종 22년에는 없어지고 있다. 양반층이 증가됨에 따라 이들의 감소는 당연한 추세라고 보여진다.

이들 중 '性'·'召史'의 호칭을 가진 여성과 통혼하고 있는 (Ⅱ)류도 숙종 37년에 9.56%였던 것이 정조 22년에 10.12%로 증가하고 있다가 철종 12년에는 3.58%로 감소하고 있다.

납속·노직 등으로 受帖者가 된 (Ⅲ)류는 대부분 납속에 의한 受牒者라고 볼 수 있는데 그들의 4祖를 살피면 상민층에 속하는 '소사'의 호칭을 가지고 있는 여성과 통혼하고 있어 상민으로 간주될 수도 있는데, 숙종 37년

---

22) 『日省錄』 권572, 정조 21년 丁巳 10월 12일 丁未條, 執義申禹相從縣道疏, 陳病狀 乞遞仍陳賜政科賜批, "自籍法不明 國綱解弛之役 鋤하棘矜之子 人奴免賤之類 稍有衣食者 皆稱皆幼學".
　　정조 연간 유학에 대한 논란과 양반층의 증가에 따른 피역에 대한 문제를 언급한 사료는 많이 散見된다. 이 문제는 鄭奭鍾, 「朝鮮後期 社會身分制의 變化」에서 잘 다루고 있다.

에는 4.28%였던 것이 정조 22년에는 0.91%로 감소하고 있다가 철종 12년에는 0.76%로 더욱 감소되고 있다. 이를 보면 언양은 수첩자가 많았던 때는 18세기 전반이었다고 보여지고, 19세기에는 상민으로서 받을 만한 경제적 여력이 있는 이들이 줄고 있음을 반영한 것이라 보여진다. 이는 상민호의 비율이 철종 12년에 12.03%밖에 되지 않는 것으로도 이해가 간다.

준양반에는 諸衛·軍官 등이 비교적 많은 인원을 차지하고 있는데 이를 도표화하면 다음 <표 32>와 같다.

<표 32> 준양반호 통계

연대 직역	숙종 37년	정조 22년	철종 12년
諸　衛	22	30	4
業　武	41	13	
武　學	82	3	
閑　良	1	94	33
軍　官	5	17	2
계	151	157	39
전체 준양반수	234	182	55
비　율	64.5%	86.26%	70.90%

이 제위·군관 등은 전시대에 걸쳐 준양반호 중 64.5~80.26%를 차지하는 높은 비율을 보이고 있으며, 이것도 숙종 37년에는 많은 무학이 가장 많고 다음은 업무·제위의 순이 되고 있다. 그런데 정조 22년에는 한량이 59.8%로 전시대와 차이가 심하고 역시 철종 12년도 그렇다. 18세기에는 무학·한량이 많다가 19세기에 들어오면서 한량이 일반적으로 많은 직역이었다고 보여진다.

특기할 만한 사실은 적어도 양반호가 53.11%를 점하고 있는 정조 22년(1798)을 전후로 이들 직역은 종래에 비해 신분상의 지위가 저하된 것으로 믿어진다.

중인호는 숙종 37년에 15호 1.34%였던 것이 정조 22년에는 25호 2.07%, 철종 12년에는 33호 2.82%로 계속적으로 증가세를 보이고 있다. 특히 숙종

37년에서 정조 22년까지 약1.7배로 늘고 있는 것이 주목된다. 이것은 조선 후기 전국의 읍지를 보아도 같은 현상으로 일반적인 추세였던 것 같다. 앞서 지적한 대로 중인의 지위향상이란 점과 연관할 때 이 현상도 다시 검토해 볼만한 사실이다.

상민호는 상층의 양반 준양반호의 증가에 따라 감소되고 숙종 37년, 정조 22년, 철종 12년을 거치면서 격감했음은 위에서 살폈는데 상민호의 심한 감소현상은 직역의 감소를 초래하게 된다. 부정확한 면이 없지는 않으나 호적대장의 말미에 기재되고 있는 각 시대별 직역일람을 비교해 보아도 같은 현상임을 알 수 있다.

일단 호주의 직역을 살피면 정조 22년에는 36직종(양인, 노제 여성호 제외)으로 그 중 주된 것은 역리, 봉군 등 군역이 16종, 장인 10종 등이다. 346호 중 316호가 이 직역을 담당하고 있다. 철종 12년에는 19직종(양인 · 노제 제외)이며 주된 것은 역리, 군역 15종이고 141호 중 139호가 직역을 담당하고 있다. 특히 정조 22년에 비해 직종이 많이 줄고, 역리도 103호에서 40호로, 봉군도 13호에서 1호로, 금위군이 36호에서 14호로, 어영군이 24호에서 13호로, 속오군이 14호에서 2호로, 26호였던 수군은·아예 없어지고 있다. 장인 역시 기재된 호주가 없다.

그러나 위의 실태는 호주를 대상으로 한 것이므로 戶內의 남정을 계산하면 차이가 있다. 호적대장의 말미 통계를 보면, 역리의 경우 정조 22년에 463명인데 비해 철종 12년에는 543명으로 늘고 있으며, 봉군은 변동이 없다. 장인도 정조 22년에 16종 160명인데 철종 12년에는 12종 99명이 기재되고 있다. 그러나 전체 면에서 종별과 사람수의 감소가 많았음은 위에 지적한 바와 같다. 따라서 이는 국가의 재정상 큰 문제로 대두되고 있으며, 이미 정조대에 훈련원 판관 劉漢坤은 다음과 같이 지적하였다.

戶口成籍은 국가의 大政인데 근래 허실하여 실제로 군정의 弊源이 되고 민호 중 좀 富實한 자는 奸吏와 결탁하여 多般 謀避하는 경우가 10이면 2, 3이나 되고 유학을 冒錄하여 양역을 면하는 경우가 그 반수나 된다.23)

　　노비호는 숙종 37년에 92호 8.22%였던 것이 정조 22년 13호 1.08%, 철종 12년에는 0.26%로 단지 3호에 불과하며, 定屬婢 2호, 院奴 1호이다. 철종 12년에는 거의 폐지되고 있는 실정이다. 그런데 이 노비도 정조 22년부터는 양·천을 구별하기 힘든 가계를 갖고 있다. 정조 22년 상북면의 관노 4명의 호주의 실태를 보면 그것을 알 수 있다.[24]

　　그리고 假官奴가 기재되고 있는데, 정조 22년 3호, 철종 12년 1호가 있으나 4祖를 조사해 보면 상인으로 이해된다. 이는 武田幸男씨가 조사한 진해현의 경우도 같았다. 때문에 씨는 이를 상민에 편입시키고 있다.

　　호주의 경우는 독립호 노비는 폐지되고 있으나, 여전히 가내노비는 존재하고 있었음은 앞서 게재한 <표 20>에서도 알 수 있으며, 호적대장 말미의 통계에 숙종 37년 것은 파손되어 알 수 없으나, 정조 22년에 私奴 472명, 私奴雇工 135명, 철종 12년에는 사노 321명만 기재되고 있다. 女丁의 경우도 정조 22년은 校奴 22명, 院奴 16명, 定屬婢 3명, 寺奴 1명, 官奴 20명, 私奴가 925명, 私奴雇工 285명이 역시 기재되고 있다. 철종 12년도 훨씬 수적 면에서 줄었겠지만 기록이 파손되어 확인할 수 없다. 다만 압도적으로 私婢가 많았다는 점에서 시대적인 노비의 성격은 잘 나타나고 있다.

---

23) 『日省錄』194, 정조 10년 丙午 1월 22일 丁卯條 訓練判官 劉漢坤 所懷, 正祖丙午 所懷謄錄 260, "訓練判官 劉漢坤所懷……盖戶口成籍 有國家之大政 近來 虛實 之相蒙 誠一軍政之弊源 民戶中稍近富實之類 則因緣奸吏 多般謀避 十之二三 冒錄幼學 圖免良役 又居其半".

24) 정조 22년 상북면 관노 4호주의 妻·四祖

① 官奴 洪太杓 : 父 通德郎 祖 漢城判尹 同知中樞府使, 全羅羅州牧使 右承旨, 曾祖 左部承旨 工曹 參議 吏曹參判, 外祖 業武 妻 召史, 父 業武, 祖 學生, 曾祖 學生, 外祖 業武

② 官奴 玉就得 : 父 閑良, 祖 通政大夫, 曾祖 閑良, 外祖 業武, 妻 召史(故), 新率妻 召史, 父 業武, 祖 業武, 曾祖 業武, 外祖 業武

③ 官奴 任鵬伊 : 父 業武, 祖 業武 曾祖 納加膳, 外祖 業武, 妻 姓, 父 官奴, 祖 良人, 曾祖 良人, 外祖 正兵

④ 官奴 崔充根 : 父 納加膳, 祖 業武, 外祖 業武, 妻 召史, 父 業武, 祖 納通政, 曾祖 業武, 外祖 業武

※ 院奴 金時宗 : 父 良人, 祖·曾祖·外祖 직역기재 없음. 妻 召史, 祖父·祖· 曾祖·外祖 기재없음.

3. 타군현과 언양의 비교

언양의 신분변동을 대구 · 울산 · 단성과 비교하고자 한다. 상주에 관한 자료도 있으나 비교하기에는 연대가 맞지 않고, 진해의 자료도 있으나, 필자가 호주만으로 비율을 내놓지 않았기 때문에 활용하지 못하였다.

비교에서 일차적으로 문제가 되는 것은 신분을 구분하는데 기준이 연구자 사이에 약간식 차이가 있다는 점이고, 또 하나는 언양은 전체읍이지만 어떤 군현의 것은 全邑의 것이 아니고 몇 개 면의 통계라는 점이다. 각읍마다 면에 따라서 신분구조, 즉 신분에 따라 비율이 다르다는 것은 주지의 사실이기 때문이다. 그리고 무리가 없는 것은 아니나 四方博, 鄭奭鍾씨의 분류에 따라 준양반, 중인층은 상민에 넣어 계산한다. 때문에 정확한 비교를 기하기에는 어려운 점이 있으나, 그래도 대체적인 윤곽은 파악되리라 믿는다. 먼저 조사된 자료를 게시한다.

<표 33> 시대별 계층별 호수

언양(호수)

연대	양반호	준량반호	중인호	상민호	노비호	(%)
1711년(숙종 37)	12.42	20.98	1.34	57.10	8.22	100
1798년(정조 22)	53.11	15.09	2.07	28.63	1.08	100
1861년(철종 12)	80.20	4.68	2.82	12.03	0.26	100

※ 필자조사

대구(호수)

	연대	양반호	상민호	노비호
I	1690년(숙종 16)	9.2	53.7	37.1
II	1729년(영조 5)	18.7	54.6	26.6
	1732년(영조 8)			
III	1783년(정조 7)	37.5	57.5	5.0
	1786년(정조 10)			
	1789년(정조 13)			
IV	1858년(철종 9)	70.3	28.2	1.5

참고 : 四方博, 「李朝人口に關する身分階級別的觀察」, 126쪽 <표> 인용.

울산(호수)

연대	양반호	상민호	노비호	%
1726	26.29	59.78	13.93	100
1765	30.98	57.01	2.00	100
1804	53.47	45.61	0.92	100
1867	65.48	33.96	0.56	100

참고 : 鄭奭鍾, 『朝鮮後期社會變動硏究』, 248쪽, <표 Ⅱ-1> 인용.

단성(호수)

연대	양반층	준양반층	중리서층	양인층	노비층
1717	19.93	6.52	1.35	45.19	26.57
1732	20.84	6.90	1.30	43.59	26.97

※ 全宇哲, 「18세기 후반기 농촌의 사회상연구」, 석사학위논문, 46쪽에서 인용.
필자 도표 작성.

다음 양반호·상민호·노비호의 경우를 두고 비교해 보겠다.

양반호 :

(1) 언양이 숙종 37년(1711)에 12.42% 대구는 숙종 16년(1690)에 9.2%, 영조 5년(1729)·영조 8년(1732)에 18.7%, 울산은 영조 5년(1729)에 26.29%, 단성은 숙종 43년(1717)에 19.93%이다. 언양의 연대와 비교할 때 대구, 울산, 단성은 비교가 잘되지 않는다.

(2) 언양이 정조 22년(1798)에 53.11%, 대구는 영조 7년(1783)·정조 10년(1786)에 37.5%, 울산은 순조 4년(1804)에 53.47%이다. 단성은 자료가 없다. 언양은 대구보다 양반호의 비율이 높다. 울산은 언양보다 6년 뒤의 비율이기에 정확한 것은 알 수 없으나, 비슷한 것 같다.

(3) 언양이 철종 12년(1861)에 80.22%, 대구는 철종 9년(1858)에 70.3%, 울산은 고종 4년(1867)에 65.48%이다. 언양이 대구, 울산보다 비율이 훨씬 높다. 울산의 자료는 대구보다 9년 뒤의 것이지만 울산이 대구보다 증가율이 높은 것 같다.

이렇게 보면 숙종 37년 경은 비교가 불확실하지만 비슷한(?) 비율이 아닌가 싶은데 정조 22년 경은 언양·울산은 비슷하고 대구는 비율이 낮다.
철종 9년 경에는 언양이 가장 높고 다음은 울산, 대구의 순이다.

　상민호 :

　(1) 언양이 숙종 37년(1711)에 79.42%, 대구는영조 5년(1729)에 53.06%
이다. 언양이 단연코 비율이 높으며, 울산은 대구보다 높다.

　(2) 언양이 정조 22년(1798)에 45.8%, 대구가 정조 7년(1783)·정조 10년
(1786)·정조 13년(1789)에 57.5%, 울산은 순조 4년(1804)에 45.61%이므로
대구가 비율이 훨씬 높고 언양과 울산은 비슷한 듯하다.

　(3) 언양이 철종 12년(1861)에 19.5%, 대구는 철종 9년(1858)에 28.2%,
울산은 고종 4년(1867)에 33.96%이다. 각기 비율이 낮아 시대적인 차이를
구할 수는 없으나, 언양의 비율이 가장 낮았던 것 같이 보인다.

　숙종 37년 경은 언양이 가장 높고 울산, 대구의 순이었으나 정조 22년부
터는 언양과 울산은 대폭 감소되어 위의 양반호에 대비하여 보면 알 수 있
다시피 숙종 18세기 초부터 상민의 양반으로의 상승화가 크게 촉진되었다
고 보여진다. 철종 12년(1861)경은 각 군현이 다 낮지만 언양이 가장 낮다.

　이와 같은 하층민의 상층현상은 노비호에서 확실히 알 수 있다.

　노비호 :

　(1) 언양이 숙종 37년(1711)에 8.22%, 대구는 숙종 16년(1690)에 37.1%,
영조 5년(1729)·영조 8년(1732)에 26.3%, 울산은 영조 5년에 13.93%, 단성
은 숙종 43년(1717)에 26.57%, 영조 8년에 26.97%이다. 언양이 비율적으로
가장 낮고 다음은 울산이며 단성, 대구의 순인 것 같다.

　(2) 언양이 정조 22년(1798)에 1.08%, 대구는 철종 9년(1858)에 1.5%, 울
산은 순조 4년(1804)에 0.92%이다. 언양이 연대가 높은데 비율은 낮고 대
구는 연대가 낮은데 비율이 높다.

　(3) 언양이 철종 12년(1861) 때 0.26%, 대구는 위에서 보다시피 철종 9년
(1858)에 1.5%, 울산은 고종 4년(1867)에 0.56%이다.

언양은 숙종 37년(1711)에 타읍보다 노비호의 비율이 낮고 상민호가 높은 것에서 노비의 상민화 현상이 높다고 보여진다. 정조 22년(1798)까지 타읍보다 노비호의 비율이 낮아 신분의 상승이 활발히 진행된 것 같다. 다만 철종 12년(1861)에 이르게 되면 타읍 또한 상승화가 촉진되어 비슷하게 나타나는 것 같다.

이상의 것을 종합할 때 그러므로 18세기 초에 이미 언양은 대구, 울산, 단성보다 신분의 해체과정이 앞서 이루어졌고, 특히 노비호의 상민화가 촉진되고 있었다. 18세기 말에 이르면 노비, 상민의 신분 상승은 대구·울산보다 훨씬 더 앞서고 있었다.

여기에서 주목되는 또 하나의 현상은 언양은 울산과 비슷하고 대구·단성보다 신분의 해체가 일찍 이루어졌다는 사실이다. 이는 班村的인 색채가 짙은 고장, 또는 지방의 행정적인 중심지 등은 해체과정이 느리다는 것을 시사하고 있다. 이런 점에서 전국의 군현에는 언양과 같이 반촌의 기반이 약한 고을이 많은 것을 생각할 때[25] 언양의 실태는 이후 연구에 주목되어야 할 것이라 생각된다.

V. 맺음말

이상 조사 결과 중요시되는 것을 정리하면 다음과 같다.

(1) 언양현은 古邑이나 많은 인구와 비옥한 토지가 넓은 고장은 아니며,

---

25) 『日省錄』193, 정조 10년 丙午 1월 22일 丁卯條 別軍職孫相龍所懷, 正祖丙午所懷謄錄, 164쪽, "……大抵七十一州之內 古稱無班七邑 盖沿海七邑 本無士族 只本士鄕族 故謂無班之邑者 只七邑 而中年以來 則旣無科宦 又失婚閥 浸浸爲鄕族之邑者頗多 故無班之邑 今爲五十餘邑 設有科名出於其邑 宣薦已無可論 蓋一道之內 獨安東一邑 不以鄕所爲品官 故名家子弟不嫌爲鄕所 鄕所子弟不妨爲名○ 而其他五十餘邑 則一邑內 鄕族士族之別○絶……".
이는 경상도의 경우지만 고래로 無班之邑이 있고 중년이후 科○이 없어 無班之邑이 된 것이 있다고 하고 있다. 그런 고을의 신분구조와 그 변동은 각기 다른 일면을 지니고 있다고 보여진다.

거기에 특히 조선조에서는 관인·학자의 배출이 드문 곳이다. 따라서 대구와 같은 정치도시나 단성과 같은 양반촌도 아니고 평범한 농촌이다.

(2) 촌락의 편제는 18세기 전기에서 18세기 말기에 이르는 사이에 호구의 증가에 따라 里의 부분적 개편이 있다가 19세기 중기에 이르면 다시 많은 리의 숫자가 증가하고 있다. 그러한 경우 호수가 증가한 리는 분리하며 호수가 줄어든 리는 그대로 존속케 하고 있다. 숙종 37년의 경우 26호 이하가 23리 중 2리나 된다. 그리고 철종 12년에는 40리 중 30호 이하가 13리나 되고 있다(그 밖에 3리는 자료미비로 미확인). 이런 경우, 里正官의 위치는, 또 촌락의 통제에는 어떻게 했는지 주목된다.

(3) 호구의 실태와 변동 : 숙종 34년에서 철종 12년, 즉 18세기 전기에서 19세기 중기까지 9개년도 호구를 조사해 본 결과, 18세기는 평균 호수는 1,246호 인구수는 8,751명이었으며, 19세기 중기는 1,224호 11,206명이었다. 호구의 증감현상은 호와 인구수가 같이 감소하고 있는 것은 1708년(숙종 34)~1711년(숙종 37)뿐이고 1786년(정조 10)은 1711년(숙종 37)에 비해 8호가 감소하고 있는데 인구수는 크게 증가하고 있다. 호수는 그 후 1,224호로서 1861년(철종 12)까지 6식년간 변화가 없는데 반해 인구수는 계속 증가하고 있다. 호구수의 증감현상은 같은 시기의 전국, 대구, 단성과는 다르다.

(4) 남녀간 인구수의 비율 : 1711년(숙종 37)부터 1813년(순조 13)까지 6식년간은 남자보다 여자의 수가 많으나 1825년(순조 25), 1831년(순조 31), 1861년(철종 12)은 남자수가 많다. 대구, 단성은 이 시기의 통계가 없어서 불명한데, 진해현은 1825년(순조 25)에는 언양과 같이 남자수가 많다. 흔히 남자수가 적은 것은 피역으로 인한 누적현상이라고 하는데 이 경우는 어떻게 설명할 것인가는 다음에 살펴보겠다.

(5) 호의 평균 인구수 : 18세기 6식년의 호당 평균인구수는 7명꼴인데 19세기 중기 3식년의 평균인구수는 9.2명꼴로서 시대가 내려가면서 증가하였다. 이와 같은 현상은 전국은 물론 지금까지 알려진 고을과 다른 현상이다. 당시 정부의 分戶政策을 두고 보면 이는 어떻게 설명될 수 있을까 의문시

된다. 타읍보다 많은 이유 중 하나는 타읍의 호적대장에서 볼 수 없는 다수의 '협인'이 있었다는 사실이다(협인을 정부에서 파악했었다는 것은 규장각소장의 甲午式 成冊規定에 挾戶成冊이 있음으로 이를 알 수 있다). 그런데 이 협인의 수를 제외하여도 1789년(정조 22)의 경우 호당 인구수는 전국 타읍의 경우보다 훨씬 높다. 이 문제는 금후 해명되어야 할 과제라 생각된다.

(6) 호의 구성원수 : 지배계층인 양반 준양반이 높은 것은 당연한 결과이지만 수적으로는 얼마되지 않는 중인계층인 향리층이 가장 많은 구성원을 가지고 있음은 주목된다.

연령별 남녀구수 : 그래프로 작성해 본 결과 근대의 안정된 사회의 피라미드형에 접근하고 있다는 사실이다. 이는 5세 이하, 15세 이하의 '약'의 登籍이 충실히 이루어졌기 때문이다. 이와 같은 현상은 단성·진해에서는 볼 수 없다. 이것은 위에서 언급한 바 있는 언양이 타읍보다 호당인구수가 높은 하나의 이유가 되겠다. 한편 남녀간의 연령별 비율도 면에 따라 남자의 비율이 높은 때도 있다.

(7) 호구의 구성변동, 남녀간의 비율 등은 타읍에서 볼 수 없는 특색을 가지고 있다.

신분직역의 실태와 변동에 있어서는 18세기 초에 이미 노비호의 감소현상이 현저하여 상민화가 촉진되고 18세기 말에 이르러서는 상민·노비가 양반으로 상승하는 현상이 현저하다. 이와 같은 경향은 19세기에도 계속되고 있다. 언양에 비해 대구·울산·단성은 18세기 말부터 해체과정이 촉진되는 것 같다. 언양은 울산, 대구, 단성에 비해 신분의 해체과정이 앞서고 있는데, 한편으로 또 주목되는 하나의 현상은 언양·울산과 같은 양반촌의 기반이 약한 지방일수록 그와 반대적 성격이 짙은 고장보다 해체과정이 빠르다는 점이다. 언양과 같은 고장이 전국적으로 많음을 고려할 때, 언양의 조사에서 나온 결과는 조선후기 사회 연구에 주목되어야겠다.

제4편 지방사회의 경제

제1장 조선후기 수공업 연구
―의령 지역 제지업의 실태조사를 중심으로―

Ⅰ. 머리말

　지금까지 국내외에서 조선시대 수공업에 관해서 여러 편의 논문과 조사보고서가 발표되었다. 이 주제는 한국 전통산업의 계승·발전과 연관되고 조선의 사회 발전과도 연결된다. 이 글에서는 경상남도 의령군 新反을 중심으로 한 제지업의 실태조사를 토대로 하여, 조선 말기의 지방제지업의 생산형태, 생산자의 부담, 그리고 그 추이를 고찰하여 조선 지방수공업의 실태의 한 측면을 살펴보고자 한다. 특히 의령군 신반을 택한 이유는 첫째, 현재 이 곳은 경남지방에서 韓紙의 대표적 생산지이며, 조선시대의 원시적 수공업 형태가 여전히 행해지고 있고,[1] 둘째, 구전이기는 하지만 이곳은 신라시대부터 종이를 제작한 곳이라고 한다.

　正骨部曲 左縣東三十五里 砥山鄕 在縣東六十里 俱自昆明來屬 藏谷鄕 在縣新繁縣南十五里 亏勿谷部曲 在縣東十里 楮旨所 在新繁縣 釜谷所 在縣南十五里 桐谷所 弓谷所 俱在縣東十五里(『東國與地勝覽』宜寧古跡條)

---

1) 의령군의 통계도표 중 경남의 제지생산표 참고. 현재 원시적 생산형태를 유지하는 곳은 의령군 봉수면이다.

위의 자료를 보면 의령 부근에 있었던 향, 부곡, 소가 어떠한 기능을 가졌던 집단인지는 확실하게 알 수 없지만 혹시 楮旨所가 楮木 楮紙와 관련 있는 곳이 아닌가 생각된다.2) 그렇다면 조선 이전에도 제지업이 행해졌다고 보아야겠다. 조선시대에 이곳에 제지, 楮의 생산이 있었음은『동국여지승람』의령군의 土産條에 "白花蛇 蜂蜜 梅實……" 등과 함께 楮 新增條에 '紙物'의 생산이 기재되고 있으며, 한편『경국대전』戶典에는 의령에 3명의 紙匠이 예속되었음을 기록하고 있다. 이 사료는 조선초기의 것이나, 조선 순조 때 徐有榘의『林園十六志』倪圭志 貨殖 八域物産 宜寧條의 토산을 보면 '栋, 石榴' 등에 이어 '蜜, 紙'가 記載되고 있다.『의령읍지』에는 지명에 紙村里(邑距六十里)가 나타나 있고3) 관청에 白楮軍 1명이 기록되고 있음을 보아 조선후기까지 제지업의 성쇠가 있었는지는 확실하지 않지만 줄곧 계승되어 온 것은 틀림이 없다. 따라서 의령을 택하여 조사하게 되었다.

수공업사 연구에 있어서 문헌 사료의 부족이 큰 장애가 되는 것은 물론이고 이 곳 현장조사에서 기대되었던 조선후기의 제지업에 대해 고찰할 수 있는 回想記 사료마저 수집이 거의 불가능하였다. 따라서 논리의 전개에 추정이 많고 정확성에 자신을 갖지 못한다. 이 논고에서는 이미 논문을 발표하신 李光麟, 姜萬吉, 劉元東씨 등의 성과를 많이 참고하였다.4)

Ⅱ. 韓紙의 특징과 명칭

---

2) 所의 工匠은 그 뒤 外工匠이란 이름 아래 지방 주현에 부속된 듯하다(李光麟, 「李朝初期의 製紙業」,『歷史學報』10, 1958, 6쪽). 이들 縣民 집단의 해체와 더불어 편입되었다(姜萬吉, 「朝鮮前期 工匠考」,『史學硏究』12, 1961, 13쪽). 따라서 楮旨所는 더욱 제지수공업의 집단이 아닌가 생각된다.

3) 의령 읍지의 편찬 연도는 명확하지 않고, 필사본이던 것을 1908년 간행하였다고 한다.

4) 李光麟, 「李朝初期의 製紙業」,『歷史學報』10, 1958 ; 姜萬吉, 「李朝前期 工匠考」,『史學硏究』12, 1961 ; 李光麟, 「李朝後半期의 寺利製紙業」,『歷史學報』17 ・18, 1962 ; 劉元東,『李朝後期 商工業史 硏究』, 韓國硏究院, 1968.

　한국에 언제부터 종이가 만들어졌는지는 확실하지 않다. 구전에 따르면 경상남도의 의령군 봉림면 서암리에 있었던 國師峰 大同寺에 신라시대 薛氏라는 姓을 가진 승려가 우연한 기회에 닥나무 껍질에서 製紙法을 터득한 것이 시초라고 한다.[5]

　유물로는 "樂浪時代의 한 고분에서 絹衣 氈衣와 함께 楮紙라고 보여지는 것이 발견되었다"[6]고 한다. 따라서 낙랑시대부터 이 땅에 종이가 사용된 것으로 보여진다. 다만, 이것이 중국 漢나라에서 수입된 것인지 이 곳 한국에서 만들어진 것인지 분명하지는 않다. 삼국시대에 들어와서 제지술이 발달하였다는 것은 610년 고구려 승려 담징이 종이·먹·碾磑(방아)의 제조법을 일본에 전하였다는 『일본서기』의 기록을 통해서도 알 수 있다. 이와 같은 전통을 지닌 한국 종이는 일찍부터 중국에 조공품으로 수출되어 그곳에서 품질의 우수성이 평가되었다.

　서유구의 『林園十六志』怡雲志 卷四, 文房雅製下의 東國紙品條에

　宋人論諸國紙品　必以高麗紙爲上　此特見當時貢幣之紙而云然也　若今造紙署之咨文紙平康之雪花紙全州南原之扇子紙簡壯紙注油紙油苞紙　實天下之所稀有　苔紙竹淸紙尤爲佳絶　但東俗尙質紙名不若中華之文飾
　(攷事十二集)

　中州人寂重東紙　嘗見周密思陵書畫記　紹興內府所藏法書名畫裝褾裁制具有品第　其上等兩漢三國二王　六朝隋唐　君臣眞跡及上中下等　唐人皆跡皆用　高麗紙贉次等以下或用䌽紙贉或用　揩光紙贉　宋人之寶重高麗紙認爲天下第一　以可徵矣 (今華耕讀記)

이라 하여 송나라 사람이 여러 나라의 종이 품질 가운데 반드시 高麗紙를 최고로 하였다. 이것은 다만 당시 조공품으로 바쳤던 종이를 보고 말한 것이다. 지금 造紙署의 咨文紙, 平康의 雪花紙와 전주 남원의 扇子紙, 簡壯

---

5) 의령군 부림면·봉수면 등지에서 일반적으로 말하고 있다.
6) 藤田亮策, 「紙·反·古」, 『書物同好會 會報』 2, 1938.

紙, 注油紙, 油苞紙는 실로 천하에 희귀하고, 苔紙, 竹淸紙는 가장 뛰어났다. 우리나라는 품질을 중히 여기나 명칭은 중국과 같이 화려하지는 않다라고 하고, 송나라 사람은 高麗紙를 천하제일이라고 말하고 있다. 또

한국산의 종이는 섬유에서 제조하는 까닭으로 그 원료에 있어 西洋紙와 다르고 靭性이 강하여 繩綱을 만들기에 족하며, 종이는 찢어지지 않는다. 종이의 섬유는 한쪽으로 병행하기 때문에 그 쪽으로 분리하면 용이하게 찢을 수 있으나 이의 반대방향에서 찢기에는 힘이 든다. 한국에 있어서 제지업은 제조업 중 가장 발달한 사업에 속하고 중국에 그 자리를 양보하지 않을 뿐더러 오히려 어떤 점에 있어서는 종이 질도 심히 양호하므로 옛부터 중국에 수출하고, 지금도 북경의 大官은 韓紙로써 家壁을 바르는 자가 많다. 한국산 종이는 과거 일본으로도 수출된 바 있으나, 일본은 기계제조의 방법을 도입한 후 오히려 한국에 수출함에 이르렀다(『韓國紙』紙條).

라고 하여 『林園十六志』에서 언급한 바와 같이 韓紙의 양호한 품질과 한지의 내력을 간단하게 설명하고 있다. 그러나 韓紙에 대해서 호평만 있는 것은 아니다.

我國之楮 宜于造紙 然重且起毛 不如倭楮之輕澤精緻 (李裕元, 『林下筆記』卷十二)

이라고 하여, 우리나라 楮는 종이를 제조하는 데는 좋으나 종이는 무겁고 또 털이 일어나므로 일본 楮의 가벼움·윤택·精緻함에 비해 못하다고 말하였다. 그는 원료에서 오는 紙質의 낮음을 말하고 있다.

紙以受墨宜書畵 爲貴 不必以不裂爲德 或以我紙 甲於天下者 恐非知書者 徐文長曰 高麗紙不宜畵 如錢厚者始佳 惟堪小楷耳 中國識者之見已如此 如錢厚者 蓋今咨文紙也 又紙簾無尺度 凡裁書冊 割半則太大 其餘皆入斷棄 三截則太短無字根 又八道之紙 長短皆不齊 以此而失紙者

凡幾何哉 凡紙不必盡入於書 而必以書爲長短者 以合於此者 亦可以他
用 而不合於此 則所失甚大 中國之紙 尺度相同 蓋審於此耳 非特紙也
他物莫不然 我國布帛之廣 有萬不同者 以不飭織箴故也 紙簾亦當頒一
定之規於中國爲宜 (朴齊家, 『北學議』)

위의 자료에 따르면 박제가는 한지를 가장 포괄적으로 평하고 있다.
 다음으로 한지의 명칭은 원료·용도에 따라 헤아릴 수 없을 만큼 많다.
근래에는 창호지, 白紙, 見樣紙, 장판지 등의 명칭이 널리 불린다.

 表箋紙 咨文紙 副本單字紙 奏本紙 皮封紙 書契紙 祝文紙 表紙 擣鍊
紙 中幅紙 常表紙 甲衣紙 眼紙 歲畵紙 白奏紙 火藥紙 狀紙 常奏紙 油
芚紙 油芚 (『世宗實錄地理志』 全羅道 厥貢條)

위의 자료에 따르면 다양한 명칭이 보이고, 또한 成俔의 『慵齋叢話』 卷
10에도 藁精紙, 柳葉紙, 薏苡紙, 麻骨紙 등도 보인다. 그 외에도 簡壯紙,
扇紙, 白鷺紙, 雪花紙 등의 명칭이 있다.

Ⅲ. 원료

1. 원료와 재배

한지의 원료는 열거하기가 어려울 만큼 종류가 많다. 우선

 凡草木之皮厚且軟者 皆造紙 卽如毛羽之有穎目靭者 並可縛筆也 松皮
槿皮 楊柳木皮 桑柳木皮 灰木皮 椵皮構皮 玉蜀薥苞皮 □麻蓮房 皆可
製紙 (李圭景, 『五州衍文長箋散稿』 紙品辨證說)

라고 한 바와 같이 무릇 초목의 껍질은 모두 종이의 원료가 된다고 하며,
그 원료가 되는 松皮, 桑皮 등 많은 원료를 열거하고 있다. 그 중에도 한지

의 원료로 가장 비중이 높은 것이 닥나무 껍질이다.

> 古無紙牋 只用竹簡木札 蔡値始作紙(漢和帝時宦臣)以後其法遍于寰宇
> 而我東紙品 古有繭紙 名重天下矣 自昔不用他料 但取楮穀 而以繭名紙
> 者 楮紙之堅厚潤滑如繭 故稱以繭紙者也 中原亦有穀 而楚人以楮 則楮
> 紙非獨我也 每見中國紙 則軟薄鮮潔 然不如我紙之硬厚滑澤者 不用楮
> 料也 以中國之精工 獨不及於我東者何也 外番紙品亦如中華 而若以紙
> 品之近於我者 倭紙楮如我紙 而似用楮穀也 (李圭景,『五州衍文長箋散
> 稿』紙品辨證說)

라 하여, 한국 종이는 옛날부터 楮를 원료로 한다고 하였다. 이 楮의 종류
는 허다한데 1905년(光武 9)에 編纂된 『農政新編』에

> 楮樹者紙料也 種類甚多 白表·靑表·黑表·鯰尾·綴垣·男班·麻葉
> ·圓菜之名 種種有之 (金一濟,『農政新篇』卷之二, 六部耕種 上 楮皮條)

라고 하여 그 여러 명칭을 열거하고 있다. 그러나 현재 일반적인 명칭은
黑楮, 赤楮, 眞楮, 雁皮, 三椏皮 등이다. 현재 분포상황은

> 黑楮 : 거의 전국적으로 재배되며 의령 신반 지방에 집중적으로 많은 닥
> 　　　나무이다
> 赤楮 : 의령·창녕을 중심으로 많이 재배되는데, 이는 일제강점기에 심었
> 　　　다고 한다
> 眞楮 : 함양, 산청, 전라, 충북 지방에 많이 재배되고 있다
> 雁皮 : 남해, 장흥, 고흥 등지에서 재배되며, 특히 地向性이 높고 동북향
> 　　　에 자라는 것 같으며, 현재는 騰寫原紙, 紙型紙 등에 사용된다
> 三椏 : 남해 지방에 재배되고 특히 紙幣紙로서 호평을 받는다

위와 같다. 赤楮를 제외하면 조선시대부터 재배되어 온 것으로 생각되며,
대체로 현재 생산되는 닥나무 역시 과거부터 대대로 내려온 것이 아닐까

생각된다. 따라서 의령에는 과거나 현재 黑楮를 주원료로 하여 종이를 만들고 있다.

다음으로 楮를 어떻게 재배하는지를 보면

土不必肥良 雖瘠薄腐墟沙磧之地 勤勤耕肥而糞培 則無不繁生 但忌陰濕地及風會 處雖寒地植於向陽山田 則亦宜也 作法 冬中糞澆於精碎之土 早春又澆 糞肥耙交 春分前後 掘取楮根 每切一尺而理之 其頭出地二寸 覆土而徐踏之 澆以糞水 (熟糞汁二荷水十荷調和) 覆置菰藁 則夏至前皆能生芽抽莖 乃撤去菰藁 除去雜草 培以馬糞廐肥 澆以藥水 則當年肥長 且有刈法 冬至前 以利鎌 一着卽刈根餘五寸 刈口必使南向 不然則明年新芽不生 刈後厚覆廐肥 則明年可至二三倍(『農政新篇』)

라고 하여 토지는 꼭 비옥하지 않아도 된다고 한다. 비록 척박하고, 썩고, 모래로 이루어진 땅이라고 해도 부지런히 갈고 쇠스랑질을 하여 糞(거름)을 준다면, 잘 되지 않는 일은 없다. 비록 음습한 땅과 바람맞이의 곳은 꺼리고 한랭한 지방이라 하더라도 양지바른 산전에 심으면 괜찮다고 하였다.

재배법은 겨울에 잘 정돈한 토지에 糞을 주고, 이른 봄에 또 糞을 주고, 쇠스랑으로 긁고 춘분 전후에 닥뿌리를 파내어 낱낱이 1尺을 꺾고 그 머리를 땅위에 두 치쯤 돋아나게 하고는 흙을 덮어 천천히 밟고서는 거름(糞水)을 준다(熟糞 두짐과 물 열짐을 섞는다). 菰藁로 덮어두면 하지 전에 모두 눈(芽)이 잘 돋고 줄기가 나온다. 이에 菰藁를 거두고 잡초를 제거하고 馬糞·廐肥, 거름(糞水)을 주면 그 해에 잘 자란다. 벨 때에는 동지 전에 잘 드는 낫으로 뿌리 위 5寸을 남기고 한숨으로 벤다. 벤 주둥이를 남쪽으로 향하게 한다. 그렇지 않으면 다음해에 새 싹이 돋아나지 않는다. 베고 난 뒤에는 廐肥를 두껍게 덮으면 이듬해에도 2~3배를 거둘 수 있을 것이라고 하였다.

이 닥나무의 관리·재배는 곧 제지업의 기초작업이므로 대대로 관심을 크게 기울였으며 종이의 대내외 수요가 많았던 조선시대에는 특히 그러하였다. 조선 태종 초기에는 닥나무는 별로 재배되지 않았다. 사간원 대사간

柳伯淳의 상소에

> 臣等 竊見大小民家 有楮田者 百無一二 而其僅有者 又爲所在官司所
> 奪 利不及已 而害且隨之故非惟不種 或有斬刈而去之者 是可歎也[7]

라고 하여 관청의 지나친 수탈로 종묘를 재배하기는커녕 베어 버려 닥나
무를 재배하는 사람은 백에 한 둘에 지나지 않는다고 부진한 실정을 말하
고 있다. 그 대책으로

> 上國 以本朝之紙爲美 或來求之 是亦不可不慮也 臣等 願令各道 大戶
> 則二百條 中戶一百條 小戶五十條 限來年二月 一皆種之 令監司差人考
> 察 有不如法者 贖徵楮貨 罪及守令 曾有楮田 不在此限[8]

라고 하여 태종 10년부터 大戶는 200條, 中戶는 100條, 小戶는 50條씩 재
배가 강요되었다. 세종 때에는

> 上林園啓 本園自丙午 種楮于種義洞 以造進獻表箋紙 然所植本少 不
> 足於用地 且沙石非長之計 請於留後司破毀寺社基地及公處閑廣良田栽
> 植 幷諸般果木 以資國用[9]

라고 하여 빈 터에 닥나무를 재배하도록 하였다. 그 외에도 楮의 부족을
보충하기 위해 1430년 6월 대마도에 사람을 보내어 일본 楮를 구하게 하고
育種에도 애쓰고 있었다.[10]
　한편 지방관청은 楮田을 소유하고 관리하도록 하였다. 생산된 관청의
楮田에는 楮의 공납이 부과되었고[11]『승평지』의 기록처럼 매년 상납되고

---

7)『太宗實錄』卷20, 太宗 10年 10月 壬戌.
8)『太宗實錄』卷20, 太宗 10年 10月 壬戌.
9)『世宗實錄』卷42, 世宗 10年 12月 丙戌.
10)『世宗實錄』卷49, 世宗 12年 8月 丁酉, "傳旨禮曹 遣人于對馬島 永得造冊紙楮".
11)『經國大典』卷六, 工典 栽植條, "諸邑漆木 桑木 果木條數及 楮田荒田箭竹産處

있었다.12) 官田의 楮 외에도 민간의 楮도 일부 수납되었다.

　　傳旨于戶曹 鑄字所印冊廣壯紙 忠淸道四百卷 慶尙道九百卷 全羅道七百卷 各以其道倉庫米豆 換易白楮造作上納13)

라고 하여 각도의 米豆로서 白楮를 교환하라고 말하는 것이 그것이다. 그래도 관청 수요의 楮紙의 수급이 충분치 않아 세조 때는 雜草紙의 사용을 강요하고 있다.

　　傳旨憲府曰 初用雜草紙 人多以爲難 然明知畢竟除弊 民受其惠 故强而不弛 今聞民間果受其利 今旣數年 定限非一度 而官吏猶不奉公 公然用楮紙 殊無令出惟行之意 爾憲府一無擧劾者 以爲能勝其任乎 自今大擧彈劾14)

라고 하여 잡초지를 사용하지 않을 때는 사헌부에서 탄핵한다는 것이다. 이어 세조 14년에는 각 도에서 楮紙의 사용을 금지하고 잡초지를 사용하도록 하였다.15) 그러나 관청의 楮 재배는 효과를 크게 거둘 수 없었다. 가중한 공납 부담, 紙貢의 폐단, 특히 방납의 폐단에서 비롯된 것 같다. 명종 때에는 '靑事簡 未有紙楮之弊'으로 말하고16) 楮에 대한 폐단을 지적하였다.
　楮의 재배에 더욱 큰 타격을 준 것은 임진왜란·병자호란이었다. 전쟁 후 국가재정의 타개와 방납의 폐단을 바로잡기 위해 실시된 대동법은, 楮의 재배를 위기에 몰아 넣었다. 인조 때에는

　　成籍 藏於本曹 本邑 栽植培養".
　　『經國大典』戶典 徭賦條, "諸邑 楮 莞 漆 以培養所出貢納".
　12)『昇平志』, "工曹 漆木所出 造紙署 楮田所出 掌苑署 果樹結實 梅實羊毛 以上每年上納".
　13)『世宗實錄』卷22, 世宗 5年 11月 甲申.
　14)『世祖實錄』卷13, 世祖 3年 7月 戊寅.
　15)『世祖實錄』卷13, 世祖 4年 7月 戊申.
　16)『明宗實錄』卷22, 明宗 12年 5月 丙辰.

上引見右議政李景奭及備局堂上謂曰 (중략) 景奭曰 聖敎誠是也 各邑
之楮田 漆田 甘草田 皆有虛名 而責價於民 皆爲害也[17]

라고 하여 楮田이 유명무실하다고 하고 숙종 때에는

今十一月三十日   大臣備局堂上引見入侍時   行戶曹判書閔鎭長所啓…
…而槩自大同設立之後 三南楮田 盡爲種穀之地 紙地絶貴 實由于此

라고 하여 대동법 실시 후 三南의 楮田이 種穀之地로 변함에 따라 紙地가
드물다고 하였다.[18] 그러니 영조 때에도 이 楮田의 쇠락을 타개하기 위해
법의 규제까지 더한 것 같다. 영조 때에

進上靑竹田 官竹田 楮田 敬差官都事 加意察處 不勤護養 監考刑推
(『續大典』戶典 楮田條)

라고 하여, 서울에서 파견되는 敬差官과 각지의 都事는 楮田을 각별히 감
찰하고, 그 재배에 힘쓰지 않을 때는 형벌을 가한다고 말하고 있는 것이다.
정조 때에도 그 노력은 계승되고 있다. 즉 內醫院提調 徐有防의 上啓에

朝家之於種樹一事 前後申飭 不啻嚴明 況如種桑種楮 卽守令七事中一
條 而守令看作應文之具 監司亦無奏實之擧 年終之啓 徒歸循例 卽以兩
南言之 前此數十年 竹田楮田 到處彌望 邇來日就凋殘 價日騰踊 自今另
加申飭 竹田種至十日耕 楮田種至十日耕者 守令親審摘奸 擧實報營 自
營狀聞論賞 一依年前定式 種桑論賞例 外此諸道各邑 亦令隨其宜土之
樹 一體使之種植 恐合事宜……備邊司啓言 種楮本是僧業 而三南寺刹
盡爲凋弊 僧徒散亡 楮田隨荒 苟究其源 流弊已久 而至於種竹一款……
僧徒種楮 旣無以復舊 則就其民田 或村里勸栽植 而種至十日耕 復其戶
過此則除其身役 使之興起樂業 三鄕竹田 亦嚴立科條 進上外 俾不得芟

---

17) 『仁祖實錄』卷46, 仁祖 23年 10月 戊申.
18) 『備邊司騰錄』第15冊, 肅宗 25年 12月 1日.

刈 限以數年 期有茂茁之效 始自公田 遂及其私種至十日耕 復戶除役 一
如楮田之例爲宜[19)

라 하여 種樹之事가 수령의 七事 중의 하나인데도 불구하고, 그것은 형식
적인 應文之具에 지나지 않고 監司의 奏實之擧도 없거니와 年終의 啓는
그저 헛된 循例에 그치고 있다고 수령·감사의 무성의함을 꾸짖고 있으며,
지금부터 수십 년전에는 竹田 楮田을 도처에서 바라볼 수 있었는데 근래
에 凋殘하여 종이 값은 등귀하였다고 그때의 사정을 말하고는 그 대책으
로 수령은 재배에 논상을 베풀게 하라고 하였다. 또 비변사는 조선후기 제
지의 주된 부담자였던 사찰이 피폐되는 마당에 民田에 재배케 하고 촌리
에 장려하여 그 성과에 따라 신역을 면제케 하여 楮業을 일으키게 하자는
말까지 하고 있다.

정조 때에는 楮의 재배는 이와 같이 부진하였던 것 같다. 그 원인을

慶尙道觀察使趙鎭宅 進楮竹田種養節目 先是 內醫院提調 徐有防 奏
請申飭兩南 培植楮竹 敎曰 曾見湖南收租案 有禁養田免稅之規 而有名
無實 爲弊至此 況箭竹 軍物所關 楮紙 小大日用欲責其蔚然之實效 則其
所矯捄 莫如多植勤播 而所謂免稅土地之皆歸烏有[20)

라고 한 것에서 보듯이 國初의 養田 면세의 규정을 금하였던 것이 폐가
되었다고 하였다. 전라도 암행어사 柳畊이 복명한 진언에

畊又進別單 一 楮竹之政 前後朝飭 不啻申嚴 而近來節扇之爲弊 紙地
之踊貴 愈往愈甚 此由楮竹之不生故也 試以臣所經歷處言之 右氵公一
路荒田廢地之可以栽種處 不爲不多 而民不爲業者 畏其官稅營納之並侵
寧爲等棄之地 而初不欲栽植竹田 則各有土宜 右道不如左道之苞盛 而
至於楮田地非不足也 且楮是一年之草 一番刈取 則其 歲歲茁長爲 利甚
博 彼南民 豈不樂赴而齊勸乎係是空閑之地 且非生穀之土 則一任其陳

---

19)『正祖實錄』卷38, 正祖 17年 12月 丁丑.
20)『正祖實錄』卷40, 正祖 18年 5月 辛卯.

廢 實非盡地利之道 令廟堂 更加關飭 隨處栽植 以資生業[21]

이라 하여 근래에는 節扇의 폐단 때문에 紙地가 踊貴하고 楮竹이 재배되지 않는다고 하였지만, 한편 자신이 경험한 바로는 재배할 만한 토지가 황폐되고 민이 업으로 하지 않는 것은 조세와 營納의 침해라고 규정짓고 있다.

2. 생산지

조선시대의 楮의 생산지는 대체로 지방의 제지 생산지와 밀접한 관계를 갖고 있다고 보아도 무방할 것이다. 조선초기의 생산지는 세종 14년에 편찬된 『世宗實錄地理志』 各州縣의 土宜條에 따르면 다음과 같다.

```
京畿道：廣州
忠淸道：丹陽・淸風・陰城・堤川・懷仁・報恩・公州・定山・恩津・
       蓮山・海美・靑陽・大興
慶尙道：寧海・靑松・河陽・陜川
全羅道：珍山・錦山・古阜・澤溝・扶安・井邑・泰仁・羅州・海珍・
       靈岩・靈光・康津・咸平・南平・南原・淳昌・龍潭・求禮・
       任實・長水・鎭安・谷城・光陽・長興・潭陽・順天・茂珍・
       寶城・樂安・綾城・和順・同福・玉果
黃海道：遂安・谷山・白川・兎山・松禾
江原道：江陵・襄陽・平昌・原州・寧越・橫城・洪川・金城・金化・
       三陟・平海・蔚珍・春川・杆城・高城
平安道：中和・祥原・三登・江東・順安・甑山・咸從・三和・龍岡・
       安州・成川・肅川・慈山・順川・价川・德川・永柔・孟山・
       殷山・陽德・義州・定州・龍川・鐵山・郭山・隨川・宣川・
       嘉山・定寧・寧邊・博川・泰川
```

그리고 성종 때에 간행된 『東國與地勝覽』 土産條에는 다음과 같은 州

---

21) 『正祖實錄』 卷51, 正祖 23年 5月 甲子.

縣이 생산지역으로 기재되고 있다.

> 京畿道, 忠淸道, 江原道, 咸鏡道는 없고
> 慶尙道：蔚山·醴泉·豊基·密陽·淸道·晉州·陜川·草溪·南海·
> 　　　　宜寧·昌原·咸安·巨濟·固城
> 全羅道：成平·海南·南原·潭陽·淳昌·龍潭·任實·茂朱·谷城·
> 　　　　鎭安·玉果·樂安·寶城·光陽·求禮·同福
> 黃海道：豊川
> 平安道：安州·博川·成川·祥原·三登·江東

이 양자를 비교해 보면 상당한 차이가 있음을 알 수 있다. 즉『동국여지승람』에는 충청도, 경기도, 강원도, 함경도는 아예 기재되지 않고 전라도의 생산지도 대폭 감소되고 있다. 그 이유는 무엇인가 하는 의문이 생긴다. 이를 李光麟氏는 "단정하기는 곤란하나『동국여지승람』에는 성종 때에 楮木 재배지로 번성한 군현만 기입한 것이 아닐까. 그 까닭은 楮의 토산이 없는 충청도, 강원도에서는 매년 국가에 상당한 분량의 紙物의 공납이 진행되었기 때문이다"[22]라고 하였다. 그렇다면『세종실록』의 것은 토산지가 아닌 단순한 지물의 공납 지역까지 첨가된 것이 아닐까 생각된다. 한편 『동국여지승람』에 기재된 것이 특히 번성한 곳이라고 했을 때, 경상도의 예를 보면 불과 얼마의 시기 동안 산지명의 출입이 너무 심하다는 느낌도 있다. 다만 후기할『임원경제지』와『동국여지승람』을 비교하면 지역의 출입에 큰 차이가 없으니『동국여지승람』의 것이 초기 생산지로서는 정확한 기술인 것 같다.

중기의 생산지는 순조 때 편찬된『임원십륙지』倪圭志 卷2 貨殖條에 의하여 살펴본다. 이는 순조 때 편찬된 것이나 사료는 중기의 것이 아닐까 생각되기 때문이다.

> 京畿道：水原(紙)·安城(紙)

---

22) 李光麟, 「李朝初期의 製紙業」, 『歷史學報』 10, 1958, 5쪽.

湖　南：南原(紙)・潭陽(紙)・淳昌(紙)・龍潭(楮)・任實(楮)・茂朱(楮)
　　　　・谷城(楮)・玉果(楮)・雲峰(紙)・鎭安(楮)・順天(紙)・樂安(
　　　　楮)・寶城(楮)・光陽(楮)・求禮(楮)・同福(楮)・全州(楮紙)・
　　　　金溝(楮)・扶安(山楮)・羅州(紙)・光州(紙)・咸平(楮)・茂長(
　　　　紙)・南平(紙)・海南(楮)・濟州(山楮)
嶺　南：豊基(楮)・密陽(楮)・淸道(紙)・金山(紙)・聞慶(紙)・晉州(紙)
　　　　・宜寧(紙)・草溪(紙)・陜川(紙)・昌原(倭楮)・巨濟(倭楮)・固
　　　　城(倭楮)・咸安(紙)
關　東：平康(雪花紙)
關　西：甑山(楮)・安州(楮)・成川(楮)・三登(楮)

조선말기의 생산지는 『輿載攝要』 邑誌에 의하였다.

京　畿　道
忠淸南道：平澤(楮)・連山(紙, 出靈隱寺)
全羅北道：全州(紙)・南原(楮)・鎭安(楮)・求禮(楮)・雲峰(楮)
全羅南道：高敞(白紙)・光陽(楮)・海南(楮)・同福(楮)・谷城(楮)・潭陽
　　　　　(楮)・順天(紙)・長興(楮)
慶尙北道：豊基(楮)・淸道(楮)・榮川(紙)・醴泉(楮)・順興(楮)・慶州(
　　　　　倭楮)
慶尙南道：河東(楮)・山淸(紙)・陜川(楮)・草溪(楮)・宜寧(楮)・密陽(
　　　　　紙)・咸安(紙)・昌原(出佛母山 今無)・晉州(楮)
黃　海　道：松禾(楮)・海州(楮)
江　原　道：平昌・平康(雪花紙)
平安南道：江東(楮)・平壤(楮)・甑山(楮)
平安北道：定州(紙)(楮)・寧邊(楮)
咸鏡南道：—

　중기의 『林園經濟志』 생산지와 말기의 『輿載攝要』 생산지는 거의 같다.
따라서 조선 초・중・말기에 이르러 일관되게 생산지는 고정되고 있었던
것 같다. 약간의 생산지를 제외하고 조선시대의 주산지가 전라도와 경상도

에 집중하고 있으니

東國産楮 甲於海內 湖南爲最 完山其品 撲而滑 淳昌其品精而懦 南平
其品梗而闇 南原其品色白如雪 滑如凝脂 此爲天下第一奇品 因水性而
然也 嶺南麤重色駁(『林下筆記』卷十二 楮産條)

이라 하여 그와 같은 사실을 명백히 하고 그 지방에서 생산되는 종이 품
질의 특징을 말하고 있다.

Ⅳ. 제지공정

동양에 있어서 재래의 제지과정은 지지의 종류에 따라 약간 다르기는
하지만 手灑法에 의하였으므로 거의 비슷하다.[23] 특히 제지에 필수요소는

---

23) 明代의 제지법에 관한 것을 成宗 6年 1月에 紙匠 朴非曾이 북경에 가서 견학한
　것을 적으면 다음과 같다.
　"一. 北京哈大門外 二十五里地 有造紙處 皆常用麻紙也 其造法 用生麻細截漬水
　和石灰爛蒸 盛於紙 飜潤洗淨去灰 以石灰細磨 後盛於化密竹筐子 更洗淨淨 出
　置於木桶 和淸水造之 不用膠 問造奏本紙法 答曰 南方人待竹筍如牛角 刈取連
　皮 寸寸截之 洒水和石灰 納桶中 經五六日 後煮熟盛於筐子洗淨 去灰爛搗 盛細
　布紙 復洗後 和滑條水造之 滑條草名 用根幹椎碎沈水 以其水爲膠 問造冊紙法
　答曰 亦如右但雜稻稭造之 其熟正如常
　一. 正陽門外 二十里許 有造紙處 用生麻 細截洒水 利石灰熟蒸 盛於竹筐子 洗
　淨去灰 以石磑細磨 復盛於密比竹筐子 洗淨撈出造之 問造冊紙 則竹筍如牛角時
　刈取連皮 寸寸截之 稻稭亦如右截之相雜 洒水和石灰 置水桶 經五六日 熟蒸盛
　布紙 洗淨淘去灰 爛搗 復盛布紙 更洗淨撈出和淸水造之 問造奏本紙 則稻稭小
　許雜之 納一千丈 用粉一斤和造 則色白而好
　一. 遼東東門外 太子河邊 有造紙處 用生麻及桑皮 眞木灰水石灰交雜埶曬乾 以
　木椎打去麤皮及石灰細截 盛竹筐子 洗淨細磨 又洗淨和滑條水造之 此則常用冊
　紙也"(『成宗實錄』卷51, 成宗 6年 正月 己巳).
　일본의 제지법은 『林園十六志』 怡雲志 卷第四, 文房雅製下 倭紙品條에 따르면
　다음과 같다.
　"日本紙皆用楮 惟鳥子紙生漉紙用雁皮木也 幷採枝及根 略蒸煮剝皮 晒乾再浸水

물이 풍부하게 있어야 하므로 산간의 맑은 물이 흐르는 곳에 제지업이 성하다.

조선시대 造紙法은 현재까지도 우리 지방 농가에서 볼 수 있다.24) 그 방법은 우선 농한기를 이용하여 원료인 楮를 채취하고 닥나무에서 楮皮를 떼내어 이를 잿물(灰汁)로 삶은 뒤 맑은 흐르는 물에 씻어 잿물을 빼고, 큰 돌 위에 놓고 방맹이로 찧어서(搗碎) 종이통(紙桶)에 넣는다. 여기에 딱풀(黃蜀葵)을 넣고는 발틀로 걸러 한 장씩 통 옆의 발 위에 놓고 이를 건조하여 종이를 만든다.

그 제지법의 순서는

① 楮木의 皮를 剝皮한다. 이는 딱칼로써 용이하게 벗겨진다.
② 楮皮에 부착하고 있는 검은 껍질(黑皮)을 除去하여 다듬는다.
③ 楮皮를 물에 담가서 軟化시켜서 煮熱을 돕게 한다.
④ 물에 담근 楮皮를 煮熱한다. 이는 楮皮에 함유되어 있는 製紙에 필요한 섬유질 외의 불순물을 제거하기 위한 것인데 잿물25)을 넣어서 장시간(1일) 끓인다.
⑤ 그 후 흐르는 물에 또 水桶에 넣어서 물에 용해된 불순물을 철저히 제거한다.
⑥ 그리고는 평탄한 넓은 돌(마치 작은 고인돌과 흡사한)에 얹어 방망이로 두들긴다(叩碎). 이는 섬유가 한데 얽혀서 있기 때문에 종이를 뜨기 위해서는 이를 분리할 필요가 있기 때문이다.
⑦ 이어 큰 木製의 큰 통속에서 물과 원료를 혼합하고 이 통에 糊料로서 딱풀이라는 黃蜀葵의 뿌리 또는 楡皮의 점액을 넣은 자루를 담가서 이

去麤皮 用木灰汁再煮扱流水洗之 攬於砧也十二三遍盛一大盌 許於槽中 以櫂攪解 和鰾木汁一合 數攪則能?滑 以簀輕手扱之二三度 (要紙厚則重手扱之) 洩滴放于板上 隔用藁稈 層層數百枚 重紙覆板壓石於上 絞汁盡取一枚 以稈帚張于板日乾(如冬月則鰾木汁代用黃蜀葵汁亦良)".

24) 의령군 봉수면 삼동에는 현재에도 하고 있음.
25) 잿물 : 在來에는 雜木 미밀대, 공가댁 등의 灰를 이용하였으나 현재는 苛性曹達 曹達灰 등의 화학약품을 사용하고 있다. 따라서 木灰를 사용할 때보다는 煮熱하는 데 시간을 그렇게 소요하지 않고 보통 가마솥에서 네 시간만 경과하면 충분하다.

를 좌우로 흔들어 통속의 섬유가 서로 얽히게 한다. 또 종이의 광택을 내고 충해를 면하기 위해 白土, 石粉도 넣는다.

⑧ 이를 발틀로 걸러 한장씩 뜬다. 이 濡紙를 밀어 놓인 판에 놓고 구불뗑이(一種의 로오라 方言)로 壓搾하여 수분을 뺀다.[26]

⑨ 이 압착한 것을 한 장 한 장 떼내어 乾板 또는 紙房[27]바닥에 놓아 건조시킨다.

위의 생산기술은 楮를 이용한 재래식 방법에 의한 창호지, 장판지의 경우이나 원료 또는 종이 종류에 따라서 생산방법에 약간의 차이가 있다.[28]

대체로 종이의 생산은 한 농가에서 가족공동으로 원료 채취부터 제지에 이르기까지 일관 작업을 할 수 있다.[29] 따라서 이러한 생산형태인 경우에는 분업적인 작업은 없었던 것 같으며 다만 촌락공동체의 노동협력은 장판지의 경우 두드리는 작업(叩壓)에서 행해진다. 그리고 시설도 지방의 경우는 사적 소유주가 있어서 사용료를 지불한 경우도 있으나[30] 촌락 공유의 것도 있다.

그러므로 지방 농가에 있어서는 거의 독립적으로 생산·경영하면서 현재에까지 이른 것 같다. 이 제지에 대해서는 전술한 바지만 관청에서는 楮

---

26) 壓搾 : 창호지의 경우는 목제의 둥근 棒, 속칭 구불뎅이라는 것을 사용하나 장판지의 경우는 종이를 떠고, 그 濡紙에 기름을 먹이기 전에 두드리는(搗叩) 작업이 행해진다. 조선시대에는 방아 찧는 방식과 哈似한 도구(밀대 下台)는 단단한 큰 나무를 놓고 위에서 통나무로 두드린다. 이 때에는 製紙에 종사하는 촌락민의 공동협동으로 행해졌다고 한다. 현재에는 조잡하나마 동력을 사용하고, 근대 방앗간의 叩解機 끝에 木棒을 붙이고 이를 이용하여 한 장의 장판지를 앞사람과 뒷사람이 서로 당기면서 두드린다.

27) 紙房 : 조선시대에는 한 촌락에 몇 개의 紙房이 있다. 비교적 큰 가옥에 여러 개의 큰 방이 있어 여기서 濡紙를 건조한다. 이는 촌락에서 출자하여 세운 촌락 공유물과 사적 소유물이 있고, 후자의 경우를 사용할 때는 사용료를 내었다고 한다. 현재 각 농가에 건조 가옥을 갖고 있다. 그 가옥 내부에 큰 鐵板이 있고 철판은 火口에서 불을 피워서 열을 높이고 그 철판 위에 종이를 건조시키고 있다.

28) 徐有榘, 『林園十六志』 文房雅製 下, 紙條에 기재되고 있음.

29) 현재 의령군 봉수면 농가의 경우 5~6명의 가족으로 생산하고 있음.

30) 의령군 봉수면의 조사에서 파악되었다.

木의 관리와 생산기술의 向上을 도모했다. 태종 때에는 遼의 귀화인 紙匠을 포섭하여 외국의 제지법을 전습하게 하고

> 賜申得財及綿布 得財遼人也 造華紙以進 下鑄字所 印十七史 賜得財
> 米五石 綿布三匹 令紙工傳習[31]

라고 한 것이며, 또 세종 때에는

> 上謂代言等曰 聞日本國有百篇尙書 可令通信使購來 且倭紙堅靭 造作
> 之法 亦宜傳習[32]

이라 한 바와 같이 통신사로 하여금 일본의 紙地를 수입케 하고 그 제조법을 전습케 하였다고 한다. 한편으로 세조 때 명나라 사절이 오자 造紙法을 묻고 있으니

> 朴元亨問造紙法 正使答曰 常用黃紙 以嫩竹葉及桑皮和造 書詔勅白紙
> 純用桑皮 命造紙所 依此試之[33]

라고 하여 중국에 사용하는 桑皮로써 造紙所에 제지를 시험시키고 있음을 말하고 있다. 또 성종 때도 紙匠을 사은사에 동행시켜 북경의 제지법을 견학시키고 있다.

이와 같이 조선초기부터 관청에서는 외국기술을 도입하고 있으며, 한편 국내의 새로운 기술을 받아들여 그 제지의 질적 향상을 기하고 있다. 중종 때 예를 보면

> 兵曹判書金安國 以苔紙五束進上 仍啓 臣民鄕時 見古書 有以水苔爲

---

31) 『太宗實錄』 卷42, 太宗 12年 7月 壬辰.
32) 『世祖實錄』 卷46, 世宗 10年 7月 辛亥.
33) 『世祖實錄』 卷33, 世祖 10年 5月 甲戌.

紙之語 臣試造之 其法以苔和楮 若苔少則加楮稍多 苔老則和楮甚少而
乃美矣 若下諭諸道 而通行于公私 則必有益也……下造紙署使之作見樣
造之34)

라 하여 金安國의 水苔造紙法을 채택하여 造紙署에 제조시켜 보고 있다.
그러나 조선의 수공업이 지닌 여러 모순은 제지에도 나타나 그 노력이 반
영되지 않고 조선후기까지 기술의 발달은 별로 없었던 같다. 丁茶山은 다
음과 같이 말하고 있다.

臣謹案 我國紙物 自以爲甲于天下 而其實不裂而己 不可以印書籍 不
可以爲書本 不可以爲畵本 宜自利用監 北學中國以其法 頌于本署及 自
本署頌于諸路 亦所宜也 造紙署屬工曹(『經世遺表』卷六)

즉, 우리나라의 紙物은 스스로 천하에 으뜸이라고 하나, 사실은 찢어지
지 않을 뿐, 서적을 印出할 수 없고 畵本으로 할 수 없으니, 마땅히 利用監
에서 그 법을 북방 중국에서 배워 本曹에 알리고 또 本署로부터 諸路에
알리면 좋을 것이라고 하여, 조선후기의 실태와 기술도입을 주장하고 있는
것에서 조선후기까지 큰 기술변화가 없었음을 알 수 있다.

V. 생산관계

조선후기의 제지 생산이 어떠한 형태에 의해서 영위되었던가를 고찰하
기에 앞서 그때까지의 과정을 보겠다. 조선 초에 있어서 제지는 관장제 수
공업을 주축으로 하고 여기에 농민의 부업적 수공업, 사찰의 수공업에서
영위되고 국가의 수용, 사회적 수요에 충당되었다. 官匠制는 서울에서는
造紙署가 설치되어 京工匠에 의해 생산되었으며, 지방에서는 관청에 예속
되던 外工匠에 의해 생산되었다. 서울의 조지서는 태종 때 설립되었다.

---

34) 『中宗實錄』 卷95, 中宗 36年 6月 庚辰.

戶曹判書韓尙敬啓 造楮貨之法 啓曰 楮貨紙來自各道 厚薄精麤不同
市井之人 但知樂用厚紙 願於京中一處做得 從之[35]

라고 하여 저화에 소요되는 紙物은 각도에서 제조하였던 바 후박함과 精
麤가 심하고 시중의 백성은 厚紙를 좋아하므로 京中에서 저화를 만들자고
하였으며 또한 같은 책에

置造紙所 戶曹請 以前議政府上納 各道休紙 造楮貨紙 以減外方造紙
之弊 從之[36]

라고 하여 호조에서는 外方에서 저화를 만드는 데 따른 폐단을 덜기 위해
서 造紙所를 설치하자는 의견이었다. 그러니 조지소 설립의 직접 동기는
저화 제조를 위한 것이었다. 그러나 이 조지소는 저화만 만든 것이 아니었
으니『世宗實錄地理志』에

造紙所 在壯義寺洞 在先事大表箋奏啓咨文所用紙劄 全羅道全州南原
歲貢中 多不中用 今上二年特命置所 抄造工善史良紙品比舊甚精 由是
全南二府 責貢之弊始除

라고 하여 종래에 남원·전주에서 제조하던 중국에 대한 조공품으로서의
表箋·奏啓·咨文 등을 제조하였다는 데에서 그 사실을 알 수 있다.
이 조지소는 그 후 세조 12년에 조지서로 개칭되었는데『經國大典』卷1,
吏典 造紙署條에 의하면 京官職 從六品衙門으로 提調 2원, 司紙 1원, 別
提 4원의 관리, 잡직으로 工造 2원, 工作 2원, 木匠 2명, 廉匠 3명, 紙匠 31
명이 배정되고 그 외에 잡역부로 差備奴 90명, 跟隨奴 4명이 또한 예속되
었다. 이 인원은 그 후 조선후기까지 약간의 가감은 있었으나 큰 변동은
없었던 것 같다.[37] 중앙에서 행해졌던 이 제지업을 다른 수공업과의 비중

---

35)『太宗實錄』卷23, 太宗 12年 2月 庚午.
36)『太宗實錄』卷30, 太宗 15年 7月 庚申.

을 전업적인 匠人 즉, 전체 경공장의 수로써 비교해 보면『經國大典』刑典 京工匠條에 경공장의 총수는 2,795명이고, 업종은 124종으로 되어 있다. 그 중 彫刻匠이 336명, 冶匠 192명, 矢匠人 171명, 鍊匠 170명, 紡織匠 110명, 弓人 103명, 綾羅匠 105명, 瓮匠 104명이었으며, 紙匠은 제9위로서 35명이다. 이로써 중앙 관장제수공업에 있어서 제지업의 비중이 높았음을 알 수 있다.

그리고 이 조지서에 종사하는 紙匠에게는 생산의욕을 높이기 위해 종8품, 종9품의 工造·工作職이 배당되었다.38) 그리고 이들 지장에게는 다른 장인들과는 달리 한 때(국초) 紙匠田이 주어진 적도 있었다.39) 그러나 이 지장전은 세종 27년 7월 乙酉에 폐지되었고,40) 그때부터는 他工匠과 같이 朔料와 월봉을 받았던 것 같다. 이 같은 처우는 국가적 견지에서 제지의 중요성을 감안한 데서 비롯되었으며 반대로 그 제조과정에서는 단속도 심하였다.『世宗實錄』에

傳旨義禁府曰 造紙署官吏 事大文書紙劄 不用心製造 其鞠之41)

라고 하여 성심껏 제조치 않을 때는 관리를 처벌한다고 하였다. 이로써 지장은 감독자 관리의 심한 통제를 받았음을 알 수 있으며 또『경국대전』에도

---

37) 燕山君 때는 司紙를 革弊하고 別提一員을 增員하고 중종초에는 다시 복구하였으나 그 후 다시 司紙를 폐하고 提調一員 別提二員으로 하고 다시 영조 41년에는 提調一員을 증원하고 總戎使로 하여금 例兼케 하고 이에 書員二名 庫直一名 使令二名을 속했다. 그 후 이대로 계속되다가 고종 19년에 혁파되었다.

38)『經國大典』吏典, 雜職條.

39)『太祖實錄』卷7, 太祖 4年 3月 丁卯, "殿下卽位之初 損益制度 遂正經界 將京畿 左右道及六道之田 以定陵寢 倉庫 軍資 公廨 寺院田 學校 神祠 鄉 津 驛吏 紙匠等田".

40)『世宗實錄』권109, 세종 27년 7월 13일, "司諫院上疏略曰……我國之田 不過 八十萬餘結 畿外則除倉庫 衙祿 公廨 廩給 寺社之田 外曰軍役 曰外役 曰津 驛 院舘 紙匠之田 皆有其稅 以補祿轉……".

41)『世宗實錄』卷28, 世宗 12年 4月 乙己.

　　咨文表紙麤造匠人　初次杖八十　每次加一十　至杖一百而止(『經國大典』
　　卷6, 工曹　雜令條)

라고 하여 麤雜하게 제조한 공장에게는 장형을 가한 것에서도 이를 알 수
있다. 세종 때는 이 조지서에서 비교적 품질이 좋은 지물이 생산되었던 것
으로

　　尹粹曰　當新設造紙所　皆以爲紙品必未及南原全州　今紙造所紙品極高
　　反不用南原全州之紙　若設一司　專治織造　則亦必極善[42]

이라 하여 南原 全州紙를 능가하는 데까지 이르렀다고 말하고 있다.
　　지방의 제지 실태는 지방관청에 예속된 지장이 주된 생산담당자로서 紙
役을 담당하고 있었다. 이들의 신분은 『경국대전』에서

　　京外工匠籍　藏於本曹　本司　本道　本邑私賤勿屬 (『經國大典』工曹　工
　　匠條)

이라고 한 바와 같이 京工匠처럼 양인 출신이었다고 보여지며 그들은 지
방관청에 등록되어 있는 자들이었다. 그러나 이들은 대부분 농사에 종사하
고 약간의 수공업을 함께 경영하고 있었고, 冶匠 등 약간의 특수 직업인을
제외하고는 농민에 가까운 자들이었다고 생각된다.[43]
　　이들에 의해 영위되던 地方官匠에 있어서, 紙匠의 비중을 『경국대전』
형조 외공장조에 보면 지장의 수는 전체 외공장 3,753명 중 699명을 헤아
렸다. 제지업의 타 수공업과의 비중을 보면, 紙業은 전체 업종 27종에서 1
위를 점하여 2위인 冶匠 493명에 비해 단연히 우세한 지위를 점하고 있다.
이로써 지방 수공업 중에서 제지 생산이 가장 비중이 높았다는 것을 알 수
있다.

---

42) 『世宗實錄』卷49, 世宗 12年 9月 己酉.
43) 姜萬吉,「李朝前期工匠考」,『史學硏究』13, 39쪽.

그리고 이 외에 지방 제지의 일익을 담당한 것은 농민이었다. 이에 대해서는 세종 28년 司監 卞孝敬의 상소에

各道所造冊紙 雖令春秋雨等造納 然其各道未易充納 鳩聚農民 連續役使 不無農防廢業之嘆 姑令停之[44]

라고 하여 각도의 책지를 제조하는 데 농민을 연속 사역하니 농사까지 폐하니 당분간 중지한다는 기록에서 그에 사역되었음을 알 수 있으며, 또 명종 12년 단양군수 黃俊良의 상소에

紙貢之弊 造紙之難 倍於他役 貢紙之數獨優於比 編戶之民 病於難支久矣[45]

라 하여 造紙之難은 타 역의 배나 되어 민이 支供하기 힘겹다고 말하는데서도 알 수 있다.
　승려들도 紙役에 종사하였음은

上 以京畿淸溪寺奴貴石等上言 下于政院曰 京畿僧人 築城處則役之曳木軍 及造紙署軍則勿役 使無民弊事……言于備邊司及禮曹 自古僧徒 非如有妻子 根著之人 俱以無賴乞食之輩 有苦役則 鳥散而逃 將有大弊[46]

라 하여 경기도의 승려를 造紙署에 동원시키지 말라는 것과, 또 선조 32년 기록에

戶曹 啓曰 前日京畿驪州地長興寺 造成咨文紙品劣 極爲未安[47]

---

44) 『世宗實錄』 卷112, 世宗 28年 4月 丁卯.
45) 『明宗實錄』 卷22, 明宗 12年 5月 己未.
46) 『明宗實錄』 卷22, 明宗 12年 2月 辛亥.
47) 『宣祖實錄』 卷23, 宣祖 32年 5月 癸酉.

이라고 한 데서 알 수 있겠다. 이 지장과 농민 등은 제지업이 많은 부담을
지고 있었다. 한 예로 문종 원년의 전라감사의 상계에

> 全羅道觀察使啓 咨文紙 奏聞紙及 各司所納表紙 擣鍊紙 並分定南原
> 全州等 官收納其數猥多 因此楮木甚貴 或散亡民間 民之受弊不貲 請量
> 減其數 傳敎承政院 令磨勘以啓[48]

라고 한 바와 같이 咨文紙 奏聞紙 등 남원 전주에 분정된 것이 너무나 많
아서 이로 인하여 닥나무는 귀해지고 민간의 폐해는 많아지니 散亡하였다
고 하고 있다. 이는 문종 때의 기록이니 세종 때 造紙署 설치로 이 곳의 부
담이 덜어진 사실을 뒤엎고 있는 것이다. 그러니 지방의 부담을 때로는 감
해 주지 않을 수 없었던 것으로『세종실록』에

> 承文院所儲 有剩餘 權除慶尙全羅所納紙침[49]

라 하여 承文院에 비축되고 있는 지제의 잉여가 있을 때는 지방 상납을 없
애준다고 말하고 있으며, 또『魯山君日記』에

> 議政府啓 比年以來 工役繁多 民力困弊 鑄字所納冊紙 慶尙全羅 各二
> 千卷 忠淸江原道 各五百卷 請減其半 其未收者全減[50]

라 하여 의정부에서는 상계하여 工役이 번다하고 민력이 곤폐하다는 사정
을 감안하여 경상도와 전라도에 배정된 鑄字所納 紙地의 양을 반감하고
未收者分을 전부 탕감해 줄 것을 건의하고 있는 것이다.
　한편, 지방에 부담을 더욱 가중게 한 것이 방납의 폐단이었음은 주지의
사실이다. 관에서도 그 폐단을 막기 위해서 법적인 조치까지 하고 있으니

---

48)『文宗實錄』卷7, 文宗 元年 5月 庚子.
49)『世宗實錄』卷12, 世宗 3年 5月 壬申.
50)『魯山君日記』卷9, 端宗 1年 11月 己卯.

『경국대전』에

> 代納貢物者 杖八十 徒二年 永不叙用 聽從守令 以制書有違論 其物沒
> 官(『經國大典』刑典 禁制條)

이라 되어 있다. 그러나 이것은 死文化되었고 특히, 紙物에 대한 방납의
피해는 막심하였다. 세조 12년 대사헌 梁誠之의 상소에

> 其代納之物 最爲民害者 曰紙苞 曰油蜜 曰白楮 曰正鐵 曰竹木 曰貢布
> 曰貢炭……以至靑草[51]

라 하고 있으며, 예종 1년 호조의 啓에

> 然代納之法 當從民情願 故代納之徒 必先依勢家 請于其邑守令 仍厚
> 賄之 守令畏威懷利 勒令代納 民莫敢違 旣已代納 則守令發吏徵納 若貢
> 稅則旣倍徵於民 而還散米於民間 約以秋來 償以綿布 貧民爭受之 及期
> 限已至 則連群引類 直至民家索之 若不及償 劫奪衣服雜物 其直之高下
> 隨意以定[52]

이라 하여, 대납의 무리는 勢家를 업고 고을 수령에게 厚히 뇌물을 주고
대납을 청하며, 수령은 그 위세에 굴하여 實利에 회유되어 강제로 대납케
한다. 백성은 납공을 어기지 않았는데 그들은 먼저 대납하였다고 하고는
수령은 吏屬을 시켜 徵納을 2배나 요구한다고 말하고 있다.
　이와 같은 실태에서 조선중기 연산군, 중종 시기를 전후하여 官匠制 생
산체제도 붕괴하여 갔으니 그 이유를 姜萬吉氏는 다음과 같이 말하고 있
다.[53] 이는 제지업도 마찬가지로 생각된다.
　첫째 국가재정으로 인한 관장 대우의 불충분으로 그들의 생활이 곤궁화

---

51) 『世祖實錄』 卷40, 世祖 12年 11月 庚午.
52) 『睿宗實錄』 卷3, 睿宗 1年 1月 壬午.
53) 姜萬吉, 앞의 논문, 65~67쪽.

하여 관료적인 조직에서 도피하지 않으면 안되었던 사실을 들고 있으며 그에 따라 양인 출신의 공장이 이산해 버리는 과정에 노예들로 대신 충당함에 이르고 여기에 관아 수요품의 제조도 私匠에 의존하였다고 하여『중종실록』의 特進官 曹潤孫의 상소로써 이를 뒷받침하고 있다.54)

그리고 또 하나의 원인으로서는 귀족 관료들의 횡포와 그들에 의해 공장이 사역에 동원되었다는 사실을 말하고 있다. 그 예로 중종 33년에는 領中樞府使 鄭光弼이 "관원들의 부당 사역으로 공장들이 '專其所業'하여 公匠은 하나도 없고 국가기업에는 모두 私匠으로 대신하고 있다"는 사실을 뒷받침하여 설명하고 있다.55) 그리고 또 다른 원인은 工匠階級 내부에서 찾아볼 수 있다고 하여, 공장들 사이에 이익 독점을 목적으로 후진에게 기술 전습을 꺼려 마침내는 특수한 기술이 폐절되어 버린다고 하고 있으며, 한편 官匠 개개인의 태만과 그들 관원에 대한 반발적 태도를 원인으로 지적하고 있다. 어쨌든 이는 관장에 대한 일방적으로 수취를 강요한 데 기인하였던 것이다. 이 관장제 수공업을 더욱 붕괴시킨 것은 임진왜란과 대동법의 실시였다. 제지의 주축을 이룬 서울의 造紙署는 기능이 마비되었으니, 선조 29년 承文院 寫字官 朴繼文의 상소에

略曰 我國之莫重者 事大也 自祖宗朝 特設承文院 俾專是務 首選年少文官 責之以吏文漢語寫字等事 以爲華國之資 且置造紙一局 專造諸般紙地 以備文書之用 經亂之餘 百具墜廢 事多草率 無復有模樣 而不爲更張 臣未見其可也 今者 尋常 諸司 皆復如前 而獨此造紙 廢而不復 表咨之紙 委之於外方 紙品麤惡 擣鍊不精 屢下不好之敎 而不爲更張 此臣之所深慮也 況比紙局 非器械全無之比也 有楮有匠 有砧具所設者 纔十間家舍 將此已備之楮 刻意精造 則不出數朔 足支一年之用也 且紙匠之善手不多 若募僧人善造紙者 每一人給奉足三四名 使居本署之傍 開楮田

---

54)『中宗實錄』卷84, 中宗 33年 4月 癸酉, "今之匠人 皆有名無實 如工曹 繕工監等處 並無匠人 雖有集事 皆役私匠人 而其匠亦皆拙矣 盖以料食減少故 皆不樂於所業而然也".

55)『中宗實錄』卷88, 中宗 33년 8월 癸亥, "百工 各有其役 而下務傳習 爲官員者 以丘史帶行廢其所業 故當國家之事 無一公匠 而所役者 皆私役 其弊亦豈細哉".

於閑曠之野 和賣自食 官收稅楮 時兼紙匠之任 或助砧軍之役 而一切完
戶 則漸有成效之理也[56]

라 하여 임진왜란의 피해로 造紙署의 시설이 파괴되었다고 말하고, 우수한
紙匠도 많지 않으니 승려 중 造紙에 능한 자를 택하여 한 사람에 봉족 3,
4명을 주고 조지서 근방에 있게 하여 楮田을 개간하고 사역할 것을 건의
하고 있을 정도이다. 그러나 조지서도 그 기능이 곧 회복되지 않았던 것으
로 선조 32년 호조의 상계에

戶曹 啓曰 前日 京畿驪州地長興寺 造成咨文紙品劣極爲未安 今方抄
造於造紙署 而諸具新造恐或亦不堪用 事甚悶慮 平安道江東縣監紙品其
好 丁酉年 本縣上納咨文紙 潔白滑細 今亦十張措備上送事 行移何如 且
諸將官衙門 自上咨帖紙劄 京中難得其可合者 令湖南監兵使 隨所備上
送 而別置供用 亦使便當 並爲敢啓 傳曰 依啓[57]

라 하여, 지금 조지서에 새로이 기구를 마련하였으나 사용하기가 어렵고
전일에 長興寺에 조성시킨 咨文紙도 품질이 좋지 않고 보니, 또 평안도 강
동현에 咨文紙의 견본을 의뢰하고 호남에서도 올려보내도록 말하고 있다.
국가 수요는 왜란 전과 다름없지만 중앙의 조지서의 경우는 왜란 전과 같
지 않으니 자연 지방에 부담이 많았음은 쉽게 추측할 수 있다.
효종 5년 비변사의 상계에

……三南民力已竭 於紙役之餘 歲幣大小好紙 又從而倍數加定 通計大
小好紙 五千卷 白綿紙 三萬餘卷 及時措辨之際 民間至有掘取楮根之
語[58]

라 하여 삼남의 민력은 紙役으로 고갈되었다고 하며, 민간에서는 이에 楮

---

56) 『宣祖實錄』 卷78, 宣祖 29년 8월 戊申.
57) 『宣祖實錄』 卷111, 宣祖 32년 5월 癸酉.
58) 『備邊司謄錄』 第17冊, 孝宗 5년 8월 27일.

根까지 굴취한다고 말하고 있다. 지방에 부담이 가중되는 추세 속에서 大同法이 실시되었다. 이는 지금까지 붕괴일로에 있던 관장제 수공업에 더욱 큰 변화를 초래하였으며, 한편으로는 종래의 현물공납이었던 국가수취체계에도 변화를 가져오게 하였다. 중앙관서에서는 필요한 물품을 貢人을 통하여 조달하게 되었기 때문에 애로에 봉착하고 있던 관장제는 굳이 유지할 필요가 없게 되었다. 여기에 관장제를 대신하여 私匠制가 나왔던 것이니 『大典通編』에

官有私役則 賃用私工 故續典時 安不擧論(『大典通編』 工典 外工匠條)

라 하여, 관의 사역에 私工 賃用을 말하고 있다. 이상의 실정을 수적인 변화에서 찾으면, 영조 28년(1752)의 均役事目에 외공장수가 4,450명으로 나타나 있고 고종 3년(1866)의 『육전조례』 공전에 의하면 5,451명으로 나타나 있다. 이는 조선전기의 『경국대전』에 비하여 영조 28년의 수가 794명 증가했고, 고종 때는 영조 때보다 약 1,000명이 더 불어나고 있다. 이것은 조선후기로 갈수록 지방 수공업의 비중이 높음을 뜻하고 있는 것이다.

또 『대전통편』 공전 경공장조에

以諸司中 司贍寺 典艦寺 昭格署 司醞署 歸厚署 今皆革罷 內資寺 內贍寺 司導寺 禮賓寺 濟用監 典設司 掌苑署 司圃署 養賢庫 圖畫署 今無工匠 其外諸司則 名色之新舊互異 額數之加減無定 成籍藏本曹之法 浸廢不行 續典時 不爲擧論 故今並仍舊不改(『大典通編』 工典 京工匠條)

라 하여, 司贍寺 등 5개 관청은 폐지되고 內資寺 등 10개 관청은 지금 공장은 없고 그 외에 諸司는 名色이 신구가 다르기는 하나 액수의 가감은 정해져 있지 않으며 공장의 성적을 본조에 보관해두는 법은 피폐되어 행해지지 않는다. 『續典』 때에도 이에 대하여 거론하지 않았으니 지금은 舊에 따를 뿐이고 개혁은 없다고 하였다. 따라서 정조 때에는 司贍寺 이하 5개 관청에 예속되었던 30개의 匠數가 혁파되었고, 內資寺 등 10개의 관청

242명이 모두 없어지고 있었음을 알 수 있거니와, 한편 영조 때 대전 편찬 당시부터 경공장이 제도적으로 해이되었음은 역력하다.

한편 외공장에 있어서도 『대전통편』에

原典各道各邑 皆有工匠各色 今則外工匠無成籍 藏本道之規 官有使役 則賃用私工 故續典時 亦不擧論 今就原典通計 一道內各邑 工匠各色額 數 而入錄以爲省煩存舊之地(『大典通編』 工典 外工匠條)

라 하여 지금은 원전을 쫓아 한 道內 각읍 工匠의 各色額數를 헤아려 기록함으로써 번잡을 피하고 舊制를 보존하는 것이라고 한 그대로 상기의 均役事目,『六典條例』의 京工匠의 수는 관에서 동원할 수 있던 형식적 수의 조사에 불과한 것이라 보아야겠다.

이와 같이 官工匠의 붕괴과정에서 지물의 조달은 紙契貢人에 의하여 행해졌다. 그러나 국가의 수요량이 많은 지물의 경우는 이들 공인에 의해서만 조달될 수 없었던 것 같아 지방에 紙貢을 계속 상납시키고 있다.[59] 즉 현종 3년 호조판서 鄭致和의 上啓에

前者 全南大同磨鍊時 歲幣所用大好紙 小好紙 白綿紙 並入於大同作 米之中 不以本邑上納 而貿用於京中 京中紙品 不如各官納 前頭將來免 生事之患 極爲可慮矣 右議政元斗杓曰 當初臣等之意 預慮此弊 紙地則 欲以本邑上納 而大同主管之臣 試員於京中 到今其弊如此 戶判之言 誠 然矣 上曰 自明年爲始 紙地則並以本邑上納事分付可也[60]

라 하여, 대동법을 실시함에 歲幣用의 大好紙, 小好紙, 白綿紙 등을 大同 米로써 충당하고 본읍에서 상납시키지 않고 京中에서 구입하였으나 경중의 紙品이 관납한 것과 같지 못하니 지물은 본읍에서 다음해부터 상납키로 하였다고 하는 데서 알 수 있다. 그러나 그 실행은 여의치 않았는지

---

59) 李光麟,「李朝後半期의 寺刹製紙業」,『歷史學報』 17 · 18, 1962, 205쪽.
60)『備邊司騰錄』第21冊, 顯宗 3년 10월 2일.

領議政徐(文重)所啓 右議政閔(鎭長)在戶判時 以歲幣紙品甚劣 幾乎生
事於役中 故變通稟處事定奪 而其時僚相不齊 不得稟定矣 大抵一自大
同紙地上來之後 三南楮田皆罷 中外 以此甚爲稀貴 不可不運本道而非
但久罷之餘 外方猝難盡辨 貢物主人 亦有豫受貴[61]

하니, 반은 공인에게 반은 지방군수에 맡기기로 하자고 했는데, 왕이 동의
했다는 것이다. 여하간 紙物은 일부는 공인, 일부는 지방에서 공납케 하였
던 것이다. 그러니 이 紙貢을 부담하게 될 지방 관청에서는 그 부담을 사
찰에 더하는 한편, 민간 匠人에게도 부과 생산시켰던 것이다. 사찰에 대한
공납의 실태는 李光麟氏의「李朝後半期의 寺刹製紙業」에 상세히 있기에
여기서는 부연을 피하거니와 가렴주구의 한 예만 들어보면, 정조 10년 行
知中樞府使 具善復의 所啓에

關西之妙香山 處在五六邑之中 山高谷深 大山寺刹 列在其間 幅員甚
廣 常時可疑之徒 不能接跡 若當有事之時 自古名僧 爲國事效力者多矣
臣(具善復) 待罪寧邊時 妙香山寺刹無一張紙地捧用之事矣 近來則紙役
高至 略于富僧 並皆敗散 各寺諸僧 從此流離 大刹外小刹 幾盡空虛云
云[62]

라 했다. 즉, 묘향산은 지역이 넓고 그 사이 사찰이 列在하고 있다. 이 사
찰은 국가 유사시에는 옛부터 명승으로 爲國忠誠한 자가 많다. 이 사찰은
紙地 捧用한 일이 없었으나, 근래에는 紙役이 높고 富僧은 모두 흩어지고
각 사찰의 승려도 流離하고 대소 사찰을 막론하고 공허화하였다고 말하니,
그 지역의 고됨이 어떠하였는지 추측하고도 남음이 있다. 이것은 비단 묘
향산에 국한한 것이 아니었다. 조선후기 제지의 공납을 전담하다시피 한
사찰 제지업의 마비를 초래케 할 정도의 수탈은 민간수공업에 대해서도
마찬가지로 가해졌다. 『磻溪隧錄』애

---

61)『備邊司謄錄』第51冊, 肅宗 26년 1월 21일.
62)『備邊司謄錄』제168책, 正祖 10년 4월 20일.

今則京中工匠 皆無常稅 而只官有役 隨聞捉致役之 稱以官役 少給其
價 外方則勿論有稅無稅 直隨所聞 威勒役之而已 公府旣如此 勢家兩班
又從而效之 價不當直 是以業工匠者 猶恐其技之聞於人 此所以百工無
度麤惡 不成樣也(柳馨遠, 『磻溪隧錄』 卷一五九張)

라 하고는 관청의 일방적 수탈, 권문세가 양반의 私役에 工匠은 자기의 기
예가 타인에게 알려질까 우려하고 고의로 麤惡한 물건을 생산한다고 극단
적인 표현을 하고 있다. 또 한 예를 들면, 정조 10년 行左承旨 李在學의
所啓에

湖南紙邑 爲弊滋甚 而其中淳昌爲最甚 盖因楮價 近益騰踊 僧徒轉至
凋殘 紙物貴騰古今懸殊 而三軍門所納軍布 以紙代納 其數合爲七千餘
束 每束折價比時直 僅三分一 流來謬規 雖未知刱自何時 而莫重軍布(中
略) 每年責納 無異勒買 僧役之苦重 寺弊之難支 至於斂及平民 害遍一
境云云[63]

라 하여, 호남이 紙役에 대한 폐단이 심하였으며 그 중에도 특히 순창이
심하였는데, 근년에 楮價가 등귀하고 승려는 역의 가중에 凋殘하니 지물
은 등귀하게 되었다. 그에 따라 三軍門에 바치는 軍布를 紙地로 하니 그
수는 합하여 7,000여 속이나 되었다. 그런데 지가는 每束에 시가의 3분의 1
밖에 되지 않았으며, 이는 勒價와 다름 없다. 僧役의 고된 비중에 사찰에
서 지탱하기가 어려워지니 민간에까지 가렴주구가 행해지고 피해가 일경
에 이른다고 하고 있는 것이 그것이다. 또한 주목할 것은 군포에 대신하는
지물의 상납까지 지물이 요구되었던 것이다. 그리고 紙價도 정당하게 지불
되고 있지 않으니 또 그 예를 들면 정조 8년 回春道監司의 啓에

回春道(江原道)平康民人蔡五得等上言紙所之弊 詳査決處後狀 聞事行
會矣 觀此原春監司徐鼎修狀啓 則以爲 紙民爲弊 大抵支難 而甲申辛丑

---

63) 『備邊司謄錄』 제169책, 정조 10년 7월 24일.

兩次減給 爲六百五十餘卷 卽今一年應納 猶爲一千五十九卷 而其價自
官防給 紙面結役二十六結 價錢爲 二百十一兩零 以此分排於行用之價
則不足之數 二百五十兩零 此外又有牌子紙 年分紙等多般色紙 民輩稱
寃[64]

이라 하니, 즉 平康人 蔡五德이 紙所의 폐단을 건의할 때 낭시 삼사 徐鼎
修가 장계하여 영조 4년과 정조 5년 두 차례에 걸쳐 紙物應納을 감하여
650여 권이었던 것이, 영조 8년에 이르러 1,059권에 달하였는데도 관청에
서 紙價를 겨우 211냥 밖에 지불하지 않으니, 부족액이 250냥이나 되었다
고 한다. 또 그 밖에 牌子紙, 年分紙 등의 명색으로 科外 徵納까지 하였으
니 紙所民의 원성이 심하였다고 한다.

　한편, 紙契貢人도 紙品 조달이 그렇게 쉽지 않았다. 정조 14년 備邊司
의 上啓에

　　三南方物紙啓貢人等所懷內 方物白綿紙 始而楮貴僧殘 求收如山 終而
　　營邑紙役滋甚 害歸貢人 幾至廢貢之境 營邑紙役除減之意[65]

라 하여, 저는 귀하고 사찰은 쇠잔한데 밖으로 요구는 많고 영읍 紙役의
가중함은 사찰에 紙物을 구하는 공인에 누를 끼치게 되니 공인은 폐업할
지경이 된다고 말하는 데서, 공인의 조달이 지방관청의 방해를 받았음을
알 수 있다. 이러한 고생을 겪고 조달하여 상납하는 공인에 대해서도 그
紙價가 충분치 않았던 것 같으니, 영조 21년 各司貢人의 弊瘼別單中에

　　大小好紙方物 白綿紙契人 大好紙一卷 重三斤 十兩 白綿紙一卷 重十
　　二斤 十二兩 小好紙一卷 重二斤 五六兩 而數年以來 比當初增加 大好
　　紙 重至五斤 十兩 或至六斤 白綿紙 重或至三斤小好紙 重四斤八兩云
　　嚴飭戶曹 依定式精華事[66]

<hr>

64)『備邊司謄錄』제167책, 정조 8년 12월 28일.
65)『備邊司謄錄』제176책, 정조 14년 2월 15일.
66)『備邊司謄錄』제113책, 영조 21년 3월 12일.

라고 한 바와 같이 가격의 절반만을 지불하고 있는 실태를 알 수 있다. 그러니 조선후기에 있어서 官匠制의 해이와 어느 정도 자유 수공업의 발생과 고용에 의한 생산물품의 현상을 엿볼 수 있었으나 관청과 勢家의 통제·수탈에서 크게는 발전할 수 없었던 것이다. 그러나 遲遲하였으나 점차 활발해져 갔음을 부인하지 않는다. 공인의 활동도 이에 대한 자극적인 요소였음은 말할 필요도 없다.67)

VI. 맺음말

조선후기의 지방 수공업을 나타내기 위해 특히 지방 수공업 가운데 비중이 가장 높은 제지업을 선택하였으나, 자료의 부족으로 초점이 흐려진 느낌이 없지 않았다. 이후 제지업의 성격을 파악하기 위해 그 이전까지 소급하여 발전 과정을 살폈으나 사료의 부족으로 성과를 거두기 어려웠다.

(1) 한지의 특징, 명칭, 유래 등에 관해서『林園十六志』,『韓國誌』,『林下筆記』,『北學議』,『世宗實錄地理志』등의 사료를 인용하여 기술하였다.

(2) 한지의 원료 특히 닥나무에 관해서는『五洲衍文長箋散稿』와 현재 재배하고 있는 닥나무를 조사 수록했으며, 닥나무의 재배 방법에 대해서는『農政新編』에 따랐다.

(3) 조선 대대로 닥나무에 관한 역사적 고찰을 더했으며, 한편으로 닥나

---

67) 조선후기의 紙物의 유통면에는 언급하지 않았으나, 중기 이후의 鄕市로서 紙物·楮가 거래되었던 곳을『林園十六志』倪圭志 卷四, 貨殖 八域場市에서 추출하여 보았으며(別紙 參照), 조선초기의 지방제지업을 보기 위해『經國大典』에서 지방 紙匠을 추출하여 군현별로 정리해 보았다(別紙 參照). 의령군 봉수면의 현지조사에서 얻어진 회상기 사료로 주목되는 점은 조선후기(1800년경)에 이곳에 松房이 설치되어 개성상인, 의주상인이 내왕하며 농가에 전도금을 주어 紙物을 제조하는 등 客主制的 前貸制的 생산을 통한 상업을 영위하였다고 한다. 古老들이 기억하고 있는 이는 申議官(申鍾泳), 嚴議官으로 속칭되는 이와 金明九 등의 상인이 있었다고 한다.

무의 생산지를 초기·중기·후기로 구분하여 검토하였다. 그 결과『동국여지승람』에 기재된 생산지가 그대로 조선후기까지 큰 변화없이 생산지로서 유지된 것을 밝혔다. 다만『세종실록지리지』의 각 州縣 土宜條의 사료는 생산지라기보다는 종이 공납이 있었던 곳인 것 같다.

(4) 조선말기의 종이 생산지와 밀접한 관계를 갖고 있는 시장을 파악하기 위해『임원십륙지』場市條에서 나타나는 紙市를 조사하였다(<표 2> 참고).

(5) 전통 수공업 생산형태를 유지하고 있는 의령군 봉수면에서 생산공정을 조사하였다. 조사 결과 한지 특히 창호지의 경우는 가족공동의 協業을 통해 완제품을 생산하고 있었다. 이러한 생산형태는 다른 수공업에 비해 근대적 생산으로 전환하기가 어려웠기 때문이라고 생각한다. 따라서 조선말부터 다른 수공업이 근대적 경영형태로 전환될 때, 제지 수공업은 생산형태의 발전이 뒤졌다고 생각된다. 다만 장판지는 촌락공동체의 협업생산의 요소가 많았다. 그러나 이러한 생산형태의 제지 수공업도 조선말기 송상, 만상 등의 활동에 의해 그 농가의 자극을 받고 이에 농촌에서도 客主制的, 先貸制的 생산형태가 나타나고 있었다.

(6) 조선초기에는 중국에서 요구하는 紙物이 막중하고 국내 관청에서의 수요·소비량이 많아짐에 따라 그때까지 부진하던 楮 紙物의 생산에 그 보호책과 함께 생산, 기술 개량 등의 시책이 더해졌다. 특히 京中에서 생산하는 비중도 다른 수공업보다 활발했지만 지방에서 행해지는 수공업 중 가장 활발한 것이 제지업이었다. 국가 수요가 많은 반면, 생산에 있어서 통제도 심하고 농민 생산자에 더해지는 공납도 많고 그 위에 防納 폐단도 낳아 그 생산의욕을 상쇄하는 결과를 초래하였다. 이러한 가운데 연산군·중종 이후 官匠制가 해이되고 私匠制가 나타났다. 이와 동시에 京工匠의 생산비중이 낮아지고 지방 수공업의 비중이 상대적으로 높아져 갔다. 특히 임진왜란 이후는 그 경향을 더욱 가속화하였으며, 경공장의 결정적인 마비 상태에서 지방에의 의존도를 높이고 특히 사찰에서 종이 생산을 주로 담당하였다. 大同法은 더욱 관·민간에서의 생산을 어렵게 하였으며 사찰에

생산을 촉구하는 요인이 되었다. 그러나 다른 수공업품은 貢人에 의해 조달되었지만, 중국의 과도한 종이 요구에 따라 공인에게만 의존할 수 없었다. 현·숙종 연간에는 공인 조달과 함께 지방 관청의 공납이 요구되고 사찰은 물론이고 민간 수공업자에게도 가혹한 부담이 더해졌다. 이러한 가운데 사찰 제지업도 쇠퇴하였다. 공인들이 사찰에서 조달할 때 지방 관청의 방해를 받았을 정도였다. 후기에 官匠制가 해이되고 私匠 임용의 使役制가 나타났다고 하지만, 관청에서 이들 생산자에게 정당한 대가를 지불하지 않았다. 이는 관청에서 공인에게 지불하는 경우에도 마찬가지였다. 때문에 적어도 정조 때까지는 생산업자에게 자본축적이 그렇게 쉬운 것이 아니었다. 한편 제지수공업의 발전도 크게 기대할 것이 못되는 것 같다. 그러나 사상·공인의 활동, 私匠制는 서서히 생산·유통에 밝은 전망을 보여주었다. 이 시대의 유통에 관한 연구는 후일에 미룬다.

끝으로 이 논문을 서술함에 이광린 교수의 논문을 크게 참고하였다.

<표 1> 八道郡縣의 紙匠數(*『經國大典』工典 外工匠 條)

忠淸道

忠州 5	淸州 6	公州 6	洪州 6	淸風 2	丹陽 2	永同 2
槐山 2	天安 3	舒川 3	報恩 2	沃川 2	林川 3	韓山 3
瑞山 3	沔川 3	泰安 3	溫陽 2	藍浦 2	鴻山 2	德山 2
稷山 2	恩津 2	扶餘 2	淸安 2	延豊 2	庇仁 2	平澤 2
結城 2	靑山 2	永春 2	木川 2	文義 2	靑陽 2	唐津 2
陰城 2	全義 2	燕岐 2	新昌 2	海美 2	堤川 2	大興 2
石城 2	尼山 2	連山 2	懷德 2	鎭岑 2	懷仁 2	定山 2
鎭川 2	保寧 2	牙山 2	禮山 2	黃澗 2		

江原道

江陵 2	淮陽 1	通川 2	杆城 2	春川 1	平海 2	歙谷 2
襄陽 2	三陟 2	楊口 1	橫城 1	狼川 1	洪川 1	麟蹄 1
伊川 1	安峽 1	平昌 1	金化 1	平康 1	鐵原 1	寧越 1
原州 1	蔚珍 1	高城 1	金城 1			

黃海道
黃州 2   海州 1   延安 1   白川 1   瑞興 2   遂安 4   谷山 4
長淵 1   載寧 2   豊川 2   安岳 2   平山 1   鳳山 1   新溪 1
瓮津 1   康翎 1   信川 2   兎山 1   松禾 1   牛峯 1   江陰 1
長連 2   殷栗 2   文化 2

全羅道
全州 23   南原 23   羅州 10   光州 3   長興 7   益山 4   金堤 3
光陽 3   務安 3   沃溝 3   咸平 3   右阜 5   錦山 5   珍山 3
礪山 3   臨陂 3   靈光 4   靈岩 4   茂長 4   順川 7   潭陽 5
樂安 3   淳昌 5   寶城 3   龍潭 3   任實 3   井邑 3   興德 3
扶安 3   高敞 3   金溝 3   萬頂 3   鎭安 3   茂朱 3   龍咸 3
咸悅 3   高山 3   泰仁 3   求禮 3   長城 3   珍原 3   南原 3
昌平 3   玉果 3   谷城 3   雲峯 3   長水 4   同福 3   珍島 4
興陽 3   海南 4   綾城 3   康津 3   和順 3

慶尙道
慶州 10   尙州 1   星州 6   安東 1   晋州 3   陜川 5   釜山 4
寧海 4   永川 4   善山 6   靑松 3   金海 6   密陽 17   居昌 3
蔚山 6   熊川 3   迎日 4   興海 4   豊基 5   咸陽 5   淸道 8
東萊 5   義城 4   彦陽 3   長鬐 3   泗川 3   醴泉 4   榮川 3
草溪 3   南海 3   巨濟 3   固城 4   宜寧 3   昌寧 3   咸安 6
梁山 4   大邱 4   比安 3   河陽 3   軍威 3   知禮 3   高靈 3
安陰 3   仁同 3   開寧 3   龍宮 3   昌原 5   奉化 3   咸昌 3
禮安 3   義興 3   靈山 3   鎭海 3   聞慶 3   濟河 3   眞寶 3
新寧 3   山陰 3   丹城 3   玄風 3   昆陽 4   機張 3   河東 3
盈德 3   三嘉 3   慶山 3   漆原 4

京畿道
平安道
永安道

<표 2> 八域紙市(*『林園十六志』 貨殖條)

( ) 속의 數는 開市日

京畿：楊州(3.3)　驪州(2.7)

湖西：公州　敬天場(2.7)

湖南：全州(　9)　羅州 (2.7)　光州 (2.7)　南原 (4.9)
　　　　　　　　　　　　　　　　(4.9)　　　　　　(4.9)

　　　順川 (2.7)　茂朱 (1.6)　淳昌 (1.6)　龍潭 (4.9)

　　　光陽 (1.6)　南平 (1.6)　興德 (4.9)　高敞 (3.3)

　　　茂長 (1.6)　求禮 (3.3)　谷城 (3.3)　雲峰 (上 5)
　　　　　　　　　　　　　　　　　　　　　　(下10)

　　　長水 (5.10)　和順 (3.3)　高山 (上 4)
　　　　　　　　　　　　　　　　　　(下 9)

嶺南：大邱 (2.7)　慶州 (2.7)　安東 (2.7)　昌原 (2.7)

　　　尙州 (2.7)　晋州 (2.7)　寧海 (2.7)　靑松 (4.9)

　　　東萊 (2.7)　仁同 (2.7)　河東 (2.7)　居昌 (1.6)

　　　淸道 (5.10)　草溪 (　)　豊基 (3.9)　慶山 (5.10)

　　　奉化 (1.6)　機張 (5.10)

關東：原州 (2.7)　襄陽 (4.9)　春川 (2.7)

海西：谷山 (3.3)

關西：平壤 (1.6)　安州 (4.9)　成川 (1.6)

<표 3> 의령군 부림·봉수면의 제지 실태

1971년 7월 20~23일 / 1972년 1월 12~16일 조사

(1) 資源人士

　　鄭應鎭　　61세　의령군 부림면 신반리 570(전 도의원. 현 경남 한지조합장)

　　盧甲龍*　65세　의령군 봉수면 청계리(농업)

　　田元培*　51세　의령군 봉수면 삼동(농업)

　　許枰中　　76세　의령군 봉수면 죽전리

　　許点斗　　76세　위와 같음

　　許乙鳳　　63세　위와 같음

　　許　濤　　69세　위와 같음

* 위 盧, 田 두 명은 10餘代에 이르는 토착인으로서 대대로 제지업에 종사하였음.

(2) 생산지 분포도

(3) 닥나무의 재배면적과 닥나무 껍질의 생산량(1971년) [자료 : 경남 한지 조합]

경상남도

군	反	貫
의 령 군	480	24,000
합 천 군	350	18,000
거 창 군	430	21,000
산 청 군	150	7,000
함 양 군	150	6,000
하 동 군	100	4,000
창 원 군	10	500
계	1,670	80,500

의령군

면	反
신반	100
봉수	180
유곡	30
지전	50
낙면	50
청덕	70
계	480

(4) 의령군 봉수면 한지 생산실태(1971년) [자료 : 봉수면사무소]

공장 수			참여 호수	종업 원수	생산실적				재배면적 저피	생산액	호당소득
도침	초자지	지동			창호지	장판지	기타	계			
3	4	70	415	1,650	6,185	4,868	3,510	14,563	928段	276,354	665

(5) 봉수면 한지 생산실태 (현지조사)

	호구	제지 종사 호구	비고
청계리	77호	77호	재래식가내수공업　(大姓) 魯
서암리	120호	60호	재래식가내수공업　朴, 姜
죽전리	200호	80호	주로 근대화한 공장에 종사 許, 姜

* 한 농가(5, 6명 가족)의 생산량은 창호지의 경우 연간 10통(2,000매×10통). 최근 1개 目에 1통 생산함.

⑹ 근대적 시설, 공장의 개요

봉수면	청계리 2개 (창호지 공장) 죽전리 4개 (장판지 공장)	가공공장	도침공장
	종사원	3~5명	20~30명
	자본 1개	300만원	300만원
	자본주	합자(주식)단독 1	합자(주식)

* 공장주는 자기원료로 제품을 생산하나 주문에 의한 임대료를 받고도 생산하여 줌.

부림면	신반　(창호지공장) 　　　(장판지공장) 　　　(특수지공장)	가공공장	도침공장	
	종사원	5명	20명	7~8명
	자본	500만원	500만원	1,000~ 1,500만원

<표 4> 생산도구의 명칭

(*명칭은 방언임)

딱칼 : 닥나무 껍질을 떼어내는 칼

발틀 : 종이를 뜨는 발로서 종러는 말총으로 만든다

딱방맹이 : 삶아서 익힌 딱(楮)을 두드리는 방망이

보고틀 : 딱(楮)을 얹고 씻는 틀(일명 버버리 틀이라고도 한다)

허저시 : 딱을 씻는 도구

구불뎅이 : 종이(濕紙)를 떠서 발 위에 놓고 물을 빼기 위해서 굴리는 일종의 압착기

풀자루 : 확총구(黃蜀葵) 느티나무의 껍질을 물에 넣어 점액을 빼고 이것을 자루에　넣어 지통에 담구는 것

딱돌 : 삶아서 익힌 닥나무 껍질을 두드리는데 쓰는 받침돌

빗(텃새) : 濕紙를 말리는데 쓰는 빗

버개골 : 종이를 이루는 실

가말(釜) : 딱을 삶는 솥

지방(紙房) : 종이를 건조시키는 房

지통(紙桶) : 종이를 뜨는 통으로 원료를 넣는 통

지통(紙桶) : 종이를 씻는 물통

제2장 조선후기 남해현 『花芳寺量案』 분석

I. 머리말

17·18세기를 고비로 조선사회는 모든 분야에서 변동이 현저하게 나타났다. 따라서 이러한 변동양상에 대하여 연구가 집중되어 그 학문적 성과도 상당히 깊이 있게 진척되었다. 특히 토지소유제·농업사가 중심과제의 하나로 부각되었다. 이들의 연구에는 量案에 대한 분석이 기초적인 자료로 활용되고 있다.

조선후기에는 사원이 크게 발달하였고,[1] 따라서 寺院經濟도 날로 확대되어 갔다. 국가의 토지제도면에서 차지하는 비중이 점차 높아졌다. 그런데 사원경제의 연구는 문헌사료의 영세함에 기인하겠지만 부진한 형편이다. 특히 '田畓文書' '量案'을 기초로 한 寺有田畓에 관한 연구 조사는 1962년 안계현의 「龍珠寺의 初期寺有田畓」이 있고 김갑주가 여러 논문을 엮어서 저서로 낸 『朝鮮時代寺院經濟硏究』 중 「靈光 佛甲寺의 量案 硏究」가 있다[2]

---

1) 18세기 영남의 사세에 대해서는 『英祖實錄』 권45, 영조 13년 丁巳 9월 丙申, "生民困悴 實由於此 投託歇役 削髮爲僧 以嶺南一道言之 大利三百餘所 刹各僧四五百名 統諸道論之 此納布之軍反多矣"에서 대찰이 300여 소라 하고 사찰마다 400~500명의 승려가 있다고 하는 데서 사찰의 경제력을 짐작할 수 있겠다.
1731년(영조 7)에 발의 築城한 萊州축성에 관한 기록인 辛亥正月 東萊築城贍錄에는 경상도 각군에서의 赴役人員 및 日數가 적혀 있다. 남해에서는 82명이 18일간 동원되고 있으며, 경상도 64개 군에 7,091명이다. 이것을 두고 추정하여도 영조 13년의 실록의 기록은 긍정적으로 받아들여진다.
그리고 『輿地圖書』에 나타난 사찰명도 경상도에 331개로 기록되고 있다.

이러한 몇 편의 연구로서는 전체 사찰토지소유의 실태 등을 살피기에는 부족하다. 다행히 필자는 1773년(영조 49)에 작성된『花芳寺量案』을 입수할 수 있었다. 이 분석은 기존의 연구성과에 보탬이 되지 않을까 생각한다.

『화방사양안』의 기재양식은 기본적으로는 官量案과 비슷하면서도 다른 점이 있고 다 같이 사원의 양안이지만 불갑사양안과도 서로 다른 점이 있다. 그러므로 먼저 양안에 대한 검토를 하면서 여기에 얻어진 결과를 가지고 寺田畓의 구성문제, 사전답의 조성 등을 살피며 아울러 불갑사의 연구성과와도 비교해 볼까한다.

다행히『南海縣 庚子量案』(1720년, 숙종 46)이 있으므로 이것을 토대로 하여 이 논고에서 미진한 부분을 보강하고 후일에 다시 논문을 작성할 예정이다.

본 논고를 작성하는 데 경북대학교 사범대학 역사교육과 장동익 교수의 도움을 받았으며, 많은 통계표는 본 대학원 한국문화연구소의 이종봉군이 맡아주었다. 여러분께 감사하는 바이다.

Ⅱ. 花芳寺3)의 沿革

화방사는 남해군에 소재하고 있다. 남해는 우리나라 네 번째의 큰 섬으로서 일찍부터 주민의 터전이 되었다. 자연환경은 섬이기 때문에 경관이 수려하고 산세 또한 뛰어나서 기도처로 적합하여 사찰이 발달한 만한 곳이다. 오늘날에도 이 곳 사찰에는 외지 신자의 발길이 끊이지 않는다.

남해에 관한 최초의 기록4)은 신라 문무왕때 轉也山郡으로서 기록되고

---

2) 안계현,「龍珠寺의 初期寺有田畓」,『韓國思想』4, 1962 ; 김갑주,『朝鮮時代寺院經濟研究』, 同和出版公社, 1983.

3) 花芳寺・華芳寺의 두 사명이 전한다. 사적기에는 花芳寺로 나오고 있다.『增補校正朝鮮寺利史料』, 高麗書林, 1986, "……復設文取寺開蓮花形局之義 改號 花芳 於是寺……".

4)『慶尙南道輿地集成』, 경상남도지편수위원회, 1963 중「南海縣邑誌」건치연혁 참조.

있다. 그후 경덕왕때 南海縣으로 개칭된 바 있으며 조선조에 이르기까지 행정구역은 여러 번 개편되었다.

이곳은 섬이기 때문에 왜구의 침탈 대상이 되어 麗末鮮初에 피해가 막심하였으며, 때로는 섬 전체가 비어 있었던 때도 있었다. 이는 이곳 사찰 존폐문제와도 관련이 된 것 같다. 그래서 15세기 경에 이르러 본격적인 개척과 함께 戶口의 충실이 이루어진 것 같다.

문화적 환경도, 향교만이 있고 서원은 없었으며, 이곳 주민의 신분적인 면을 살필 수 있는 한 단서가 된다고 보아지는 관인의 배출도 읍지의 인물조5)에 生員 3명 進士 1명 郡守 1명(武科) 判官 1명(武科) 行萬戶 4명(武科)만이 기재되고 있다. 仕官은 6명으로서 모두 무반이다. 이러한 점을 볼 때 班村으로서 기반이 취약한 고을이 아닌가 싶다. 이러한 고을은 토지소유면에서도 주목할 만한 곳이 아닐까 생각된다.

화방사의 연혁은 18세기 중・후기에 작성된 사적기에6) 전하고 있다. 연대순으로 나열하면 다음과 같다.

(A) 望雲山花芳寺重創序7) 乾隆九年(1744년, 영조 20) 甲子十二月日 鐵城朴文枰記. 乾隆三十二年(1762년, 영조 43) 丁亥初夏 上院改書.

(B) 嶺右南海望雲山花芳寺誌8) 三創並序 乾隆三十七年(1772년, 영조 48) 歲在黑龍暮秋旁死

(C) 花芳寺誌跋9) 乾隆三十八年(1773년, 영조 49) 癸巳十一月下浣 宇參書行住持 書記通演 公員敏宗

(D) 花芳寺三法重創記10) 嘉慶二十四年(1819년, 순조 19) 戊寅菊月上浣 化主景雲兼化主義直謹識 始淵謹書

---

5) 위의 책, 위의 자료 참조.
6)『增補校正 朝鮮寺刹史料』, 567～586쪽.
7) 위의 책, 573～573쪽.
8) 위의 책, 573～576쪽.
9) 위의 책, 582～583쪽.
10) 위의 책, 583～586쪽.

이 네 자료를 보면 18세기 중엽 이전의 사적에 대한 것은 (A)에 기본적인 것이 기록되고 있으며, (B)는 이를 좀 구체적으로 기술하고 있고 (C)·(D)는 위의 것을 대체로 그대로 기술하고 있다.

창건시대나 18세기 중엽 이전의 사적에 대해서 (B)의 서두에서 "自古寺利庵堂皆有起焉 傳其事實 而至於花芳則獨無記焉者何也……"[11]라 하고 있으며 (C)에서도 "花芳寺誌何爲而作也 余憂寺蹟之不傳而作也 盖自建寺以來 累經廢盡 而別無文蹟之可考 流傳 口實者 只是初創於眞覺國師……"[12]라 하여 사적기를 만들 때 그 이전의 사적에 관한 文籍이 없었음을 말하고 단지 口傳에 眞覺國師가 창건하였다고 하고 있어 적어도 신라 고려시대에 있었다는 실증적인 확증은 잡을 수 없겠다.

그러면서도 (A)에서는 나말여초에 현각조사가 창건하였다 하고[13] (B)에서는 고려 경종 壬戌에 진각국사에 의해 창건되었다고 하고 있다.[14] 사찰명도 靈藏寺라 하고 있다.

그 후의 사적에 대해서는 별다른 기술은 없고 선조 25년 임진왜란을 맞아 병화에 의해 소실되고 亂後 47년 서산대사의 제자 戒元 靈哲이 유허를 찾아 僧度를 갖추었으니 그때가 인조 15년(1637)이라 하고 있다. 그러다가 1740년(乾隆庚申, 영조 16)에 화재를 당하여 그 다음해에 僧碩淳·忠察·忠念 등이 본격적으로 재건하였으며 1819년(嘉慶 24, 순조 19)에 다시 확충하였다고 적고 있다.

그런데 고려 이전의 각종의 문헌 금석문에 화방사는 발견할 수 없고 조선시대에도 화방사를 처음 찾아 볼 수 있는 것은 1720년(숙종 40)의 『南海縣 庚子量案』이다. 그리고 1530년의 『新增東國輿地勝覽』에도 기재되어 있지 않다.

남해현내의 사찰명을 정리해 보면 다음과 같다.

---

11) 위의 책, 573쪽.
12) 위의 책, 582쪽.
13) 위의 책, 569쪽.
14) 위의 책, 573쪽.

<표 1> 조선시대 남해현 소재 사찰

시기	자료 명	사찰명(소재지)
1530년 (중종25)	『신증동국여지승람』 남해현	菩提庵 · 上兜率庵 中兜率庵(이상 錦山)
1765년 (영조41)	『여지도서』	菩提庵 · 上兜率庵 下兜率庵(이상 在錦山) (新增) 花芳寺(在縣北 十五里) 龍門寺(在縣南 三十里)
1794년경 (정조18)	『남해읍지』	화방사(在縣西 十五里 望雲山 東麓) 용문사(在縣南 望雲山 南麓) 望雲庵(在邑後 望雲山 頂) 보리암(在禽山)

위의 <표 1>에서 『신증동국여지승람』에는 남해 금산에서만 보리암 · 상도솔암 · 중도솔암의 세 사찰명만 보이고 있을 뿐이다. 그리고 18세기 중엽에는 망운산에 화방사 · 용문사가 처음으로 보이고 있으며, 그것도 '新增'이라 기재되고 있다.

『신증동국여지승람』에 기록이 없고 보니 국초 적어도 16세기 초엽까지는 없었다고 보아지며, 그 후부터 18세기 초엽 남해현 양안까지는 당시의 기록이 없다. 그러면 언제쯤 화방사가 건립되었겠는가. 1637년(인조 15)때 재건되었다고 하는 사적기의 연대에서 재건이란 문기는 믿기는 어려우나, 이때 처음으로 건립되었다고 보는 것이 타당성이 있지 않을까 생각된다. 그 이유로서는 18세기 중엽의 『輿地圖書』에 "신증"이란 문기로 보아 그렇게 오래된 사찰이 아니고 더욱이 16세기 말까지 소급하지 못할 것이며, 그렇다고 1763년(영조 39)에 작성된 『화방사양안』寺田畓이 27결 91부 3속이란 토지량은 그렇게 단기간에 조성될 수 없다. 이 점은 1720년의 남해현 양안에 화방사전답의 전체량을 산출하면 더욱 명백해지리라 믿는다. 그리고 앞서 제시한 1765년의 『여지도서』에 화방사와 함께 등장하는 龍門寺는 그의 사적기[15]에 현종(1600~1674)때 이건하였다고 하는 점으로 볼 때 인조 때 건립되었다고 보고 싶다.

---

15) 위의 책, 557~560쪽.

한편 18세기 초·중엽에 오면 남해의 불교계에는 변화가 나타났는데, 금산에는 상도솔암·중도솔암이 없어지고 보리암만 남고 망운산에는 화방사·용문사·망운암이 자리잡고 있었다. 화방사는 이 시기에 오면 사세가 성장되었던 것으로 보이는데 그 이유는 1740년 화재로 灰燼되었지만 즉시 재건하여 覺皇殿 瞻星閣 僧禪兩堂 등을 세울 수 있을 정도의 경제력을 가졌던 데서 알 수 있으며16) 또 이때 이미 北庵·西庵도 소유하고 있었다.17)

또 1765년의『여지도서』에 보리암·중도솔암에 이어 4위로 기재되었던 화방사가 1794년경의『남해읍지』에는 1위로 부상되고 있는데, 이는 남해현 내의 사찰 중 화방사의 위치가 점차 높아져 갔음을 시사해주는 듯하다. 거의 같은 시기인 19세기초 화방사는 三法堂을 중창하고는 前 僧統 奉信, 再澄을 초청하여 重創記를 쓰게 할 정도가 되고 있다.18) 이같이 화방사의 위치 상승은 이 사찰이 지니고 있었던 경제적인 힘이 컸던 것으로 짐작할 수 있겠으며 한편 승려의 수로서도 알 수 있겠다.19)

Ⅲ.『화방사양안』의 검토

---

16) 위의 책, 望雲山花芳寺重創序(1744年書, 1767년 改書)에 보면 재건 당시 이에 참가한 승려는 敏蹟, 碩淳, 忠察, 祖應, 書記 文坦, 公員 淸洽, 書記 勝學, 公員 海暹, 勝善 勝宗 등 10여 명이 보이고 있다. 이들은 주된 건물을 건립할 때 주역을 맡은 자들이므로 이들 외에도 승려는 더 있었다고 보여진다.
　그리고 현재 화방사에 소장하고 있는 불화조성시 1858년(철종 9년, 咸豊 8년)의 願文을 보면, 證明比丘智月 海逸 誦呪比丘敬山(?) 慧基, 化主比丘 華도 婚旋, 都監比丘暎海 仁洪, 別座比丘供養主 雲仙 金魚秩 比丘影潭 善宗, 法仁, 奉儀, 良添(?), 本房秩 祖室 暎海 仁洪, 別室 敬山 慧基, 別祖 華崎 婚旋, 別室 松破 崙添, 雲仙 寬信, 奉典, 奉佛比丘 宥定, 法人, 安, 奉性, 宥源, 魂性, 申吉道, 山中宗師秩 應巖 來寬, 撫(?)松 芝植, 德雲 基彦, 擎月 基一, 大施秩 暎海 仁洪, 比丘 宥正. 이하 민간인 …… 이름이 열거되고 있다. 그 중 증명비구지월 해일은 他寺에서 초빙된 승려인지 모르겠으나 그 외의 승려는 화방사에 적을 두고 있었던 것 같다. 이름이 중복된 자가 있으므로 이를 제외하면 24명 정도이다.

17) 위의 책, 567쪽.

18) 주 10) 참조.

19) 주 16) 참조.

『화방사양안』은[20] 아직 학계에 공개되어 있지 않다. 이 양안은 전체 159枚로 엮어져 있는데, 앞장에는 '田案序'가 있고 그 첫머리에 "田案何爲而贍也 參上人 憂本寺之結 卜相雜 未辨眞僞而贍也 歲在癸未(1763년, 영조 39) 始爲鐵卷贍書未盡矣……"[21]이라 하고 끝에 "歲在癸巳(1773년, 영조 49) 暮秋望日方丈山人明察"이라 하고 있다.

다음 장에는 "乾隆二十八年(1763년, 영조 39) 癸未流金月日 始成結冊 以贍田案 無以相雜加 卜之弊 至於懸註納買之畓 未嘗錯誤之境 而分明詳著 則七八年間 亦未惓惓也……"[22]라 하고 뒤에 追記해야 할 일에 대한 주의를 환기시키는 글이 있으며, 그 문기의 끝에는 書記 宇慘 公員 體鵬 및 行縣令[23]의 수결이 기재되어 있다. 여기서 이 寺量案의 편찬 연대를 밝힐 수 있겠다.

셋째 장에는 전안의 "道里第次" 즉 전답이 소재하고 있는 面·員이 기재되고 있으며, 넷째 장부터는 면별, 字號別로 전안이 작성되고 있다. 전안의 중간마다 甲申(1764)正月付 刑吏의 수결문이 있고 끝에서 두 장째에는 "咸豊六年(1856년, 철종 7) 丙辰七月日改家衣紙筒座上"이라는 글이 부기되어 있으며, 끝장에는 "量案籌法"과 "寺基養山合卜伍拾壹負參束"이라 쓰고 寺基北庵 待所 養山 西庵 등의 負數를 기록하고 있다.

위의 내용을 통해 보면 이 양안의 작성연대는 1763년에 시작되어 일단 정리되었으나 미진한 부분이 있어 계속하여 재정리하여 1773년(영조 49)에 완성된 것으로 보인다. 그 후 추가할 것을 감안하여 字別마다 곳곳에 여백

---

20) 본 양안은 현재 화방사에 보관되어 있다.

21)『花芳寺量案』, "田案序 田案何爲而贍也 參上人 憂本寺之結卜 相雜未辨眞僞而贍也 歲在癸未 始爲鐵卷贍書 未盡矣 第當玆年 疑卜 詳之 闕卜 著之 添卜 削之 無以雜於 一負一束 未有若是之明且盡者也 參上人之功不在於納畓人之功下 則名必顯於後世 故余不揆不才而略序云爾 歲在癸巳暮秋望日 方丈山人明察序".

22)『花芳寺量案』, "乾隆二十八年癸未流金月日 始成結冊 以贍田案 無以相雜加卜之弊 至於懸註納買之畓 未嘗錯誤之境 而分明詳著 則七八年間 亦未惓惓也 鱗次記之員不以泛視 而惑有買得許納之畓 其年看卜 時 數數抄來 而尾連贍 則不至錯誤 亦是砂 (妙)端 幸勿失右意焉 書記宇慘 公員體鵬 行縣令手決".

23) 이 시기 남해현령은 최윤근(1762. 6~1763. 6 재직)이다(『읍지』 20, 경상도④「남해현읍지」, 아세아문화사, 1987).

을 남기고 있으며, 그 사이 사이에는 官의 확인을 받고 있다. 그래서 양안 내의 각 筆地의 기재내용 위에 官印이 여러 군데 계속 찍혀 있을 뿐만 아니라 사전답 매매의 경우에도 추인을 받고 있다.

이 양안은 1720년(숙종 46)『南海縣 庚子量案』을 기초로 하여[24] 그 후 1763년까지 관에서 파악하고 있는 양안에서 뽑아 정리한 것이다. 이러한 여러 점으로 보아『화방사양안』은 사양안이지만 자체는 관에서 확인 보증하는 官量案과 같은 것으로 자료상 공신력을 갖고 있다고 보여진다.

한편 이 양안에는 1773년에 쓰여진 글씨와 다른 여러 필체의 글씨가 있으며, 다른 필체의 것은 추기한 것이다. 이 양안의 상한년대는 1720년『경자양안』까지 소급되나 일단 1773년에 정리된 것에서 시작하여 하한년대는 1856년(철종 7) 改裝(改家衣紙筒座上)된 그때까지의 것인지 그 후 계속 기입된 것인지 확인할 수 없다. 1856년까지로 한다면 1773년부터 83년 간이 되는 셈이다.

『화방사양안』의 기재양식을 들면 다음과 같다.

1. 邑內面　加山員　地字
　　二十八　三等　直畓　二夜　南長四十三尺
　　　　　　　　　　　　　　　　廣十六尺
　　西卜　八束　二方同人畓　北致望畓
　　　　　　　　　　　　　南式達畓

　　起　舊鄭心希
　　　　今鄭民成
　　房　白壽刀同生僧益順處買
　　畓一斗

2. 南面　馬山員　資字

---

24)『남해현경자개양전안』(1책), 규장각도서 No.奎14712 참조. 거기에 화방사 전답이 기재되고 있다. 이 경자양안(1720년, 숙종 46)을 토대로 1763년(영조 39)까지를 기록한 官量案에서 화방사의 토지를 뽑아낸 것이다.

三十 三等 直畓 五夜 東長六三尺
                              廣 八尺
三卜 五束 北成進畓西戒允畓
                南巡畓東成友畓
起 舊玉生 保 碩淳納畓三斗
     今井世興

3. 南面 浦員 則字
    十六 四等 裁直畓 七夜 東長四十三尺
                                廣十三尺
    三卜 一束 北之亥畓南中甲畓
                東糸旭畓西同人畓
    起 舊日用
       今金自汚
    佛 金自汚納畓
       三斗五刀
    戊辰五月還子孫 金與?
           追記

4. 南面 馬山員 是字
   十一 二畓 九卜五束二夜 二斗地只 鐘 通演處員得 放賣
   (이상 추기 1)
   戊午三月日
   (이상 추기 2)

5. 三北面 伐栗員 合字
    七十八 三等 垈直田 南長九十尺
                              廣三十尺
    十八負九束 西方山 起 花芳寺基

6. 三北面 伐栗員 合字
    八十三 六等 直田 南長三十尺

廣二十五尺

一負九束 南川

　　　　三方山

起僧生亂 紙所基

　　　?廣琛納

　이상의 여섯 예를 통해볼 때 이 양안의 기재방식은 대체로 관양안의 기재방식을 그대로 따르고 있다. 곧 사전답이 위치하고 있는 面別 員別 字號別 등 양전의 기재원칙은 그대로 적용되고 있고 二十八, 十六 등과 같은 수치는 자별 양전 단위의 地番으로서 필지의 순서를 표시하고 있다. 이 필지 다음에 관양안에는 西犯 北犯 등으로 양전 방향을 나타내고 있지만 이 사양안에는 빠져 있다. 그리고 관양안 같이 삼등, 사등 등 전답의 등급도 기재되어 있다. 또 直畓 裁直田 등은 전답의 형태를 표시하고 있다. 그 밑에 夜의 표시가 있는데, 야는 답의 한 구역을 나타내는 것이나, 관양안에는 없다. 그리고는 東長 南長 廣 등은 지형의 실제거리를 量田尺으로 측량하여 표시한 것이며, 四卜 八束 三卜 四束 등은 실제 전답의 면적을 등급별로 계산하여 표시한 結負束이다. 그 아래에 이방동인답 북치망답 남식달답 등은 전답의 인접인 四方境界의 표시이다. 그리고 起에 舊(某) 今(某)가 기재되어 있는데, 간혹 1명의 이름만 적어 놓고 있는 경우가 있다. 이 부분까지는 이렇게 볼 때 전안에서는 관안에 없는 夜가 기입되고 있고 東犯 西犯의 표시가 없는 것 외에는 관양안의 서식을 따르고 있으며, 이는 『남해현 경자양안』과 비교하면 확인할 수 있다.[25]

　起(某) 다음의 서식은 관양안에는 없는 부분이다. 기 다음에 房·保·佛(佛)·紙所基 등의 기재가 있고 그 아래에 (某)處買畓三斗, (某)納畓三斗五刀 등의 기재가 있다. 같은 사양안이지만 불갑사양안의 경우에는 기의 표시는 없고 그 자리에 量(某), 時(寺位, 三寶), 또는 量時文殊殿垈라고 기재하고 그 아래에 乾隆 己未 丁有光處買 文二丈이라 하고 있다.[26] 이 양

---

25) 위의 자료.
26) 김갑주, 앞의 책, 165쪽에서 재인용.

자 사이에 다른 부분은 기(주)부분의 표기가 다르고 불갑사는 방·보·불 등의 기재가 없고 買得 施納에 화방사는 '몇 斗'로, 불갑사는 '文二丈' 등으로 다르게 표기하고 있다. 그리고 야의 표시도 불갑사에는 없다.

위의 표기 가운데 특기할 만한 夜·起主·懸主 몇 가지 사례를 살펴보고자 한다.

야는 원래 夜昧[배미]라는 말로서 夜·昧 등으로 줄여 쓰기도 하는데 이는 답의 한 구역을 나타내며, 또 면적의 단위이기도 하다. 이는 논의 생긴 모습에 따라 '가마배미'라고 부르기도 한다. 이처럼 답의 개수를 구체적으로 기입하고 있는 것은 화방사측이 자기 소유지를 구체적으로 파악하려 한데 목적이 있다. 사양안의 경우 야의 표시는 자주 사용되고 있다.

기주는 화방사의 경우 기만 적고 그 밑에 구모 금모라고 쓰고 있음은 위에서 지적한바 있는데 거기에는 신분 표시가 없고 예외적으로 僧某 奴某가 기재되고 있을 뿐이다. 그러나 양안에는 신분 표시를 하는 것이 통례인 것 같고『남해현 경자양안』에도 기재되고 있다. 그러나 반드시 그렇지만은 않은 것 같고 조선후기로 내려갈수록 일반 양안에는 신분 직역관계를 명기하는 데는 소략하게 되어 있는 것 같다.[27]

불갑사의 경우도 화방사와 마찬가지여서 더욱이 사찰로서는 현실적으로 신분까지 파악할 필요가 없다고 보여진다. 양안에 신분직역이 기재되어 있지 않은 것은 토지와 신분관계를 연계해서 살펴보고자 할 때 자료상 한계점이라 할 수 있겠다.

기주에 대하여 地主로서 파악하는 데는 논란이 많다.[28] 『화방사양안』의

佛甲面 龍頭里坪 調字丁 No.26 第十六 東三等 畓 南長一白二尺 十五負七束
東廣二十二尺

二方道西同人畓 量朴男 時寺位 乾隆己未 丁有光處買 文二丈
北五月畓

27) 김용섭,『朝鮮後期農業史研究』(Ⅰ), 일조각, 1970, 83쪽, 주 9) 참조.

28) 김용섭,「量案의 研究」,『朝鮮後期農業史研究』(Ⅰ), 일조각, 1970. 起主의 성격에 대하여는 농촌사회의 현실을 현상 그대로 반영한 실제농가 내지는 농가세대였으며 그들의 경작형태는 외거노비일 경우에는 그렇지 않은 자도 있었지만 양안상의 기주는 모든 토지의 소유자, 즉 자작농가 또는 기주였다.

구(모) 금(모)는 지주로 파악된다. 그 이유로는 43년 전의 『남해현 경자양
안』에도 구금의 성명이 기재되고 있어 '옛 지주' '今 지주'로서 인식되는데,
화방사의 것은 그때의 것을 그대로 옮겨놓고 있는 것에서 알 수 있고 또
설사 기주가 舊今 막론하고 모두 경작자라면 今 경작자는 1773년 사양안
이 정리될 때 대부분의 경작인이 사망하였을 것인데도 그대로 기재되고
있는 것에서도 알 수 있겠다. 그리고 또 한 가지 이유는 '今' 밑에 있는 자
의 전답을 승려나 신자가 매득하여 기납하는 것도 이를 뒷받침하는 예라
고 보여진다.

그런데 양안의 기 밑에 車某라고만 기재되고 구·금의 구별이 없는 것
이 있다. 이는 1720년 남해현양안에 기재되어 있지 않는 것으로, 1720년 이
후 1773년까지 추가된 부분에 주로 그와 같이 적고 있다. 좀 구체적으로
보면 起밑에 '車某'라 하고 그 아래에 "鄭某處에서 매득하였다"라고 하고
있다. 이는 소유주가 차모로부터 정모로 바뀌었던 것을 화방사에서 매득한
것으로 보여진다. 1773년 이후의 기재에는 그런 서식이 없고 僧某·朴某
處에서 매득하였다고 하고 있다. 또 다른 사례로서는 祖가 納畓한 것을 孫
에게 넘겨주는 것도 있다.

그런데 佛이 『화방사양안』보다 약 33년 전에 만들어진 『불갑사양안』의
경우는 앞서 언급한 바와 같이, '量朴男' '時寺位' '量斗星' '時三寶'로 기재
되어 있으므로 화방사의 것과 다르다. 김갑주는 '量'은 양전 당시의 소유자
(기주)로 보고 '時'는 『불갑사양안』이 작성된 영조 23년 당시 전답의 경작
자를 뜻하는 것이라 하고 있으며,[29] 이것을 기준으로 해서 토지의 경영문
제까지 다루고 있다.

김용섭이 현종 10년(1669) 전후에 작성된 것이 아닌가 보고 있는 『報恩
郡懷仁縣量案』에 보면 起 丁得 僧聖俊으로 기재되어 있고 신분 직역 표
시는 거의 없는 것 같다.[30] 『남해양안』은 연대가 좀 내려가지만 기에 구모

그리고 김용섭의 기주=농가세대설에 대하여 부정하는 견해는 다음의 논문을 참
    조. 이영훈, 「量案의 性格에 관한 再檢討」, 『經濟史學』 8, 1984.
29) 김갑주, 앞의 책, 166~167쪽 참조.
30) 김용섭, 앞의 책, 83쪽에서 재인용.

금모로 기재되고 있으며 신분·직역이 대부분 기재되고 있어 거의 동시대의 관양안이라도 지역에 따라 서로 다르다.

그리고 이영훈이 제시하고 있는 1792년(정조 16)『京畿道明禮宮庄土量案』에는 '起主'와 作으로 기재되고 있으며,31) 역시 1806년(순조 6) 경기도 수원의『忠勳府屯田量案』에는 '主' '時'로 표시되고 있다.32) 이 '기주, 작' '주, 시'를 모두 지주-소작관계로 표시하고 있다. 이 같이 관양안이면서 (同時代) 기에 구금의 표시, 한 사람만 표시된 것이 있고, 또 사양안의 경우도 '양, 시' '기주, 작' '주, 시' 등으로 표시하고 있다. 양안의 이같 은 표기는 면밀히 검토할 필요가 있다고 보여지며, 이영훈도 正案(양안)을 저본으로 필사한 후 첨기한 경우는 여러 방향에서 기주문제를 검토함이 좋다고 지적하고 있다.33)

그리고 기구금 밑에 있는 房·保·佛 등의 표기이다. 이는 懸主문제로서 파악되는데 다음 造成田畓에서 설명하겠다.

제일 마지막 끝에 있는 조성 사유에는 "僧某納畓三斗" "某納畓三斗" "某處畓買三斗" 등과 같이 시납 매입 등의 사실을 적으면서 몇 두의 수치를 기재하고 있다.『불갑사양안』에서는 모납답 등으로 표시하고 그 아래에 "文二丈" 등으로 표시하고 있다. 불갑사에 시대 표시가 있는 것은 조성관계 내지 그때의 매납시 토지가격을 알 수 있는 자료가 되겠으나 화방사는 연대표시는 없고 斗落이 표시되어 있을 뿐이다. 앞에서 본 바 그대로 결부와 두락이 병기되고 있는 것은 주목된다.

懷仁縣量案 宇字畓
二十四犯 裁　東長肆拾壹尺　五等　肆負　玖束 起 丁得
亂田面量案 學字楸洞坪
第一 南犯 肆等　東西長陸拾尺 參 負
　　　　　　直畓　南北廣玖尺
東西同 人畓　起主 僧聖俊
二方山

31) 이영훈,『朝鮮後期 土地所有의 基本構造와 農民經營』, 서울대 대학원 경제학과 박사학위논문, 1985, 140쪽, <표 8> 참조.
32) 이영훈, 위의 책, 131쪽의 家慶十一年 月日 水原量案 <표 6> 참조.
33) 이영훈, 위의 책, 140쪽 참조.

두락은 일반적으로 이해되고 있는 그대로 전답의 면적단위로 一斗의 씨를 뿌리는 데 적합한 면적으로, 두락의 면적은 평지와 산지, 토지의 비옥도에 따라 다르고 지역에 따라서도 다르다. 지금 남해에서는 답은 200평, 전은 100평으로 말하고 있다. 특히 조선후기 收租의 公正을 논급하는 가운데 결부법과 함께 頃畝法 혹은 두락법의 병용이 주장되기도 하였다. 실제로 조선후기에 두락은 관행으로 사용되었다. 『화방사양안』에 결부법과 함께 두락법을 표시하고 있는 것은 수조의 공정을 위한 것으로 보여진다.

끝으로 1773년(영조 49)에 본 양안이 정리되고 난 후 추가된 것을 살펴보기로 한다. <사료 1>에 A1, A2, A5, A6은 1773년에 기록한 것이고 A3, A4는 그후 추가된 것인데, 이 추기된 것은 서식이 극히 간단하고 글씨도 난잡하다. 이 追案은 전체 630개의 필지 중에 116개 필지에 달하고 있는데 화방사의 전답이 어떻게 조성되어 나갔는가 하는 문제를 알 수 있는 자료이기는 하지만 현재로서는 정확하지 않다.

그렇기는 하지만 1773년 전·후의 두 단계로써 파악될 수밖에 없는 것 같다. 화방사보다 시기적으로 앞서는 남해양안이 있으니 이것을 조사 대조하면 보다 동태적으로 변화상을 파악할 수 있겠다. 이는 역시 후일 발표할까 한다.

Ⅳ. 화방사 전답의 구성

앞에서 본 바와 같이 화방사 전답은 1773년(영조 49) 이전에 조성된 것과 그 이후에 조성된 것을 합한 것이다. 1773년까지 확보된 토지량은 27결 91부 3속이며, 이후 추가된 것은 7결 96부 7속이다. 합하면 35결 88부이고 후기에 추가된 양은 전체의 22.2%를 차지하고 있다.

이 시기의 타 사찰의 토지소유량을 비교해 보면 아래의 <표 2>와 같다.[34]

---

34) 김갑주, 「朝鮮後期 僧侶의 私有田畓」, 147쪽에서 <표 31>을 재인용. 다만, 화방사의 전답은 필자가 기입한 것임.

<표 2> 타 사찰의 토지소유량

사　찰	位　田　畓	출　　　　　전	비　　고
心源寺	99부 5속	黃州心源寺 寺蹟碑(朝鮮金石總攬)	숙종 35년 현재
神光寺	4결 17부 5속	海州神光寺 寺蹟碑(　　〃　　)	숙종 46년　〃
直指寺	30결	金山黃岳寺 寺蹟碑(　　〃　　)	영조 17년　〃
佛甲寺	27결 81부 1속	靈光郡 母岳山 佛甲寺古蹟	영조 23년　〃
花芳寺	27결 91부 7속	南海花芳寺量案	영조 49년　〃

연대순으로 보면 1709년(숙종 35)의 심원사는 99부 5속, 1720년(숙종 46)의 신광사는 4결 17부 5속, 1741년(영조 17)의 직지사는 30결, 1747년(영조 23)의 불갑사는 27결 81부 1속이고, 1773년(영조 49)의 화방사는 27결 91부 7속이다. 화방사외의 모든 사찰은 화방사보다는 유서 있는 사찰이며 연대에 조금씩 차이는 있지만, 1개 섬에 불과한 남해에서 화방사의 재력과 그 비중은 가히 짐작할 수 있겠다.

먼저 사전답이 남해 전읍의 전답에서 차지하는 비율을 살펴보자. 1832년(순조 32)에 간행된『남해읍지』의 기록과 화방사의 것(1773년)을 우선 비교할 수 있다. 양자 사이에는 59년 간의 연대 차이가 있으나 이는 읍의 전답 증가에는 큰 변동이 없다고 생각된다.

「남해현읍지」[35] 田賦條에는 토지의 상황을 다음과 같이 기록하고 있다.

田 元帳付	1,422結 39負 2束內
各樣免稅陳雜頉	303結 3負 2束
辛卯(純祖 31, 1831년) 時起	1,119結 36負
畓 元帳付	1,510結 86負 1束內
各樣免稅陳雜頉	242結 28負 9束
今頉下	4結 94負 8束
辛卯時 起	1,263結 8負 4束
火田	33負 5束

이로써 보면 남해현 전답(화전 포함)의 총결수는 2,933결 58부 8속, 신묘년(1831년) 당시 기전은 2,382결 44부 24속이다. 여기서 1763년 화방사 토지

---

35)「南海縣邑誌」,『邑誌』1 경상도①, 아세아문화사, 1982.

가 총결수에서 차지하는 비율은 1.22%인데 이는 결코 적은 수치가 아니다.

한편 읍 전체의 기전과 비교해 보면 1.50%이다. 화방사 사위전답은 면세전이 없다고 보여지며 이에 포함되는 陣荒地 등이 거의 없기 때문에 그 비중은 더 높다. 당시 남해현의 호구는 元戶가 3,429호, 인구는 15,634명이다.[36) 호당 평균 토지소유량은 0.85결 정도이다(원장부총결수로써 계산한 것임). 즉 1결에 조금 못미치고 있다. 또 각양면세진잡탈의 전답을 제외한 기전 2,382결 44부 4속을 가지고 호당 평균을 계산하면 약 0.7결이 된다. 그런데 화방사 전답결수는 약 10배에 가깝다.

당시 남해에는 화방사외에 용문사 망운암 보리암 등의 사찰이 있고 이들도 각기 일정한 사전답을 소유했을 것이므로 이들 사찰 전체의 토지량을 합하면 상당한 정도였을 것이다. 따라서 남해안에서의 이들 사원은 경제적으로 큰 세력을 가진 집단이라 추측된다.

그러면 화방사의 전답이 구체적으로 어떻게 구성되고 있는지 살펴보기로 한다. 여기서는 사전답의 면별 분포상황과 전답의 비율, 田品等의 비율 그리고 전답이 어떻게 분할·귀속되고 있는가 하는 문제들에 주안점을 둔다. 특히 분할·귀속문제는 화방사 사전답의 관리문제와 직결되고 있다.

[A] 화방사 전답의 면별 분포를 도표로 보면 다음의 <표 3>과 같다.

<표 3> 화방사 위전답면별분포(전시대)

면별	필지	결	부	속	백분비	비고	後記地名(읍지)
邑內	21+(6)	1	28	0	3.57	답	邑內面
二東	3		26	3	0.45	답	二東面
三東	5		24	2	0.67	답	三東面
南	20+(3)	1	00	5	2.80	답전	南　面
西	105+(11)	5	06	8	14.12	답전	西　面
一北	171+(12)	12	13	7	33.82	답전	雪天面
二北	74+(5)	4	33	3	12.08	답	古縣面
三北	231+(7)	11	65	2	32.47	답전(垈田포함)	
8면	630	35	88	0	100%		

---

36) 위의 책, 「南海縣邑誌」 戶口條.

※(   )내 숫자는 일련번호에 둘 이상의 필지가 기재되고 있는 것을 합한 것.

화방사의 위치에 대해 읍지[37] 山川條에 "望雲山右邑後 鎭山山水淨灑"라고 하며, 또 "大川右懸北十三里 源出望雲山 東入于海"라고 쓰여 있으며, 佛宇條에는 "花芳寺右縣四十五里望雲山東麓"이라고 기록되어 있다. 망운산 화방사 아래에 소위 大川이라는 하천이 동으로 발달하여 답은 하천의 혜택을 입고 있다.

행정단위인 면은 같은 읍지 방리조에 "縣內環邑五里 二東距邑二十里 三東距邑三十里 南面距邑三十里 西面距邑十里 雪天距邑十五里 古縣距離五里"라 되어 있다. 그런데『화방사양안』에는 설천·고현은 없으며 그 대신 일북·이북·삼북면으로 되어 있다. 그러므로 설천·고현이 일북·이북·삼북으로 나누어진 것인데 同量案의 道里에 있는 里·員名과 대조해 보면 정확한 面境은 구별되지 않으나 고현은 거의 삼북면에 속하고 있다. 따라서 화방사는 삼북면에 있다. 삼북면에 가까운 곳은 일북·이북·서면·현내면이다.[38]

<표 3>에서 보면 일북면이 12결 13부 7속으로 전체 토지의 33.83%를 차지하고 있으며, 이북면이 4결 33부 3속으로 12.08%, 삼북면이 11결 65부 2속으로 32.47%인데 이를 합하면 78.38%나 된다. 역시 삼북면 화방사와 접해 있는 서면(거리 상으로는 이북보다 가깝다)은 5결 6부 8속으로 14.12%인데 이상을 모두 합치면 92.5%로서 화방사 전답의 거의 대부분을 점하고 있는 셈이다. 일북·이북·삼북·서면의 전체결수는 알 수 없으나 『화방사양안』보다 50년 앞서는『경자양안』에서 서면의 경우 면 전체의 것은 157결 74부 8속으로 그곳에 기재되어 있는 화방사 토지는 5결 6부 8속으로 나타나 3.1%를 점하고 있다. 일북·이북·삼북의 실태는 아직 조사를 못하고 있으나 일북·삼북 면은 그 비율이 더욱 높은 것이 아닐까 생각

---

37)『慶尙南道興地集成』, 慶尙南道誌編纂委員會, 1963 중「南海縣邑誌」.
38)『화방사양안』에 나타나는 지명을『한국지명총람』(부산·경남편), 학글학회, 1974와『南海文化』第Ⅳ輯, 남해문화원, 1988의 두 자료를 통해 남해의 지명편을 대조하였다. 현재의 지명은 아래와 같고, 이것을 지도로 그리면 다음과 같이 나타난다.

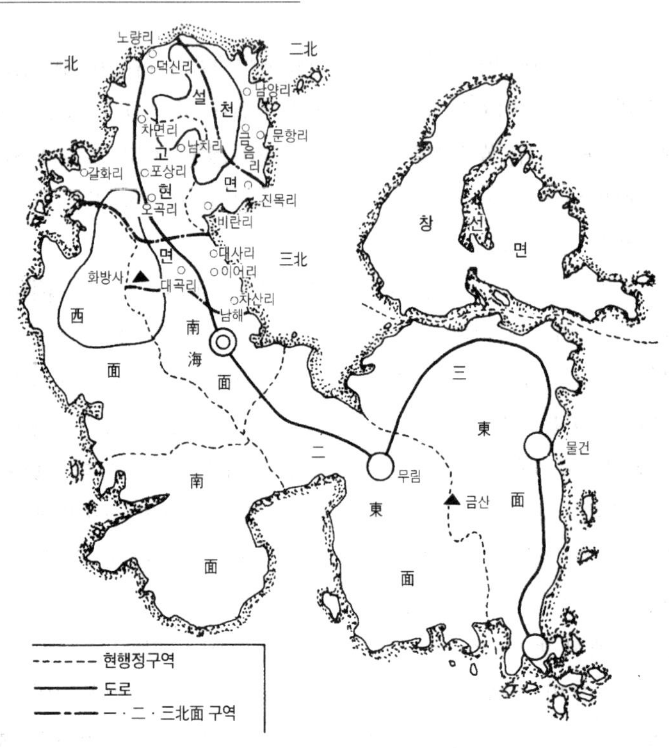

(1) 縣 內 加山員

(2)   草面員   二東面 草陰里(고종대 草面里)

(3)   傍浦員(고종대읍지
             邑治동편5리)   남해읍 笠峴里浦江

(4) 二東面 外也員

(5) 三東面 蘭縣內員   二東面 蘭縣里

(6)   豆慕浦員   尚州面 良阿里 豆毛

(7) 南面   馬山員   南面 上加里 養馬山

(8)   湖浦員   西面 西上里 湖浦

(9) 南面   加火員(고종대 읍지
             上加火里. 下加火里) 南面 上加里

(10) 西面   與勿浦員(牛勿員)   西面 井浦里于勿

(11)   瑜浦員   西面 蘆九里 瑜浦

(12)   古火浦員

된다. 따라서 이들 면에 있어서 비교적 큰 규모의 토지소유자는 화방사인 것으로 추측된다.[39] 이동·삼동은 화방사와는 가장 먼 지역이므로 토지점유율이 낮았을 것이며, 읍내현은 비교적 가까우나 대천이 삼북면 사이에 관류하고 있어 토지 확보를 하기에는 문제점이 있다고 생각된다.

화방사 주변지역에 사전답이 집중하고 있는 것이 주목되며, 이는 토지의 경영관리를 위해서 계획적으로 토지의 조성이 이루어졌다고 보여진다.

[B] 화방사 사전답의 비율을 살펴보면 다음의 <표 4>와 같다.

(13) 南面	酌長員	西面 勺長里
(14) 一北面	津村員(露梁)	雪川面 露梁里
(15)	西谷員	雪川面 眞木里 서재곡
(16)	上階員	古縣面 南峙里 생기등(상계골=상계곡)
(17)	郡內員	
(18)	吾谷員	고현면 梧谷里
(19)	禪院員	고현면 浦上里 仙源?
(20)	月吾員(月谷員)	설천면 德臣里 月谷(우럭개. 우를개)
(21)	加串員(加乙串員)	고현면 葛花里(갈곶)
(22) 二北面	一戶音村員	설천면 金昔里?(문항리와 접해 있음)
(23)	二戶音村員	
(24)	毛畓員	설천면 文巷里 毛畓
(25)	蟹島員	설천면 眞木里 게섬
(26)	鼎浦員	
(27)	問浦員	
(28)	余村員	
(29) 三北面	古述員	고현면 都馬里 고슬동
(30)	伐栗員	大谷里 버리들
(31)	良院員	고현면 伊於里 良院谷(양안골)
(32)	車山員	고현면 車面里(서면)?金釵山이 부근에 있음.
(33)	兎村員	고현면 大寺里 兎頭村(데머리)

*(32) 남해읍 車山里(고현면에 인접)
*(20) 月谷 : 고현면 浦上里 月谷(달실)?
　　　　　고현면 葛花里 달실재?

39) 조선후기 각 지역의 양안자료를 김용섭, 이영훈 양 씨가 분석한 것을 살펴보면 양반호의 경우도 5결 이상의 토지소유자가 드물게 나타나고 있다. 따라서 일북·이북·삼북 지역에서 대표적 토지소유자는 아마 화방사일 것이다.

<표 4> 화방사 전답의 비율 (전체토지량)

분 류	답	전	전답불명	계
결부	33결 49부 7속	1결 51부 6속	86부 7속	35결 88부 0속
%	93.36	4.23	2.42	100
필지	564	56	10	630

※ 寺垈地는 田에 포함됨(20부 2속)
　　紙所基는 田에 포함됨(3속)

위의 <표 4>는 1773년까지의 것과 그 후 조성된 것을 합한 총량이다. 여기서 사전답의 비율을 보면 답이 93.36%로 절대적인 비중을 차지하고 있다. 다만 기재불충분으로 인하여 전답의 구분이 분명치 못한 것이 2.42% 인데 그다지 큰 문제로 되지는 않는다. 이처럼 전답의 비율이 불균형한 것은 위에 있는 남해읍 전·답의 구성비율을 참고하여도 알 수 있다.

즉 전은 1,422결 39부 2속, 답은 1,510결 86부 1속이다. 그리고 앞서 말한 바 있는『경자양안』에서도 서면의 경우에 전은 83결 96부 1속(여전 63부 1속), 답은 73결 8속이다. 남해 모든면, 한 면의 경우도 그 비율은 비슷하고 답이 조금 더 많은 실정이다.

이로 미루어 보아 그 지역적인 일반성과 화방사전답의 구성비율은 너무나 차이가 나고 있다. 화방사에 답이 절대적인 비율을 차지하고 있는 이유는 사찰측의 토지구성에 대한 의도적인 계획에서 이루어진 결과라 보여진다. 전지에서 생산되는 잡곡류는 사찰에서 필요한 양만 확보하면 되겠고 잉여생산물의 처분에 있어서 미곡이 잡곡류에 비해 수익성이 높았기 때문이라 생각된다.

이러한 답을 주로 한 토지의 조성은 당시 일반 지주의 경향과도 일치하는 것이다.[40]

[C] 화방사의 전답 구성실태를 좀더 구체적으로 살피기 위해 면별 전답의 비율을 살펴보면 다음의 <표 5>와 같다.

---

40) 이는 조선후기에 있어 水田과 루田에서 수익성이 수전이 보다 높았기 때문이다.

<표 5> 면별 전답의 구성비율

면	필지	분류	결	부	속	백분비	총		
읍내면	20+(6)	답	1	23	4	96.40	1	28	0
	0	전			0				
	1	무		4	6	3.59			
이동면	3	답		16	3	100	16	3	
	0	전			0				
	0	무			0				
삼동면	5	답		24	2	100	24	2	
	0	전			0				
	0	무			0				
남 면	18+(3)	답		88	6	88.15	1	00	5
	2	전		11	9	11.84			
	0	무			0				
서 면	104+(11)	답	4	98	7	98.40	5	06	8
	4	전		8	1	1.59			
	0	무			0				
일북면	162+(12)	답	11	33	6	93.40	12	13	7
	7	전		57	2	4.71			
	2	무		22	9	1.88			
이북면	70+(4)	답	4	08	5	94.27	4	33	3
	0	전			0				
	4+(1)	무		24	8	5.72			
삼북면	182+(6)	답	10	56	4	80.66	11	65	2
	43	전		74	4	6.38			
	6+(1)	무		34	4	2.95			

　위의 <표 5>에서 보다시피 전의 총결수는 1결 51부 6속으로 답에 비해 4.23% 밖에 되지 않는다. 총 8개 면 중 전지가 없는 곳이 4개 면이나 된다. 읍내·이동·삼동·이북 면이다. 그중 이동·삼동은 사찰과 거리가 먼 곳이고, 읍내면은 가까운 거리이나 대천으로 격리되어 있기 때문에 이곳에 소유전이 없다고 보여진다. 다만 가까운 일북면에 없고 일남면은 거리가 먼 곳인데 전지가 있음은 다소 아이러니하다. 그 나머지 4개 면은 모두 사찰에 인접한 면이다. 즉 사찰의 소재면인 삼북면이 74부 4속으로 가장 많고 둘째로는 일북면으로 57부 2속이고 셋째는 일남면의 11부 9속이며, 넷째는 서면으로 8부 1속이다. 이 중에서도 사찰에 가장 가까운 삼북·일북

면이 절대 다수를 점하고 있다. 전에는 보리·콩·채소 등등이 재배되고 있었을 것이며 위에서 전술한 것처럼 그 사찰에서 소비할 정도의 생산량일 것이니 각별히 운송 수납에 편리한 곳에 집중되었다고 보여진다.

이 전지도 삼북면의 경우 자연조건은 큰 하천이 흐르고 있어 답이 발달하고 있었다고 보여지며, 전은 화방사에 가까운 산지를 개간하여 된 것이 아닌가 생각된다.[41]

[D] 寺田品의 品等

수조문제와 관련이 깊은 전답의 품등에 대해서는 品等査定에 따른 불공평에 많은 논란이 있었고 대지주 토호들이 관리층과 공모하여 품등을 조작하는 등의 일들이 크게 문제시되고 있었다.[42] 때문에 관에서는 크게 관심을 기울여 1720년(숙종 46) 경자양안 작성시에도 「庚子慶尙左道均田使量田私節目」이 나왔으며 『量田謄錄』에도 이에 대한 논의가 많았음을 알려주고 있다. 그러나 문제가 경종 즉위년에도 시정되지 못했음은 일반적으로 알려져 있다.[43]

김갑주는 그의 논문에 경자양전시 垈地의 경우는 무조건 1등으로 審定케 하였다고 하며, 불갑사가 위치한 삼남 지방의 佛垈를 포함한 토지는 대부분 1등품전으로 심정되었다고 하였으며 해당 지역의 최우수지와 같은 전품으로 취급되고 있었던 것이 명확한 사실이라고 하였다.[44]

그러나 화방사의 경우는 그 원칙과는 조금 다르다. 花芳寺基는 78필지에 3등 垈直畓 18부 9속으로 기록되어 있고 서암기는 79필지 4등 대식전 1부 1속, 북암은 80필지 4등 垈方田 1부 9속으로 기재되고 있다. 이로 보아 우선 1등으로 심정되고 있지 않음을 알 수 있고 또한 화방사·서암·북암이 서로 위치상으로 다르며, 등급에 각각 차이가 있음을 알 수 있다. 이것

---

41) 조선후기에 있어서 토지개간 문제는 다음의 논문을 참고하기 바란다. 송찬섭, 「17·18세기 新田開墾의 확대와 經營形態」, 『韓國史論』12, 1986.

42) 김용섭, 앞의 책, 113~117쪽 참조. 그리고 『五洲衍文長箋散稿』 상, 명문당, 1982, 431쪽에 양전사업의 폐단에 관해서 李圭景이 20개 조항을 들고 있다.

43) 『景宗修正實錄』 권1, 경종 즉위년 10월, 339쪽.

44) 김갑주, 앞의 책, 174쪽 참조.

을 볼 때 삼남지방이라고 해서 획일적으로 심정하지는 않았던 것 같다.

화방사 전체 전답(대지도 전으로 취급)의 품등을 살펴보기로 한다. 총결수 35결 88부(기재가 갖추어지지 않은 23.19%는 제외)를 같이 도표화하면 다음의 <표 6>과 같다.

<표 6> 화방사 위전답 전품의 등수별 분포(전체)

전품	필지	결	부	속	백분율	전답분포			
1	10		86	8	2.42	답		86	8	100%
						전			0	·
2	100	8	39	9	23.41	답	8	27	8	100%
						전		12	1	1.46%
3	164	11	12	9	31.02	답	10	83	0	100%
						전		29	9	2.76%
4	64	2	89	2	8.06	답	2	80	6	100%
						전		8	6	3.6%
5	95	3	16	9	8.83	답	2	68	9	100%
						전		48	0	17.85%
6	79	1	10	3	3.07	답		80	9	100%
						전		29	4	36.34%
기타	118	8	32	0	23.19	답	8	08	4	100%
						전		23	6	2.92%
계	630	35	88	0	100%	답	34	36	4	100%
						전	1	51	6	4.41%

※ 추가된 토지는 7결 96부 7속인데 이중 7결 81부 1속은 전품이 기재되어 있지 않고, 15부 6속만이 3등전 안에 포함되어 있다. 전답불명은 일단 답으로 환산하였다.

여기서 보면 1등(2.24%)과 6등(3.07%)이 가장 낮은 비율이며, 2・3등이 각각 23.41%, 31.02%로서 가장 높은 비율을 차지하고 있는데 이는 절반을 넘어서고 있다. 전체적인 전품 등을 볼 때 대체로 중간등급(2・3・4・5등)에 많이 분포하고 있음을 알 수 있다. 이 전품 등은 앞의 <표 6>에서와 같이 전・답 모두 포함시키고 있다. 분포표에서 전만 살펴보면(화방사의 전은 극히 적음) 1등전을 제외한 5개 전품중에 5등급의 비율이 단연히 높고 3・6등급이 중간 정도이며, 2・4등급은 훨씬 비중이 낮다. 따라서 전과 답의 품등에 있어서 상당히 相違하고 있으며, 전지는 답에 비해 비교적 낮게 책정되었음을 알 수 있다.

불갑사의 경우는 다음의 <표 7>을 통해서 알 수 있다.

<표 7> 불갑사 위전답의 등수별 분포[45]

전 품	필 지	결	부	속	백분비	비 고		결	부	속
1등	18	3	74	3	13.46	대지	결	부	속	
2등	47	6	69	8	24.08	전 : 1필지			3	8
						답 : 46필지	6	66		
3등	130	13	12	9	47.21	전 : 15필지			75	1
						답 : 115필지	12	37	8	
4등	56	3	17	4	11.41	전 : 11필지			35	4
						답 : 45필지	2	82		
5등	14		57	4	2.06	전 : 3필지			6	3
						답 : 11필지		51	1	
6등	16		18	2	0.65	전 : 15필지			11	2
						답 : 1필지		7		
기타	4		31	1	1.12	답 : 전품의 미기재				
계	285	27	81	1	100	대 : 18필지	3	74	3	
						전 : 45필지	1	31	8	
						답 : 222필지	22	75		

<표 6>과 <표 7>을 서로 비교해 보면 5·6등이 화방사가 비율면에서 불갑사보다 높고, 다같이 1·2·3등이 높은 비율이나 대체로 불갑사가 더 높다. 불갑사의 경우 토지의 비옥도면에서 화방사 전답보다 지력이 높았거나 또는 품등의 査定이 엄격했는지는 잘 알 수 없다.

[E] 寺田畓의 분할귀속

앞서 양안의 검토에서 언급한 바 있지만 기(주) 밑에 房·保·佛·蠹 등의 문자가 있다. 이는 양안의 앞머리에 蠹畓·房畓으로 나타내고 있음을 보아 여타 글자들도 그 다음에 답자가 생략된 것 같다. 그리고 방·보 ·불 등도 건물의 첫 명칭에서 대표되는 한 자만을 골라 표시한 것 같다.

---

45) 김갑주, 앞의 책, 172쪽에서 인용.

사찰에서는 조성된 전답을 나누어 그곳에서 속하게 한 것으로 이해된다.
먼저 방·보·불 등을 다음과 같이 추측해 본다.[46]

  (1) '持'는 持殿으로서 불전에서의 奉香 등의 불전에 관한 일체의 일을 관
     장하고 있다.

  (2) '大'는 대웅전을 뜻함

  (3) '保'는 승려의 군역부담의 保人으로서 업무를 관장하는 곳

  (4) '鐘'은 鐘閣, 鐘樓의 뜻

  (5) '佛'은 불공에 관한 업무를 관장하고 그 업무를 집행하던 곳

  (6) '房'은 승방의 뜻

  (7) '持司大'는 절의 업무를 관장하는 知事·主事의 호칭

  (8) '主'는 주사의 약칭으로 선사의 내정 외교를 관장(?)

  (9) '願'은 願堂의 약칭

  (10) '入'은 入室, 조사당의 약칭

  (11) '露'는 露展의 약칭

  (12) '祠'는 祠堂

  (13) '纛'은 纛旗의 약칭으로 위의 '保'에 관련이 있다고 보아지며, 군기·
     무기 등을 보관하는 곳

  (14) '紙所基'는 한지의 제조를 맡은 곳

이와 같이 토지를 귀속시키고 있는 예는『남해양안』에 "起今花芳寺"
"起花芳寺"라고 대부분의 전답에 기록되어 있으면서 간혹 "起今花芳三
寶"라는 기재가 있다. 그런데,『불갑사양안』에는 일부 토지를 三寶, 禪堂,
明鏡殿, 海佛庵, 南庵에 귀속시켜 놓고 있는데,『화방사양안』에는 전체사
전답을 分屬하고 있다. 이것이 불갑사와『화방사양안』이 크게 다른 점이다.
이에 대해 김갑주는 이들에 현주되고 있는 것은 "별도로 전답을 경영하
여 본사와는 별산으로 경영해 갔을 수도 있을 것이다"[47]라 하여 경영문제
까지 결부시켜 설명하고 있다. 그리고 건물의 현주로서 懸錄했던 사유를

---

46) 全觀應 大宗師 監秀,『佛敎學大辭典』, 홍법원, 1988.
47) 김갑주, 앞의 책, 205~206쪽 참조.

경자(숙종 46)양전시 불갑사의 佛垈를 비롯한 전답 등을 量田別有司 李萬城의 上書文 구절을 들어서 설명하고 있다.[48]

그 중 註에서 "불갑사 승려들의 구전되어 오는 말에 따르면 奸僧의 擅賣를 방지하기 위해 불대를 건물별로 분산하여 기주로 현록했던 것이라 하였다. 그러나 전답일 경우 간승의 천매를 방지한다는 이유로 金堂·법당 등 어느 특정 건물을 기주로 현록했을 수도 있을 것이다. 그러나 불대인 경우는 꼭 그렇게 해석할 수 없을 것으로 생각된다"라고[49] 하였다. 요컨대 사찰에서 토지소유권문제를 둘러싼 시비를 사전에 예방하기 위해서 취해진 조치라고 보여진다. 화방사전답의 귀속을 구체적으로 살피기 위해 도표로 표기하면 다음의 <표 8>과 같다.

<표 8> 사위전의 사원내 귀속처

부속처	필지	결	부	속	백분비	비 고
지	42	3	71	1	10.34	
대	129	6	48	6	18.08	
보	44	2	35	6	6.57	
종	53	5	29	3	14.75	
불	191	9	10	7	25.38	持와 14부6속이 중복되나 佛에 귀속
방	107	7	25	5	20.22	
입	33		27	7	0.77	
독	6		31	8	0.89	
원	3		3	2	0.09	大와 7속이 중복되나 願에 귀속
주	2		11	9	0.33	
노	2		23	6	0.66	
사	2		19	6	0.54	
지소기	1		1	9	0.05	
지사대	6			0	0	
불명	9		47	5	1.32	
15	630	35	88	0	100%	

다음 <표 8>에서 보면 14개 건물 중 지·대·보·종·불·방의 6개소가 전체 토지의 75.34%를 차지하고, 나머지는 7개 부처에 나누어 소유하고

---

48) 김갑주, 앞의 책, 206쪽 참조.
49) 김갑주, 앞의 책, 207쪽 참조.

있다. 전자의 6부처 중 가장 많은 것은 불(불당)로 9결 1부 7속으로 25.38%이며, 다음이 방(승방) 7결 25부 5속으로 20.22%를 차지하고 있다. 그 중에서 가장 적은 토지를 소유하고 있는 보(군보)의 경우도 6.57%에 이르고 있다. 후자의 7부처는 대개 1결이 채 못되는 적은 토지를 소유하고 있는데, 그 중에서 가장 많은 독은 31부 8속으로 0.89%이며, 가장 적은 지소기는 1부 9속으로 0.05%에 그치고 있다. 이상에서 볼 때 사찰에 있어서 주요시되는 부처에 대부분의 토지가 집중되고 있음을 알 수 있다.

V. 조성전답의 구조

양안의 검토에서도 지적한 바 있지만 1773년(영조 49)에 사양안이 일괄 정리되고 있으며, 그 후의 것은 수시로 추기해 놓고 있다. 여기서 조성사유를 기록해 놓은 부분에 "某納" "某田畓賣" 등만을 기재하고 있어 조성 연대가 누락되어 있으며 따라서 조성의 시대적 추이를 살피는 데 어려움이 있어 아쉬운 점이 있다.

『화방사양안』은 굳이 나눈다면 1773년까지의 것과 그 후의 것으로 양분해서 살필 수 있겠다.

(A) 전답의 買得·施納 상황

매득·시납에 관련되어 있는 이의 신분관계는 승려 奴밖에 기재가 없다. 따라서 班常은 알 수 없으니 여기에서는 민으로 총칭하고자 한다.

먼저 1773년까지의 내용을 도표화하면 아래의 <표 9>와 같다.

매득·시납 상황을 각각 나누어 살펴보기로 한다.

매득 : 민으로부터는 12결 89부 3속으로 46.19%, 승려로부터는 4결 62부 8속으로 16.58%, 노의 경우는 11부 3속으로 0.04%이다. 이것을 합치면 17결 63부 4속으로 전체 전결수의 63.17%이다(기재 불명한 것은 포함하지 않았음). 민으로부터 매입한 것이 승려에게서 매입한 것 보다 3배에 이르고 있다.

<표 9> 화방사조성전답(1773년, 영조 49)

조성 위전답	필지	결 부 속			백분비	비고
민 매득	189	12	89	3	46.19	
민 시납	7	4	26	8	15.29	
승려 매득*	102	4	62	8	16.58	
승려 시납	105	4	60	3	16.49	
노 매득	3		11	3	0.40	
노 시납	1		5	5	0.20	
기 타**	51	1	36	3	4.85	
	526	27	91	3	100%	

*승려의 매득 사례 중에 일부 승려 시납의 경우도 포함된 경우가 있는데, 이는
매득 부분에 포함되었다.
**기타는 사례가 불분명한 것.

시납 : 민으로부터는 4결 26부 8속으로 15.29%, 승려로부터는 4결 60부
3속으로 16.49%, 노의 경우는 5부 5속으로 0.20%이다. 이를 합치면 8속 92
부 6속으로 전체의 31.98%이다. 여기서 승려의 시납이 민의 경우보다 조금
이나마 많은 것은 주목된다.

매득이 시납보다 약 2배인데 1773년 이전에 화방사는 토지를 매득할 만
큼 재력이 축적되었음을 알 수 있으며, 시납의 경우에서 보아 1773년까지
사전답의 조성에서는 승려 역할이 컸음을 알 수 있다. 사찰의 창건 초기에
는 승려 자체의 노력으로 일단 재정적 기초를 잡은 것이 아닐지 모르겠다.

다음으로 1773년 이후의 것을 도표화하면 다음 <표 10>과 같다.

<표 10> 화방사조성전답(1773~?)

조성위전답	필지	결 부 속			백분비	비고
민 매득	63	5	38	7	67.62	
시납	·					
승려 매득	28	2	13	3	26.77	
시납	1		6	9	0.87	
노 매득	·		·			
노 시납	·		·			
기 타	12		51	9	6.51	사례가 불분명
계	104	7	96	7	100%	

매득 : 민으로부터는 5결 38부 7속으로 67.62%, 승려의 경우는 2결 13부 3속으로 26.77%이며, 7결 37부 9속으로 전체 전결수의 94.39%이다(불명한 것은 제외).

시납 : 민은 없고 승려가 6부 9속으로 0.87% 밖에 되지 않는다(불명한 것은 제외).

1773년 이후에는 전답의 조성은 사찰의 독자적인 재력으로 확대시켰음을 알 수 있겠다.

<표 9> <표 10> 두 시기를 비교해 본다면 1773년 이전의 것이 이후의 것보다 약 3.5배에 이르고 있다. 가령 <표 9>의 상한년대를 사적기에 있는 1637년(인조 15) 임진왜란 후 재건하였다는 때를 기준으로 한다면 1773년까지는 146년 간이 된다. 그리고 <표 10>의 상한년대를 역시 田案後記에 "改家衣紙筒座上"이라고 한 1856년(철종 7)으로 기준으로 하면 83년 간이 된다. 1773년에 27결 91부 3속의 전답을 확보하고 있고 그 이후는 단지 7결 96부 7속을 확보하고 있는 셈이다. 양자의 시간상을 비교해 보아도 후자는 전기보다 적은 양을 조성하고 있는 셈이다. 이는 1773년에 이미 사찰의 재정적 기반이 확보되어 사찰은 경제적으로 운영이 정상화되고 있어 후기에는 별달리 寄進 등의 형태의 활동에 치중하지 않고 오로지 잉여재력으로 매득을 통하여 토지를 확보해 갔음을 뜻하는 것이라 보여진다.

전시대에 걸친 매득·시납의 상황을 도표화하면 다음의 <표 11>과 같다.

<표 11> 매득·시납별 통계(1773~전시대)

조성위답	필지	결 부 속			백분비	비고
민 매득	252	18	28	0	50.96	*
민 시납	75	4	26	8	11.90	
승려 매득*	130	6	76	1	18.84	
승려 시납	106	4	67	2	13.02	
노 매득	3		11	3	0.31	
노 시납	1		5	5	0.15	
기 타	63	1	73	1	4.82	
계	630	35	88	0	100%	

* 승려의 매득 사례중에서 승려 시납이 동일하게 된 것이 포함되어 있는 것은 매득부분에 넣었음.

매득 : 총결수 35결 88부 중에서 민으로부터 매득이 50.95%, 승려로부터 매득한 것은 18.84%이며, 奴로부터는 0.31%이다. 매득한 총계는 25결 15부 4속으로 전체 토지의 70.01%를 차지하고 있다(불명한 것은 제외). 그러므로 사전답의 조성에 절대적인 비중을 차지하고 있다.

전답의 매득은 일시에 이루어진 것이 아니고 장기간에 걸쳐 조성되었지만 사찰 재력의 축적의 형태를 추측할 수 있겠다. 이러한 경제력은 佛事 탁발 등등의 행사와 기타 수공업생산을 통해 이루어졌고 한편 승려 신자 등의 기진전답, 금전의 시납과 이미 축적된 재력에서 나온 이식 등으로 이루어진 것으로 보여진다.

시납 : 민으로부터 이루어진 것이 11.09%, 승려로부터 이루어진 것이 13.02%이며, 노의 시납은 0.15%이다. 시납한 총계는 8결 99부 5속으로 전체의 25.07%를 차지하고 있다. 여기서는 시납한 토지량에 있어서 승려가 민보다 많다. 특히 1773년 이후에는 시납의 토지량이 적고 민의 시납이 거의 없다는 사실에 주목해야겠다.

그러면 승려 소유의 시납에 대해 좀더 구체적으로 살펴보고자 한다.

<표 12> 승려의 시납전답량

단 위 (부 속)	인 원 수	필 지 수	두 락 수
100~90	1	17	
90~70	1	12	
20~10	8	19	
10~ 5	17	35	
5~ 2	15	17	
1~	2	2	
4결67부2속	44	106	

승려가 개인적으로 재산을 소유할 수 있게 된 배경은 김갑주의 논문에서 이미 언급된 바 있다.[50] 앞의 <표 11>에서 살핀 바도 있지만 시납한 것

이 4결 67부 2속으로 13.02%, 매득한 것이 6결 76부 1속으로 18.84%이다. 합하면 11결 43부 3속으로 전체토지의 31.86%를 차지하고 있다. 사찰의 토지를 조성하는 데는 승려의 것이 기반이 되었음을 알 수 있는데 특히 시납의 경우 승려가 개인의 재산을 전적으로 사찰에 시납하였는지는 명확히 알 수 없지만 그들의 경제력을 살필 수 있는 일단의 자료가 되겠기에 인원별 토지의 시납량을 살펴보기로 한다.

위의 <표 12>에 의하면 시납자는 44명이고 100부 이하 70부까지는 2명이고 10부에서 2부까지가 40명이고 2부 이하가 2명이다. 그리고 가장 많은 토지를 시납한 자 2명은 碩淳·忠察이다. 특히 이 두 사람은 英祖 당시 화재로 인한 사찰재건에 주역을 담당한 사람이다. 그는 17필지 91부 8속을 시납하고 있다. 화방사 사적기51)에 보면

僧碩淳梢康者也……自家畓五十斗及銅與穀另購千金許 具僧忠察前者 亦扶寺中者也 特割畓物竝三百餘金……

라 하고 있다. 석순은 토지 외에 銅, 곡물과 巨金은 내고 있으며, 충찰은 寺中에서는 가운데 정도의 세력자임에도 불구하고 역시 토지 및 상당한 금전을 기진하고 있다. 남해현내의 일반민의 경제력에 대해서는 짐작할 수 있는 자료를 갖고 있지 않아 구체적인 것을 모르겠으나, 조선후기에 있어서 1결 이상의 농지를 가진 농가를 부농, 1결 이하 50부 이상을 중농이라고 했는데52) 이로 미루어 보면 승려, 특히 남해에 있어서 그들의 경제력을 짐작케 한다.

다음으로 민의 시납에 관하여 살펴보기로 한다.

민의 시납토지는 4결 26부 8속으로 15.29%, 민이 매득한 것은 12결 89부

---

50) 김갑주, 앞의 책, 157쪽에서 "승려들의 사유전답은 승려들의 한광지 개간 상업활동에서 얻은 자본으로 전답매득, 부모 또는 法師로부터 전답상속, 출가전의 사유전답 등을 통하여 17세기 후반부터 크게 조성되었던 것이다."라고 하고 있다.

51) 주 7) 참조.

52) 김용섭, 앞의 책, 145쪽 참조.

3속으로 46.19%이다(앞의 <표 9> 참조). 이들의 시납량을 도표화하면 다음의 <표 13>과 같다.

<표 13> 민의 시납전답량

단 위(부 속)	인 원 수	필 지 수	두 락 수
31.8	1	8	
30~20	2	6	
20~10	14	30	
10~ 5	15	18	
5~ 1	18	13	
4결26부8속	40	75	

여기서 보면 최고의 시납자가 31결 8속으로 단지 1명, 20부 이상이 2명, 20부 이하는 단계적으로 내려갈수록 많다. 승려들의 시납량에 비하여 특기할 만한 점은 찾아볼 수 없으며 31부 8속 이상은 보이지 않는다. 위에 든 사적기[53]에 申尙貴란 시납자(사족 출신)가 보이고 있는데, 금전 미곡을 시납하고 있으며 토지는 그다지 많지 않은 12부 9속을 바치고 있는 정도이다. 화방사 신자중에는 그렇게 큰 부호가가 없었던 것이 아닌가 생각된다.

화방사의 전답 조성에 있어서 주목되는 점은 사찰조성의 초기에는 승려들의 경제적 힘이 뒷받침된 것 같고 한편으로 사찰이 가지고 있는 축적된 재력으로써 점진적으로 토지를 매득·조성한 것 같다. 여기에 유의해야 할 점은 섬이란 폐쇄적 지리조건이 토지 확대에 제약점을 가지고 있는 점, 그리고 그곳 島民의 경제력 등이 토지 조성에 역시 영향을 미치고 있다고 생각된다.

VI. 맺음말

『화방사양안』은 1763년에 『경자양안』을 토대로 작성하여 1773년에 일단

---

53) 주 8) 참조.

정리된 것이다. 그러나 그 후의 것도 양안에 추기해 놓고 있다. 기재양식은 관양안의 서식을 기본으로 한 것이나 夜(쌤)이란 토지의 단위가 기재되고 있으며, 起(主)에는 舊·今의 아래 각각 성명이 기재되고 있다. 이는『경자양안』과 같다. 그러나 그후 추기된 것은 단지 한 사람의 성명이 기록되고 있을 뿐이다. 구·금의 기주는 지주를 나타내고 있다. 다 같은 사찰의 양안인데도, 1747년의『불갑사양안』에는 '기'의 표시는 없고 量·時 밑에 성명이 기재되고 있어 화방사의 서식과 다른 '量(某)'는 양안 작성시의 지주명이고 '時(某)'는 경작자로 보고 있다. 역시 연대가 비슷한 1729년 경기도 고양군 명예궁장토안에는 '主' '時'로 표기되고 있다. 주는 지주, 시는 소작으로 파악하고 있다. 특히 사양안에 표기가 달라 주목된다.

이 화방사 전안의 전답결부수를 계산하여 보면 1773년까지는 27결 91부 3속이다. 이 절의 연혁은 조선전기까지는 명확하지 않은데, 고찰로 알려진 불갑사의 1747년 양안에 기재되고 있는 결부수는 27결 81부 1속이며, 역시 고찰인 직지사의 경우 1741년도의 결부수는 30결이다. 거의 동시대라 볼 수 있는 사찰로서 화방사의 결부수는 위의 두 사찰에 버금하고 있다. 더욱이 화방사는 1개 도서에 있는 절이고 거기에는 이 사찰외에도 여러 사찰이 있다. 이 화방사만 하여도 남해 전체의 전결부수 2,933결에 비해 약 100분의 1이니 이들 사찰 전체 전결수는 남해 전체 전답소유량에 비하면 상당한 비중을 차지하고 있다고 생각된다. 그러므로 한 군현에 있어서 사원경제력은 이미 18세기에는 큰 비중을 차지하고 있다고 보여진다.

화방사전답의 구성에서 특징적인 현상은, 대부분의 전답이 사찰에 가까운 면에 집중되고 있는 것이다. 이는 수조관계, 곡물의 운송 때문에 전답 조성시에 계획적인 의도에서 이루어진 것이 아닌가 보여진다. 전답의 비율은 답이 93.36%로서 전은 거의 확보되어 있지 않은 점이다. 이것 역시 의도적인 면에서 조성한 것이라 보여지며 남해 전체로 보아서 전답의 비율은 거의 같으며, 화방사에 가까운 서면은 화방사의 전답이 발달하고 있는 지역인데『경자양안』에서는 답이 73결 8속(여전히 52부 1속), 전은 83결 96부 1속(여전 63부 1속)으로 거의 비슷한 비율인데, 역시 同양안에 화방사는 답은 4결 98부 7속이고, 전은 8부 1속이다. 그러니 답을 주로 하여 확보한 것으로 보여지며 이는 당시 지주의 답을 주로 조성한 형태와 동일하며 수익성 문제와 관련이 있는 것이다.

품등에 관해서는 토지의 비옥도, 소출에 비추어 공정하게 다루어졌는지 문헌사료가 보이지 않아 잘 알 수 없으나, 2·3등급이 많고 1등급은 거의 없다. 불갑사의 경우에 비해 조금 차이가 있다. 불갑사의 대지는 1등급으로 계량한 것 같은데, 화방사의 대지는 사찰의 건물 위치에 따라 3·4등으로 되어 있다.

화방사 전체소유전답은 건물별로 나누어 현록되고 있다. 그 배당된 토지의 양은 주된 기능을 가진 건물에 집중시키고 있다. 불갑사의 경우에는 일부의 토지에 국한하고 있다. 그 이유는 승려들의 방매하는 등의 작폐, 시납자 사망후에 일어나는 소유권의 시비를 막기 위해 취해진 조치라 생각된다.

사찰토지의 조성은 시납·매득의 형태로 이루어지고 1773년 이전까지 조성된 토지를 보면 민·승이 거의 비슷한 비율로 시납하고 있으며, 토지의 매득한 경우는 민의 것이 승려의 것보다 3배 가량 많다. 1773년 후기에 조성된 토지는 시납이 거의 없는 실정이고 매득한 것이 절대 다수이다. 이런 점을 볼 때 사찰이 토지를 조성해 나갈 때는 승려의 개별 재력의 뒷받침에 의해 조성되었음을 알 수 있겠다. 18세기 당시 승려들의 사적토지소유가 비교적 발달하였음도 지적될 수 있겠다.

(※본고는 1987년도 부산대학교 학술연구 조성비의 지원을 받아 작성되었음)

제5편 지방관의 인사

제1장 조선중·후기 지방관료의 임기에 관한 연구

I. 머리말

조선시대 지방관료의 인사는 지방관료 및 행정 실태를 이해하는 데 중요한 과제이다. 조선초기부터 중앙집권체제를 강화·유지하기 위해 지방관료의 인사에 관한 여러 가지 법적규제를 마련하였음에도 불구하고 임진왜란 이후 지방행정은 문란해졌다. 그 요인은 여러 면에서 찾을 수 있으나, 그 중에서도 지방관료의 인사 문제가 큰 비중을 차지하였다. 따라서 이 시기 인사가 구체적으로 어떻게 처리되었는가에 대한 연구가 필요하다.

이 글에서는 지방관료의 인사 문제 중 수령의 임기에 대하여 고찰하겠다. 경상도의 東來都護府使·梁山郡守·固城縣令 등 수령을 표본으로 조선시대의 중기·후기의 임기를 살피고, 아울러 각 시기 상위직·하위직 수령들의 차이점도 검토하고자 한다.

지금까지 조선시대의 지방관료, 지방행정에 관한 개설적인 저서와 논문 등이 비교적 많이 나왔으나, 임기에 관해 숫자상의 통계를 근거로 한 실증적 연구는 거의 없었으므로 이 문제를 택하였다.[1]

---

1) 李源鈞, 「朝鮮時代의 守令職 交遞實態 – 東萊府使의 경우」, 『釜大史學』 3, 1979, 61~86쪽. 여기서는 東萊府使를 중심으로 다루고 있으며, 연산군 12년(1506) 8월 13일 東萊縣令 金洪壽가 임명된 때부터 고종 31년(1894) 11월 14일에 동래부사 閔泳敦이 사임할 때까지 388년 3개월 사이에 교체된 동래현령 26명을 포함한 280명의 동래부사의 교체실태를 다루었다. 이 논문에서는 실증적 통계를 제시하였으

이 글의 조사 대상인 세 지역의 통계를 토대로 이 시기 수령 임기의 일 반성을 도출하는 것은 무리가 될 수도 있으나, 대체적인 윤곽 파악에는 도 움이 될 것이다.

[A] 대상지의 선정 : 동래도호부·양산군·고성현의 세 지역을 표본으 로 부·군·현을 선택한 이유는 다음과 같다. 첫째, 부사는 지체가 높으나, 군수·현령은 품계가 낮아 중앙관료, 감사 등으로부터 간섭과 물리적 압력 을 받기 쉽고, 자료 문제상 능력이 결여되어 있는 자가 많다는 가정 아래 상위직 수령과 하위직 수령에 따른 특징을 파악하기 위해서이다. 둘째, 『慶 尙道諸邑誌』 중에서 다른 지역보다 자료의 충실도가 높다는 데 있다. 그 리고 세 지역 모두 변방2)에 위치하여 국방상 중시되었으며, 특히 동래도호 부는 나라의 관문으로써 외교·군사상 중요성을 갖고 있기 때문이다.

[B] 대상기간·인원 : 조선시대의 중·후기 설정은 어려운 과제이지만 편의적으로 아래와 같이 구분하였다.

조선중기 : 선조 1년(1568)~경종 4년(1724).
조선후기 : 영조 1년(1725)~철종 14년(1863).

그러나 읍지에 기록된 수령의 임기는 3곳이 동일하지 않고 미비한 것도 있어서 다음과 같이 조사분석하였다. 동일 연대폭으로 하면 수령 상호간 비교하는 데 도움이 되겠으나, 불가능하였다. 때문에 경우에 따라 문제시

나, 시대적 변화, 상위직 수령과 하위직 수령 사이의 차이 등에 대해서는 중점을 두고 다루지 않고 있다.

2)『經國大典』吏典 除授條에 보면 "沿邊守令 兵曹同議除授"라 하고 경상도에서는 김해·양산·동래가 포함되어, 국방상의 요지임을 알 수 있으며, 또 『續大典』吏 典 薦擧制에 "吏·兵·戶曹判書及兩都留守 兩界觀察使 慶州補留守 水原補留 守 東萊府使 並廟堂薦擬"라 하여 관문으로서의 중요성을 알 수 있다. 고성은 변 방이라는 지정된 곳은 아니나, 『固城邑誌』鎭保條에 "蛇梁鎭, 唐浦鎭 舊所非浦 鎭 南村鎭 三千鎭"이 기록되어 있고, 이는 右水營管下에 속했으며, 일시 統制使 營을 설치하려던 요지였다.『芝峰類說』에 "李慶深爲統制使時 欲設營于固城地… …"라는 기록에서도 알수 있다.

되는 점도 있으며, 조사항목에 따라 연한·수령수에도 변동이 있겠다.

동래도호부 : 선조 1년(1568)~경종 4년(1724)~철종 14년(1863) 296년 간,
  수령 231명(縣令3) 7명 포함)—중기 157년 간 수령 124명, 후기 139년
  간 수령 107명.
양 산 군 : 선조 34년(1601)~경종 14년(1724)~순조 34년(1834) 234년
  간, 수령 123명—중기 124년 간 수령 67명, 후기 110년 간 수령 56명.
고 성 현 : 선조 4년(1571)~경종 14년(1724)~정조 8년(1784) 214년 간,
  수령 143명—중기 154년 간 수령 95명, 후기 60년 간 수령 48명.

[C] 조사자료 : 본고에서 활용한 읍지는 경상남도 도지편찬위원회에서 1963년에 간행한 『慶尙南道輿地集成』에 실려있는 「東萊邑誌」(대본은 광무 3년 6월의 필사본) 宦蹟條의 기록과 부산시사편찬위원회에서 1962년에 간행한 『港都釜山』 1집에 수록된 두 사료, 즉 「東萊府誌」(영조 16년 12월 15일 편찬된 필사본 대본)의 官案과 동래군청에 보관해 왔던 先生案을 비교·보충하였다.

양산군·고성현의 자료는 『輿地集成』에 수록된 선생안으로, 읍지는 모두 필사본을 대본으로 한 것인데, 간행 연대는 알 수 없다. 그러나 읍지에 기록된 수령의 재임 연도로 미루어 보아 「양산군 읍지」는 순조 34년(1834), 「고성현 읍지」는 정조 8년(1784) 경에 편집된 것 같다.

위에서도 언급하였지만, 동래부사의 재임 연월일이 모두 기재되어 있지 않고, 양산군수는 재임년만 쓰여 있고, 그 외 교체사유 등의 기록도 극히 간략하게 기재되고 있는 예도 있어 통계처리가 쉽지 않았다.

Ⅱ. 임기의 실태

---

3) 현령 7명은 임진왜란 당시의 수령으로 임기가 짧고 부사의 평균 재임기간과 비슷하기 때문에 제외시키지 않았고 동래 수령의 임기를 보는 데는 이를 포함하는 것이 좋겠다고 생각된다.

조선시대 지방관은 일정한 임기가 있었는데,『경국대전』에는 다음과 같이 규정하고 있다.

> 觀察使・都事 仕滿 三百六十 守令 仕滿 一千八百 堂上官及未挈家守令・訓導 九百乃遞 移仕守令 通計前遷官 當農月則勿遞(『經國大典』卷一, 吏典 外官條)

라고 하여 堂上官守令, 未挈家守令은 900일, 堂下官守令은 1,800일로 되어 있다.

『경국대전』에 의하면 “동래부사는 종3품, 양산군수는 종4품, 고성현령은 종5품”[4]으로서 세 지역 수령 모두 당하관에 속한다. 그러나 위의 읍지에는 “동래부사는 문 정3품, 양산군수는 문・무 종4품, 고성현령은 문・무 종5품”으로 기록되어 있어『경국대전』의 기록과는 동래부사의 품계가 각각 다르다. 그것은 동래가 명종 2년 현에서 도호부로 승격되어 그때부터 정3품이 되었기 때문에[5] 그 이전에 편찬된『경국대전』의 기록에 그와 같이 되었던 것이라 믿어진다. 따라서 동래부사는 당상관인 동시에 未挈家守令이기 때문에[6] 임기는 900일(2년 6개월)이며,[7] 양산군수와 고성현령은 1,800일(5년)이다.

임기에 대해서, 법전에서는 瓜滿・瓜期・瓜限이라는 용어를 쓰고 있으

---

4) 『經國大典』 권1, 吏典.

5) 『續大典』 吏典 外官條에도 종3품으로 되어 있지만 誤記인 듯하며, 上揭書,「東萊府誌」建置沿革條에도 “明宗朝 陞爲府使 嘉靖定未 相臣李芑建議 以本府客使往來初程 事體與義州同 陞爲府使 擇遣堂上文武官 一以彈壓邊城 一以酬應客使” 라 하여 당상관이라 하였고, 또 「忠烈詞志」卷一에 실린 宋時烈이 지은 東萊府使 宋象賢의 行狀에 “辛卯 以執義陞通政大夫 爲東萊府使”라 하였으니 정3품이 분명하다.

6) 東萊官案에 인조 때 盧協과 현종 때 鄭太齋가 각각 가족을 데리고 왔다가 징계당한 일로 미루어 알 수 있다.

7) 『兩銓便攷』卷1, 東銓 瓜滿條에는 “凡瓜限 留守・觀察使・郁事・以拜辭日始計 守令 三年窠 三十朔 六年窠 六十朔 察訪 以到任日始計”라 하여 수령에는 3년과와 6년과가 있는데 3년과는 30개월(2년 6개월), 6년과는 60개월(5년)이 임기만료 즉 瓜滿이 된다고 하였다.

며, 瓜滿遞는 임기가 차서 교체하는 것을 말하고 있다.

1. 재임기간

읍지에 있는 수령의 재임기간을 정리하면 다음 <표 1>과 같다.

<표 1> 역대 왕별 수령 재임기간

구분	재 임 년 수	동래부사		양산군수		고성현령	
		재임 수령수	1인평균 년수	재임 수령수	1인평균 년수	재임 수령수	1인평균 연수
선조	1568~1608 41년	1561~39명	1년11월	1601~4명	2년	1571~20명	1년 1월
광해군	1609~1622 14년	9	11월	6	2년 4월	6	2년10월
인조	1623~1649 27년	20	1년 4월	13	2년 9월	17	1년 5월
효종	1650~1659 10년	9	1년 2월	7	1년 5월	3	1년10월
현종	1660~1674 15년	8	1년10월	9	1년 8월	11	1년 2월
숙종	1675~1720 46년	36	1년 3월	25	1년10월	36	1년 3월
경종	1721~1724 4년	3	1년	3	1년 4월	2	1년 9월
선조~경종		157년간 124명	1년 4월	124년간 67명	1년11월	154년간 95명	1년 7월
영조	1725~1776 52년	45	1년 4월	25	2년 1월	41	1년 2월
정조	1777~1800 24년	20	1년 3월	13	1년10월	7	1년 2월
순조	1801~1834 34년	20	1년 8월	18	1년11월		
헌종	1835~1849 15년	10	1년 5월				
철종	1850~1863 14년	12	1년 1월				
영조~철종		139년간 107명	1년 4월	110년간 56명	1년11월	60년간 48명	1년 2월
선조~철종		296년간 231명	1년 4월	234년간 123명	1년11월	214年間 143명	1년 5월

참고 : 1) 2대에 걸쳐 재임한 자는 前王에 포함하였음.
　　　 2) 월 중 교체된 자는 중복되어 있음.
　　　 3) 양산은 정확한 수치가 아님. 재임년만 표시되었기 때문에 왕의 재임년
　　　　　 수를 인원수로 나눔. 공석기간이 포함되어 실지보다 많다고 생각됨.
　　　 4) 7년간 재임한 고성현령 崔應天(현종대)의 경우는 제외하였음.
　　　 5) 선조대 현령 7명을 포함하였음.

　이 도표에 의해 조선시대의 중·후기 수령의 재임 실태를 보면, 동래부
사는 중기가 1년 4개월, 후기가 1년 4개월 정도로 중·후기는 차이가 없
다.[8] 임기 1년 4개월은 동래부사의 법정 임기 900일(2년 6개월)의 53% 밖

---

8) 이원균 교수는 앞의 논문, 81쪽에서 1인당 평균 재임기간을 1년 3개월로 계산하고
　있는데 이는 도임월을 계산에 넣지 않고 계산했기 때문이고, 본인은 이를 계산에
　넣었기 때문에 1개월의 차이가 생겼다고 보여지며 또 조사기간도 길기 때문이라
　고 보여진다.

에 되지 않는다.

양산군수는 중·후기 모두 약 1년 11개월로 나타나는데 이것은 기록의 미비로 수령의 재임기간이 연도로 표기되어 있고 수령의 교체에서 발생하는 공석기간이 중복되어 있기 때문으로 보인다. 따라서 재임기간은 단축될 수 있을 것이다.

고성현령은 중기가 1년 7개월, 후기가 1년 2개월 정도이며, 중·후기를 합한 평균 재임기간은 1년 5개월이다. 후기는 통계조사의 대상 연수가 짧아 정확성에 문제가 있겠으나, 중기에 비해 후기는 임기가 짧다.

양산과 고성 수령의 법정 임기 1,800일(5년)과 비교할 때, 양산군수의 중·후기를 평균한 기간인 1년 11개월은 법정기간의 38%밖에 되지 않으며, 고성현령의 1년 5개월도 28%밖에 되지 않는다.

이러한 결과를 두고 보면, 동래부사와 고성현령의 재임 연월수는 거의 비슷하다. 그러나 상·하위직 법적 재임기간을 고려해 볼 때 하위직의 재임기간이 상위직보다 짧고 교체현상이 심하였다. 한편 중·후기를 비교할 때, 고성현령만은 후기가 길고 동래부사·양산군수는 동일한 것은, 후기는 당쟁 세도정치로 인하여 지방관료의 교체현상이 중기에 비하여 더욱 심하였다고 보는 시대적 특성은 뚜렷하게 확인할 수 없다. 왕조별 수령 교체현상 역시 중·후기에 일반적인 차이를 볼 수 없는데 이는 더 검토해 볼만한 일이라고 생각된다.

재임기간을 구체적으로 살피기 위해 6개월 단위로 조사해서 도표를 작성해 보면 다음 <표 2>와 같다.

동래부사의 경우, 중기에 1년 6개월 미만의 수령이 71%이고, 후기는 68.4%이다. 그리고 2년을 기준할 때는 중기는 83%를 점하고 있으며, 후기는 89,4%이다. 후기의 비율이 높은 것에서 법적일수를 채우지 못한 자가 후기에 많다고 볼 수 있다. 그러나 6개월 미만을 볼 때는 중기는 19%, 후기는 8.4%밖에 되지 못하여 중기가 후기보다 2배 가량 높다. 1년 6개월을 중·후기 합해 평균해 보면 1년 6개월 미만이 74.8%라는 높은 비율이다.

고성현령은 중기에 있어서 1년 6개월 미만이 63%, 후기는 69%이다. 이

<표 2> 수령 재임기간

재임기간	동래부사						고성현령					
	중기인원	%	후기인원	%	합계	%	중기인원	%	후기인원	%	합계	%
1개월~6개월	23	19	9	8.4	32	14	16	17	11	23	37	19
7개월~1년	30	25	21	29	61	27	22	23	12	25	34	23
1년1개월~1년6개월	33	27	33	31	66	29	22	23	10	21	10	22
1년7개월~2년	15	12	23	21	38	17	10	11	7	15	7	11
2년1개월~2년6개월	14	11	5	4.6	19	9	7	7.3	4	8	4	7
2년7개월~3년	6	4	4	3.7	10	5	11	12	4	8	4	10
3년1개월~3년6개월	1	6	2	1.8	3	1.7	1	1				
3년7개월~4년							2	2				
4년1개월~4년6개월							1	1				
4년7개월~5년							3	3				
소계	122		107		229		95		48		143	

경우도 동래부사와는 동일한 현상으로 후기 비율이 높다. 2년을 두고 볼 때 중기는 74%, 후기는 84%로 높다. 6개월 미만은 중기가 17%, 후기는 23%로 후기가 높다. 중·후기를 합해서 1년 6개월 미만을 평균해 보면 66%의 높은 비율이다.

　이와 같은 현상에서 수령임기가 얼마나 짧았는가를 알 수 있는데, 더구나 6개월 미만이 동래부사는 중·후기를 통해 수령수 229명 중 32명이고, 고성현령은 143명 중 37명인데, 이들은 도임하자 말자 퇴임하여 민생을 살필 수 있는 시간적 여유도 없었다고 보여진다.9) 동래부사·고성현령은 중·후기에 공통성을 볼 수 없으나, 하위직 수령인 고성현령 재임기간 중 2년 미만, 6개월 미만이 후기가 많다는 점은 흥미롭다. 동래부사나 고성현령은 법정일수는 관계없이 1년 5~6개월만 근무하면 수령의 평균 임기를 마쳤다고 보아도 무방할 것 같은 실태이다. 이러한 현상은 이 두 고장의 수령에 국한되는 것이 아니고 김해부사 87명을 조사해 본 결과10) 1인의 평

---

9) 정약용은 『牧民心書』 赴任六條 除拜條에서 역시 다음과 같이 말하고 있는 정도이다. "今之守令 其久普或至二暮 不然者 數月而遞 其爲物也 如逆旅之過客".
10) 『慶尙南道 興地集成』 중의 「金海邑誌」에서 선조 24년(1592) 정월에 부임한 徐禮元府使부터 경종 4년(1724) 11월에 이임한 李廷彬 부사까지, 그 중 도임·이임 날

균 재임기간은 1년 4개월, 2년 미만의 수령이 전체의 73%이다. 이병휴 교
수의 조사에서도[11] 2년 미만의 수령이 眞寶縣監 53%, 永川郡守가 75%,
靑松府使가 52%로서, 위의 경우와 비슷하다.

2. 공석기간

수령의 교체현상이 심한 가운데 전임 수령과 후임 수령이 교체하는 사
이에 공석기간이 있음을 볼 수 있다. 읍지에서 이를 추려 도표화하면 다음
<표 3>·<표 4>와 같다.

<표 3> 동래부사 공석기간 실태

시대 ＼ 공석기간(월)	1	2	3	4	5	6	7	8	기타	공석기간	기간에 대한 %
중기(회수)	30	24	7	5	4	·	·	2	·	155월 / 157년간	8.2%
후기(회수)	27	25	5	1	·	·	·	·	·	96월 / 139년간	5.7%
전기간	57	49	12	6	4	·	·	2	·	251월 / 296년간	7.06%

<표 4> 고성현령 공석기간 실태

시대 ＼ 공석기간(월)	1	2	3	4	5	6	7	8	기타	공석기간	기간에 대한 %
중기(회수)	28	36	10	3	1	4	1	·	·	178월 / 154년간	9.6%
후기(회수)	12	13	4	1	·	2	·	·	·	66월 / 60년간	9.2%
전기간	40	49	14	4	1	6	1	·	·	244월 / 214년간	9.48%

*명백치 않은 것은 제외, 고성 중기 2회, 동래 중기 4回 후기 4回

짜가 분명하지 않은 것을 제외하고 조사한 것임. 총개월수 1,442개월, 2년 이상이
24명.

11) 李秉烋, 「朝鮮中期 文科及策者의 進出」, 『東洋文化研究』 3, 1976, 114쪽.

동래부사의 경우, 중·후기 공석기간은 296년 간에 251개월, 즉 20년 11개월로서 비율은 7.06%이고, 1개월이 57회, 2개월이 49회의 순으로 되어 있으며, 긴 공석기간은 4개월이 6회, 5개월이 4회가 있다. 중기를 보면 157년 간에 155개월로서, 즉 12년 11개월로 비율은 8.2%이다. 1개월이 30회, 2개월이 24회로서 가장 많고, 가장 긴 공석기간은 5개월이 4회, 8개월이 2회이다. 후기는 139년 간에 96개월 즉 8년으로 비율은 5.7%이며, 1개월이 27회, 2개월이 25회, 3개월이 5회로 많고, 긴 공석에는 4개월이 1회이다. 중기의 공석기간이 후기에 비해 많다.

고성현령의 경우, 중·후기를 합하여 214년 간에 244개월 즉 20년 4개월로서 비율은 9.48%이며, 그 중 1개월이 40회, 2개월이 49회로 가장 많고, 긴 공석기간 중 6개월이 6회, 7개월이 1회가 있으며, 중기는 154년 간에 178개월, 즉 14년 10개월로서 그 비율은 9.6%이다. 그 중 1개월이 28회, 2개월이 36회로 가장 많고, 긴 공석기간은 6개월이 4회, 7개월이 1회가 된다. 후기는 60년에 66개월로서 5년 6개월, 1개월 미만이 25회, 1개월이 12회, 2개월이 13회로 많고, 긴 공석기간은 6개월이 2회가 있다. 중기의 공석기간이 후기에 비해 많다.

동래부사와 고성현령을 비교하면, 동래부사보다 고성현령이 공석기간이 길었고 공통적으로 중기의 공석기간이 후기에 비해 더 길었다.

후기의 공석기간이 많겠다고 생각되기 쉬우나 그와 반대되는 점이 주목된다. 이 공석기간에는 1개월 미만은 계산에 넣지 않았기 때문에 실제로 그 수를 합하면 더욱 늘어날 것이다.12) 수령의 공석기간은 민정에 크게 영향을 주었으며, 동래부·고성현은 국방의 요지로서 특히 동래부는 『大典通編』에 "營將·城將을 겸한 독립된 鎭邑의 수령은 面看交代한다"13)고까지 하였던 지역으로 장기간의 공석이 발생한 이유가 의문시될 정도이다.

---

12) 이원균 교수는 앞의 논문 78쪽에서, 동래부사의 경우 1개월 미만을 평균 10일로 계산하여, 119번으로 약 40개월이라 하였다.

13) 『大典通編』 吏曹 外官條, "兼營將 城將·獨鎭邑守令 及沿邊·沿海不眷率守令 面看交代"라 하였으며 동래부는 효종대에 獨鎭이 되고 있음.

3. 임기만료자

위에서 살펴본『경국대전』外官條에서는 임기 규정 외에도 "수령은 전임 재직일수를 通算하여 轉補하되……"라는 규정과 또 考課條에서 "相換守令外에 수령의 전보를 拜命받는 자는 前職期間을 통산하지 않는다"는 규정도 있다.

세 지역 수령의 임기만료자를 살피기 위해 읍지를 참고로 작성한 도표는 아래 <표 5>·<표 6>·<표 7>과 같다.

<표 5> 동래부사 임기만료자

번호	군수명	도임 년도	퇴임 년도	재직기간	기재사항
1	李玄培	선조 11년(1578)12월	선조 14년(1581) 6월	2년 6월	임기900일(2년 6개월) 瓜滿遞
2	李廷馣	선조 20년(1587) 6월	선조 23년(1590) 1월	2년 7월	瓜滿遞
3	李惟誠	선조 29년(1578)12월	선조 31년(1598)12월	2년 8월	〃 縣令
4	黃汝一	광해군 7년(1615) 4월	광해군 10년(1618)7월	3년 3월	〃
5	尹民逸	광해군 10년(1618)7월	광해군 13년(1621)5월	2년 10월	〃
6	柳汝恪	인조 7년(1629) 2월	인조 9년(1631) 8월	2년 6월	〃
7	李弘望	인조 10년(1632)12월	인조 13년(1635) 3월	2년 3월	7개월간 久任
8	鄭良弼	인조 13년(1635)11월	인조 16년(1638) 4월	2년 5월	4개월간 久任
9	丁好恕	인조 18년(1640)10월	인조 20년(1642) 2월	1년 4월	以仁同府使時任通計 瓜滿遞
10	李之翼	현종 8년(1667) 1월	현종 10년(1669) 6월	2년 5월	瓜滿
11	鄭 晳	현종 10년(1669) 7월	현종 13년(1672) 2월	2년 7월	久任
12	李 夏	현종 13년(1672) 6월	현종 15년(1674) 6월	2년 5월	瓜滿
13	李 馥	숙종 2년(1676) 7월	숙종 5년(1679) 2월	2년 7월	〃
14	韓配夏	숙종 32년(1706)10월	숙종 35년(1709) 1월	2년 3월	〃
15	權以鎭	숙종 35년(1709) 1월	숙종 37년(1711) 4월	2년 3월	〃
16	鄭彦燮	영조 6년(1730)10월	영조 9년(1733) 4월	2년 6월	〃
17	金履喜	정조 12년(1788)10월	정조 15년(1791) 2월	2년 4월	〃
18	尹弼秉	정조 16년(1792) 7월	정조 19년(1795) 3월	2년 8월	〃
19	洪秀晩	순조 13년(1813) 5월	순조 16년(1816) 2월	2년 9월	〃
20	朴綺壽	순조 17년(1817) 9월	순조 20년(1820) 2월	2년 5월	〃
21	朴齊明	순조 31년(1813) 2월	순조 33년(1833) 6월	2년 4월	〃

참고 : 瓜滿 仍任 瓜滿遞의 표시가 있는 자를 골라 작성함.

<표 6> 양산군수 임기만료자

번호	군수명	도임 년도	퇴임 년도	재임기간	기재사항
1	曹臣俊	인조 10년(1632)	인조 16년(1638)	6년	任期1,800日(5年)瓜滿
2	鄭好仁	인조 18년(1640)	인조 22년(1644)	4년	〃
3	鄭汝翊	인조 22년(1644)	인조 27년(1649)	5년	〃
4	金 鋑	숙종 31년(1705)	숙종 36년(1710)	5년	〃
5	丁允泰	정조 24년(1800)	순조 4년(1804)	4년	〃
6	趙 曄	광해군 6년(1614)	광해군 10년(1618)	4년	遞
7	李 煿	현종 12년(1671)	숙종 1년(1675)	4년	辭
8	權龜老	숙종 27년(1701)	숙종 31년(1705)	4년	罷
9	黃 燦	숙종 44년(1718)	경종 2년(1722)	4년	〃
10	金履萬	영조 2년(1740)	영조 20년(1744)	4년	〃
11	金 霑	영조 27년(1751)	영조 32년(1756)	5년	拜掌樂正
12	韓光協	영조 36년(1760)	영조 40년(1764)	4년	罷

참고 : 1) 梁山郡官案에는 교체월일이 기재되지 않고 연수만 표기되었음.
　　　　2) 瓜표있는 자 및 4년 이상을 골라 작성함.

<표 7> 고성현령 임기만료자

번호	군수명	도임 년도	퇴임 년도	재직기간		기재사항
1	尹弘鳴	선조 36년(1603) 1월	선조 38년(1605) 10월	2년	10월	任期1,800日(5年)瓜滿
2	權克烈	선조 41년(1608) 8월	광해군 3년(1611) 3월	3년	8월	瓜滿
3	金 澡	광해군 3년(1611)10월	광해군 3년(1611)10월	2년	7월	〃
4	崔應天	효종 4년(1653)11월	현종 2년(1661) 1월	7년	3월	〃
5	柳經立	현종 5년(1664) 7월	현종 8년(1667) 1월	2년	7월	〃
6	張遇一	현종 13년(1672) 2월	현종 15년(1674) 7월	2년	6월	〃
7	崔廷龍	숙종 14년(1688) 4월	숙종 19년(1693) 12월	5년	9월	再任辛未4月(1691)瓜滿喪
8	宋道錫	숙종 29년(1703) 2월	숙종 31년(1705) 8월	2년	7월	瓜
9	李天駿	숙종 35년(1709) 7월	숙종 37년(1711) 11월	2년	5월	瓜
10	楊致道	경종 4년(1724) 6월	영조 5년(1729) 9월	2년	4월	瓜
11	金聖鎔	영조 10년(1735) 11월	영조 12년(1736)12월	2년	2월	瓜
12	洪若水	영조 16년(1740) 3월	영조 18년(1742) 2월	2년	10월	瓜晚三涉府使移拜
13	沈 激	영조 22년(1746) 9월	영조 25년(1749) 5월	2년	9월	瓜遞
14	金樂洙	영조 41년(1765) 6월	영조 43년(1767)12월	2년	7월	瓜
15	鄭弼臣	영조 45년(1769) 5월	영조 47년(1771)12월	2년	7월	瓜遞
16	李 錘	정조 5년(1581) 1월	정조 8년(1584) 3월	3년	5월	罷
17	金 遂	인조 1년(1623)10월	인조 3년(1625) 9월	3년		京罷

18	金命雄	인조 6년(1628) 3월	인조 8년(1630) 9월	2년 7월	修撰移拜
19	李晩榮	인조 19년(1641) 3월	인조 21년(1623)11월	2년 9월	京罷
20	吳 𣽡	인조 26년(1648)10월	효종 1년(1650) 11월	2년 10월	罷

참고 : 瓜표 있는 자 및 2년 5개월 이상을 골라 작성함.

먼저 이 도표에 기재되고 있는 수령 중 瓜(임기만료자)표시가 있는 것을 골라 그 비율을 후기도표의 교체사유 비율에서 보면, 동래부사는 중·후기의 수령 231명 중 해당 수령이 18명, 비율은 7.8%로 극히 적은 수치를 나타내고 있으며, 중기는 124명의 수령 중 해당 수령은 12명으로 9.7%의 비율이고 후기는 107명의 수령 중 해당 수령은 6명으로 5.6%의 비율이다. 이렇게 보면 중·후기 같이 극히 소수의 수령이 임기를 마친 셈이 되는데 특히 후기는 아예 임기만료자는 드물었다는 결론이 나온다.

양산군수는 중·후기의 수령 123명 중 해당 수령은 5명에 불과해 4.1%를 차지하고 있을 뿐이며, 후기에는 아예 한 사람밖에 해당자도 없는 실정이다.

고성현령은 중·후기의 수령 143명 중 해당 수령 16명으로 11.2%의 비율이며, 중기는 95명의 수령 중 9명으로 9.5%, 후기는 48명 중 7명으로 14.6%의 비율이다.

세 지역에서 수령 임기를 마친 경우는 10% 전후이며, 중·후기를 비교해 보면 동래부사·양산군수는 후기가 중기에 비하여 해당자가 훨씬 적고, 고성현령만이 후기가 중기에 비해 조금 많은 편이다. 고성의 경우, 조사자료의 미비로 조사대상 수령의 수가 적었기 때문에 역시 후기가 낮은 비율이 아닐까 싶으나 확실한 것은 알 수 없겠다.

그런데 도표에서 보면, 법정 임기를 마쳤다고 하더라도 임기를 맞추어 교체된 자는 적고, 법정 임기를 초월하여 교체된 자, 그 반대로 미달하여도 만기자로서 교체된 자를 찾아 볼 수 있다.

동래부사의 경우 임기 개월수에 맞추어 교체된 자는 만기교체자 22명 중 불과 3명에 지나지 않는다. (1)의 李玄培 (6)의 柳汝活 (16)의 鄭彦燮으로, 22명 중 13.6%밖에 되지 않는다. 그 외의 19명은 (9)의 丁好恕는 영천부사를 역임하여 그 기간을 통산하여 1년 4개월만에 만기자로서 교체되었으며,14) 그 외의 8명은 2년 6개월을 초월하여 교체되었으며 나머지 10명은 법전에 명시된 전직일수 이전에 교체되고 있다.

이는 만기자로 인정된 瓜遞이지만, 2년 이상 또는 2년 6개월 이상이 되어도 만기자로 인정되지 않는 자도 있다. 이원균 교수의 조사에 의하면,15) 동래부사의 경우 선조에서 철종까지 2년 이상이 10명으로, 그 중 법정 임기 2년 6개월 이상이 4명, 나머지 6명 중에는 3년, 3년 3개월 재임한 자도 있다. 한편 동래부사 중에는 임기가 만료된 후에도 仍任이라 하여 상당한 기간 교체되지 않고 재직하는 경우도 있어 그 수는 5명을 헤아리고 있다. 2년 6개월을 초과 재임한 자 중 어떤 자는 久任이라 하여 계속 재직하고, 어떤 자는 그대로 재직하는 이도 있어 이런 경우 어떤 법적 근거에서 행하여졌는지 분명하지 않으나 주목되는 일이라 보여진다.

이러한 현상은 다른 지역 수령에서도 마찬가지였다. 양산군수의 경우, 재임만료자로 교체된 자는 5명으로서, 그 중 (4) 金鎔 (3) 鄭汝翊, 2명만이 법정일수 1,500일(5년)을 마치고 교체되었으며, 나머지 3명 중 (1) 曹臣俊은 6년에 만료되었고 (5) 丁允泰 (2) 鄭好仁은 법정 임기인 5년에 미달된 채 4년만에 교체되고 있다. 그런가 하면, 4년이 되어도 만기자로 인정되지 않고 교체된 자는 (6) 趙曄, 사임한 자는 (7) 李煿, 파직된 자는 (8) 權龜老 (9) 黃燦 (10) 金履萬 (12) 韓光協의 4명이고, (11) 金霈은 5년에 전직되고 있다.

고성현령은 13명이 역시 만기가 되어 교체되고 있는데, 그 중 법정 임기를 지켜 교체된 자는 없고, 2년 5개월에서 3년까지 10명, 나머지 3명은 3년에서 7년이다. 그 중 (7)의 崔廷龍은 1688년에 도임하여 1691년에 재임되어서 1693년 12월에 교체되고 있다. 위와 같이 2년 5개월에 만기로 인정되는 등 교체되고 있는가 하면, 그 반대로 (16) 金遂는 3년, (19) 李晩榮은 2년 9개월 (20) 吳 燽은 2년 10개월에 각각 파직되고 있으며, (18) 金命雄은 2년 7개월에 京職으로 전직되고 있다.

---

14) 「相換守令外 移拜守令爲通算前任」, 『續大典』, 「相換守勿通算」.
15) 이원균, 앞의 논문, 66쪽.

이상의 통계에서 미루어, 대체로 만기로 교체된 자(瓜滿者)는 10% 전후의 적은 수이고 세 지역마다 만기교체자는 후기가 적다. 동래부사의 경우는 2년 5개월 전후로 만기교체되었고 양산군수는 4년, 고성현령은 2년 5개월로 되고 있다. 양산군에 비해 고성현령이 짧은 이유는 분명하지 않다.

이런 점에서 볼 때 『경국대전』에 규정되고 있는 법정 임기는 준수되지 않았으며, 인사이동은 무원칙에 가까웠음을 알 수 있는 동시에 수령의 임기는 상황에 따라 신축성있게 처리한 것 같다.

그 외 "農月에 교체하지 말라"는 경국대전의 규정도 수령의 교체현상이 심하니 역시 이행되고 있지 않다. 농월은 파종기가 2, 3월, 추수기가 8월이니, 이것을 기준으로 살피면, 선조 1년에서 철종 14년까지 동래부사로서 농월에 교체된 자는 89명으로 수령 231명 중 38.5%라는 높은 비율을 보이고 있다.16)

또 『續大典』 吏典 考課條에 "堂下守令 三十朔, 堂上守令 二十朔 邊地 守令 周年後 如得遷轉他期"라고 하여, 당하수령은 부임한지 三十朔인 30개월, 즉 2년 6개월, 당상수령은 20개월 즉 1년 8개월이 되어야만 옮길 수 있다. 이는 영조 이전 수령이 취임하자마자 전직하는 인사의 폐단을 규제하려는 조치로 『속대전』이 頒布된 영조 22년(1746) 이후 수령의 인사조치를 후기의 전직자일람표에 의해 그 실시 여부를 살펴보면 다음과 같다.

동래부사는 堂上官으로 1년 8개월 전직할 수 있는데, 수령 21명 중 3명만 법의 적용을 받고 있으며, 양산군수는 堂下官으로 2년 6개월인데, 전직된 수령은 16명으로 13명 정도가 적용되고 있어17) 양산군수는 비교적 잘 준수되었다고 보여진다. 고성현령은 역시 堂下守令인데 전직된 수령은 4명으로서 1명만 시행되고 있다.

양산·고성의 수령은 조사대상의 수령수가 적어 통계조사에 불확실한 점이 있으나 다만 이 세 지역 수령의 전직에 있어서 『속대전』의 위 규정은 잘 준행되지 않고 있으며, 법제정 이전과 다름없었음을 알 수 있다.

---

16) 도표는 생략하였음.

17) 교체년도만 기록되어 있기 때문에 3년 이상을 계산하면 13명이나, 3년에 해당되는 자도 적었다고 생각되며 4년으로 하면 5명.

   이와 같이 수령 교체현상은 중·후기를 막론하고 심각하였으며, 그에 대한 폐단도 일찍부터 논의의 대상이 되었던 것이다. 선조 때에 趙憲이 東遠封事에서,18) 현종때에 柳馨遠의 『磻溪隨錄』에서,19) 문제점을 지적하였고 인조 때에도 吏曹의 狀啓에

   守令數遞 爲今日病民之痼弊 至於考課之法 所以黜陟幽明 而爲方伯者 未能盡循公道 殘邑無勢之守令 例居下考 識者之寒心矣, 今見蔚珍縣 幼學田銑等疏辭 十年間遞易者 十有一員 誠極可該 (『仁祖實錄』 卷28 인조 11年 11月 丙戌條)

라 하여, 수령 교체는 "今日病民之痼弊"라 하며 蔚珍縣은 10년 간 무사히 교체된 수령은 10명에 1명이고 이는 놀라운 일이라고 하였다. 또 숙종 24년(1678)의 하교에서도,

   守令乃親民之官 遞改頻數 則非但邑弊多端 難以責其成功 頃見沔川郡守辛聖重原情 六年之間 經七官云 六年則堂下守令之瓜限而其間數遞苦此 諸道亦多有如此者 廟堂相議變動 俾無此弊宜矣 (『增補文獻備考』 卷233, 職官考 20 外官總論條)

라 하여, 沔川郡守 辛聖重이 6년 동안 7읍의 관원을 역임하였다고 하여 堂下官의 瓜限이 6년인데, 교체가 이와 같았다 하였으며, 이와 같은 현상은 도마다 같다고 지적하였다. 그 폐단은 민정에 직접 관계되는 만큼 실학자 등 학자들 간에도 주목을 끌고 있었으나,20) 끝내 개혁하지 못하였다.

---

18) 『磻溪隨錄』 卷13, 任官之制, "趙重峰東遠封事曰……坐于政聽然後 執筆始議率 皆苟充 抽東補西 朝授夕換 京外官員·未諳所職之爲何事 而或有坐席地弨煖者 絶簿濫財 祇陷於奸吏之術 迎新送舊 差發人馬奔走千里之外 以破殘民之産者 又中國所無之弊也".

19) 위의 책, "蓋數遞之害 猾吏用奸 黎民病弊 此猶其小者也 官必久任者責成然後 人知事其職 人知事其職然後 不才者 無僥倖者之心定 才有勉勵 則賢人多 如此 而後 冗濫絶 而政敎興 毀譽眞 而風俗淳矣 數遞之害 一切反是".

20) 柳壽垣, 『迂書』 卷3, 「論久任職官事」 21 외에도 실학자들의 논저가 많다.

Ⅱ. 교체의 실태

임기를 채우지 못한 사유에 대하여는 위에서 조사한 결과에서 또 인용한 사료에서 대체적인 윤곽을 알 수 있으나, 여기서는 징계·사퇴·병으로 인한 교체, 또 전직에 의한 교체 사례 등 몇 가지로 구분하여 도표로 작성하면 다음과 같다.

1. 징계로 인한 교체

조선시대에는 수령에 대한 처벌규정이 법전에 명시되어 있는데,[21] 수령의 처벌 징계의 종류는 (1) 褒貶으로 인한 교체, (2) 관찰사·통제사·순찰사 등의 狀啓에 의한 교체, (3) 臺閣의 탄핵에 의한 파직 등으로 나눌 수 있다.[22] 읍지에서는 징계사유를 구체적으로 쓰고 있는 것도 있고, 반면 罷·罪遞라고만 기록하여 불명확한 것도 있어서 분류상 문제점도 있다.

다음 도표에 비추어 수령의 징계에 대한 실태를 살펴보면 다음과 같다.

중·후기를 합한 전 기간에 있어서 수령수와 징계된 수령의 비율은 동래부사가 수령수 231명 중 징계된 수령은 80명으로 34.6%, 양산군수는 123명 중 66명으로 53.7%, 고성현령은 143명 중 88명으로 62%로서 수령의 징계는 상위직보다 하위직으로 내려갈수록 높았음을 알 수 있다.

중기에 대해서 보면 동래부사는 수령 124명 중 46명으로 37%의 비율이고 양산군수는 수령수 67명 중 36명으로 52.2%, 고성현령은 수령수 95명

---

21) 조선시대의 각 법전에 보이는 수령처벌 규정을 표로 작성하면 다음과 같다.

	吏典	戶典	禮典	兵典	刑典	工典	계
경국대전	1	8	1		4		14
속 대 전	3	58	3	26	28	1	116
대전통편		15	1		2		18
대전회통		4		1	2		7
계	4	82	5	27	26	1	155

이원균, 앞의 논문, 72쪽 재인용.

22) 정약용, 『목민심서』 解官六條에서 貶遞·遞黜·駁遞·拿遞·封遞 등으로 구분하고 있다.

<표 8> 교체사유

<동래부사>

종류	遞					罷						卒	殉死	喪	其他	계	비고
시기	瓜遞	辭遞	病遞	遞	轉遞	貶罷	暗行	統制	觀察	罷	拿去						비 고
중기	3	4		9	3	1				7	1		2			30	
	3	10	1	2	1	2	1			6				2		28	
	4	2	4	1	4					6	8			1		30	
	2	7	4	2	1					4	2	8				38	
		4								2						60	
계	12	27	9	14	9	3	1			25	17	2	2	3		124	
후기	1	7		4	1					6	4	1				24	*기타
		3	4	7	3		2		1	2	5				2	29	投界1
	5	5		4	7		2		1	1	4	1				30	定配1
		6		2	10	1			2	1	2					24	
계	6	21	4	18	20	1	4		4	10	15	2			2	107	
총합계	18	48	13	31	30	4	5		4	35	32	4	2	3	2	231	

<양산군수>

종류	遞					罷						卒	殉死	喪	其他	計(名)	備考
시기	瓜遞	辭遞	病遞	遞	轉遞	貶罷	暗行	統制	觀察	罷	拿去						備 考
중기	3			11	2	3	1			8	2	1			3	34	*其他　伏誅1　遭難4
	1	2		1	2	4	1			15	1	3			3	33	棄官1
계	4	2		12	4	7	2			23	3	4			6	67	
후기		1		2	7	4	1			10	2					27	
	1	1		2	10	6	2			5	1	1		·		29	
계	1	2		4	17	10	3			15	3	1				56	
총합계	5	4		16	21	17	5			38	6	5			6	123	

<고성현령>

종류	遞					罷						卒	殉死	喪	其他	計(名)	備考
시기	瓜遞	辭遞	病遞	遞	轉遞	貶罷	暗行	統制	觀察	罷	拿去						備 考
중기	3				1		1			20	1		1	2		29	
	3	4			1	3				13	2	3				30	
	3	4	1		2	7	1	1	2	3	2			3		30	
			1		1	1	1			2						6	

계	9	8	2		5	11	6	3	1	38	3	3	1	5		95	
후기	5	1		1		6		2		5	2			2		24	瓜遞轉遞1名
	2	1		3	4	7	2			2				3		24	
계	7	2		4	4	13	2	2		7	2			5		48	
총합계	16	10	2	4	9	24	8	5	1	45	5	3	1	10		143	

<표 9> 교체사유 비율 (%)

시기 \ 종류	瓜遞	辭遞	病遞	轉遞	遞	遞(全)	貶罷	暗行	觀察	罷	拿去	罷(全)	其他		
동래부사 중기	16.9	38.0	12.7	12.7	19.7	100	6.5	2.2		54.3	37	100			
	9.7	21.8	7.3	7.3	11.3	57.3	2.4	0.86		20.2	13.7	37	5.6	100	53.7
후기	8.5	29.6	5.6	29.6	25.7	100	2.9	11.8	11.8	29.4	44.1	100			
	5.6	19.6	3.7	19.6	16.8	65.4	0.9	3.7	3.7	9.3	14	31.8	3.7	100	46.3
계	7.8	20.8	5.6	13.0	13.9	61.0	1.7	2.2	1.7	15.2	13.9	34.6	4.8		100
양산군수 중기	18.2	9.1		18.2	54.5	100	20	5.7		65.7	8.6	100			
	6.0	3.0		6.0	17.9	32.8	10.4	3.0		34	4.5	52.2	14.9	100	54.5
후기	4.2	8.4		70.8	16.7	100	32.3	9.7		48.4	9.7	100			
	1.8	3.6		30.4	7.1	42.9	17.9	5.4		26.8	5.4	55.4	1.8	100	45.5
계	4.1	3.3		17.1	13	37.4	13.8	4.1		30.8	4.9	53.7	8.9		100
고성현령 중기	37.5	33.8	8.3	20.8		100	17.7	9.7	6.5	61.3	4.8	100			
	9.5	8.4	2.1	5.3		25.3	11.5	6.3	4.2	39.6	3.1	66.3	9.5	100	66.4
후기	41.2	11.8		23.5	23.5	100	50	7.8	7.8	26.9	7.8	100			
	14.6	4.2		8.3	8.3	35.4	27.1	4.2	4.2	14.6	4.2	54.2	10.4	100	33.6
계	11.2	7.0	1.4	6.3	2.8	28.7	16.8	5.6	5.6	31.5	3.5	61.5	9.6		100

* 遞·罷만 표시된 것은 기록에 체 파로써 표시된 것.

중 62명으로 66.3%로서 위의 전체 기간의 경우와 같이 하위직에 내려갈수록 징계자가 많다.

후기에서 동래부사는 수령수 107명 중 34명으로 31.8%, 양산군수는 56명 중 31명으로 55.4%이며, 고성현령은 48명 중 26명으로 54.2%로서 양산군수와 고성현령은 거의 같은 비율이다.

중·후기를 합하여 징계로 말미암아 파직 교체된 자는 세 고을의 수령을 평균해 보면 전 수령의 47.3% 정도이며, 그 중 중앙 각기관에 의해 파직된 자가 23.7%, 다음은 貶罷된 자가 9.5%, 拿去된 자가 8.7%, 암행어사에 의해 파직된 자가 3.6%, 巡察使에 의해 파직된 자가 2.0%의 순으로다.

세 수령 간에 중·후기의 공통점은 하위직에 비율이 높으며, 양산군수·고성현령은 과반수 이상의 수령이 징계의 대상이 되어 물러서고 있었음을

알 수 있다. 그런데 동래부사와 고성현령은 후기는 중기에 비해 징계자가
줄고 있는 것이 주목된다.

⑴ 褒貶으로 인한 교체

『경국대전』에서는 "수령의 직책인 농업의 장려, 호구의 확보, 교육의 진
흥, 군정의 정비, 부역의 균등, 사송의 간결, 향리의 부정방지 등에 대하여
그 근무 성적을 종합평가하여 중앙에 보고하도록 했다."[23] 이것을 '褒貶'
殿最라 하였는데, 성적이 불량하면 이것이 수령의 인사에 크게 반영되어
파직·교체되었는데 이를 貶遞라고도 한다.

중·후기를 합한 전 기간을 보면 동래부사는 231명 중 4명으로서 불과
1.7%, 양산군수는 123명 중 17명으로 13.8%, 고성현령은 143명 중 24명으
로 16.8%이다. 이렇게 보면 부사는 폄체의 대상조차 되지 않을 정도로 미
미한 실정이고, 하위직으로 갈수록 심하게 반영 평가되어 징계되었음을 알
수 있다.

중기의 경우, 동래부사는 124명 중 3명으로 2.4%로, 파직 중의 비율은
6.5%를 차지하고, 양산군수는 56명 중 10명으로 비율은 17.9%이고 파직
중의 비율은 32.3%이다. 고성현령은 48명 중 13명으로 27.1%로 파직중의
비율은 50%이다.

중·후기를 비교해 보면, 동래부사는 중기에 비해 후기의 비율이 낮고
파직 중 차지하는 비율 또한 낮다. 양산군수는 중기보다 후기가 높으며 파
직 중 비율도 크게 높아지고 있다. 고성현령은 중기보다 후기가 크게 높아
지고 파직 중 차지하는 비율도 크게 높아져 있다. 따라서 동래부사는 중기
가 높지만, 양산군수, 고성현령은 후기가 높아 포폄으로 징계되는 자가 크

---

23) 『經國大典』卷1, 吏典 褒貶條, "守令褒貶時 觀察使與節度使相議 並考軍政勤慢
　　觀察使·守令並到任滿五十日始行褒貶 京畿三十日　觀察使遞歸則待新使到任日
　　滿對進", "觀察使·守令褒貶 無下考者 承政院察推", "京官則其司堂上官·提調
　　·及屬曹堂上官 外官則觀察使 每六月十五日 十二月十五日等第啓聞".
　　『經國大典』吏典 考課條, "每歲季, 本曹具諸司官員實任及 雜故 觀察使具守令七
　　事實蹟啓聞 七事 農桑盛戶口增 學敎興 軍政修 賦役均 詞訟簡·姦猾息".

게 많아지고, 징계 종류도 크게 증가하고 있다. 이는 하위직 수령의 吏道가 크게 문란되었고 또 자질이 저하되었다는 점도 있겠으나[24] 앞서 인조 때 이조에서 올린 狀啓에서 볼 수 있는 바와 같이 포폄에 간여했던 관찰사·병마절도사 등이 하위직 수령에 대한 평가를 지나치게 엄격히 다루었다는 데도 그 원인이 있다고 보여진다.[25]

(2) 기타 징계로 인한 교체

위의 포폄 외에 징계되는 사례는 많겠으나, 여기에서는 암행어사·관찰사·통제사·拿去 등에 관하여 살펴보겠다.

암행어사의 경우, 동래부사는 231명 중 5명이 파직되고 있으며, 그나마 1명은 중기, 4명은 후기이다.[26] 양산군수는 123명 중 5명으로 후기가 3명이다. 동래부사, 양산군수는 후기가 중기에 비해 많은 편인데, 고성현령은 반대로 중기가 많다. 고성현령은 통제사에 의해 파직되는 일이 많았기 때문에[27] 상대적으로 준 것이 아닐까 생각된다. 암행어사에 의해 파직되는 비율은 중·후기를 합해 동래부사가 2.2%, 양산군수는 4.1% 고성현령은 5.6%의 순으로 하위직 수령으로 갈수록 인사조치가 많았음을 알 수 있다.

순찰사, 즉 관찰사에 의한 파직은 동래부사가 후기에 4명이었고 양산군수는 해당자가 없으며 고성현령은 중기에 1명밖에 없다. 전반적인 직접 감독의 책임 권한을 장악하고 있는 관찰사에 의해 파직되는 사례가 적었던 것은 포폄에 직접 간여하고 있기 때문이라 생각된다.

拿去는 동래부사의 경우, 중기 17명, 후기 15명이 그 대상이 되었으며, 양산군수는 중기 3명, 후기 3명, 고성현령은 중기 3명, 후기 2명이었는데,

---

24) 『增補文獻備考』 卷233, 職官考20, 外官摠論에, 趙憲은 "今之爲守令者 皆謂七事 可能 而以臣思之 七事之中 無一可能也"라 하였다.

25) 주 21)의 史曹 上啓.

26) '暗行御史'의 말이 처음 나온 것은『중종실록』이지만, 자주 파견되는 것은 仁祖 이후였다. 張潤植, 「朝鮮の李朝時代に於ける暗行御史制度の研究」,『法學論叢』 22 ; 田鳳德, 「暗行御史研究」,『淸凉』21 참조.

27) 「임기의 실태」, 주 2) 참조.

이를 보면 동래부사가 훨씬 많다. 그 이유는 동래부사는 그 관할이 있고, 일본과의 외교적 업무를 맡고 있기 때문에 倭人支待 倭館에 대한 일이 많아 다른 지역에 비해 나거가 많았음을 볼 수 있다.

그 외의 파직 사례는 농사·진휼·목장·봉수대에 관한 일, 상관과의 불화, 家眷 거느리는 일, 相避로 인한 일, 또는 전직에 있을 때의 과실 등이다.

2. 사직·병으로 인한 교체

官案에 의하면, 사체·병체·당상체·상피체, 순직·사망 등으로 교체된 사례가 보인다. 그 중 사체, 즉 사직으로 인한 교체는 동래부사가 중·후기를 합한 수령 231명 중 48명으로 20.8%를 차지하며, 이는 과체인 임기만료자 7.8%와 사고없이 교체된 자 13.9% 보다 높은 비율이다. 양산군수는 123명 중 4명 3.3%, 고성현령은 143명 중 10명으로 7%이다.

징계수령자를 제외한 전체 교체자에 대한 사직한 자의 비율은 동래부사가 61% 비율이며, 양산군수는 37.4% 고성현령은 28.8%이다. 이렇게 보면 상위직 수령인 동래부사의 경우가 훨씬 높은 비율을 보이고 있다.

중기·후기를 비교해 보면, 동래부사의 경우는 후기에 조금 줄고 있으며 양산군수는 후기에 조금 늘어나고, 고성현령은 후기에 줄고 있어 세 지역 수령에 있어서 시기상으로 증감에는 공통성을 보이지 않고 있다.

상위직 수령인 동래부사에 집중적으로 많은 이유가 奈邊에 있는가 하는 문제에 대해서는 이병휴 교수가 지적하고 있는 "수령이 외직으로 오랜 시일을 소모하므로 중앙에서의 진출의 기반을 마련하기 어려웠던 탓으로 모두 외관직을 원하지 않았다. 게다가 수령들은 목민관이라 하여 백성과 직결한 직무를 수행해야 하는데, 그 한계가 너무나 넓고 그 직무량도 너무나 많았다. 그리고 목민관으로서의 수령에게는 관찰사의 계속적인 감독 및 암행어사의 부정기적인 감찰, 심지어는 在京臺官의 탄박 등 매우 엄중한 감찰이 늘 여러 곳에서 뒤따르고 있었을 뿐 아니라, 매우 까다로운 考績이 빈번히 행해졌음으로 榮進을 꿈꾸는 이들은 수령을 기피하였다."28)고 하는 견해를 생각할 수 있는데, 이러한 현상은 특히 상위직 수령에게 많았다고 보여진다.

위에서 말한 바 있는 하위직 수령이나 무관 출신의 수령은 그렇지도 않았다. 이 사실을 뒷받침하는 사례는 중앙진출이 어려웠던 무관 출신의 수령에게는 사체현상이 별로 없었고,[29] 뒤에서 보는 병체도 하위직 수령은 별로 없다는 점에서 짐작할 수 있다.

병체의 경우를 보면, 동래부사는 중·후기를 합하여 13명 중 전기에 9명 후기 3명 양산군수는 대상자가 없고, 고성현령은 중기에 2명이 있을 따름이다. 병에 의한 사퇴가 동래부사에만 집중적으로 많다는 사실은 사병 또는 사퇴하기 위한 구실에 지나지 않는 것으로, 상위직 수령의 사체의 경우에서 보는 성향이라고 보여진다. 이 같은 현상은 조선초기부터 흔히 있던 일로 다음 중종 사헌부의 다음 上啓에서 알 수 있다.

　　爲守令者　或厭其殘弊　惑憚其煩劇　或上下官間　有所不協　或得罪觀察
使　要免貶黜　則百計窺避　假托身病　瞞報觀察使　因綠簡請　期於必遞　如
未遂其願　則輒自棄官　擅歸其家者　前後相繼　甚者任意自恣　不報觀察使
倨然棄去

3. 전직으로 인한 교체

전직으로 인한 교체는 陞遞·內遞·換遞로 대별할 수 있는데, 승체는 현령에서 군수로, 군수에서 부사, 부사에서 목사 등의 상위직 수령으로 승진함으로써[30] 교체되는 것을 말하고, 내체는 경관직으로 전직되는 것을 말

---

28) 이병휴, 앞의 논문, 119쪽에서 『牧民心書』, 『迂書』 卷4, 論久任職事例, 論考績事宜, 『經世遺表』 卷4, 天官修制 考績之法中의 사료를 인용하고 있다.

29) 이원균, 앞의 논문, 37쪽에서 "武官出身의 東萊府使 22名과 역시 武官出身의 固城縣令 30名 中에서 1名의 辭遞에 該當하는 者가 없었던 것으로 미루어 짐작할 수가 있다"하고 "무관은 수령만이 아니라 水使와 僉使의 경우에도 辭遞가 매우 드물었다. 예컨대 慶尙左水營先生案 左水使 214名 中 辭遞는 겨우 12명으로서 전체의 5.6%였고 多大浦先生案에는 多大浦僉使 중 辭遞는 고작 10명으로서 전체의 5.7%에 지나지 않았던 그것이다"라고 하였다.

30) 『中宗實錄』 卷99, 37年 12月 甲申條.

하며,[31] 환체는 대등한 지역의 수령과 바꾸는 것을 의미한다.[32] 읍지에서 전직자를 추출하여 도표로 작성하면 다음 <표 10>과 같다.

<표 10> 중·후기 전직자 일람표

<동래부사>

番號	府使名	到 任 年 月		退 任 年 月		在職期間	轉職名
1	呂文望	宣祖 1年(1568)	5月	宣祖 1年(1568)	7月	3月	慶尙左水使
2	李 挺	宣祖 2年(1569)	6月	宣祖 4年(1568)	8月	1年 11月	慶尙左水使
3	洪 淵	宣祖 9年(1576)	10月	宣祖 11年(1578)	10月	2年 1月	慶尙左水使
4	鄭良弼	仁祖 13年(1635)	11月	仁祖 16年(1638)	8月	2年 10月	慶州府使
5	柳 淰	仁祖 27年(1649)	11月	孝宗 2年(1651)	7月	1年 9月	慶尙道巡察使
6	洪 蔚	孝宗 8年(1657)	7月	孝宗 9年(1658)	7月	1年 1月	慶尙道巡察使
7	閔鼎重	孝宗 9年(1658)	8月	孝宗 10年(1659)	3月	8月	禮曹參議
8	趙世煥	肅宗 6年(1680)	6月	肅宗 7年(1681)	2月	9月	全羅監司
9	李 埜	肅宗 29年(1703)	4月	肅宗 31年(1705)	1月	1年 10月	忠淸鑑司
10	閔百祥	英祖 23年(1747)	12月	英祖 25年(1749)	1月	1年 2月	慶尙鑑司
11	李舞章	英祖 29年(1753)	4月	英祖 30年(1754)	1月	10月	慶尙鑑司
12	趙 曒	英祖 33年(1757)	7月	英祖 35年(1759)	1月	1年 7月	慶尙鑑司
13	李秉模	正祖 6年(1782)	1月	正祖 6年(1782)	7月	7月	漢城左尹
14	李頤祥	正祖 8年(1784)	10月	正祖 9年(1785)	12月	1年 3月	大司諫
15	金達淳	正祖 22年(1798)	6月	正祖 23年(1799)	5月	12月	戶曹參判
16	鄭晩錫	純祖 3年(1803)	閏2月	純祖 6年(1806)	1月	2年 12月	副摠管
17	金魯應	純祖 12年(1812)	4月	純祖 12年(1812)	7月	4月	慶尙鑑司
18	趙正喆	純祖 12年(1812)	8月	純祖 13年(1813)	5月	10月	忠淸鑑司
19	葛鳳鎭	純祖 16年(1816)	4月	純祖 17年(1817)	10月	1年 7月	江原鑑司
20	尹景鎭	純祖 26年(1826)	1月	純祖 27年(1827)	6月	1年 6月	左承旨
21	朴大圭	純祖 33年(1833)	7月	純祖 34年(1834)	6月	12月	右承旨
22	林永洙	憲宗 9年(1843)	9月	憲宗 11年(1845)	5月	1年 9月	右承旨
23	兪錫煥	哲宗 3年(1852)	7月	哲宗 4年(1853)	12月	1年 6月	右承旨
24	宋廷和	哲宗 5年(1854)	1月	哲宗 6年(1855)	5月	1年 5月	承旨
25	徐堂輔	哲宗 6年(1855)	7月	哲宗 8年(1857)	1月	1年 6月	承旨
26	南鐘顯	哲宗 8年(1857)	3月	哲宗 9年(1858)	3月	11月	承旨
27	尹行摸	哲宗 9年(1858)	4月	哲宗 9年(1858)	11月	8月	承旨
28	鄭獻敎	哲宗 10年(1859)	8月	哲宗 11年(1860)	5月	10月	承旨
29	朴臣圭	哲宗 11年(1860)	7月	哲宗 12年(1861)	4月	10月	承旨
30	趙奎年	哲宗 12年(1861)	5月	哲宗 13年(1862)	3月	11月	承旨

---

31) 『牧民心書』 卷14, 解官六條 遞代條.

32) 위의 책.

<양산군수>

番號	府使名	到 任 年 月	退 任 年 月	在職期間	轉職名
1	李 楠	光海君 14年(1622)	仁祖 1年(1623)	2年	長鬐郡守相換
2	洪世忠	仁祖 4年(1626)	仁祖 6年(1628)	3年	延日郡守
3	葛憲卿	肅宗 4年(1678)	肅宗 6年(1680)	3年	掌令
4	柳挺輝	肅宗 14年(1688)	肅宗 16年(1690)	3年	正言
5	李 渝	英祖 9年(1733)	英祖 9年(1733)	1年	應敎
6	沈 撥	英祖 25年(1749)	英祖 26年(1750)	2年	正言
7	金 霑	英祖 27年(1751)	英祖 32年(1756)	5年	樂正
8	張 淀	英祖 32年(1756)	英祖 34年(1758)	3年	正言
9	李 球	英祖 45年(1769)	英祖 48年(1772)	4年	訓練判官
10	安寬濟	英祖 48年(1772)	英祖 51年(1775)	4年	校理
11	金載人	正祖 3年(1779)	正祖 4年(1780)	2年	持平
12	李師廉	正祖 5年(1781)	正祖 8年(1784)	4年	宗簿正
13	成種仁	正祖 15年(1791)	正祖 17年(1793)	3年	星州牧使
14	吳鼎源	正祖 17年(1793)	正祖 19年(1795)	3年	副修撰
15	尹魯東	正祖 19年(1795)	正祖 22年(1798)	4年	晉州牧使
16	李泰俊	純祖 11年(1811)	純祖 13年(1813)	3年	執義
17	李中鎭	純祖 15年(1815)	純祖 16年(1816)	2年	鏡城判官
18	金裕憲	純祖 18年(1818)	純祖 20年(1820)	3年	持平
19	黃賢熙	純祖 27年(1827)	純祖 29年(1829)	3年	持平
20	李發源	純祖 29年(1829)	純祖 31年(1831)	3年	掌令
21	李淵祥	純祖 32年(1832)	純祖 34年(1834)	3年	應敎

<고성현령>

番號	府使名	到 任 年 月	退 任 年 月	在職期間	轉職名
1	李慶綠	宣祖 17年(1584) 4月	宣祖 19年(1586) 7月	2年 4月	慶興府使
2	李命雄	仁祖 6年(1628) 3月	仁祖 8年(1630) 9月	2年 7月	修撰
3	趙世煥	肅宗 4年(1678) 2月	肅宗 4年(1678)12月	11月	大邱府使
4	金萬謹	肅宗 31年(1705) 7月	肅宗 31年(1705) 8月	2月	龍宮縣監
5	李碩耼	景宗 3年(1723)10月	英祖 1年(1725) 1月	1年 4月	鎭海縣監
6	洪若水	英祖 16年(1740) 3月	英祖 18年(1742)12月	2年 10月	三陟府使(瓜滿)
7	李心源	英祖 30年(1754) 6月	英祖 32年(1756) 1月	1年 8月	校理
8	任希雨	正祖 1年(1777) 8月	正祖 2年(1778)10月	1年 3月	仁同府使
9	兪岳柱	正祖 5年(1781) 8月	正祖 6年(1782)12月	1年 5月	持平
10	李羽晉	正祖 7年(1783) 1月	正祖 8年(1784)12月	2年	持平

이 승체·내체·환체를 합한 전직을 도표를 통해 보면, 동래부사는 중·

후기를 합한 수령 231명 중 30명으로 13.1%밖에 되지 않아 전직은 그야말로 어려운 관문이었음을 알 수 있다. 중기는 수령 124명 중 9명으로 7.3% 후기는 107명 중 20명으로 19.6%로 후기는 중기보다 2배를 넘고 있다.

양산군수는 수령 123명 중 21명으로 17.1%, 중기는 67명의 수령 중 4명으로 6% 후기는 56명 수령 중 17명 30.4%이며, 후기는 중기보다 비율이 높다.

고성현령은 수령 143명 중 10명으로 6.3% 중기는 95명 중 5명으로 5.3% 후기는 48명 중 5명으로 8.3%로 후기가 높다. 세 지역의 수령을 비교해 보면, 양산군수가 가장 비율이 높고 다음은 동래부사 고성현령의 순이다.

전직자 중 승체·내체·환체를 살펴보면, 동래부사는 중·후기를 합하여 29명의 전직자 중 승체는 9명으로 44.8%이고, 내체는 9명으로 31%를 차지하고 있어, 승진하는 지방에 머무는 일이 많다.

양산군수는 21명의 전직자 중 승체는 2명으로 9.5% 내체는 16명으로 76.2% 환체는 3명으로 14.3%이다. 여기에서는 중앙으로 진출하는 경우가 많았다.

고성현령은 10명의 전직자 중 승체는 5명으로 50% 내체는 4명으로 40% 환체는 1명이다. 후기의 연폭이 좁아 확언을 할 수 없으나, 양산군과 같이 내체의 비율이 높아 주목된다.

동래부사·양산군수·고성현령에 공통적인 현상은 전직의 문이 극히 좁았다. 후기는 중기에 비해 소수의 전직자이지만. 전직이 되고 있는 자가 많다는 것이 주목된다. 이는 단언할 수 없으나 후기에 당쟁 세도정치 아래 한 당이 정권을 장악하는 가운데, 지방의 일부 수령은 인맥·지맥을 인연으로 정권에 밀착되었던 결과로 보인다.[33]

위에서 본 바와 같이, 대부분의 수령들이 징계, 사직, 병으로 인한 사직, 전직 등의 이유로 법정 임기 이전에 빈번하게 교체되었으며, 이러한 현상은 모든 군현의 수령에서 일반적으로 나타났을 것으로 보인다.

---

33) 이 문제는 수령의 성분조사에서 다시 고찰할까 한다.

Ⅳ. 맺음말

동래부사·양산군수·고성현령의 임기에 대해서, 읍지 官案을 분석한 바를 요약하면 다음과 같다. 조선의 수령 법정 임기는 堂上官守令·未挈家守令 900일, 堂下官守令은 1,800일로 되어 있는데,

[Ⅰ] 1. 재임기간은 동래부사는 1년 4개월, 고성현령은 1년 5개월에 불과하였으며, 堂上·堂下官의 차이도 볼 수 없는 실상이었고 중·후기 간에는 이렇다 할 차이도 나타나지 않았다. 하위직 수령으로 내려갈수록 법정 일수에 대한 재임기간의 비율은 낮아, 동래부사 53%·고성현령 28%·양산군수 28%이다. 따라서 상위직 수령에 비해 하위직 수령은 특히 교체현상이 심하였다.

수령 1인당 평균 임기는 중·후기를 비교할 때, 공통적 현상은 없었고, 1년 6개월 미만이, 동래부사의 경우 중기에서 71% 후기에서는 68.4%, 고성현령은 63%, 69%를 나타내고 있다. 중·후기를 합한 평균은 1년 6개월 미만이 동래부사가 70%, 고성현령은 66%로, 위에서 본 수령의 평균 재임기간과 거의 합치되고 이것은 거의 전국 군현의 일반적인 현상이 아닐까 생각된다.

2. 수령의 교체기에 생기는 공석기간은 중·후기를 합하여 동래부사의 경우 296년 간에 20년 11개월이고 비율은 7.06%, 고성현령은 214년 간에 20년 4개월로 비율은 9.48%로서, 동래부사에 비하면 고성현령이 비율상 높다. 하위직 수령에 공석기간이 길었다고 보여진다. 그런데 여기에서는 1년 미만의 공석기간은 계산되지 않았기 때문에 실제는 좀더 길었다고 보여진다. 동래부사·고성현령은 다같이 중기가 후기보다 길어 주목된다.

3. 과만으로 기록되고 있는 임기만료자가 중·후기를 합한 수령수에 대한 비율은 동래부사 7.8%·양산군수 4.1%·고성현령 11.2%로 모두 10% 전후의 적은 수이다.

임기만료자는 중기에 비해 후기는 대체로 세 지역 수령의 비율이 낮다. 이 점을 미루어보면 임기를 무사히 치루었던 이는 후기에 거의 없었던 것을 알 수 있어 인사난맥의 시대성을 짐작케 한다.

임기일수를 초월해도 임기만료자로 인정되지 않고 미만이 되어도 임기만료자로 인정되는 자도 있어 만기자인 과만자의 기준을 어디에 두었는지 의심되는 점도 있다.

4. 따라서 『경국대전』 등 법전의 임기 규정은 준수되지 않았으며 하나의 원칙에 불과하였다. 그 뿐만 아니라 "농월에 교체하지 말라"는 규정과 속대전의 20朔, 30朔이 되지 않으면 교체하지 않는다는 규정도 역시 이행되지 않고 있다.

[II] 이러한 수령의 교체현상은 빈번한 징계·사직병직·전직 때문인데,

1. 징계자는 중·후기를 합해 보면 동래부사 34.6%, 양산군수 53.7%, 고성현령 62%로 하위직 수령이 높아 징계자가 많았음을 알 수 있다. 세 지역 수령의 중·후기를 비교해 보면 시대차는 거의 없고 동래부사·고성현령은 오히려 좀 후기에 줄고 있어 주목된다.

2. 근무성적을 평가하여 징계하는 폄직 대상자는 중·후기를 합하여 동래부사는 1.7%, 양산군수는 13.8%, 고성현령은 16.8%로 하위직 수령에 갈수록 징계되는 자가 많다. 이는 수령의 행정능력 등 문제에도 기인하겠으나, 관찰사 등 이 평가에 참여하는 이의 정실에 치우쳐 불공평한 처리에도 있었던 것 같다. 중·후기를 비교해 보면 세 지역 수령에 공통성은 없고 중기보다 후기에 동래부사·고성현령은 징계된 자가 줄고 양산군수는 증가하고 있다.

3. 병직자는 중·후기를 합하여 동래부사가 20.8%, 양산군수가 3.3%, 고성현령이 7%이다. 따라서 군수·현령은 아예 문제가 되지 않는 비율이다. 그러나, 동래부사의 경우는 상당히 비율이 높고 이는 임기만료자보다 비율이 높아 많은 부사가 사퇴하고 있음을 알 수 있다. 그리고 중·후기를 비교해 보면 중기보다 후기가 비율이 높아 사퇴자가 많다. 이 사퇴자는 특히 상위직 수령에 많은 데서 이들은 수령직을 기피하고 한편 중앙진출을 꾀하고 있음을 알 수 있다. 병으로 사직하는 자도 같은 추세이다.

4. 전직자는 중·후기를 합하여 동래부사가 13.0%로 중기가 7.3%, 후기는 19.6%, 양산군수는 중·후기를 합하여 17.1%로 중기가 6%, 후기가

30.4%이며, 고성현령은 중·후기를 합하여 6.3%로 중기는 5.3%, 후기가 8.3%이다. 이렇게 보면 양산군수가 가장 높고 다음은 동래부사, 고성현령의 순인데, 극히 소수의 수령이 전직의 대상자가 되고 있다. 이를 중·후기로 비교하면, 중기보다 후기의 비율이 높아 전직자가 보다 많았음을 알 수 있다.

이와 같은 성향은 앞서 언급한 징계자가 후기에 줄고 있는 것, 또 사퇴자가 후기에 증가하고 있는 것과 같고 이는 흔히 조선후기에 들어서면 吏道와 인사문제가 문란하여 수령의 중앙 진출은 더욱 어려워졌다고 생각하는 경향에서 보면 반대되는 현상으로 주목되는데, 조선후기에는 수령직일지라도 일부의 수령은 당파 세도정치의 파당 관계를 갖고 중앙 진출이 가능했을 뿐만 아니라, 내지 징계의 대상자로도 모면될 수 있었기 때문이 아닌가하고 추측된다. 이상에서 보는 바와 같이 수령의 교체현상이 심하였고 심지어 수령이 재임하지 않는 공석기간마저 생겨나는 실정에서, 민생은 도탄에 빠지고 지방행정은 마비되었으며, 이런 가운데 역대왕조에서 이 문제를 두고 관료 및 학자들 사이에 논의가 많았으나, 별다른 대책이 없었고 결국 무원칙한 인사에 맴돌았던 것이다.

제2장 조선후기 경상도 수령의 인사에 관한 일고찰
―梁山郡의 『先生案』을 중심으로―

Ⅰ. 머리말

조선시대의 지방사회를 이해하는 데 중요한 과제 중의 하나는 지방관료의 人事라고 생각된다. 조선조는 국초부터 중앙집권체제를 강화, 유지하기 위하여 지방관료의 임용에 대해서는 여러 가지 법적 규제를 가하였다. 그럼에도 불구하고 특히 임진왜란 이후에는 지방행정이 문란하였는데, 그 원인을 여러 측면으로 생각할 수 있겠으나 지방관료의 인사가 가장 큰 원인이라고 여겨진다. 이에 따라 지방관료의 임용이 구체적으로 어떻게 행해졌는가를 경상남도 『梁山郡 邑誌』에 기재된 『先生案』의 문・무관직, 前居地, 부임년월, 퇴임년월, 교체사유의 사료를 통해 살펴보기로 하겠다.

조선시대 지방관의 인사에 관해서는 몇 편의 논문이 있는데[1] 그 중 『先生案』에 나타난 지방관의 임기를 중심으로 숫자상의 통계 결과를 기초적인 연구로 삼은 李源鈞 교수의 『朝鮮時代 地方官의 交遞에 관한 研究』가 가장 대표적인 글이다.[2] 이 연구는 慶尙道觀察使와 慶尙都事, 慶尙左水

---

1) 이에 관한 문제를 다루고 있는 연구로는 具玩會, 「先生案을 통해 본 朝鮮後期의 守令」, 『경북사학』 4, 1982 ; 李存熙, 「朝鮮後期의 守令制度」, 『역사교육』 30・31 합집, 1982가 있다.
2) 李源鈞, 『朝鮮時代 地方官의 交遞에 관한 研究』, 동아대 박사학위논문, 1986.

使와 多大浦僉使, 東萊都護府使에 관한 조사 결과를 토대로 하고 있다.

이에 앞서 필자는 조사방법을 조금 달리하여 동래도호부사, 양산군수, 고성현령의 3개 고을 수령을 표본으로 해서 시대적 변화와 상위직, 하위직 수령의 차이점 등에 대하여 중점을 두고 고찰한 바가 있다.[3]

이 논고에 새로이 소개되고 있는 『邑誌』[4]에는 앞서 조사대본으로 하였던 『梁山邑誌』에 비하여 연대의 폭이 보다 큰, 조선말기 1878년(고종 15)까지의 수령이 기재되어 있다. 그리고 前거주지도 위의 읍지들에는 기재되어 있어 조사대상으로 삼았다.

지금까지 공개되어 있는 전국의 여러 읍지는 그 양식이 거의 같으나 문무관의 표시가 없는 것도 있고, 임명 기간의 月의 표시가 빠져 있는 것이 있으며, 교체사유가 없거나 간단하게만 표시한 것, 또 前거주지의 기재가 없는 것도 많다. 새로운 『양산읍지』에는 교체 월의 기재가 누락되어 있는 점이 흠이기는 하지만, 다행히도 그 외의 사항은 모두 기재되어 있어 여러 측면으로 조사가 가능하다.[5]

그러나 이러한 각 지방의 조사는 몇 개 고을의 수령에 관해서는 가능하겠지만, 이것을 전국적인 실태로 파악하는 것에는 문제가 있다. 지방사 연구에 종사하는 연구자들이 공통적으로 느끼고 있는 사실은 각읍 군현마다 각기 조금씩 다른 면을 가지고 있다는 것이다.

이러한 문제점들을, 본 논고에서는 앞선 연구자들의 조사 결과를 두고 볼 때 상당히 도움이 된다고 생각한다. 주 대상은 양산군수의 경우이지만 지금까지 조사되지 않았던 고을의 수령에 관한 것도 조사를 하여 비교 참작하였다.

---

3) 金錫禧, 「朝鮮時代 地方官의 交遞에 관한 硏究」, 『부산대논문집』 31(人文社會科學篇), 1981.

4) 『梁山邑誌』. 이 邑誌草는 卷末 邑誌整序에 명시된 바와 같이 한말 고종 15년(1878) 당시 양산군수로 재임하였던 安東의 李晚燾가 저술 편찬한 것으로 玄孫 李東奭이 보관하였던 것을 양산문화원에서 『鄕土史料集』 제1집으로 1987년에 발간한 것이다. 이 책은 이전의 읍지를 보수한 것인데, 1878년까지의 기사가 수록되어 있어 그때까지의 사정을 여러모로 살피는 데 유익하다.

5) 李源鈞, 앞의 논문, 7~11쪽 참조.

Ⅱ. 임기의 실태

조선시대의 지방관은 일정한 임기가 정해져 있었는데, 조선조의 기본 법전인 『경국대전』에는 다음과 같은 규정이 있다.

> 觀察使·都使 仕滿三百六十 守令 仕滿一千八百 堂上官及未挈家守令·訓導 九百乃遞 移仕守令 通計前遷官 當農月則勿遞(『경국대전』 권1, 吏典 外官)

라고 하여 堂上官守令 및 未挈家守令은 900일, 堂下官守令은 1,800일을 임기로 하고 있다.

『경국대전』에 의하면 "동래부사는 종3품, 양산군수는 종4품, 고성현령은 종5품"(『경국대전』 권1, 吏典 外官)으로 되어 있어 위의 자료에 보이는 세 고을 수령은 모두 당하관에 해당된다. 그러나 해당 읍지에는 "동래부사는 문 정3품, 양산군수는 문 종4품, 고성현령은 문·무 종5품"으로 기록되어 있으므로 『경국대전』의 기록과는 동래부사의 품계가 다르다. 그것은 명종 2년(1547)에 동래가 縣에서 都護府로 승격되어 그때부터 정3품으로 승계되었기 때문에[6] 그 이전에 편찬한 『경국대전』의 기록과는 그와 같이 차이가 난 것이라고 생각된다. 따라서 동래부사는 당상관인 동시에 未挈家守令이므로[7] 임기는 900일(2년 6개월)이며,[8] 양산군수와 고성현령은 1,800일

---

6) 『續大典』 吏典 外官條에도 종3품으로 되어 있으나 잘못된 기록인 듯하며, 『東萊府誌』 建置沿革條에도 "明宗朝 陞爲府使 嘉靖丁未 李芑建議 以本府客使往來初程 事體與義州同 陞爲府使 擇遣堂上文武官 一以彈壓邊城 一以酬應客使"라 하여 당상관이라 하였고 또 『忠烈祠誌』 권1에 실린 宋時烈이 지은 東萊府使 宋象賢의 行狀에 "辛卯 以執議陞通政大夫 爲東萊府使"라 하였으니 정3품임은 분명하다.

7) 『東萊官案』에 인조 때에 盧協과 현종 때 鄭泰齊가 각기 가족을 데리고 왔다가 징계당한 일로 미루어 알 수 있다.

8) 『兩銓便政』 권1, 東銓 瓜滿條에 따르면, "凡瓜限 留守·觀察使·都事 以拜辭日 始計守令 三年窠三十朔 察訪 以到任日始計"로서 수령은 3年窠와 6年窠가 있는데, 3年窠는 30개월(2년 6개월) 6年窠는 60개월(5년)이 임기만료 즉 瓜滿되었다.

(5년)이다.

임기에 대하여 법전에서는 瓜滿·瓜期·瓜限이라는 용어를 쓰고 있으며 瓜滿遞는 임기가 차서 교체하는 것을 말하고 있다.

1. 재임기간

여기서 먼저 양산군수의 재임기간을 살펴보기로 하겠다. 아울러 이것을 비교 검토하는데 필요한 것은 앞에서 언급한 동래부사와 고성현령의 경우인데, 이에 활용한 읍지를 들면 다음과 같다.

① 『東萊府邑誌』:『慶尙南道輿地集成』에 수록된 것. 1963년 慶尙南道誌編纂委員會 간행.
② 『固城縣邑誌』: 위와 같음.

이들 읍지의 기록을 기초로 하여 양산군수의 재임기간을 동래부사와 고성현령의 재임기간과 서로 비교하여 도표로 작성해 보면 다음 <표 1>과 같다.

<표 1> 수령의 재임기간

재임기간	양산군수		동래부사		고성현령		비고
	인원	%	인원	%	인원	%	
1년 이내	27	17.8	93	40.6	61	42.6	
1년	56	36.8	104	45.4	49	34.3	
2년	43	28.3	29	12.7	26	18.2	
3년	12	7.9	3	1.3	3	2.1	
4년	10	6.6			1	0.7	
5년	3	2			2	1.4	
6년	1	0.7			1	0.7	
소계	152		229		143		

※(1) 『梁山郡先生案』은 기록이 제대로 갖춰져 있지 않아 부임과 퇴임의 연도만 표기되어 있으므로 정확한 수치는 아님.
　(2) 동래부사 : 선조 원년(1568)~철종 14년(1863)의 296년 간 재임한 수령을 대상으로 함.

   (3) 양산군수 : 선조 34년(1601)~고종 15년(1878)의 277년간 재임한 수령을 대상으로 함.
   (4) 고성현령 : 선조4년(1571)~정조8년(1784)의 214년간 재임한 수령을 대상으로 함.

위의 <표 1>의 통계에 근거하면 양산군수의 평균 임기는 대략 1년 10개월 정도인데, 이것은 법정 임기인 1,800일(5년)에 비교하면 약 36.5%에 불과하다. 양산군수와 법정 임기가 같은 고성현령의 경우 평균 임기가 1년 6개월로 약 29.9%의 비율을 나타내고 있어 양산보다도 오히려 적은 수치를 보이고 있다. 동래부사의 경우 평균 임기가 대략 1년 4개월 정도로 나타나 법정 임기인 900일(2년 6개월)에 비하면 52% 정도의 수치를 나타내고 있다.

위와 같은 결과를 두고 볼 때, 각 수령의 평균 임기는 양산군수, 고성현령, 동래부사의 순서로 나타나지만, 법정 임기는 비교 환산에 기준하면 이들 수령 중 동래부사가 가장 길고 그 다음이 양산군수이며 최하가 고성현령이 된다.

즉 상위 수령직일수록 법정 임기에 비해 상대적으로 길고 하위직일수록 그 비율이 상대적으로 짧은 재임기간을 보이고 있어, 하위 수령직의 경우가 오히려 교체현상이 심하였다고 볼 수 있다. 특히 조선후기를 통해 역임한 양산군수의 경우 무려 42.6%의 인원이 임기 1년 이내에 교체되고 있었으며, 제대로 법정 임기를 채운(瓜) 수령은 전체 152명 중 단 4명에 지나지 않았다.

이와 같이 수령의 임기가 짧았기 때문에 이들은 부임한 이후에도 민생을 살필 수 있는 시간적 여유가 충분하지 못하여 목민관으로서의 정치적 소신을 발휘하는 데는 일정한 한계를 지니고 있었다. 그러나 한편으로는 이들 수령은 짧은 재임기간 동안에도 통치의 특권을 내세워 일반 민에 대한 수탈을 자행할 소지가 다분히 있었다고 볼 수 있다.

다음의 <표 2>는 각 왕대마다 양산군수의 평균 재임기간을 통계로 처리해 본 것이다.

<표 2> 왕조별 양산군수 재임기간

왕 대	재임 년수	재임 군수 수	1인 평균 년수	비고
		1601~		
선 조	1568~1608 41년	4	2년	
광해군	1609~1633 14년	7	2년	
인 조	1623~1649 27년	12	2년 3월	
효 종	1650~1659 10년	7	1년 5월	
현 종	1660~1674 15년	9	1년 8월	
숙 종	1675~1720 46년	25	1년 10월	
경 종	1721~1724 4년	3	1년 4월	
영 조	1725~1776 52년	25	2년 1월	
정 조	1777~1800 24년	13	1년 10월	
순 조	1801~1834 34년	19	1년 9월	
헌 종	1835~1849 15년	10	1년 6월	
철 종	1850~1863 14년	10	1년 5월	
고 종	1864~1906 43년	8	1년 11월	
		~1878		
선조~고종		152인(278년간)	1년 10월	

※(1) 2대에 걸쳐 재임한 자는 전 왕대에 포함.

　(2) 1인 평균 연수의 산출에 있어서 개월 수의 소수점이하는 반올림.

위의 <표 2>에서 살펴보면 전체 평균 임기 1년 10개월을 기준으로 각 왕조별 평균 임기가 크게 차이가 나는 것은 아니지만 약간의 변동이 있는 것을 엿볼 수 있다. 선조조~인조조(1601~1649)의 49년 간은 양산군수의 평균 임기가 약 2년 2개월로 나타나는데, 이것은 임란·호란의 양란을 겪은 후 전란 복구문제와 관련이 있다고 생각된다.

또한 효종조~경종조(1650~1724)의 75년 간은 당쟁이 격화되던 시기에 해당하는데, 그 평균 임기가 1년 8개월로서 전체 평균 임기보다 약간 짧아 잦은 교체가 있었다. 다음으로 영조조~정조조(1725~1800)의 76년 간은 탕평책이 실시되었던 시기로, 수령의 평균 임기가 약 2년으로 나타나 앞 시기보다 길어지고 있음을 알 수 있다. 이러한 현상은 정치형세와도 관련이 있는 것으로 볼 수 있는 것이다.

정조 사후의 순조조~철종조(1801~1864)의 64년 간은 세도정치의 시기로 수령의 평균 임기가 1년 7개월로 짧아지고 있음에 비하여, 대원군의 개

혁이 단행되던 시기인 고종조(1865~1878)의 14년 간은 1년 11개월로 다시 평균 임기가 회복되는 기미를 보이고 있다. 이러한 경향을 통하여 볼 때 각 시기마다의 정치형세는 수령의 재임기간과도 관련이 있었음을 알 수 있는 것이다.

　이상으로 수령의 재임기간에 대하여 살펴보았는데, 조선후기 수령은 짧은 임기를 보이고 잦은 교체를 행하고 있었는데 그것은 당시의 정치형세와도 약간의 관련이 있었음을 알 수 있었다. 다음은 수령의 교체 상에 발생하는 공석기간, 역대 수령 중 법정 임기를 채운 임기만료자, 입사성분 등에 대하여 살펴보기로 하겠다.

2. 공석기간

　수령의 잦은 교체현상이 보이는 가운데, 전임수령과 후임수령이 교체하는 과정에서 공석기간이 나타나고 있음을 알 수 있다. 앞의 자료들에서 이를 정리하여 도표로 작성하면 다음과 같다.

<표 3> 공석기간 실태

공석기간 (개월)		동래부사 (229명)	고성현령 (143명)	양산군수 (152명)
1		57(43.6%)	40(34.8%)	
2		49(37.9%)	49(42.6%)	
3		12(9.0%)	14(12.2%)	
4		6(4.5%)	4(3.5%)	자료가 갖추어져 있지 않음
5		4(3.0%)	1(0.8%)	
6		·	6(5.3%)	
7		·	1(0.8%)	
8		2(1.5%)		
합계	대상인원	130명(56.7%)		?
	기간	251개월/296년간	244개월/214년간	?/277년간
	비율	7.06%	9.48%	?
대상인원 평균 공석기간		1.93개월(6.43%)	2.12개월(3.53%)	?

　※ 명백하지 않은 것은 제외하였음(동래 8회, 고성 2회).

위의 <표 3>에 의하면 각 수령의 공석기간은 동래부사의 경우 251개월로 전체 재임기간 296년과 비교하여 7.06%에 해당하고, 공석기간을 가진 수령의 대상 인원은 130명으로 전체 229명의 56.7%에 달하며, 대상 인원의 평균 공석기간은 1.93개월로 법정 임기의 6.43%를 차지하고 있었다. 고성현령의 경우에는 공석기간이 244개월로 전체 재임기간 214년에 비하여 9.48%에 해당하고, 그 대상 인원의 비율이 80.4%에 달하며, 그 평균 공석기간은 2.12개월로 법정 임기의 3.53%를 차지하고 있었다.

이들 두 수령의 경우를 비교하면 공석기간은 1, 2개월이 80% 내외를 차지하여 가장 많은 것으로 나타났으며, 동래부사보다 고성현령이 공석기간이 2개월에 해당하는 인원이 더 많았다. 그리고 그 대상 인원도 고성현령이 전체 인원의 80.4%로서 56.7%인 동래부사보다 더 많았다. 평균 공석기간 또한 고성현령이 약간 길게 나타나지만, 법정 임기 및 평균 재임기간과 비교해 볼 경우에는 동래부사(2년 6개월 : 1년 4개월)보다 고성현령(5년 : 1년 6개월)이 비율적으로 (전자 6.4% : 15.4% / 후자 3.5% : 9.7%) 짧았던 것을 엿볼 수 있다.

다시 말해 각급 수령의 공석기간은 대개 1, 2개월 정도가 공통적인 현상이지만, 대상 인원의 측면에서는 하급 수령의 경우가 많았고 법정이든 평균이든 임기의 측면에서는 상급 수령이 보다 짧은 재임 실태를 보이고 있다는 것이다. 여기서 볼 때 양산군수의 경우에는 비록 부임과 퇴임의 월이 정확하게 기재되어 있지 않아 구체적으로 추적할 수는 없지만, 공석기간의 측면에서는 상급의 동래부사와 하급의 고성현령의 사이에 해당하지 않았을까 생각된다.

여하튼 이들 수령의 공석기간은 민정에 크게 영향을 주었다고 생각되며, 위의 세 지역은 국방의 요지로 특히 동래부는 "營將·城將을 겸한 독립된 鎭邑의 수령은 面看交代한다"[9]고 까지 규정하였던 고을인데 어떻게 장기간의 공석을 둘 수 있었는지 의문스러울 정도이다.

---

9) 『大典通編』, 吏典 外官條, "兼營將·城將獨鎭 邑守令 及沿邊·沿海不眷率守令 面看交代".

3. 임기만료자

위에서 서술한 바 있는 『경국대전』 外官條에 임기가 규정되어 있음을 이미 보았지만, 그 외에도 "수령은 前任 在職日數를 통산하되……"라는 규정과 또한 考課條에서 "相換 수령 외에 수령의 轉補를 拜命 받는 자는 前職 기간을 통산하지 않는다"는 규정이 있다.

이들 규정을 참고하여 선조 34년(1601)부터 고종 15년(1878)까지 277년간 양산군수를 역임한 수령 가운데 瓜(임기만료자)를 표시한 경우의 예를 도표로 작성해 보면 다음과 같으며, 또한 이것과의 비교를 위해 동래부사와 고성현령의 경우도 도표로 작성해 보기로 하겠다.

<표 4>에 의하면 임기를 만료한 양산군수는 단 5명에 불과하다. 이것은 역대로 역임한 양산군수 152명에 비하면 그 비율이 3.2%로 극히 적은 수치를 나타내고 있다. 이것은 <표 5>의 동래부사의 경우에 보이는 바와 같이 임기만료자가 전체 229명 중 21명, 그리고 <표 6>의 고성현령의 경우 전체 143명 중 16명인 것에 비하면(각각 9.2%, 11.2%) 다른 邑 수령의 교체현상보다 더욱 심한 형편임을 알 수 있다.

<표 4> 양산군수 임기만료자

번호	군수명	부임년	퇴임년	재임기간	기재사항
1	曹臣俊	인조 10년(1632)	인조 16년(1638)	6년	임기1,800일(5년) 瓜滿
2	鄭好仁	인조 18년(1640)	인조 22년(1644)	4년	〃
3	李汝翊	인조 22년(1644)	인조 27년(1649)	5년	〃
4	金鋋	숙종 31년(1705)	숙종 36년(1710)	5년	〃
5	丁允泰	정조 24년(1800)	순조 4년(1804)	4년	〃
6	趙曅	광해군6년(1614)	광해군 10년(1618)	4년	遞
7	李愽	현종 12년(1671)	숙종 1년(1675)	4년	辭
8	權龜老	숙종 27년(1701)	숙종 31년(1705)	4년	罷
9	黃燦	숙종 44년(1718)	경종 2년(1722)	4년	〃
10	金履萬	영조 2년(1740)	영조 20년(1744)	4년	〃
11	金霈	영조 27년(1751)	영조 32년(1756)	5년	拜掌樂正
12	韓光協	영조 36년(1760)	영조 40년(1764)	4년	罷

※梁山郡官案에는 교체 월일이 기재되지 않고 연수만 표기되어 있음.
※瓜표가 있는 자 및 재임기간 4년 이상을 골라 작성함.

<표 5> 동래부사 임기만료자

번호	군수명	부임년	퇴임년	재임기간	기재사항
1	李玄培	선조 11년(1578) 12월	선조 14년(1581) 6월	2년 6월	임기900일(2년 6월) 瓜滿遞
2	李廷馣	선조 20년(1587) 6월	선조 23년(1590) 1월	2년 7월	〃
3	李惟誠	선조 29년(1578) 12월	선조 31년(1598) 12월	2년 8월	〃 현령
4	黃汝一	광해군 7년(1615) 4월	광해군 10년(1618) 7월	3년 3월	〃
5	尹民逸	광해군 10년(1618) 7월	광해군 13년(1621) 5월	2년 10월	〃
6	柳汝恪	인조 7년(1629) 2월	인조 9년(1631) 8월	2년 6월	〃
7	李弘望	인조 10년(1632) 12월	인조 13년(1635) 3월	2년 3월	7개월간 久任
8	鄭良弼	인조 13년(1635) 11월	인조 16년(1638) 4월	2년 5월	4개월간 久任
9	丁好恕	인조 18년(1640) 10월	인조 20년(1642) 2월	1년 4월	以仁同府使時任通計瓜滿遞
10	李之翼	현종 8년(1667) 1월	현종 10년(1669) 6월	2년 5월	瓜滿
11	鄭哲	현종 10년(1669) 7월	현종 13년(1672) 2월	2년 7월	久任
12	李夏	현종 13년(1672) 6월	현종 15년(1674) 6월	2년 5월	瓜滿
13	李馥	숙종 2년(1676) 7월	숙종 5년(1679) 2월	2년 7월	〃
14	韓配夏	숙종 32년(1706) 10월	숙종 35년(1709) 1월	2년 3월	〃
15	權以鎭	숙종 35년(1709) 1월	숙종 37년(1711) 4월	2년 3월	〃
16	鄭彦燮	영조 6년(1730) 10월	영조 9년(1733) 4월	2년 6월	〃
17	金履喜	정조 12년(1788) 10월	정조 15년(1791) 2월	2년 4월	〃
18	尹弼秉	정조 16년(1792) 7월	정조 19년(1795) 3월	2년 8월	〃
19	洪秀晩	순조 13년(1813) 5월	순조 16년(1816) 2월	2년 9월	〃
20	朴綺壽	순조 17년(1817) 9월	순조 20년(1820) 2월	2년 5월	〃
21	朴齊明	순조 31년(1813) 2월	순조 33년(1833) 6월	2년 4월	〃

※瓜滿 仍任 瓜滿遞의 표시가 있는 자를 골라 작성함.

<표 6> 고성현령 임기만료자

번호	군수명	부임년	퇴임년	재임기간	기재사항
1	尹弘鳴	선조 36년(1603) 1월	선조 38년(1605) 10월	2년10월	임기1,800일(5년) 瓜滿
2	權克烈	선조 41년(1608) 8월	광해군 3년(1611) 3월	3년 8월	〃
3	金澡	광해군 3년(1611) 10월	광해군 3년(1611) 10월	2년 7월	〃
4	崔應天	효종 4년(1653) 11월	현종 2년(1661) 1월	7년 3월	〃
5	柳經立	현종 5년(1664) 7월	현종 8년(1667) 1월	2년 7월	〃
6	張遇一	현종 13년(1672) 2월	현종 15년(1674) 7월	2년 6월	〃
7	崔廷龍	숙종 14년(1688) 4월	숙종 19년(1693) 12월	5년 9월	再任辛未4月(1691) 瓜滿喪

8	宋道錫	숙종 29년(1703) 2월	숙종 31년(1705) 8월	2년 7월	瓜
9	李天駿	숙종 35년(1709) 7월	숙종 37년(1711) 11월	2년 5월	瓜
10	楊致道	경종 4년(1724) 6월	영조 5년(1729) 9월	2년 4월	瓜
11	金聖鏴	영조 10년(1735) 11월	영조 12년(1736) 12월	2년 2월	瓜
12	洪若水	영조 16년(1740) 3월	영조 18년(1742) 2월	2년 10월	瓜晚三涉府使移拜
13	沈 激	영조 22년(1746) 9월	영조 25년(1749) 5월	2년 9월	瓜遞
14	金樂洙	영조 41년(1765) 6월	영조 43년(1767) 12월	2년 7월	瓜
15	鄭弼臣	영조 45년(1769) 5월	영조 47년(1771) 12월	2년 7월	瓜遞
16	李 錘	정조 5년(1581) 1월	정조 8년(1584) 3월	3년 5월	罷
17	金 遂	인조 1년(1623) 10월	인조 3년(1625) 9월	3년	京罷
18	金命雄	인조 6년(1628) 3월	인조 8년(1630) 9월	2년 7월	修撰移拜
19	李晚榮	인조 19년(1641) 3월	인조 21년(1623) 11월	2년 9월	京罷
20	吳 爄	인조 26년(1648) 10월	효종 1년(1650) 11월	2년 10월	罷

※瓜표가 있는 자 및 재임기간 2년 5개월 이상을 골라 작성함.

그런데 도표에서 보면 법정 임기를 채우지 않았는데도 '瓜'라고 표시된 사례가 보인다. 즉 법정 임기를 마쳤다고 하더라도 임기를 맞추어 교체된 자는 적었고 법정 임기를 초과하여 교체된 자, 그 반대로 미달하여도 만기자로서 교체된 자를 찾아볼 수 있다는 것이다.

동래부사의 경우 <표 5>에서 보면 임기 월수에 맞추어 교체된 자는 3명에 불과하며 (9) 柳汝活은 永川府使를 역임한 기간과 합산하여 1년 4개월만에 만기자로 교체되고 있다. 그 외의 8명은 2년 6개월을 초과하여 교체되었으며, 나머지 10명은 법전에 명시된 대로10) 前職 월수도 통계하지 않고 미달된 채 교체되고 있다.

이것은 만기자로 인정된 瓜遞이지만, 이와는 반대의 현상도 있었다. 즉 2년 이상 또는 2년 6개월 이상이 되어도 만기자로 인정되지 않는 경우도 있었다. 2년 이상이 10명, 법정 임기인 2년 6개월 이상이 4명, 3년·3년 6개월 재임자도 6명이나 된다. 한편 임기가 만료된 후에도 仍任이라 하여 상당 기간 동안 교체되지 않고 재직하는 경우도 5명을 헤아리고 있다. 초과한 자 중에는 久任이라 하여 계속 재직하거나, 어떤 경우에는 그대로 재

---

10) 『經國大典』 吏典 考課條, "相換守令外 移拜守令勿爲通計前任" 그리고 『續大典』에도 "相換守令勿通計"라 하고 있다.

직하는 자도 있어 이것이 어떠한 법적 근거에 의해 행해졌는지 분명하지 않지만 주목되는 일이다.

그리고 고성현령의 경우 15명이 만기가 되어 교체되었으나 그 중 법정 임기를 지켜 교체된 자는 없고 2년 5개월~3년이 12명, 나머지 3명은 각기 3년 8개월·5년 9개월(재임)·7년 3개월이었다. 위와 같이 2년 5개월에서 만기로 인정되어 교체되고 있는데, 그 반대로 2년 7개월~3년 5개월에서 罷職 또는 轉職되고 있다.

위의 두 읍에 비하여 임기만료자가 훨씬 적은 양산군수의 경우에는 그 중 법정 임기를 마친 자는 2명뿐이며 나머지 3명은 각각 6년·4년 만에 교체되고 있다. 그런데 4년이 되어서 교체 또는 사임, 파직되었거나 한 자가 6명이고, 5년이 되어 전직된 경우도 있었다.

이상의 통계에서 보면 대체로 만기에 교체된 자는 10% 내외의 적은 수이며 실제의 만기는 동래부사와 고성현령이 2년 5개월이며, 양산군수가 4년으로 나타남으로써 임기만료자가 적었음을 알 수 있으나 그 이유는 분명하지 않다. 이로써 볼 때 법정 임기는 준수되지 않았으며, 체계적 원칙이 없는 인사이동이 행해짐과 동시에 상황에 따라 신축성 있는 인사의 실태를 살펴볼 수 있었다.

그 외에도 "농번기에 교체하지 말라"는 『경국대전』의 규정이나 "堂下守令은 30개월(2년 6개월), 堂上守令은 20개월(1년 8개월)이 되어야만 옮길 수 있다"[11]고 한 『續大典』의 규정이 있다.

먼저 농번기의 문제에서 보면 그것은 파종기인 2, 3월과 추수기인 8월인데, 동래부사의 경우 229명 중 89명으로 38.5%의 비중을 차지하고 있고, 고성현령의 경우에는 전체 143명 중 63명으로 44%를 차지하고 있으며, 양산군수의 경우는 자료에 부임과 퇴임의 월별 표시가 없어 파악하기 어렵다. 다음으로 일정기간 재직 후의 轉職에 대해서는 동래부사의 경우 당상관으로서 1년 8개월만에 전직할 수 있는데 전직 수령 21명 중 3명만 법을

---

11) 『續大典』吏典 考課條, "堂下守令 三十朔 堂上守 二十朔 邊地守令 周年後如得遷轉他期".

준수하였으며, 양산군수와 고성현령은 당하관으로서 2년 6개월 이후에 전
직한 자의 수는 각기 전직 수령 16명 중 13명, 4명 중 1명으로 양산군수의
경우가 그 법을 잘 준수하였다고 보여진다.

　이와 같이 수령의 교체현상은 심각하였으므로 그에 대응한 폐단 시정의
논의가 있었다. 그것은 선조대에 趙憲의 東還封事[12]와 현종대에 柳馨遠
의『磻溪隨錄』에서[13] 문제점을 지적하고 있는 데서 잘 나타나고 있으며,
인조대에도 吏曹의 上啓에,

> 守令數遞 爲今日病民之痼弊 至於考課之法 所以黜陟幽明 而爲方伯者
> 未能盡循公道 殘邑無勢之守令 例居下考 識者之寒心矣, 今見蔚珍縣 幼
> 學田銑等疏辭 十年間遞易者 十有一員 誠極可該(『인조실록』 권28, 인조
> 11年 11月 병무)

라 하여 수령 數遞는 금일의 病民之痼弊로 인식하였다. 또 숙종 24년
(1678)의 하교에서도,

> 守令乃親民之官 遞改頻數 則非但邑弊多端 難以責其成効 頃見沔川郡
> 守辛聖重原情 六年之間 經七官云 六年則堂下守令之瓜限而其間數遞苦
> 此 諸道亦多有如此者 廟堂相議變動 俾無此弊宜矣(『증보문헌비고』 권
> 233, 職官考 20 外官總論)

라 하여 沔川郡守 辛聖重이 6년 동안 7읍의 관원을 역임하였다고 하여 당
하관의 瓜限이 6년임에도 교체가 이와 같았다 하였고, 이러한 현상은 諸道

---

12)『磻溪隨錄』 권13, 任官之制, "趙重峰東還封事曰……坐于政聽然後 執筆始議率
　　皆苟充 抽東補西 朝授夕換 京外官員·未諳所職之爲何事 而或有坐席地弭煖者
　　絶簿濫財 祇陷於奸吏之術 迎新送舊 差發人馬奔走千里之外 以破殘民之産者 又
　　中國所無之弊也".
13)『磻溪隨錄』 권13, 任官之制, "蓋數遞之害 猾吏用奸 黎民病弊 此猶其小者也 官
　　必久任者責成然後 人知事其職 人知事其職然後 不才者 無僥倖者之心定 才者勉
　　勵 則賢人多 如此而後 冗濫絶 而政敎興 毁譽眞 而風俗淳矣 數遞之害 一切反
　　是".

또한 같은 것이라고 지적하고 있다. 이와 같은 현상에 따른 폐단은 民政에 직접적으로 관계되는 것인 만큼 실학자 등 학자들 사이에서도 주목을 끌고 있었으나,[14] 끝내 개혁하지는 못하였던 것이다.

4. 양산군수의 入仕 성분

조선후기의 수령은 각 고을의 성격과 중앙정부로부터 인식되어진 중요한 정도나 시기별의 상황에 따라 출신 성분이 달라지고 있었다.[15] 지방 수령의 입사 성분은 文官守令(文窠)·武官守令(武窠)·蔭官守令(蔭窠) 등으로 대별된다.

여기서는 경상도 양산군수에 대하여 시기별로 달라지는 입사 성분을 파악하기로 하겠다. 이것을 도표로 작성해 보면 다음과 같다.

<표 7> 양산군수의 시기별 입사 성분

	1600				1700					1800				1878	계	비율(%)
文		4	1	10	13	14	7	13	8	8	9	9	13	14	7	130	85.5
武		5	10	·	·	·	·	·	·	1	1	1	·	·	·	18	11.8
蔭		·	·	·	·	·	·	·	·	·	·	·	·	1	3	4	2.6
계		9	11	10	13	14	7	13	8	9	10	10	13	15	10	152	

위의 <표 7>은 20년을 단위로 구분하여 본 것인데, 전체적으로 볼 때 주목되는 것은 양산군수의 입사 성분이 문관으로 되는 것이 압도적이라는 점이다. 즉 조선후기 전 기간을 통해 볼 때 문관수령이 130명으로 전체의 85.5%를 차지하고, 무관수령이 18명으로 11.8%, 음관수령이 4명으로 2.6%의 비중을 차지하고 있다. 이것은 영조 33년(1757) 邑誌上送令에 의해 각 읍의 관청으로 도착한 자료를 일괄적으로 정리한『輿地圖書』官職條에 보이는 8道의 각읍 수령들의 입사 성분 자료에 나타나는 양산군수가 문관수령이었다는 것과 대체로 일치하고 있다.[16]

---

14) 柳壽垣,『迂書』권3,「論久任職官事」21 외에도 실학자들의 논저가 많다.

15) 수령의 입사 성분에 대해서는 具玩會, 앞의 논문 참조.

다음으로는 위의 도표를 참고로 하여 시기별로 나타나는 양산군수의 입사 성분의 변화를 살펴보기로 하겠다. 17세기 전반까지는 무관수령의 입사가 우세하였다.[17] 즉 1600~1640년이 이에 해당하는 시기로, 전체 20명 중 15명(75%)의 수령에 무관이 임용되고 있다. 그러나 17세기 중반 이후부터는 단연 문관 중심으로 임용되고 있고, 18세기 후반부터 19세기 초 약 60년 간에는 20년마다 3회에 걸쳐 각 1명씩 무관이 임용되고 있다. 그리고 19세기 중엽에는 예외적인 사례로 4명의 음관이 임용되고 있다.

이로써 살펴보면 17세기 전반까지는 왜란·호란 양란의 영향으로 인한 대비책의 일환으로써 무관이 임용되었으며, 1840년대 이후의 음관 임용 사례가 나타나는 것은 세도정치의 여파가 나타나고 있음을 반영하는 것이고 앞에서 언급한 바 있는 19세기 초·중반의 수령 교체현상 또한 세도정치와 무관하지 않았다는 점과도 일맥상통하고 있는 것임을 알 수 있다.

여하튼 양산군수의 임용은 입사 성분을 통하여 살펴볼 때 문관을 중심으로 이루어졌다고 생각된다.

Ⅲ. 교체의 실태

조선시대의 수령은 규정된 임기가 있었음에도 불구하고 주어진 직무를 제대로 수행할 수 없을 정도로 그 교체(數遞)현상이 빈번하였다. 이러한 수령의 교체현상에 관한 실태를 살펴보고자 하는데, 그것은 조선시대의 지방통치 실태를 파악하는 데 유익할 것이라 생각된다. 여기서 징계·사퇴·병으로 인한 교체 등, 교체 사유별로 분류하여 도표로 작성해 보면 다음과 같다. 그리고 그 주된 대상은 양산군수의 경우로 하고, 부수적으로 동래부

---

16) 이 『輿地圖書』의 내용은 조선전기의 『東國輿地勝覽』이나 말기의 『大東地誌』 등에는 보이지 않는 독특한 것으로 조선후기의 邑誌類의 기재 관행을 잘 반영하고 있는 것이 특징이다.

17) 자료상으로 부임·퇴임연대를 알 수 없어 도표의 작성에는 제외한 16세기 후반에 재임한 군수의 명단에도 거의 무관이었다.

사와 고성현령의 경우를 제시하여 서로의 비교를 통해 수령의 교체 실태를 살펴보기로 하겠다.

<표 8> 양산군수의 교체 사유별 일람표

	遞						罷							卒	기타	계	비고
	瓜遞	辭遞	病遞	*遞	移拜	相換	貶罷	暗行	啓罷	狀罷	災傷	*罷	拿罷	卒	기타	계	비고
인원(명)	5	4	2	17	33	1	17	6	20	4	10	10	6	7	10	152	※기타 棄3, 伏誅1 遭難6
비율(%)	3.3	2.6	1.3	11.1	21.8	0.7	11.2	3.9	13.2	2.6	6.6	6.6	3.9	4.6	6.6	100	
소계	62명 40.8%						73명 48.0%							17명 11.2%			

※세부 항목상의 遞와 罷는 先生案에 표시된 그대로 따른 것임.

<표 9> 동래부사·고성현령의 교체 사유별 일람표

		遞					罷						卒	殉死	喪	기타	계	비고
		瓜遞	辭遞	病遞	遞	轉遞	貶罷	暗行	統制	觀察	罷	拿罷	卒	殉死	喪	기타	계	비고
동래부사	인원(명)	18	48	13	30	30	4	5		4	35	32	3	2	3	2	229	※기타 投界1, 定配1
	비율(%)	7.8	21.0	5.7	13.2	13.2	1.7	2.2		1.7	15.4	14.0	1.2	0.8	1.2	0.8	100	
	소계	139명 61%					80명 35%						10명 4%					
고성현령	인원(명)	16	10	2	4	9	24	8	5	1	45	5	3	1	10		143	瓜遞 轉遞 1명
	비율(%)	11.2	7.0	1.4	2.7	6.4	16.8	5.6	3.5	0.7	31.4	3.5	2.1	0.7	6.7		100	
	소계	41명 28.7%					88명 61.5%						14명 9.8%					

1. 징계로 인한 교체

조선시대에는 수령에 대한 처벌규정이 법전에 명시되어 있는데,[18] 수령

---

18) 조선시대의 각 법전에 보이는 수령 처벌규정을 표로 작성하면 다음과 같다(이원

의 처벌 징계의 종류는 첫째 포폄으로 인한 교체, 둘째 관찰사·통제사·순찰사 등의 狀啓에 의한 교체, 셋째 臺閣의 탄핵에 의한 罷職 등으로 나눌 수 있다.[19] 읍지에서는 징계 사유를 구체적으로 기록하고 있기도 한 반면에 罷·罪遞라고만 명기하여 불명확한 것도 있으므로 분류상 약간의 문제가 있다.

위의 도표들에 의거하여 수령의 징계에 관한 실태를 살펴보기로 하겠다. 각 읍의 징계된 수령을 보면 동래부사의 경우 전체 229명 중에서 80명으로 35%, 고성현령의 경우 전체 143명 중에서 88명으로 61.5%, 양산군수의 경우 전체 152명 중에서 73명으로 그 징계의 비율이 48%에 달하고 있다. 즉 비율상으로 보면 고성현령, 양산군수, 동래부사의 순서로 비율이 높게 나타나고 있어 상위직보다 하위직의 수령일수록 징계의 비율이 높은 것을 알 수 있다.

양산군수와 고성현령·동래부사를 징계 사유별로 분류해 보면, 양산군수의 경우에는 상급 수령의 상계로 인한 징계(啓罷)와 포폄에 의한 징계(貶罷)가 가장 많으며, 그것은 고성현령의 경우와 비슷하고 동래부사의 경우는 오히려 가장 적게 나타난다.

이러한 특성들은 상위직 수령과 하위직 수령의 징계사유의 대상이나 성격이 달랐음을 엿볼 수 있게 한다.

1) 포폄으로 인한 경우

균, 앞의 논문, 72쪽 인용).

법전＼출전	吏典	戶典	禮典	兵典	刑典	工典	계
經國大典	1	8	1		4		14
續 大 典	3	55	3	26	28	1	116
大典通編		15	1		2		18
大典會通		4		1	2		7
계	4	82	5	27	36	1	155

19) 丁若鏞, 『牧民心書』解官六條에서는 貶遞·遞黜·駁遞·拿遞·封遞 등으로 나누고 있다.

매년 6월과 12월에 연 2회씩 관찰사의 수령에 대한 성적고과가 실시되었는데, 이것을 貶遞 또는 貶罷라고 하였다.『경국대전』에서는 "수령의 직책인 농업의 장려, 호구의 확보, 교육의 진흥, 軍政의 정비, 부역의 균등, 詞訟의 간결, 향리의 부정방지 등에 대하여 그 근무 성적을 종합 평가하여 중앙에 보고"하도록 하였는데,[20] 이를 정확하게는 "褒貶殿最"라고 하는 것이다. 이러한 성적이 불량하게 되면 수령의 인사에 크게 반영되어 罷遞 또는 貶遞되는 것이다.

위의 도표를 통하여 볼 때 양산군수는 전체에서 17명으로 그 비율이 11.2%에 이르며, 동래부사의 경우 4명으로 1.7%의 비율을 차지하고 있고, 고성현령의 경우 24명으로 16.8%나 된다. 즉 여기서도 상위직보다 하위직 수령에 대해 폄체에 의한 징계가 많이 이루어지고 있음을 볼 수 있다. 그것은 조선후기에 하위직 수령의 吏道가 크게 문란해지고 또한 그 자질이 저하되고 있었다는 점도 무시할 수 없겠지만, 앞서 제시하였던 이조의 상계에서 보았듯이 포폄에 간여하였던 관찰사·병마절도사 등이 하위직 수령에 대하여 평가를 지나치게 엄격하게 하였다는[21] 점에 그 원인이 더욱 크다고 할 수 있다.

2) 暗行으로 인한 경우

조선시대 지방 민정을 왕의 밀명에 따라 비밀리에 살피는 것으로 특히 조선후기에 자주 파견되었던 것이 암행어사인데, 이에 의해 지방 수령이 파직되는 경우가 많았는데 이것을 暗行罷 또는 繡罷라고 한다.

동래부사의 경우 전체 인원 229명 중 암행으로 인한 경우가 5명으로 2.2%를 차지하며, 파직 인원 80명 중에서는 6.3%를 나타낸다. 고성현령의 경우에는 전체 인원 143명 중 8명으로 5.6%를 차지하며 파직 인원 88명 중에서는 9.1%를 나타내고 있다. 양산군수의 경우를 보면 전체 인원 152명

---

20) 『經國大典』 권1, 吏典 褒貶條.
21) 앞의 3절 임기만료자에서 소개한 『增文獻備考』 권233, 職官考20 外官總論條 기사 참조.

중에 6명으로 3.9%를 차지하며 파직 인원 73명 중에서는 8.2%를 나타내고 있다.

암행어사에 의해 파직되는 인원의 비율상에서 볼 때에도 동래부사·양산군수·고성현령의 순서로 나타나고 있음에서 역시 하위직의 수령일수록 징계조치가 많았음을 알 수 있다.

3) 狀啓로 인한 경우

조선시대의 지방통치체계는 道의 관찰사가 각급 수령에 대한 감독의 책임권한을 장악하고 있었고, 또한 통제사도 그 관할하의 하위직 수령에 대한 감독 권한을 행사할 수 있었기 때문에 이들 관찰사나 통제사의 상계에 의한 파직도 나타난다. 이것을 啓罷 또는 狀罷라고 한다.

동래부사의 경우는 전체 인원 중에 4명 뿐으로 그 비율이 1.7%에 해당하고 파직 인원 중에서는 5%를 차지하고 있다. 고성현령의 경우에 전체 인원 중에 6명이며 그 비율이 4.2%에 해당하고 파직 인원 중에서는 6.8%를 차지하는데, 그 중에서는 전자의 동래부사가 통제사에 의한 파직이 없는 것과 달리 후자는 그것의 적용을 받아 5명이 파직 당하고 있는 것이다. 양산군수의 경우에는 啓罷 20명으로 13.2%이고 파직 인원 중 27.4%로 나타나며 狀罷는 4명으로 전체 인원에서의 비율이 2.6%이고 파직 인원 중에서는 5.5%를 차지하고 있다.

여기서는 파직되는 비율이 양산군수가 가장 높고, 그 다음으로 고성현령·동래부사의 순으로 나타난다. 그것은 고성현령이 관찰사에 의한 파직보다는 통제사에 의한 파직의 경우가 비율이 높으며, 동래부사는 관찰사에 의한 파직이 낮게 나타나고 있는 것, 특히 양산군수는 이러한 유형에서의 비율이 높은 것은 바로 동래부사가 그러한 분야에 직접 간여하고 있었기 때문이었다. 즉 수군통제사 인근의 고을 수령인 고성현령이나 동래부사 인근에 있는 양산군수는 이러한 유형의 파직이 특히 많이 나타나고 있음을 볼 수 있다.

4) 災傷事로 인한 경우

農事·賑恤·牧場 등 수령의 기본 임무에 관계되는 것 중에서 災傷(천재)으로 인하여 파직되는 경우가 있다.

동래부사의 경우나 고성현령의 경우에는 <표 9>에서 보듯이 막연히 '罷'라고만 기록되어 있는데, 이 항목에 약간의 인원이 포함되어 있었을 것으로 생각된다. 양산군수의 경우에는 전체 인원 중에서 10명으로 나타나 6.6%에 해당하며 파직인원 중에서 13.7%로 나타나고 있다. 이것은 양산군이 낙동강 연안을 끼고 있기 때문에 상당수의 인원이 이로 인하여 파직되고 있었음을 볼 수 있다.

5) 기타 징계로 인한 경우

이상의 유형 이외의 경우에는 봉수대에 관한 일, 상관과의 불화, 率眷家하는 일, 相避로 인한 일, 前職에 있을 때의 과실, 驛馬에 대한 일, 경리의 부정으로 인한 일, 감옥에 관한 일, 민란으로 인한 일 등이 있다.

동래부사나 고성현령, 그리고 양산군수의 경우에는 관련 기록을 보면 위와 같이 징계사유를 구체적으로 표시한 것이 있는 반면에 막연히 '罷'라고만 기록되어 있어 그 구체적인 파악이 곤란하다. 대체적으로 살펴보면 동래부사의 경우 35명으로 전체인원 중 15.4%에 해당하며 파직 인원 중 43.8%를 차지한다. 고성현령의 경우 45명이나 되어 전체 인원 중 31.4%나 되며 파직 인원 중에서 보면 51.1%로서 과반수 이상을 차지하고 있다. 반면에 양산군수는 災傷罷로 분류하여 명기되고 있어 전체 인원 중 10명으로 6.6%에 해당하며 파직 인원과의 비율로 환산하면 13.7%로 나타난다.

그리고 동래의 관할지역 안에 있는 富山浦(釜山浦)는 태종 7년(1407)에 일본의 요구에 의해, 또한 조선의 외교정책인 사대교린의 일환으로 개설된 항구인데, 이와 관련이 있는 것은 동래부사와 양산군수이다. 그 외에도 왜란과 관련된 明將의 접대문제나 호란으로 인한 淸使의 접대문제 등 대외적인 문제로 인하여 파직되는 경우도 있다. 이러한 요인에 의해 징계되는 경우를 拿去 또는 拿罷라고 한다.

이러한 직무와 깊은 관련이 있는 동래부사의 경우 전체인원 중 32명으로 14.0%에 해당하고 파직 인원 중에서도 40%를 차지하여 단일 항목 가운데 가장 많다. 고성현령의 경우 전체 인원 중에 5명으로 3.5%에 해당하고 파직 인원 중에는 5.7% 정도이다. 동래와 바로 인접해 있는 고을의 수령인 양산군수의 경우 전체 인원 중에서 6명으로 3.9%에 해당하며 파직 인원 중에는 8.2%에 불과하다.

2. 사직 · 병으로 인한 교체

관련 자료에 의하면 징계로 인하여 파직된 수령을 제외한 교체자의 유형을 구분하여 보면 다음과 같다.

첫째 임기만료로 인한 瓜遞, 둘째 사직으로 인하여 교체, 셋째 병으로 인한 病遞, 넷째 명확한 사유가 표시되지 않은 기타 移拜(移除) 및 相換 등이 있다. 이것을 기준으로 항목별로 나누어 살펴보기로 하겠다.

첫 번째, 瓜遞는 이미 앞 장에서 살펴본 바대로 동래부사의 18명 전체 비율 7.9%와 고성현령의 16명 전체 비율 11.2%에 비하여, 양산군수는 5명으로 전체 비율 3.3%라고 하는 현격한 차이를 보이고 있다. 이것은 앞의 파직의 항목별 조사에서 보듯이 특히 啓罷나 貶罷 등에 의한 파직이 많았기 때문이라 생각된다.

두 번째, 辭職遞에서도 동래부사가 전체 인원 중 48명으로 21.0%를 보이고 교체 인원 중에서 그 비율이 34.5%로 가장 높게 나타나고 있다. 고성현령의 경우 전체 인원 중 10명으로 7.0%를 보이고 교체 인원 중에서 24.4%를 차지하고 있다. 그리고 양산군수의 경우에는 전체 인원 중 4명으로 2.6%로 나타나고 교체 인원 가운데는 6.5%로 가장 낮은 비율 및 숫자를 보이고 있음도 앞서 제시한 이유와 같은 것이다.

세 번째, 病遞에서 보면 동래부사의 경우 전체 인원 중 13명으로 5.7%로 나타나 교체 부문에서는 가장 적은 비율을 나타내고 있다. 그리고 하위직 수령의 경우 고성현령이 2명으로 1.4%이며 교체 인원 중에서도 4.9%로 교체 부문에서 가장 적게 나타나며, 양산군수 역시 전체 인원 중에 2명으로

1.3%이고 교체 부문에서도 3.2%로 가장 적게 나타나고 있음을 볼 수 있다.

네 번째, 구체적인 사유를 명기하고 있지 않은 교체의 경우에는 동래부사가 전체 인원 중 30명으로 13.2%이며 교체 인원 중 21.6%로 나타나 평균적인 비중을 보이고 있다. 고성현령은 전체 인원 중 4명으로 2.7%이며 교체 인원 중에서도 9.8%로 낮은 비율을 보이고 있다. 고성현령보다 상위직인 양산군수는 전체 인원 중 18명이나 되어 11.8%를 차지하고 교체 인원 중에서도 29.0%나 된다.

다섯 번째, 移拜 또는 相換의 경우에는 자료에 보이는 한에는 양산군수에 관한 것만이 구체적으로 명기되어 있다. 즉 상환 부문은 전체 인원 중에서 보면 1.6%에 불과한 가장 낮은 비율을 나타나고 있다. 그것은 앞장에서도 본 바와 같이[22] 양산군수가 17세기 전반까지는 대부분 무관수령이었다는[23] 점에서 추측이 가능하다.[24] 이에 반하여 移拜 또는 移除의 경우에는 전체인원 중 33명으로 21.8%나 되며 교체 인원 중에는 53.2%로서 과반수 이상을 차지하고 있다. 그리고 이러한 移拜 현상은 선조 34년(1601)에서 영조대 이전(1725)까지 125년 간은 불과 3명뿐이고, 영조대 이후 고종 15년(1878)까지 153년 간은 30%나 되어 거의 대부분이며, 영·정조대(76년 간)에 11명, 순조대(1801)~철종대(1863)까지 63년 간은 15명이나 되고, 고종대 15년 간에도 5명이나 된다. 또한 이들 중에는 중앙 관료로 移拜된 자가 21명이나 되고 있다.[25]

다시 말해 移拜 현상에서 볼 때 탕평책을 쓰던 시기부터 교체가 크게 증가하여 세도정치기에 만연되어 갔으며, 대원군의 개혁정치에도 불구하고 더욱 증가되는 현상을 보이고 있다는 것이다. 양산군수보다 상위직인 동래부사의 경우에는 교체 부문의 비율이 61%로서 과반수를 훨씬 상회하는 수준까지는 아니지만, 양산군수는 교체 부문이 40.8%로 나타나고 있고, 보다

---

22) 앞의 4절 수령 입사 성분 참조.
23) 무관수령에 대한 것은 바로 다음에서 설명하겠다.
24) 『梁山郡先生案』에 의하면 광해군 14(1622)년부터 15(1623)년까지 양산군수로 재직한 李楠이 長鬐縣令으로 相換되었다고 한다.
25) <별표> 양산군수의 교체 실태 참조.

하위직 수령인 고성현령의 경우 28.7%로 나타나고 있어 이에 비하면 상당히 높은 비율을 차지하고 있는 것이다.

이와 같이 하위직보다 상위직 수령에게서 교체 비율이 높은 것은 위에서 살펴본 대로 중앙관료의 진출을 바라고 있는 점에서도 충분히 살필 수 있었다. 그 이유에 대해서는 다음 사료에서 말해 주고 있듯이,

> 爲守令者 或厭其殘弊 或憚其煩劇 或上下官間 有所不協 或得罪觀察
> 使 要免貶黜 則百計窺避 假托身病 瞞報觀察使 因綠簡請 期於必遞 如
> 未遂其願 則輒自棄官 擅歸其家者 前後相繼 甚者任意自恣 不報觀察使
> 倨然棄去(『중종실록』 권99, 중종 37년 12월 갑신)

라고 하는 중종조 사헌부의 上啓에 잘 나타나 있다. 즉 이러한 수령의 교체현상은 수령의 긴 임기, 중앙 진출의 곤란함, 목민업무의 방대함, 관찰사나 암행어사의 정기적·부정기적인 감찰, 중앙 대간들의 탄핵, 까다로운 考績의 실시 등으로 모든 관료들이 외관직을 꺼려하였기 때문이었다. 이들 관료 중에서 특히 문관수령의 경우가 교체현상이 심하였으며,[26] 앞장에서 살펴보았듯이 무관수령은 중앙으로의 진출이 매우 어려웠으므로 移拜나 轉職 등과 같은 교체현상은 별로 없었다.[27]

3. 轉職으로 인한 교체

轉職으로 인한 교체는 陞遞·內遞·換遞로 대별할 수 있다. 이 중 승체는 현령에서 군수로, 군수에서 부사, 부사에서 목사 등의 상위직 수령으로 승진하는 것을 말하며, 내체는 京官職으로 轉職되는 것이며, 환체는 대등한 고을의 수령과 자리를 바꾸는 것을 의미한다.[28] 해당 자료에 의거하여 전직자를 간추려서 도표로 작성해 보면 다음과 같다.

---

26) 李秉烋, 「朝鮮中期 文科及第者의 進出」, 『東洋文化研究』 3, 1976, 119쪽.
27) 앞의 4절 입사 성분표 참조.
28) 『牧民心書』 권14, 解官6조 遞代條 참조.

<표 10> 轉職者 일람표

동래부사

번호	府使名	부임연월			퇴임연월			재직기간		轉職名
1	呂文望	선조	1년(1568)	5월	선조	1년(1568)	7월		3월	慶尙左水使
2	李 挺	선조	2년(1569)	6월	선조	4년(1568)	8월	1년	11월	慶尙左水使
3	洪 淵	선조	9년(1576)	10월	선조	11년(1578)	10월	2년	1월	慶尙左水使
4	鄭良弼	인조	13년(1635)	11월	인조	16년(1638)	8월	2년	10월	慶州府尹
5	柳 淰	인조	27년(1649)	11월	효종	2년(1651)	7월	1년	9월	慶尙道巡察使
6	洪 蔚	효종	8년(1657)	7월	효종	9년(1658)	7월	1년	1월	慶尙道巡察使
7	閔鼎重	효종	9년(1658)	8월	효종	10년(1659)	3월		8월	禮曹參議
8	趙世煥	숙종	6년(1680)	6월	숙종	7년(1681)	2월		9월	全羅監司
9	李 埜	숙종	29년(1703)	4월	숙종	31년(1705)	1월	1년	10월	忠淸鑑司
10	閔百祥	영조	23년(1747)	12월	영조	25년(1749)	1월	1년	2월	慶尙鑑司
11	李舞章	영조	29년(1753)	4월	영조	30년(1754)	1월		10월	慶尙鑑司
12	趙 曦	영조	33년(1757)	7월	영조	35년(1759)	1월	1년	7월	慶尙鑑司
13	李秉模	정조	6년(1782)	1월	정조	6년(1782)	7월		7월	漢城右尹
14	李頤祥	정조	8년(1784)	10월	정조	9년(1785)	12월	1년	3월	大司諫
15	金達淳	정조	22년(1798)	6월	정조	23년(1799)	5월		12월	戶曹參判
16	鄭晩錫	순조	3년(1803)	潤2월	순조	6년(1806)	1월	2년	12월	副摠管
17	金魯應	순조	12년(1812)	4월	순조	12년(1812)	7월		4월	慶尙監司
18	趙正喆	순조	12년(1812)	8월	순조	13년(1813)	5월		10월	忠淸監司
19	葛鳳振	순조	16년(1816)	4월	순조	17년(1817)	10월	1년	7월	江原監司
20	尹景鎭	순조	26년(1826)	1월	순조	27년(1827)	6월	1년	6월	左承旨
21	朴大圭	순조	33년(1833)	7월	순조	34년(1834)	6월		12월	右承旨
22	林永洙	헌종	9년(1843)	9월	헌종	11년(1845)	5월	1년	9월	右承旨
23	兪錫煥	철종	3년(1852)	7월	철종	4년(1853)	12월	1년	6월	右承旨
24	宋廷和	철종	5년(1854)	1월	철종	6년(1855)	5월	1년	5월	承旨
25	徐堂輔	철종	6년(1855)	7월	철종	8년(1857)	1월	1년	6월	承旨
26	南鐘顯	철종	8년(1857)	3월	철종	9년(1858)	3월		11월	承旨
27	尹行摸	철종	9년(1858)	4월	철종	9년(1858)	11월		8월	承旨
28	鄭獻敎	철종	10년(1859)	8월	철종	11년(1860)	5월		10월	承旨
29	朴臣圭	철종	11년(1860)	7월	철종	12년(1861)	4월		10월	承旨
30	趙奎年	철종	12년(1861)	5월	철종	13년(1862)	3월		11월	承旨

양산군수

번호	府使名	부임연월	퇴임연월	재직기간	轉職名
1	李 楠	광해군 14년(1622)	인조 1년(1623)	2년	長鬐郡守相換
2	洪世忠	인조 4년(1626)	인조 6년(1628)	3년	延日郡守
3	葛憲卿	숙종 4년(1678)	숙종 6년(1680)	3년	掌令
4	柳挺輝	숙종 14년(1688)	숙종 16년(1690)	3년	正言
5	李 潏	영조 9년(1733)	영조 9년(1733)	1년	應敎
6	沈 撥	영조 25년(1749)	영조 26년(1750)	2년	正言
7	金 霱	영조 27년(1751)	영조 32년(1756)	5년	樂正
8	張 淀	영조 32년(1756)	영조 34년(1758)	3년	正言
9	李 球	영조 45년(1769)	영조 48년(1772)	4년	訓練判官
10	安寬濟	영조 48년(1772)	영조 51년(1775)	4년	校理
11	金載人	정조 3년(1779)	정조 4년(1780)	2년	持平
12	李師廉	정조 5년(1781)	정조 8년(1784)	4년	宗簿正
13	成種仁	정조 15년(1791)	정조 17년(1793)	3년	星州牧使
14	吳鼎源	정조 17년(1793)	정조 19년(1795)	3년	副修撰
15	尹魯東	정조 19년(1795)	정조 22년(1798)	4년	晉州牧使
16	李泰俊	순조 11년(1811)	순조 13년(1813)	3년	執義
17	李中鎭	순조 15년(1815)	순조 16년(1816)	2년	鏡城判官
18	金裕憲	순조 18년(1818)	순조 20년(1820)	3년	持平
19	黃賢熙	순조 27년(1827)	순조 29년(1829)	3년	持平
20	李發源	순조 29년(1829)	순조 31년(1831)	3년	掌令
21	李淵祥	순조 32년(1832)	순조 34년(1834)	2년	應敎
22	韓升烈	순조 34년(1834)	헌종 2년(1836)	2년	持平
23	吳夏哲	헌종 3년(1837)	헌종 5년(1839)	2년	持平
24	韓克人	헌종 9년(1843)	헌종 11년(1845)	2년	持平
25	林樂鎭	철종 2년(1851)	철종 3년(1852)	1년	正言
26	李秉德	철종 3년(1852)	철종 5년(1854)	2년	持平
27	李在聞	철종 7년(1856)	철종 8년(1857)	1년	持平
28	申 檍	철종 10년(1859)	철종 11년(1860)	1년	晉州牧使
29	李彙廷	철종 11년(1860)	철종 13년(1862)	2년	居昌府使
30	黃仁夏	철종 13년(1862)	철종 14년(1863)	1년	玉堂
31	沈樂正	철종 14년(1863)	고종 4년(1867)	4년	仁川府使
32	張泰秀	고종 6년(1869)	고종 7년(1870)	1년	獻納
33	孫相馹	고종 7년(1870)	고종 10년(1873)	3년	副敎理
34	魚允中	고종 11년(1874)	고종 13년(1876)	2년	玉堂
35	李晚燾	고종 13년(1876)	고종 15년(1878)	2년	執義

고성현령

번호	府使名	부임연월		퇴임연월		재직기간		轉職名
1	李慶綠	선조 17년(1584)	4월	선조 19년(1586)	7월	2년	4월	慶興府使
2	李命雄	인조 6년(1628)	3월	인조 8년(1630)	9월	2년	7월	修撰
3	趙世煥	숙종 4년(1678)	2월	숙종 4년(1678)	12월		11월	大邱府使
4	金萬謹	숙종 31년(1705)	7월	숙종 31년(1705)	8월		2월	龍宮縣監
5	李碩聃	경종 3년(1723)	10월	영조 1년(1725)	1월	1년	4월	鎭海縣監
6	洪若水	영조 16년(1740)	3월	영조 18년(1742)	12월	2년	10월	三陟府使(瓜滿)
7	李心源	영조 30년(1754)	6월	영조 32년(1756)	1월	1년	8월	校理
8	任希雨	정조 1년(1777)	8월	정조 2년(1778)	10월	1년	3월	仁同府使
9	兪岳柱	정조 5년(1781)	8월	정조 6년(1782)	12월	1년	5월	持平
10	李羽晉	정조 7년(1783)	1월	정조 8년(1784)	12월	2년		持平

<표 10>을 통하여 살펴보면 陞遞 · 內遞 · 換遞를 합한 전직 실태는 동래부사의 경우 30명으로 전체 인원 중 13%이며, 고성현령은 9명으로 전체 인원 중 6.4%에 불과하고 교체 인원 중에서는 22%를 차지하고 있다.[29] 그런데 양산군수의 경우에는 移拜나 相換 등으로 명기되어 있는 것까지 포함하여 모두 36명으로 전체 인원 중 23.7%가 되며 교체 인원 중에서는 58.1%나 되어 과반수를 훨씬 넘은 높은 비율로 나타나고 있음을 볼 수 있다.

여기서 볼 때 동래부사 · 고성현령의 예에서 전직은 그야말로 매우 어려운 실정이었음이 나타나는데, 양산군수의 경우에는 파직의 비율이 높음에도 불구하고 전직자가 단연 많았다는 것이다. 그것은 또한 교체의 실태에서 瓜遞나 辭遞 · 病遞 등이 매우 적었음을 참고로 할 때 양산군수의 경우에는 하위직 수령이라는 불리한 여건 하에서 난관을 타개하기 위한 수단을 강구하고 있었음을 알 수 있는 것이다. 즉 위의 표에서 각 고을 수령의 전직이 대부분 세도정치기에 과반수 이상을 차지하는 정도로 이루어지고 있는 점에서 미루어 알 수 있다.

전직자를 승체 · 내체 · 환체로 나누어 살펴보면, 동래부사의 경우 전직자 중에 승체가 14명으로 46.6%이고, 내체는 15명으로 50.0%이고, 환체는 1명으로 3.4%를 차지하고 있으며 대부분은 승진하면 지방에 머무르는 경

---

29) <표 9> 참조.

우가 많다. 고성현령의 경우 10명의 전직자 중 승체는 4명으로 40%이고, 내체는 4명으로 40%이고, 환체는 2명으로 20%이다. 여기서도 마찬가지로 승진하면 지방에 많이 머무르고 있다. 양산군수의 경우에는 35명의 전직자 중 승체가 5명으로 14.3%이고, 내체는 27명으로 77.1%나 되고 있으며, 환체는 3명으로 8.6%에 불과하다. 양산군수의 경우에는 난관이 많다고 여겨지는 중앙 관료로의 진출이 압도적인 다수를 차지하고 있었는데, 이 내체의 현상에 대한 해명은 바로 세도정치가 시작되어 정치가 문란해졌다고 보는 순조대 이후에 나타나는 20명의 전직자 중 16명으로 80%의 비율을 차지하고 있음에서 설명될 수 있을 것이다. 또한 이러한 현상은 위의 세 고을의 수령 모두가 당쟁이 격화되고 세도정치가 전환되는 시기에 전직현상이 심화되고 있음에서 엿볼 수 있다.

이상에서 살펴본 바와 같이 대부분의 수령들이 법정 임기를 채우지 못하고 교체된 것은 징계·사직·병으로 인한 교체, 그리고 양산군수에게서 압도적으로 나타나는 전직 등에서 보이는 지나친 교체현상에서 초래되었음을 알 수 있었으며, 동시에 이와 같이 조선후기 모든 수령들의 일반적인 현상들은 특히 세도정치에 의한 집권의 정치문란에서 야기되고 있었다고 해도 지나친 평가가 아닐 것이다.

Ⅳ. 相避制의 실태(출신지역 분포)

조선시대 지방의 수령은 목민관으로서 청렴결백함을 가장 명예로운 것으로 생각하였으며, 특히 그 임무를 "農桑盛 戶口增 學校興 軍政修 賦役均 調訟簡 奸猾息"(『경국대전』 吏典 考課)이라고 하는 소위 守令七事에 두고 있었는데 이를 수행하는 정도에 따라 考課가 정해졌던 것이다. 이러한 임무를 보다 효과적으로 이행하기 위하여 相避의 법제를 마련해 두고 있었다. 즉 친족 또는 관향 등의 혈연·지연 관계로 인하여 같은 관서나 관직에 나아가는 것을 '서로 피하는' 규정을 마련해 두고 있었던 것이다.

조선시대 이전의 상피제는 고려시대에도 있었으나, 그것은 다만 중앙의 일부 주요 관서에 해당하는 것으로 되어 있었다. 즉 고려시대에는 관리의 시비를 가려 규찰·탄핵하는 臺省의 郎舍(臺諫)에 대해 중점을 두고 그 다음으로는 관리의 인사를 銓注하는 임무를 가지고 있는 이부·병부의 政曹를 상피의 대상으로 삼고 있었던 것이다.[30]

이와 같이 고려시대의 상피제는 그 적용대상의 범위가 매우 한정되어 있었는데, 조선시대에 이르면 고려시대의 제도를 보다 발전시켜 그 범위를 확대 적용하여 갔다. 즉 고려시대에는 적용대상의 관리가 극히 한정되고 대상 친족의 범위 사촌을 기준으로 할 경우에 本族은 그 四寸姉妹夫가 제외되고, 외·처족은 三寸叔母夫까지 제외되어 있어 전체적으로 보면 관찰 체계상에 있어 상피제는 극히 한정적으로 적용되고 있음을 볼 수 있다.

이에 비하여 조선시대에 이르면 상피제는 보다 중시되어 적용되는 관직의 대상범위가 훨씬 확대되고 해당 관리의 친족 규모도 보다 정확하고 엄격하게 규정하고 있는데, 그에 관한 자료로서 『경국대전』 吏典 相避條에 다음과 같은 규정이 있다.

京外官 本宗大功以上親及女夫孫女夫姉妹夫 外親緦麻以上 妻親父祖父兄弟姉妹夫 並相避學官軍官則勿避 議政府義禁府本曹兵曹刑曹都摠府漢城府司憲府五衛將 兼司僕將內禁衛將承政院掌隷院司諫院宗簿寺部將史官 則並避本宗三寸叔母夫姪女夫四寸姉妹夫 外親三寸叔母夫 妻妾同姓三寸叔姪姪叔母女夫 四寸兄弟 聽訟同 吏房承旨及本曹官員有相避者 勿除職 堂上官不在此限 滿仕者例遷 兵房承旨兵曹同 兵曹都摠府堂上官 兼司僕將內禁衛將五衛將 則雖非同衛門 通爲相避

---

30) 『高麗史』 권84, 형법1 相避條에는,
　　1) 本族 : 父母孫同生兄弟堂兄弟 同生姉妹之夫(省政曹外許同官) 伯父叔父伯母叔母之姪女孫女婿
　　2) 外族 : 母之父母 母之同生兄弟 母之同生姉妹之夫 母之同生兄弟姉妹之子
　　3) 妻族 : 妻之祖父 妻之同生兄弟(堂省政曹外許同官) 妻之同生姉妹之夫(堂省政曹外許同官) 妻之伯父叔父(堂省政曹外許同官) 妻之兄弟姉妹之子(堂省政曹外許同官) 姪女之夫(堂省政曹外許同官)라고 규정되어 있다.

라 한 데서 알 수 있듯이 해당 관서는 學官과 하급 무관인 軍官을 제외한 거의 모든 관서·관직을 망라하고 있다. 그리고 이들 중앙의 주요 관서·관직뿐만 아니라 지방의 수령들에게도 적용되고 있다. 관료체계상의 관리들에 대한 친족의 범위도 확대 적용시키고 있는데 이것을 분류하여 보면 다음과 같은 내용으로 된다.

첫째, 상피의 적용대상 관직은 政曹의 관아 이외의 병권을 장악하는 군사기관과 법을 다스리는 聽訟, 考課를 관장하는 試官, 그리고 왕실에 관련되는 부서 및 史官에 이르기까지 확대 적용되고 있다.

둘째, 혈연적인 관계에 있어서 상피의 친족적 대상범위는 대체로 본족은 大功의 服을 입는 從兄弟 從姉妹 衆子婦 衆孫 衆孫女 姪婦, 夫의 祖父母 및 伯叔父母, 夫의 姪婦 등이며, 외친은 緦麻의 服을 입는 曾孫 玄孫 從兄弟의 妻, 姪孫의 妻, 五寸大婦從姪의 妻, 衆孫의 妻 등이며, 처족의 경우에는 처의 친부 조부 형제 자매의 夫 등을 대상으로 하고 있다.

한편 지방 수령의 경우에도 위의 조항에 해당되는 친족범위에 의해 규제되는데, 그것은 『경국대전』吏典 相避條에 의하면,

(1) 觀察使節度使守令僉使萬戶 並相避
(2) 未赴任都事與守令相避 則都事遞改
(3) 咸鏡道南北關及兩南左右道守令於節度使換道 則勿避南關守令於北
    評事亦同

라고 규정하고 있다. 일반적으로 수령은 그 道의 직속상관인 관찰사를 비롯하여 각 지방의 병권을 관장하는 관리인 節度使·僉使·萬戶·虞侯 등과 규찰의 임무를 가진 都事와의 상피가 규정되어 있었음을 살필 수 있다. 이것은 수령의 권력 남용을 막고 인사 및 임무 수행의 공정을 기하고 통치권력의 중앙집권을 도모하기 위한 것이다.

지방제도가 주도면밀하게 정비되었다고 할 수 있는 조선시대 이전에는 신라통일기에 지방의 村主 등의 유력한 재지세력을 견제하기 위한 상수리제도나[31] 이를 계승했다고 하는 其人制[32] 등은 지방통치체계가 아직 발달

하지 않은 단계에서 나타난 것이다. 그리고 고려시대에는 신라말에 대두한 호족을 견제하고 지방통치를 원활하게 하기 위하여 사심관을 파견하였다. 이러한 사심관의 파견규정에서도 상피의 적용이 있었는데, 그것은 『고려사』에 보이는 바와 같이,

> (1) 顯宗初年判 父及親兄弟爲戶長者 勿差事審官 (『고려사』 권75, 選擧3 銓注)
> (2) 仁宗二年判 鄕吏子孫 雖免鄕役 妻親黨猶爲鄕役者 勿差事審官 (위의 자료, 事審官)

이라는 규정이 있다.

호족 출신으로서 중앙 정계에 진출하였던 자가 향리를 감독하는 사심관으로 임명될 경우, 사료 (1)에서는 父와 친형제가 향리의 장인 戶長일 때는 사심관에 임명될 수 없으며 (2)에서는 그의 친족이 향역을 면제하였다고 하더라도 처족이 아직 향역을 지고 있는 자 또한 사심관이 될 수 없다고 하는 규정이다. 이것은 고려시대에도 관리는 本鄕回避의 경향을 나타내며 실질적으로는 지방행정의 공정을 꾀하기 위한 상피에 해당하는 것이다.

조선시대에 이르면 상피제는 보다 구체화되고 엄격하게 되었는데, 지연과 혈연의 관계를 기준으로 하여 사촌 이내로 제한하는 것이 원칙이었다. 또한 관리의 권력남용을 방지하기 위하여 政曹官吏, 承旨, 宰相인 집정자, 言官(臺諫), 兵權職 등과의 유기적인 관계 하에서 이루어지는 상피 규정이 있었고 아울러 지방관들 상호간의 상피에 대한 규제도 마련되어 있었다.

본고에서 다루게 될 지방수령에 대한 것만 한정해 볼 때에도 상피제는 道의 감사와 수령과의 상피, 감사의 "親在之道" 회피, 그리고 고려의 事審

---

31) 『三國遺事』 권2, 紀異2 文虎(武)王法敏條, "國之制每以外州之吏 上守京中諸曹 ……安吉當次上守至京師……".
32) 『高麗史』 권75, 選擧3 銓注條, "其人 國初選鄕吏子弟爲質於京 且備顧問其鄕之 事 謂之其人".
    金成俊, 「其人의 性格에 대한 考察」, 『歷史學報』 10, 1958 참조.

官差任 회피와 연결되는 것으로 보이는 수령의 본향 회피 등으로 이루어져 있다.[33]

먼저 감사와 수령의 상피에 대하여 살펴보기로 하겠다. 이에 관한 사료로서는,

> (1) 明宗三年 正月 求外拜丹陽郡守 政事淸簡 十月 換豐基郡 兄大憲公爲忠淸監司 故換 (『朝鮮陞廡儒賢年表』退溪年譜)
> (2) 成宗二十年 七月丙寅 司諫院正言李守恭來啓曰 人人樂赴任 故國家立法外官 今文義縣令慶祥以觀察使李則相避 當換他道守令 而移授忠翊府都事 殊失立法本意 請改正 傳曰可 守恭更啓曰 吏曹差慶祥京官 未爲無情 請推鞫科罪 不聽 (『大典會通』吏典 相避)
> (3) 憲府啓曰 監司專制一方所任至重 故道內守 如有相避則在下遞之法也 而今以年凶之故 自上軫念迎送守令之弊 不遞守令 (『중종실록』권 97, 세종 27년 3월 무술)

등이 있다.

사료 (1)은 명종 3년(1548)에 퇴계 이황이 충청도 단양군수에 除拜되었으나 그의 형인 大憲公 李瀣가 얼마 후에 충청도감사로 부임되어 옴으로써[34] 곧 경상도 풍기군수로 換差除拜되었다는 것이다.

사료 (2)는 文義縣令 慶祥이 관찰사 李則과 상피관계로 되어 있으므로 그가 다른 道의 수령으로 換差되어야 하는데도 오히려 경관직인 忠翊府都事로 바뀌게 되었던 조처에 대하여 사간원에서는 이조 관리와의 사이에 情實이 기재되었다고 하여 推鞫科罪를 청원하는 상태에까지 이르렀음을 말하고 있다.

위의 두 사료에서는 감사와 수령이 같은 道內에 재직하는 일을 상피하기 위하여 하급의 수령을 다른 道의 수령으로 換差 除拜하는 것을 원칙으로 하고 있었는데, (2)에서와 같은 경우에는 경관으로 바꾼 조처에 대해 그

---

33) 韓相俊, 「朝鮮期의 相避制에 대하여」, 『大丘史學』 9, 1975 참조.
34) 『명종실록』 권3, 명종3년 10월 을묘.

죄를 추궁하기도 하였다. 그런데 사료 (3)에서는 감사가 중임의 직이지만 흉년이 들었기 때문에 감사를 改遞할 경우 그로 인한 迎送의 폐단을 방지하기 위하여 수령을 改遞하였다는 것이다. 이로써 미루어 보면 특별한 경우가 아닐 때는 상피가 발생하게 되면 道內의 감사와 수령 중 하급의 수령이 다른 道의 수령으로 換差되었던 것을 원칙으로 삼고 있었다는 것을 알 수 있다.

다음의 감사의 “親在之道” 회피에 대하여 살펴보기로 하겠다.

(1) 忠淸道觀察使 洪遣達來啓曰 前此監司 都事父母所居道 不得赴任 臣妻父母本道陰城 雖非親父母之此 不敢安然就職 (『성종실록』 권109, 성종 10년 9월 무인)

(2) 克培曰 觀察使都事於親在之道 不可赴任 先王朝鄭麟趾爲忠淸道觀察使金淳爲慶尙道觀察使 其親皆居本道 故多受汚名 上顧左右 都事李克增對曰 此言然矣 其父母苦受諸邑賂遺而請之 則如褒貶等第 豈得至公乎克培曰 已授者則已矣 今復勿差如何 上曰然 (『성종실록』 권203, 성종 18년 2월 병자)

(3) 中樞李宗睦以親老乞辭職歸養 下議政府議之 議政府啓曰 李宗睦老母在忠淸道 授其道都節制使 其兄安州牧使宗孝亦與忠淸道守令換差以歸養之志 從之 (『단종실록』 권13, 단종 3년 정월 병자)

(4) 司憲府持平 李復善來啓曰 前例於父母所在 不得爲其道觀察使 今金碏母在抱川 而碏爲京畿觀察使 被劾……傳曰 道內雖有老親 金碏豈虐民養親乎 (『성종실록』 권203, 성종 18년 5월 갑자)

이들 중 사료 (1)은 道의 監司뿐만 아니라 都事도 역시 부모가 거주하고 있는 道에는 부임할 수 없다고 규정하고 있는 상황에서 그 道의 감사로 拜除된 데 대하여 스스로가 불안하게 여겨 부임할 수 없음을 말하고 있다. 사료 (2) 역시 親在之道의 회피를 규정하고 있는데, 실제로는 감사로 부임하여 말썽을 일으킨 전례로 나타나고 있다. 그런데 위의 사례를 참작하여 감사의 부모가 뇌물을 받고 청탁을 행할 수 있는 소지를 제거하여 지극한 공사의 처리를 꾀하기 위하여 규정을 준수하도록 하고 있다. 사료 (3)에는 예외적인 조처로서 비록 親在之道이기는 하나 친부모의 봉양을 위하여 그 道의 都節制使로 제수하고 또한 그의 형도 역시 그 道의 수령으로 換差시키고 있음을 볼 수 있다. 그런데 사료 (4)에는 전례에 親在之道 不可의 규정이 적용되고 있었음에도 불구하고 그 道의 감사로 재직하고 있음을 보이고 있다.

여기서 볼 때 상피 규정은 대부분 준수되고 있었는데, 그것은 친부모는 물론이고 처족 등에 대한 연고의 문제가 발생하였을 경우에는 대간의 탄핵을 받거나 감사나 도사 등이 스스로 자신의 문제를 上啓하여 규정을 지키려 한 데서 알 수 있다. 그런데 위와 같은 관리의 부정을 방지하기 위한 조처에 있어서도 특별한 경우에는 예외를 허락하고 있음을 볼 수 있다. 즉 충효를 표방하여 유교를 국시로 내세웠던 조선왕조는 홀어머니의 봉양이라는 효행의 덕목에 대해서는 예외적인 조처를 단행하고 있으며, 또한 관리 개인의 자질을 신뢰할 수 있는 경우에도 사료 (4)와 같은 이례적인 조처가 인정되기도 하는 것이다.

이상과 같이 조선전기에는 감사의 상피와, 감사와 수령의 상피는 예외적인 조처는 있었기는 하지만 대부분의 경우에서 그 규정이 준수되고 있었다. 그러나 조선후기에 이르면 사정이 달라져 가고 있음을 볼 수 있는데, 그것은 다음 사료에서,

> (5) 乙卯 慶尙監司鄭益河 以兄觀河 方爲道內永川守 上疏請免 上留其疏
> 不下批(丙長) 右議政兪拓基 以鄭益河上箚言 姪與弟爲方伯 叔與兄爲
> 守令 則以相避出代 而方伯無引嫌之規 引洪重夏金始煥尹趾仁前例
> 請促益河赴任 從之(『영조실록』 권50, 영조 15년 11월 기미)

라 하고 있음에서 알 수 있다. 관찰사로 재직하고 있던 관리가 그의 형이 자신의 관할내의 수령으로 부임하려 하니 이에 대하여 관찰사 자신의 면직을 요청하고 있다. 이에 대한 조처로써 국왕은 묵인하려 하였고, 조정에서도 앞의 전례에 의거하여 그대로 시행하도록 하고 있다. 이러한 조처는 조선전기에는 볼 수 없는 것으로 常例로 나타나고 있다. 이것은 전례로 나

오는 洪重夏(1658(효종 9)~? : 숙종대의 문관)35) 등 조선후기 숙종대(1674
~1720)의 일을 말하는 것으로 적어도 조선후기에는 감사와 수령의 상피제
규정이 제대로 이행되지 않고 있음을 반영하고 있다. 세도정치가 만연되는
노론집권의 순조대 이후에는 심지어 중앙의 주요 관직에 있어서도 상피
규정을 준수하지 않고 있는 사례36)들이 자주 보이고 있음은 조선후기 특
히 당쟁이 격화되는 숙종대 이후에 이르게 되면 조선전기『경국대전』에
규정된 여러 제도들이 제대로 시행되지 않고 있으며, 앞 장에서 본 여러
파행 현상이 여기서도 나타나고 있음을 알 수 있는 것이다.

　다음으로 지방 수령의 본향 회피에 대하여 살펴보기로 하겠다. 이와 관
련되는 사료로서는,

　　(6) 楊州牧使 安桑雞啓曰 臣素乏臨民之村 司諫院駁臣宜矣 且臣祖父母
　　　妻父母墳與田莊 俱在楊州境內 就職未安 傳曰 其換差(『성종실록』 권
　　　203, 성종 18년 5월 갑자)

라고 하는 것이 있다. 즉 친족과 처족의 연고가 있는 본향에 수령으로 재
직하고 있는 관리가 대간의 탄핵을 받고 교체를 요청한 데 응하여 중앙에
서 換差를 조처하고 있다. 조선전기의 경우에는 이러한 수령의 본향회피의
규정이 제대로 준수되고 있었음을 볼 수 있다. 조선후기의 경우에는 어떠
하였는지를 보여 주는 사료가 없어 잘 알 수 없지만, 각 지방의 邑誌類를
통하여 조금이나마 살펴볼 수 있을 것으로 생각된다.

　여기서는『梁山郡先生案』을 토대로 하여 양산군수의 문·무·음관별
출신 지역 분포와 각 시대별 출신 지역 분포를 중심으로 살펴보기로 하겠
는데, 도표로 작성하면 다음과 같다.

---

35) 李弘稙編,『國史大事典』, 1968, 1762쪽 참조.

36)『순조실록』권6, 순조 4년 갑자 2월 乙丑, "閣職本無相避" ; 권8, 순조 6년 병인 정
　월 갑술, "臺啓相避之規……實無古例之可據"라 하는 등의 비합법적인 조처가 보
　이고 있다.

<표 11> 양산군수의 시기별 출신 지역 분포

	1600	1700							1800					1878	계
京	6	3	2	2	4	1	3	3	5	8	6	2	6	3	54
경기	·	5	1	5	1	1	·	·	1	1	·	·	1	·	16
충청	·	·	·	2	3	1	2	2	1	·	·	2	2	1	16
전라	·	2	1	·	2	·	3	1	1	·	·	3	2	1	16
경상	3	·	5	3	3	2	4	2	1	1	4	6	3	5	42
강원	·	1	1	1	1	1	·	·	·	·	·	·	·	·	5
황해	·	·	·	·	·	1	1	·	·	·	·	·	·	·	2
평안	·	·	·	·	·	·	·	·	·	·	·	·	·	·	·
함경	·	·	·	·	·	·	·	·	·	·	·	·	1	·	1
계	9	11	10	13	14	7	13	8	9	10	10	13	15	10	152

<표 12> 양산군수의 文·武·蔭官別 출신 지역 분포

	文	武	蔭	계	비율(%)
京	43	9	2	54	35.5
경기	11	5	·	16	10.5
충청	16	·	·	16	10.5
전라	14	2	·	16	10.5
경상	39	1	2	42	27.6
강원	4	1	·	5	3.2
황해	2	·	·	2	1.3
평안	·	·	·	·	·
함경	1	·	·	1	0.6
계	130	18	4	152	

위의 <표 12>에서 살펴보면, 양산군수의 도별 출신은 京(漢城)의 경우가 전체 인원 중 54명으로 35.5%에 해당하여 가장 많으며, 그 다음으로 경상도가 42명으로 27.6%에 해당한다. 그리고 경기도·전라도·충청도가 각각 16명으로 10.5%를 차지하고 있으며, 그 외 강원도·황해도·함경도 출신 수령은 극소수로 나타나고 있다. 즉 도별 출신으로 볼 때 서울 출신이 가장 많았고 그 다음이 경상도 출신이었으며, 여기서 양산군에 있는 경상도 이외의 출신 수령은 전체의 72.4%에 해당함을 알 수 있다.

시기별 출신 지역 분포를 경상도 출신 수령과 다른 지역 출신 수령을 비교해 보면, 17세기에는 전체 57명 중 경상도 출신이 14명이고 다른 道 출신이 43명으로 각각 24.6%와 75.4%, 18세기에는 전체 41명 중 경상도 출신이 14명이고 다른 도 출신이 33명으로 각각 34.1%와 63.9%, 19세기에는 전체 38명 중 경상도 출신이 18명이고 다른 도 출신이 20명으로 각각 47.4%와 52.6%로 나타나고 있다. 여기서 볼 때 양산군수의 출신 지역 분포는 시기가 내려올수록 경상도 출신이 보다 높은 비율을 차지하고 있음을 알 수 있다. 이것은 바로 단정지을 수 없으나, 조선왕조에서 규정한 지방 수령에 대한 상피제가 점차 잘 이행되지 않고 있음을 알 수 있게 하는 것이다.

위 <표 12>에 의하면 문관 수령이 대부분인 양산군수는 이들의 출신지역 또한 서울이 압도적으로 많으며(33.1%), 그 다음이 경상도로서 전체 문관 수령 130명 중 39명으로 30%에 해당된다. 무관 수령의 경우에는 서울이 9명으로 가장 많으며, 그 다음이 경기도로 5명, 전라도가 2명, 경상도가 1명으로 되어 있다. 즉 무관 출신 수령 18명 중 14명이 서울·경기 출신으로 77.8%를 차지하고 있다. 나머지 음관은 가장 많은 출신지인 서울과 경상도에서만 2명씩 배출되고 있다. 여기서 경상도 출신의 경우 문관수령이 전체 42명 중 39명으로 92.9%를 차지하여 압도적인 비중을 나타내고 있다는 점이 주목된다.

이상과 같이 양산군수의 시기별, 문·무·음관별 출신 지역을 살펴보았는데, 조선후기 양산군수는 전체적으로는 서울 출신이 가장 많았고 그 다음이 경상도 출신이었다. 그리고 시기별로 살펴 볼 경우에는 17세기 이후 시기가 내려갈수록 경상도 출신의 수령이 증가하고 있음을 알 수 있다. 이것은 주로 무관 수령이 압도적인 비중을 보이고 있어 하위직 수령의 본향 회피규정의 준수가 제대로 이행되고 있지 않는 조선후기의 상피 실태를 어느 정도 반영해 주고 있는 것이다.

V. 맺음말

먼저 조선후기 경상도 수령의 인사에 관하여 양산군수의 실태를 중심으로 하여 살펴보았는데, 그 기초자료가 될 읍지 官案을 토대로 분석한 바를 요약하면 다음과 같다. 이러한 분석에 있어 비교될 수 있는 사례로서는 보다 상위직 수령인 동래부사와 하위직 수령인 고성현령의 실태를 참조하였음을 미리 밝혀 둔다.

조선시대 수령의 법정 임기는 당상관수령·미설가수령이 900일(2년 6개월)로서 동래부사가 이에 해당되며, 당하관수령은 1,800일(5년)로서 양산군수 및 고성현령이 여기에 속한다.

첫째, 임기의 실태에 대하여서는 재임기간, 공석기간, 임기만료자, 입사성분 등으로 살펴보았다. 재임기간은 동래부사가 평균 1년 4개월, 고성현령이 1년 5개월에 불과하였다. 양산군수의 경우에는 실태자료인 『梁山郡先生案』에 부임 및 퇴임 연도만 기재하고 해당 월을 명기하고 있지 않아 잘 알 수 없으나, 평균 2년 미만으로서 고성현령과 비슷할 것으로 생각한다. 여기서 볼 때 당상·당하관의 차이는 거의 없었으나, 하위직 수령은 법정 임기와 대비하여 재임기간의 비율이 상위직의 절반밖에 되지 않았다. 즉 하위직 수령일수록 교체현상이 빈번하였음을 알 수 있다. 이러한 실태를 시기별로 나누어 보면, 영·정조대의 탕평책이 펼쳐질 때는 평균에 가까우며 정조 이후의 세도기에 이르러서는 평균 재임기간 이하로 떨어지고 있어 정치정세의 변화에 따라 수령의 재임기간도 변하고 있음을 알 수 있었다.

수령의 교체시에 발생하는 공석기간에 대해서는 동래부사가 286년 간에 20년 11개월로 7.06%, 고성현령이 214년 간에 20년 4개월로서 9.48%를 나타내고 있어 고성현령이 비율상으로 높다. 공석기간도 하위직 수령이 길었다고 보여진다. 또한 여기서 산정하지 않는 재임 1년 미만의 공석기간을 감안하면 실제적으로 좀더 길어질 것이다. 그런데 양산군수의 경우는 공석기간이 명기되지 않아 잘 알 수 없으나, 앞의 사례에서 의하면 고성현령의 경우에 준할 것으로 생각된다. 그리고 세도기의 공석기간이 보다 길었던 점이 또한 주목된다.

그리고 瓜滿으로 기록되고 있는 임기만료자는 동래부사가 18명으로 전체인원 중 7.8%이고, 고성현령이 16명으로 전체인원의 11.2%이며, 양산군수는 5명으로 전체인원 152명 중 3.3%에 불과하다. 여기서도 임기가 긴 하위직 수령이 적게 나타남을 알 수 있다. 특히 양산군수는 하위직인 고성현령보다 적은 점이 주목되는 바이다.

양산군수의 입사 성분에서는 문·무·음관 출신 중 문관수령이 압도적으로 많았고, 시기별로는 양란 전후 17세기 중엽까지 무관수령이 대다수를 차지하고 19세기 세도기에는 음관수령이 약간 보이고 있다. 이러한 점에서도 정치정세의 추이에 따른 변화를 엿볼 수 있다.

둘째, 교체의 실태에 있어서는 징계, 사직·병, 전직 등 유형별로 나누어 살펴보았다. 징계의 경우 그 사유가 포폄·상계·탄핵·災傷事 등으로 나타나며 하위직인 양산군수의 경우 포폄과 狀啓가 가장 두드러졌다. 이것은 拿罷라는 사유로 인하여 징계되는 상위직 수령의 경우와는 다른 실태임을 알 수 있다. 사직·병에 의한 교체의 경우 양산군수는 5% 미만으로 극히 적은 수치로 나타나 하위직 수령의 전형적인 실태를 보이고 있으며, 이것은 상위직의 교체사유 중 수위를 차지하고 있는 것과는 좋은 대조를 보이고 있다. 전직에 의한 교체도 역시 상위직 수령의 경우가 매우 높은 비율을 차지하고 있는데, 양산군수의 경우도 다른 하위직의 실태와는 달리 교체 인원 중 50% 이상을 차지하고 있어 주목된다. 그것은 주로 승진이 어려운 무관수령이 아닌 문관수령이고 또한 거의 승진과 內遷이며 시기적으로는 19세기 세도기에 집중되어 있음을 알 수 있다.

셋째, 상피제의 경우를 실태적으로 살펴보았다. 고려시대에서부터 법적으로 규정되기 시작하여 조선조에 『경국대전』에서 완성을 본 상피제는 조선전기에 특별한 예외적인 조처를 제외하고는 대체로 잘 이행되었는데, 조선후기부터 시기가 내려갈수록 그 규정이 제대로 준수되지 않고 있었다. 조선후기의 실태를 알 수 있는 『梁山郡先生案』에 의하면, 양산군수의 경우 출신 지역별로 보면 서울 출신이 가장 많고 그 다음으로 경상도 출신이 많았다. 이것을 시기별로 볼 경우 위의 전반적인 상황과 마찬가지로 시기가 내려올수록 경상도 출신의 수적 비율이 높게 나타남을 볼 수 있었다. 그리고 문·무·음관별 출신 성분에서 보면 경상도 출신의 수령은 대부분

문관으로서 나타나고 있다. 여기서 볼 때 조선왕조가 규정하고 있는 상피제가 조선전기에는 제대로 시행되었다가 후기 이후 시기가 내려올수록, 특히 세도기에는 제대로 준수되지 않았다는 사실과 양산군수의 경우에서 보이는 실태가 어느 정도 부합하고 있었다고 생각한다.

끝으로 본 논문을 작성하는 데 많은 도움을 준 본 대학교 강사 선석열군의 협조에 감사한다.

<별표> 양산군수의 교체실태

번호	郡守名	文武官職	前居住	부임년	퇴임년	재임기간	교체사유
1	文弘道	文	陜川	선조 34년(1601)	선조 36년(1603)	2년	遞
2	李 達	武	固城	선조 36년(1603)	선조 38년(1605)	2년	遞
3	李天樞	武	京	선조 39년(1606)	선조 40년(1607)	1년	遞
4	李淑命	武	京	선조 40년(1601)	광해군 1년(1609)	2년	遞
5	金基命	武	京	광해군 2년(1610)	광해군 3년(1611)	1년	遞
6	趙 翊	文	尙州	광해군 3년(1611)	광해군 4년(1612)	1년	遞
7	許 譎	文	京	광해군 5년(1613)	광해군 5년(1613)	1년이내	遞
8	趙 曄	文	京	광해군 6년(1614)	광해군 10년(1618)	4년	遞(陞通)
9	權忠男	武	京	광해군 11년(1619)	광해군 13년(1621)	2년	遞
10	李 楠	武	長城	광해군 11년(1619)	광해군 11년(1619)	1년	長鬐相換
11	金忠輔	武	京	광해군 11년(1619)	인조 1년(1623)	1년이내	反正後伏誅
12	宋文徵	武	楊州	인조 1년(1623)	인조 1년(1623)	1년이내	遞
13	朴坤元	武	春川	인조 2년(1624)	인조 3년(1625)	1년	遭艱
14	洪世忠	武	京	인조 4년(1626)	인조 6년(1628)	2년	移除延日
15	吳士儉	武	南陽	인조 6년(1628)	인조 7년(1629)	1년	遞
16	李 琡	武	京	인조 7년(1629)	인조 9년(1631)	2년	罷
17	吳 璨	武	梨川	인조 10년(1632)	인조 10년(1632)	1년이내	卒
18	曹臣俊	文	開城	인조 10년(1632)	인조 16년(1638)	6년	瓜
19	李大廈	武	抱川	인조 16년(1638)	인조 17년(1639)	1년	拿罷
20	朴挺生	武	金堤	인조 17년(1639)	인조 17년(1639)	1년이내	災傷事罷
21	鄭好仁	文	永川	인조 18년(1640)	인조 22년(1644)	4년	瓜
22	李汝翊	文	昌寧	인조 22년(1644)	인조 27년(1649)	5년	瓜
23	李興祿	文	全州	인조 27년(1649)	효종 3년(1652)	3년	暗行罷
24	車轉坤	文	京	효종 3년(1652)	효종 4년(1653)	1년	災傷差錯罷
25	李慶桓	文	京	효종 4년(1653)	효종 5년(1654)	1년	稅船致敗罷
26	金鳴遠	文	禮安	효종 5년(1654)	효종 6년(1655)	1년	遭艱
27	金 廷	文	醴川	효종 6년(1655)	효종 8년(1657)	2년	災傷罷
28	曹時亮	文	陜川	효종 8년(1657)	효종 9년(1658)	1년	松禁拿罷
29	李英馣	文	原州	효종 9년(1658)	효종 9년(1658)	1년이내	貶罷
30	姜好爽	文	振威	효종 10년(1659)	현종 2년(1661)	2년	災傷罷
31	金夏鉉	文	忠州	현종 2년(1661)	현종 3년(1662)	1년	賑恤事罷
32	安命老	文	龍仁	현종 3년(1662)	현종 5년(1664)	2년	貶罷
33	李雲根	文	槐山	현종 5년(1664)	현종 6년(1665)	1년	災傷罷
34	姜復先	文	龍宮	현종 6년(1665)	현종 7년(1666)	1년	貶罷
35	韓井一	文	京	현종 7년(1666)	현종 8년(1667)	1년	災傷罷
36	蔡之沉	文	咸昌	현종 8년(1667)	현종 9년(1668)	1년	卒
37	崔鎭南	文	大邱	현종 9년(1668)	현종 12년(1671)	3년	遞

번호	郡守名	文武官職	前居住	부임년	퇴임년	재임기간	교체사유
38	元 楫	文	原州	현종 12년(1671)	현종 12년(1671)	1년이내	卒
39	李 槫	文	楊州	현종 12년(1671)	숙종 1년(1675)	4년	身病辭
40	金斗翼	文	開城	숙종 1년(1675)	숙종 2년(1676)	1년	呈辭
41	尹 撰	文	交河	숙종 2년(1676)	숙종 3년(1677)	1년	遭艱
42	李雪林	文	水原	숙종 3년(1677)	숙종 3년(1677)	1년이내	災傷罷
43	曺憲卿	文	京	숙종 4년(1678)	숙종 6년(1680)	2년	移拜拿令
44	趙 翰	文	溫陽	숙종 6년(1680)	숙종 8년(1682)	2년	災傷差錯罷
45	尹鼎和	文	京	숙종 9년(1683)	숙종 10년(1684)	1년	狀罷(白日場試官不參)
46	文獻徵	文	陜川	숙종 10년(1684)	숙종 11년(1685)	1년	災傷罷
47	李碩祚	文	原州	숙종 12년(1686)	숙종 12년(1686)	1년이내	貶罷
48	李必茂	文	京	숙종 13년(1687)	숙종 14년(1688)	1년	拿罷
49	柳挺輝	文	安東	숙종 14년(1688)	숙종 16년(1690)	2년	移拜正言
50	李起漢	文	益山	숙종 16년(1690)	숙종 17년(1691)	1년	繡罷
51	尹興績	文	京	숙종 17년(1691)	숙종 17년(1691)	1년이내	卒
52	金兌昌	文	忠州	숙종 17년(1691)	숙종 18년(1692)	1년	災傷罷
53	李敏英	文	京	숙종 19년(1693)	숙종 19년(1693)	1년이내	罷(月課連三次不作事)
54	權聖矩	文	安東	숙종 19년(1693)	숙종 20년(1694)	1년	封松頉罷
55	曺武勛	文	開城	숙종 21년(1695)	숙종 23년(1697)	2년	遭罷
56	姜世輔	文	溫陽	숙종 23년(1697)	숙종 25년(1699)	2년	貶罷
57	吳 勛	文	沃溝	숙종 25년(1699)	숙종 27년(1701)	2년	貶罷
58	權龜老	文	原州	숙종 27년(1701)	숙종 31년(1705)	4년	封山事罷
59	金 鍰	文	龍仁	숙종 31년(1705)	숙종 36년(1710)	5년	瓜
60	都永夏	文	星州	숙종 36년(1710)	숙종 36년(1710)	1년이내	啓罷
61	韓	文	京	숙종 37년(1711)	숙종 40년(1714)	3년	棄
62	申世雄	文	平山	숙종 40년(1714)	숙종 43년(1717)	3년	棄
63	李德萃	文	晉州	숙종 44년(1718)	숙종 44년(1718)	1년이내	啓罷
64	黃 燦	文	木川	숙종 44년(1718)	경종 2년(1722)	4년	罷(推奴防報事)
65	趙世厚	文	京	경종 2년(1722)	경종 2년(1722)	1년이내	貶罷
66	張后相	文	榮川	경종 3년(1723)	경종 3년(1723)	1년이내	貶罷
67	吳守經	文	鎭川	경종 4년(1724)	영조 1년(1725)	1년	啓罷
68	李斗三	文	咸平	영조 1년(1725)	영조 1년(1725)	1년이내	啓罷
69	李麟興	文	咸昌	영조 2년(1726)	영조 2년(1726)	1년이내	罷
70	安鍊石	文	安東	영조 2년(1726)	영조 3년(1727)	1년	暗行罷
71	金聲發	文	京	영조 4년(1728)	영조 5년(1729)	1년	啓罷
72	辛夢弼	文	和順	영조 5년(1729)	영조 8년(1732)	3년	罷

번호	郡守名	文武官職	前居住	부임년	퇴임년	재임기간	교체사유
73	申濈	文	平山	영조 8년(1732)	영조 8년(1732)	1년이내	啓罷
74	李渝	文	京	영조 9년(1733)	영조 9년(1733)	1년이내	移拜應敎
75	任震夏	文	海美	영조 9년(1733)	영조 13년(1737)	4년	呈辭遞
76	鄭重垈	文	龍宮	영조 13년(1737)	영조 13년(1737)	1년이내	啓罷
77	朴奎煥	文	茂長	영조 14년(1738)	영조 16년(1740)	2년	貶罷(不飭松禁)
78	金履萬	文	堤川	영조 16년(1740)	영조 20년(1744)	4년	貶罷
79	李宅心	文	京	영조 20년(1744)	영조 21년(1745)	1년	啓罷
80	吳命厚	文	谷城	영조 21년(1745)	영조 23년(1747)	2년	貶罷
81	權萬	文	安東	영조 23년(1747)	영조 25년(1749)	2년	啓罷(戊申亂倡義正祖戊申贈吏參義)
82	沈撥	文	京	영조 25년(1749)	영조 26년(1750)	1년	移拜正言
83	金霱	文	慶州	영조 27년(1751)	영조 32년(1756)	5년	移拜掌樂正
84	張浣	文	京	영조 32년(1756)	영조 34년(1758)	2년	移拜正言
85	李賢汲	文	忠州	영조 34년(1758)	영조 36년(1760)	2년	拿罷
86	韓光協	文	京	영조 36년(1760)	영조 40년(1764)	4년	拿罷
87	李世澤	文	禮安	영조 40년(1764)	영조 41년(1765)	1년	狀罷(烽垱曉火事)
88	金永爕	文	京	영조 42년(1766)	영조 44년(1768)	2년	啓罷
89	申尙權	文	京	영조 44년(1768)	영조 45년(1769)	1년	遞
90	李球	文	京	영조 45년(1769)	영조 48년(1772)	3년	移拜訓鍊判官
91	安寬濟	文	京	영조 48년(1772)	영조 51년(1775)	3년	除校理
92	崔敏	文	淸州	영조 51년(1775)	정조 2년(1778)	3년	遞
93	任濟遠	文	海南	정조 2년(1778)	정조 3년(1779)	1년	繡罷
94	金載人	文	交下	정조 3년(1779)	정조 4년(1780)	1년	移拜持平
95	李師濂	文	京	정조 5년(1781)	정조 8년(1784)	3년	移拜宗簿正
96	李進膺	文	京	정조 8년(1784)	정조 11년(1787)	3년	暗行罷
97	朴宗岳	文	京	정조 11년(1787)	정조 12년(1788)	1년	差辭遞
98	李鼎德	文	慶州	정조 12년(1788)	정조 14년(1790)	2년	遞
99	南鶴聞	文	京	정조 14년(1790)	정조 15년(1791)	1년	卒
100	李壽威	文	京	정조 15년(1791)	정조 15년(1791)	1년이내	貶職
101	成種仁	文	京	정조 15년(1791)	정조 17년(1793)	2년	移拜星州牧使
102	吳鼎源	文	京	정조 17년(1793)	정조 19년(1795)	2년	移拜副修撰
103	尹魯東	文	京	정조 19년(1795)	정조 22년(1798)	3년	移拜晉州牧使

번호	郡守名	文武官職	前居住	부임년	퇴임년	재임기간	교체사유
104	李文道	武	抱川	정조 22년(1798)	정조 23년(1799)	1년	貶職
105	丁允泰	武	京	정조 24년(1800)	순조 4년(1804)	4년	瓜
106	俞鉉章	文	京	순조 5년(1805)	순조 6년(1806)	1년	貶職
107	李龜雲	文	禮安	순조 7년(1807)	순조 8년(1808)	1년	暗行罷
108	李遊夏	文	京	순조 8년(1808)	순조 10년(1810)	2년	啓罷
109	李泰淳	文	禮安	순조 11년(1811)	순조 13년(1813)	2년	移拜執義
110	愼性眞	文	安義	순조 13년(1813)	순조 15년(1815)	2년	貶職
111	李中鎭	文	京	순조 15년(1815)	순조 16년(1816)	1년	移拜鏡城判官
112	愼必復	文	安義	순조 16년(1816)	순조 16년(1816)	1년이내	狀罷(災結濫報事)
113	金益鉉	文	京	순조 16년(1816)	순조 18년(1818)	2년	呈病遞
114	金裕憲	文	京	순조 18년(1818)	순조 20년(1820)	2년	移拜持平
115	辛碩林	文	靈山	순조 21년(1821)	순조 22년(1822)	1년	啓罷
116	閔德基	文	羅州	순조 22년(1822)	순조 23년(1823)	1년	貶職
117	趙 禛	文	尙州	순조 24년(1824)	순조 25년(1825)	1년	啓罷
118	李敏會	文	忠州	순조 26년(1826)	순조 26년(1826)	1년이내	拿罷(殺人罪人失捕事)
119	沈能變	文	善山	순조 26년(1826)	순조 27년(1827)	1년	啓罷
120	黃贊熙	文	尙州	순조 27년(1827)	순조 29년(1829)	2년	移拜持平
121	李發源	文	京	순조 29년(1829)	순조 31년(1831)	2년	移拜掌令
122	金永默	文	京	순조 31년(1831)	순조 32년(1832)	1년	罷
123	李淵祥	文	慶州	순조 32년(1832)	순조 34년(1834)	2년	移拜應敎
124	韓升烈	文	淸州	순조 34년(1834)	헌종 2년(1836)	2년	移拜掌令
125	金驢書	文	安東	헌종 2년(1836)	헌종 3년(1837)	1년	卒
126	吳夏哲	文	高山	헌종 3년(1837)	헌종 5년(1839)	2년	移拜持平
127	李致五	文	咸平	헌종 5년(1839)	헌종 5년(1839)	1년이내	啓罷
128	宋台霖	文	尙州	헌종 6년(1840)	헌종 7년(1841)	1년	啓罷
129	柳興吉	文	京	헌종 8년(1842)	헌종 9년(1843)	1년	啓罷
130	韓兢人	文	京	헌종 9년(1843)	헌종 11년(1845)	2년	移拜持平
131	李晋祥	文	慶州	헌종 11년(1845)	헌종 11년(1845)	1년이내	遭艱
132	李 瑄	文	陰竹	헌종 11년(1845)	헌종 13년(1847)	2년	啓罷
133	李鼎信	文	京	헌종 13년(1847)	헌종 15년(1849)	2년	呈遞(*呈辭遞로 간주)
134	洪在重	文	京	헌종 15년(1849)	철종 1년(1850)	1년	啓罷
135	黃麟淳	文	南原	철종 1년(1850)	철종 2년(1851)	1년	啓罷
136	林樂鎭	文	全州	철종 2년(1851)	철종 3년(1852)	1년	移拜正言
137	李秉德	文	瑞山	철종 3년(1852)	철종 5년(1854)	2년	移拜持平

번호	郡守名	文武官職	前居住	부임년	퇴임년	재임기간	교체사유
138	朴儀漢	文	大興	철종 5년(1854)	철종 5년(1854)	1년이내	貶罷
139	成錫魯	文	尙州	철종 6년(1855)	철종 7년(1856)	1년	卒
140	李在聞	文	京	철종 7년(1856)	철종 8년(1857)	1년	移拜持平
141	朴文鉉	文	文川	철종 8년(1857)	철종 10년(1859)	2년	狀罷
142	申檍	蔭	京	哲宗 10년(1859)	철종 11년(1860)	1년	移拜晉州牧使
143	李彙廷	蔭	禮安	철종 11년(1860)	철종 13년(1862)	2년	移拜居昌府使
144	黃仁夏	文	豊基	철종 13년(1862)	철종 14년(1863)	1년	移拜玉堂
145	沈樂正	음	京	철종 14년(1863)	고종 4년(1867)	4년	移拜仁川府使
146	柳敎祚	음	尙州	고종 4년(1867)	고종 6년(1869)	2년	遞
147	李國應	문	京	고종 6년(1869)	고종 6년(1869)	1년이내	遭艱
148	張泰秀	문	金溝	고종 6년(1869)	고종 7년(1870)	1년	移拜獻納
149	孫相馹	문	慶州	고종 7년(1870)	고종 10년(1873)	3년	遞(副校理)
150	趙翼永	문	京	고종 10년(1873)	고종 11년(1874)	1년	遞
151	魚允中	문	報恩	고종 11년(1874)	고종 13년(1876)	2년	拜玉堂
152	李晩燾	문	禮安	고종 13년(1876)	고종 15년(1878)	2년	遞(執義)

찾아보기

【ㄱ】

假官奴 228, 252
가내노비 252
假吏 134
가마배미 311
嘉善大夫 64, 99
各司貢人 292
각성부락 184
覺皇殿 306
簡壯紙 264, 265
감관 196
監務 191, 207
강동현 287
姜萬吉 262, 285
江城 41
開市場 46
客主制的 294
巨洞村 177
居士 132, 133, 138
居知火縣 191, 207
居昌 43, 139
居昌劉氏 181
見樣紙 265
結付法 314
兼司僕 100
京工匠 279, 282, 289, 294
『經國大典』 33, 36, 37, 154~157, 202,
        215, 262, 280~282, 285, 288, 340,
        346, 350, 355, 363, 367, 376, 382,

        391~393, 398, 402
『京畿道明禮宮庄土量案』 313
慶南輿地集成 216
頃畝法 314
『慶尙南道輿地集成』 339
경상남도지편찬위원회 216, 339
『慶尙道諸邑誌』 338
『慶尙道地理志』 44
「庚子慶尙左道均田使量田私節目」 322
『경자양안』 317, 320, 332, 333
慶州 190, 207
慶州鎭管 207
경주가도 190
慶州鄭氏 158, 177
慶州鎭管 191
京砲保 158
戒元 304
階層移動論 19, 20
雇工 19~24, 165~167, 223, 228, 229
『高麗史』 394
高麗紙 263, 264
固城 342, 350
固城縣 338, 339, 345
固城縣令 337, 340, 342~345, 348~350,
        352~358, 361~369, 372, 373, 376,
        380~387, 390, 391, 401, 402
『고성현 읍지』 339
庫子 65
藁精紙 265
雇主 23
고현 317

故戶 108
고흥 266
곤양 139
공노비 21, 160, 161
公私賤 123
公廨 65
公廨屬員 65
工役 284
貢人 288
工作 280
工匠 21, 65, 145
公匠 286
工匠案 102
工造 280
瓜期 340, 368
寡女 132, 133
瓜滿 340, 350, 368
瓜滿遞 341, 368
과부 138
瓜遞 349
瓜限 340, 368
官工匠 289
官奴 227, 252
官奴部落 183, 186
官奴戶 183
管領 34
寬法 112
官廨屬員 103
官案 339
官量案 302
관장 285
官匠制 279, 285, 293, 294
官匠制手工業 281, 288
校奴 183, 252
校奴部落 183, 186
敎洞 31
校洞村 183
校理 117
校生 64, 98, 161

校院生 19
舊奎章閣 47
九印村 184
國師峰 263
國役 22
軍官 64, 228, 249, 250
軍門受帖 97
軍保 65
郡守 303
軍役 101
軍丁 65
郡縣制 154
弓人 281
權龜老 349
權逵 44, 45
權克亮 45
勸農官 34, 154, 202, 215
權濤 44, 45
權文任 45
權復根 31
權泰根 32
權泰煥 113
闕城郡 41
奎章閣 215, 216, 230
『奎章閣目錄』 47
均役法 123
均役事目 289
跟隨奴 280
金櫃 21
扲里川村 183
금산 305
금위군 251
禁衛軍保 102
禁衛營保 101
記官 196
其人制 393
기장 191, 192
김갑주 301, 322, 325, 330
金湛 45

金倫 193, 209
金履萬 349
金命雄 349
金文衍 193, 209
金胼 193, 209
金相煥 21
김석희 18~20, 22
金逐 349
金安國 279
金泳模 20, 132
金容爕 19, 312
金宇顒 44
金麟爕 21
金渚 193, 209
金霱 349
金正浩 43
金宗直 44
金彩潤 20
金就礪 193, 209
金致魯 37
金海 139
金海金氏 175, 177, 179, 181, 183
김해부사 343
金海許氏 181
金鎒 349

『남해현읍지』 315
納粟 64, 99, 160, 161, 164, 249
內資寺 288
奴婢 19, 23, 24, 131, 133, 223, 225, 228,
       229, 239, 247, 252, 258
奴婢逃亡戶 145
奴婢文書 20
奴婢部落 20, 183
奴婢層 134, 138, 139, 145, 146, 227
奴婢戶 18, 23, 134, 145, 158, 160~164,
       167, 173, 176, 179, 184, 229, 247,
       254~256, 258
『魯山君日記』 284
노제 251
노제 여성호 251
奴主 158
노직 249
老職嘉善 136
農所 164
『農政新編』 266, 293
漏籍者 35, 127
漏丁者 35, 127
漏戶者 35, 127
能串村 183
綾羅匠 281

【ㄴ】

南部 214
南原 43, 263, 280, 282, 284
南原梁氏 181
南海 266, 305, 314, 315, 333
南海郡 302
『南海量案』 312, 314, 325
南海邑 320
『남해읍지』 306, 315
南海縣 303, 304, 306, 312, 316, 331
『南海縣 庚子量案』 302, 304, 308,
       310~312

【ㄷ】

丹溪 41
丹溪村 179, 184
丹城 18, 20, 23, 41, 43, 46, 53, 54, 58,
       60~63, 98~102, 104~108, 111~
       115, 118, 121, 123, 126~129, 134,
       139, 144~146, 169, 185, 193, 203,
       205, 218, 221, 237, 253~258
丹城面 31
丹城民亂 21
『丹城邑誌』 40, 42~45
『丹城帳籍』 32, 42, 45, 46, 49

丹城誌   32
丹城鄉校   154
丹城縣   38~40, 49, 55, 114, 124, 153, 156~158, 163, 166, 169, 175, 178, 184, 190, 203
丹城縣監   44
丹城縣戶籍大帳   19
丹城戶籍大帳   20, 127
丹城戶籍帳籍   52
단양군수   283, 395
『端宗實錄』   396
擔職者   35
大家族制度   167, 225
大邱   18, 20, 22, 43, 47, 48, 53, 54, 62, 63, 98, 99~105, 122, 134, 153, 163, 165, 169, 185, 193, 194, 203, 205, 219, 221, 237, 239, 253~258
大邱府   52
大邱府戶籍大帳   19
大邱帳籍   40, 48, 55, 98, 153
『大邱戶籍』   19, 49, 131
大邱戶籍大帳   51
大同米   289
大同法   269, 286, 288, 289, 294
大同寺   263
大東輿地圖   43
對馬島   268
垈方田   322
大方村   177
大院君   386
『大典通編』   126, 288, 289, 345
『大典通編典』   102
『大典會通』   395
垈直畓   322
帶品   159
帶品受帖者   227
帶品者   161, 248
大好紙   289
德泉   193

逃去   129, 130
島內村   177
逃亡奴婢   139
逃亡秩   194
逃亡戶   18, 20, 107, 108, 113, 123, 127~132, 135, 137, 139, 140~144, 146
徒配之律   155
都山   170, 171
都山里   42
都山面   140~143, 146, 157, 177, 184
도시상업지   145
도시수공업   135
都尹   155
道川江   43
道川書院   45
都摠   112
纛畓   324
독립노비호(외거노비호)   163, 169
독립호   158, 161, 169
『東國與地勝覽』   262, 272, 273
東萊   191, 192, 384
東萊郡廳   339
東萊都護府   ??192, 338, 339
東萊都護府使   ??337, 366
東萊府   191, 207, 345
東萊府使   339~343, 348, 350, 352~357, 362, 364, 367~369, 372~376, 380~386, 390, 401
『東萊府誌』   339
『東萊邑誌』   339
東萊鎭管   20??
東萊鎭管   191??
童蒙   64
東部   214
同姓同本戶   185
同姓婚   23
同族家族   225
同族部落   20, 23, 153, 157, 172, 179~181, 184, 186

同族·特殊部落　23
同族戶　177, 178, 181
두락법　314
杜陵鄕祠　45
騰寫原紙　266

【ㅁ】

麻骨紙　265
馬保　102
磨造匠　116, 156
馬屹里　214
만상　294
望雲山　305, 306, 317
망운암　306, 316
面-里-統制　154
面尹　156, 158, 159, 184
면임　215
沔川郡守　351, 377
沔川韓氏戶　181
鳴村　214
鳴村里　214
冒錄者　35
冒稱　164
木·角牌　116
木匠　280
目昌均　117
묘향산　290
茂松尹氏　181
武田幸男　18, 21, 132, 202, 219, 223,
　　230, 236～238, 252
武學　64, 100, 134～136, 145, 159, 161,
　　250
墨谷村　184
文山鄕祠　45
文義縣令　慶祥　395
文益漸　43, 45
民田　271
民村　157, 184

密陽　43, 191, 207
密陽朴氏　158, 175, 177, 181

【ㅂ】

朴繼文　286
朴容淑　18～21, 23, 49, 189, 190, 203
朴齊家　265
『磻溪隧錄』　290
槃皐書院　193, 208
반구대　190, 206
盤松　214
盤匠　183
班村　144, 157, 158, 184, 256, 303
防納　269, 294
房畓　324
紡織匠　281
培山鄕祠　45
培養村　21
白鷺紙　265
白綿紙　289
白楮軍　262
白紙　265
『磻溪隨錄』　351, 377
法勿里　42
법물야면　140～143, 177, 179
法定里　193
碧溪驛　104, 182
碧溪村　177, 182
卞玉　136
卞孝敬　283
別提　280
別座　99
兵營束伍軍　134
兵營城丁軍　97
兵營親兵　97
丙子胡亂　269, 370, 379, 384
兵制　111
보리암　305, 306, 316

『報恩郡懷仁縣量案』 312
保人 65
봉군 251
봉림면 263
奉事 64, 99
烽燧軍(役) 101
봉수면 294
奉信 306
부곡 262
副司果 100
副司直 179
부산 190
부산대학교 31, 334
부산시사편찬위원회 339
富山浦(釜山浦) 384
副尹 155
부자호 178
북경 278
北洞里 42
북동면 140~143, 146, 177
北庵 306
『北學議』 293
分戶政策 222, 257
불갑사 311~315, 322, 324, 326, 334
『불갑사양안』 302, 310~313, 325, 333
備局 155
非同族部落(各姓部落) 157
비변사 287
婢夫 223, 228
貧殘農民層 23

【ㅅ】

사간원 267
司監 283
私工賃用 288
司果 100
沙器匠 102
寺奴 252

私奴 58, 101, 102, 104, 134, 158, 252
私奴雇工 252
私奴部落 184
사노비 23, 139, 146, 158, 160, 161
사노호 184
四方博 18, 19, 48~55, 58, 62, 64, 97, 98, 131, 153, 160, 164, 165, 167, 194, 221, 222, 239, 253
士夫 64
私婢 105, 252
蛇山村 177
司贍寺 288
賜額書院 45
私役 291
使役制 295
沙月村 184
사은사 278
寫字官 286
私匠制 102, 286, 288, 294
司紙 280
사천 139
使喚 65
山內弘一 18, 21
山陰(산청) 18, 47, 205
山陰戶籍 48
山淸 43, 46, 139, 266
山淸郡 31
山淸縣 41
『山淸縣邑誌』 47
散村 202
三嘉 43, 44, 139
三軍門 291
삼남면 206
三同 214, 321
삼동면 193, 224
三法堂 306
삼북 317
삼북면 317, 322
三椴皮 266

上南   214
上南面   192, 225, 236
상도솔암   305, 306
常民   64, 65, 131~134, 138, 227, 229,
        239, 247, 249
常民 賤民類戶   157
常民戶   18, 134, 160~164, 167~170, 184,
        185, 228, 229, 247, 249, 251, 254
常民化   256, 258
上北   214
上北面   192, 206, 214, 225, 236, 252
상수리제도   393
上典   139, 146, 158
상전호   158, 163, 169
上丁太村   184
尙州   43, 47, 205, 253
尙州金氏   158, 177, 179, 181
尙州戶籍   48
상피제   392, 394, 398, 402
색리   196
生林場   47
生比良   143
生比良里   42
生比良面   140~143
生員   98, 160, 303
生鐵匠   21, 102, 183
生鐵匠部落   183
西溪(山淸)   43
서면   317, 320
書寫郎廳   97
서산대사   304
徐錫麟   193, 209
西庵   306
서암리   263
西洋紙   264
庶孼   97
서울   399, 400, 402
서울대학교   47
서울대학교 규장각   194
徐有榘   262, 263
徐有防   270
徐鼎修   292
石南寺   190, 195, 206
碩淳   331
先貸制的   294
『先生案』   339, 365
善生永助   173
선석열   403
扇子紙   263
扇紙   265
薛氏   263
설천   317
雪花紙   263, 265
成給戶籍(準戶口式)   35~38
『成宗實錄』   396, 398
星州   43, 139
星州李氏   181
成俔   265
『星湖僿說』   44
『世宗實錄』   33, 36, 273, 284
『世宗實錄地理志』   191, 192, 208, 272,
        280, 293
소   262
召南   43
召史   249
所耳谷村   177
小好紙   289
『續大典』   34, 127, 196, 350, 376
속량   165
續柄   36
束伍軍   101, 251
束伍軍保   101
束伍保   102
束伍私奴   40
『續典』   288
率居   169
率居家族   17
率居奴婢   23, 163, 167, 185

송상 294
松昇村 177
宋時烈 45
水軍 101, 251
守令 156
守令七事 391
水保 134
手灑法 275
水鐵匠 21, 102, 116, 156, 183
受帖者 249
受牒者 249
水苔造紙法 279
巡將官 100
순창 291
承文院 284, 286
僧碩淳 304
僧禪兩堂 306
僧役 291
『승평지』 268
試科登第者 160
矢匠人 281
式年成籍 34
式年式帳籍 56
式年帳籍 54
신공 164
신광사 315
新燈里 42
新燈面 140~143, 162, 177, 179, 184
身良役賤人 19
新反 261, 266
申尙貴 332
辛聖重 351, 377
申世太 136
新安江 43
新安驛(丹城) 43, 104, 182
新安影堂 45
新安村 182
身良役賤 239
身役 65

愼鏞厦 20, 113
新邑內村 183
『新增東國輿地勝覽』 44, 304, 305
身布 123
新戶 19, 107, 130
심원사 315

【ㅇ】

牙兵 101
안계현 301
安東權氏 179, 181
安撫 123
安撫策 126, 144
안의 139
安集策 123, 126, 144
雁皮 266
仰役奴 104
仰役婢 105
冶匠 281, 282
藥保 134
양녀 133
양민 133, 134, 139, 145, 146
良民役 132
兩班 131, 134, 136, 138, 145, 146, 225, 227, 229, 239, 247, 251, 258
兩班役 101
兩班村 257, 258
兩班戶 134, 135, 139, 141, 142, 157, 158, 160, 161, 164~166, 169, 170, 179~181, 184, 185, 227~229, 247, 248, 250, 254
梁山 190, 192, 207, 342, 350, 369
梁山郡 192, 338, 339, 350, 361, 399
『梁山郡先生案』 398, 401, 402
梁山郡守 337, 340, 342, 348~350, 352~356, 361, 362, 364, 366~370, 373, 376, 378, 379, 381~386, 390, 391, 398~403

『梁山郡邑誌』 229, 365
『梁山邑誌』 366
梁誠之 285
量案 19, 24, 45, 160, 301
良役 101
良人 58, 138, 146, 229, 282
養田 271
『量田謄錄』 322
良州(梁州) 191, 207
良賤 133
御營軍 251
御營軍保 101, 102
禦營保 40
於音 214
彦陽 18, 21, 192, 194, 206, 207,
　　　217~219, 221, 230, 236, 237,
　　　250, 253~258
彦陽金氏 193
언양만 223
彦陽面 189, 193, 206
『彦陽邑誌』 216
彦陽鄕校 189
彦陽縣 21, 22, 108, 135, 145, 189~192,
　　　203, 206, 233
『彦陽縣邑誌』 192
彦陽戶籍 194
業武 40, 64, 98, 100, 134~136, 161,
　　　179, 250
業儒 98~100, 161
業儒 業武 20
女婿 36
여성고공 21
『輿載攝要』 274
女丁 252
『輿地圖書』 305, 306, 378
『輿地集成』 339
女戶主 161
驛吏 23, 24, 182, 251
驛吏部落 20, 182, 186

驛吏戶 182
驛保 101, 182
驛屬人 21, 65
驛卒 183
驛村 21
連高寺 195
年分紙 292
鍊匠 281
廉匠 280
營府旗牌官 100
營府小童 103
營府將官 100
靈山 43
靈藏寺 304
『英祖實錄』 397, 398
領中樞府使 286
永川 43
永川府使 375
靈哲 304
隸屬勞動 23
吳爎 349
五家作統法 17, 33, 34, 123, 154, 184,
　　　194
「五家作統事目」 17
「五家統事目」 116, 155, 157, 159
五家統節目 116
悟洞 170, 171
悟洞面 140~143, 156, 184
梧里洞里 42
『五洲衍文長箋散稿』 293
甕匠 102
瓮匠 183, 281
瓮店村 183
浣溪鄕祠 45
完山李氏 181
倭亂 41, 379, 384
外居奴婢 223
外工匠 279
용문사 305, 306, 316

『慵齋叢話』 265
雲峰 43
蔚山 18, 22, 47~49, 134, 163, 185,
    190~192, 205, 207, 253~258
蔚山都護府 191, 207
蔚山府戶籍大帳 19
『蔚山帳籍』 49
蔚州郡 190, 206
蔚州郡管 192
蔚州郡廳 189
院奴 252
元堂 170, 171
元堂里 42
元堂面 140~143, 157, 162, 177, 184
元堂村 184
圓山村 157, 184
院生 56
元典 33
原住地 156
柳畊 271
柳器匠(人) 65, 98, 102, 116, 156
油芚紙 264
流亡 108
流民層 156
柳伯淳 268
儒生 160
柳汝活 348, 375
柳葉紙 265
劉元東 262
鍮匠 183
柳之源 45
兪拓基 167
柳鐸一 31
幼學 64, 98, 100, 139, 159, 160, 196
幼學戶 157, 158, 165, 177, 179~182,
    185, 186, 227, 228, 248
劉漢坤 251
柳馨遠 351, 377
『六典條例』 288, 289

邑各面監官 34
邑內 321
邑內邑 214, 319
의령 41, 139, 262, 266, 267
의령군 261, 263, 294
『의령읍지』 262
의령현 36
薏苡紙 265
移去 129
移去流亡絶戶 217
移居者 34
移去秩 194
移去戶 108, 113, 128, 143~146
移居戶 18, 20, 107, 127, 130, 132, 144
李光麟 262, 273, 290, 295
李光友 44, 45
李貴萬 136
이동 321
移來者 34
李魯 45
李萬城 326
李晚榮 349
李煿 349
이병휴 344, 357
이북 317
이북면 317, 321
李尙眞 117
吏胥戶主 20
李樹健 20
李時化 136
李彥迪 193, 208
李榮薰 23, 313
吏員 35
李源 44, 45
李源鈞 349, 365
李瀅 44
李益輔 122
李在學 291
里定 123

里正 154~159, 184, 202, 215
里正官 257
李晃 44, 44, 45
이종봉 302
李俊九 20
李重煥 47
梨川 214
李天慶 44, 45
李則 395
李海濬 20
李玄培 348
李滉 395
人吏 103
人吏保 102
隣保法 33
『仁祖實錄』 377
일남면 321
일북 317
일북면 321
『林園經濟志』 273, 274
『林園十六志』 262~264, 273, 293, 294
壬辰倭亂 24, 269, 286, 287, 294, 304,
    329, 337, 370
『林下筆記』 293
笠子匠 102

【ㅈ】

咨文 280, 287
咨文紙 263, 284
자연부락 156, 157, 184, 193
자연촌락 193, 201
자유 임금노동자 21
作統法 202
作戶增戶策 222
雜部 65
雜頉 58, 59, 108, 130
雜頉條 55
「雜頉秩」 108, 127

雜頉戶 108, 130
雜草紙 269
장동익 302
匠人 65, 103, 134, 156, 251, 281
匠人部落 20, 183, 186
장인호 23
장판지 265, 277
장흥 266
長興寺 287
才人 65
在地地主制 24
再澄 306
저명 동족부락 173
楮木 262
楮業 271
楮田 270, 271, 287
楮紙 262, 263, 269
楮旨所 262
赤壁 43
赤楮 266
赤村縣 41
典敎 31, 32
田賦 46
田稅 123
轉也山郡 302
全宇哲 20, 132
전주 263, 280, 284
全州紙 282
全炯澤 20
折衝將軍 99, 179
絶戶 108
「絶戶秩」 108, 111, 121, 127, 194
鄭光弼 286
鄭逑 44, 193, 208
鄭夢周 193, 208
井上和枝 18, 21
鄭秉鍾 19, 20, 49, 253
定屬婢 229, 252
丁若鏞 112, 279

鄭彦燮　348
鄭汝翊　349
鄭汝昌　44
丁允泰　349
鄭仁泰　189
定住地　156
鄭致和　289
鄭太孫　136
丁好恕　348
鄭好仁　349
諸司　288
堤堰　46
諸衛　64, 249, 250
提調　280
製紙法　263, 278
製紙業　262, 264, 276, 280, 284
彫刻匠　281
『朝鮮ノ小作慣行』　229
『朝鮮陞廡儒賢年表』　395
朝鮮總督府　229
曹植　44
曹臣俊　349
趙曄　349
曹潤孫　286
造紙法　276, 278
造紙署　263, 279, 282～284, 286, 287
造紙所　278, 280
趙憲　351, 377
종속소작인　23
奏啓　280
奏聞紙　284
主簿　64, 99
注油紙　264
朱子燾　45
籌板　24
主戶經營　24
竹席匠　102
竹田　271
竹淸紙　264

준양반　132～138, 145, 146, 225, 227～
　229, 239, 247～251, 253, 258
「准戶口式」　37
中南　214
中南面　192, 225, 236
중도솔암　305, 306
中北　214
中北面　192, 224, 225
중인　131, 134, 225, 227～229, 247, 253
중인계　258
중인호　228, 250
『中宗實錄』　286, 387, 395
增減年歲者　35
『增補文獻備考』　222, 377
紙契貢人　289, 292
紙貢　269, 289, 290
智異山　43, 44
地方官衙　101
地方製紙業　261
紙業　282
紙役　282, 283, 287, 290～292
紙匠　102, 278, 280～282, 284, 287
紙地　270, 284
紙村里　262
紙牌　116
紙牌法　116
紙幣紙　266
紙型紙　266
職役　132
職者　159
直長　64
직지사　315
眞覺國師　304
進士　56, 98, 160, 227, 303
鎭山山　317
眞楮　266
晋州　41, 43, 139
晋州姜氏　175, 177, 181, 183
晋州柳氏　177, 179, 181

進台村　177
鎭海　18, 205, 219, 236, 237
鎭海縣　219, 223, 235
賑恤對策　126
賑恤幕　122
賑恤願納入　126
「진휼책」　126
集村　201

【ㅊ】

差備奴　280
察訪　99
參奉　64, 99
창녕　266
창호지　265
蔡尙植　18, 23, 189, 190
蔡五德　292
採銀軍　65
川島藤也　21
賤民　65, 101, 131
川前　214
瞻星閣　306
僉知　64
靑溪岩村　183
淸谷鄕祠　45
청도　191, 207
靑峴村　21
總逃亡戶口　133, 134
崔承熙　20
崔允榛　21
崔在錫　20
崔廷龍　349
崔虎　21
崔弘基　112
推考　35
出身　161
忠念　304
忠察　304, 331

『忠勳府屯田量案』　313

【ㅌ】

『太宗實錄』　35
苔紙　264
『擇里誌』　47
統內事　155
通德郎　99
統首　155, 156, 158, 160, 184
通政大夫　99
統主　34, 154
通婚關係　139
통혼권　139
투탁　165
特殊部落　20, 153, 182
特進官　286

【ㅍ】

判官　303
八莒都氏　181
八坊　42
牌子紙　292
偏在戶　23
平康　263
平康人　292
平地村　179
砲保　102
表箋　280
풍기군수　395
避役　134
避役者　156

【ㅎ】

下南面　192
下北　214
下北面　192, 225

下士 64
下典 65
學生 56, 160
學習院大學 21
韓光協 349
한국문화연구소 302
한국정신문화연구원 203
『韓國誌』 293
韓基範 20
閑良 100, 135~137, 146, 161, 225, 228,
　　250
韓榮國 19, 107, 132
閑游者 249
韓日合倂 31, 40
韓紙 261, 264, 265
咸陽 43, 139, 266
陜州 41
陜川 43, 139
陜川李氏 21, 158, 175, 177, 181
『港都釜山』 339
覈法 112
行萬戶 303
行政里 193
행정부락 156, 157
鄕 262
鄕校院長 33
鄕權 25
鄕吏 19, 134, 239
鄕班類 19
鄕祀 45
鄕射堂 193, 208
鄕案 32
許邕 43
虛戶者 35, 127
巘陽 191, 207
현각조사 304

縣內里 42
縣內面 140~143, 146, 156, 177, 184,
　　317
縣內場 47
挾幕人 229
挾人 21~23, 203, 223, 228, 229, 258
挾作人 229
挾戶 23, 229
挾戶經營 24
挾戶살이 229
형제호 158, 178
戶口單子 17, 20, 35, 36, 37, 38
호구안 35
戶口帳籍 35
戶口統制策 144
戶籍法 33
호조 280
戶主 108, 160
號牌 116
戶牌法 17
號牌法 33
花芳寺 302, 303, 305, 306, 311, 313~
　　317, 320~326, 328, 331~333
『花芳寺量案』 302, 305, 307, 308, 311,
　　312, 314, 317, 325, 327, 332
火兵 101
還穀 123
黃俊良 283
黃燦 349
훈련원 251
黑楮 266, 267

E. W. Wagner 20
J. N. Sommerville 20
Susan Shin 20

민족문화 학술총서를 내면서

21세기의 새로운 미래를 향해 나아가는 현 시점에서 한국학 연구는 새로운 전기를 맞이하고 있다. 한국은 물론이고, 아시아·구미 지역에서도 한국학에 대한 관심은 고조되고 있으며 여러 분야에서 다각도로 심층적인 분석이 이루어지고 있다. 이러한 추세에 발맞추어 우리나라의 한국학 연구자들도 지금까지의 연구를 기반으로 하여 방법론뿐 아니라, 연구 영역에서도 보다 심도 있는 연구가 요청되고 있는 형편이다. 따라서 우리는 동아시아 속의 한국, 더 나아가 세계 속의 한국이라는 관점에서 민족문화의 주체적 발전과 세계 문화와의 상호 관련성을 중시하는 방향에서 연구를 진행해야 할 것이다.

본 한국민족문화연구소는 한국문화연구소와 민족문화연구소를 하나로 합치면서 새롭게 도약의 발판을 마련한 이래 지금까지 민족문화의 산실로서 중요한 역할을 수행해 왔다. 그런 중에 기초 자료의 보존과 보급을 위한 자료총서, 기층 문화에 대한 보고서, 민족문화총서 및 정기학술지 등을 간행함으로써 연구소의 본래 기능을 확충시켜 왔다. 이제 이러한 성과를 바탕으로 한국학 연구자의 연구 성과를 보다 집약적으로 발전시켜 나아가기 위해서 민족문화 학술총서를 간행하고자 한다.

민족문화 학술총서는 한국 민족문화 전반에 관한 각각의 연구를 체계적으로 정리함으로써 본 연구소의 연구 기능을 극대화하는 역할을 할 것으로 기대한다. 또한 본 학술총서의 간행을 계기로 부산대학교 한국학 연구자들의 연구 분위기를 활성화하고 학술 활동의 새로운 장이 되기를 바란다.

아울러 본 학술총서는 한국학 연구의 외연적 범위를 확대하는 의미에서 한국학 관련 학문과의 상호 교류의 장이자, 학제간 연구의 중심 기능을 수행함으로써 명실상부한 한국학 학술총서로서 자리잡을 수 있도록 해야 할 것이다.

1997년 11월 20일

부산대학교 한국민족문화연구소

저자 | 김 석 희

부산대학교 인문대학 사학과 교수 역임
1993년 8월 정년퇴임
현재 부산대학교 인문대학 사학과 명예교수

조선후기 지방사회사 연구
김석희 지음

2004년 2월 20일 초판 1쇄 인쇄
2004년 2월 28일 초판 1쇄 발행

펴낸이 · 오일주
펴낸곳 · 도서출판 혜안
등록번호 · 제22-471호
등록일자 · 1993년 7월 30일

⍟ 121-836 서울시 마포구 서교동 326-26번지 102호
전화 · 3141-3711~2 / 팩시밀리 · 3141-3710
E-Mail hyeanpub@hanmail.net

ISBN 89 - 8494-207-3 93910
값 24,000 원